# Berliner Wohnquartiere

Ein Führer durch 60 Siedlungen
in Ost und West

von Maria Berning
Michael Braum
Engelbert Lütke Daldrup und
Klaus-Dieter Schulz

mit einem Vorwort von
Harald Bodenschatz

Zweite, überarbeitete
und erweiterte Neuausgabe

Dietrich Reimer Verlag Berlin

Redaktion: Engelbert Lütke Daldrup, Harald Bodenschatz,
  Angela Lütke Daldrup, Klaus-Dieter Schulz
Fotoarbeiten: Brigitte Leising
Fotos: Maria Berning, Michael Braum, Engelbert Lütke Daldrup,
  Klaus-Dieter Schulz, Anne Winter
Grafische Arbeiten: Christine Schulz
Elektronische Verarbeitung der Übersichts- und Lagepläne: Klaus-Dieter Schulz

Mitarbeit für die erste Auflage: Architektur- und Stadtplanungsstudenten
  der TU Berlin (WS 1985/86)

Die Deutsche Bibliothek - CIP-Einheitsaufnahme

**Berliner Wohnquartiere** : ein Führer durch 60 Siedlungen in Ost und West /
von Maria Berning ... Mit einem Vorw. von Harald Bodenschatz. - 2. Aufl. -
Berlin : Reimer, 1994
1. Aufl. u.d.T.: Berning, Maria: Berliner Wohnquartiere
ISBN 3-496-01112-2
NE: Berning, Maria

Kartenausschnitte:
Übersichtskarte von Berlin 1 : 50 000, herausgegeben 1992.
Verkleinert auf 1 : 100 000. Verarbeitet und vervielfältigt
mit Erlaubnis der Senatsverwaltung für Bau- und Wohnungswesen – V –
vom 21.07.1994

Umschlaggestaltung unter Verwendung von Farbfofografien
von Klaus Rappsilber, Senatsverwaltung für Bau- und Wohnungswesen
und Klaus-Dieter Schulz

© 1994 by
Dietrich Reimer Verlag
Dr. Friedrich Kaufmann
Unter den Eichen 57
12203 Berlin

Alle Rechte vorbehalten
Printed in Germany
ISBN 3-496-01112-2

# INHALT

| | |
|---|---|
| Vorwort | VII |
| Zur Geschichte der Berliner Siedlungen - ein Überblick | 1 |
| Dokumentation der Siedlungen | 20 |

### 1. Villenvororte
| | |
|---|---|
| 1.1 Groß-Lichterfelde (1866-1900) | 21 |
| 1.2 Westend (1866-1905) | 27 |
| 1.3 Grunewald (1891-1914) | 31 |

### 2. Berliner Mietshausbebauung
| | |
|---|---|
| 2.1 Sophienstraße/Hackesche Höfe (18. Jh. bis 20. Jh.) | 37 |
| 2.2 Klausener Platz (1860-1906) | 42 |
| 2.3 Chamissoplatz (1880-1895) | 48 |
| 2.4 Riehmers Hofgarten (1891-1899) | 52 |
| 2.5 Herrfurthplatz (Schillerpromenade) (1900-1913) | 58 |
| 2.6 Arnimplatz (1905-1925) | 62 |

### 3. Reformwohnungsbau in Berlin
| | |
|---|---|
| 3.1 Landhausgruppe Amalienpark (1896-1897) | 67 |
| 3.2 Wohnanlage Weisbachgruppe (1899-1905) | 71 |
| 3.3 Charlottenburg II (1907-1909) | 76 |
| 3.4 Haeselerstraße (1907-1913) | 82 |
| 3.5 Mietwohnanlage Grabbeallee (1908-1909) | 88 |
| 5.6 Munizipalviertel (1908-1928) | 92 |
| 3.7 Rüdesheimer Platz (1910-1914) | 97 |

### 4. Berliner Gartenvorstädte
| | |
|---|---|
| 4.1 Preußensiedlung (1911-1914) | 101 |
| 4.2 Gartenstadt am Falkenberg (1913-1914) | 105 |
| 4.3 Gartenstadt Staaken (1913-1917) | 110 |

### 5. Wohnungsbau in den 20er Jahren
| | |
|---|---|
| 5.1 Lindenhof-Siedlung (1918-1921) | 116 |
| 5.2 Siedlung Tempelhofer Feld (1920-1934) | 120 |
| 5.3 Hufeisensiedlung (1925-1927) | 126 |
| 5.4 Splanemann-Siedlung (1926-1930) | 130 |
| 5.5 Onkel Tom-Siedlung (1926-1932) | 134 |
| 5.6 Wohnstadt „Carl Legien" (1929-1930) | 140 |
| 5.7 Weiße Stadt (1929-1931) | 144 |
| 5.8 Friedrich-Ebert-Siedlung (1929-1931) | 148 |
| 5.9 Siemensstadt (1929-1931) | 152 |

### 6. Wohnungsbau von 1933 bis 1945
| | |
|---|---|
| 6.1 Große Leegestarße (1935-1936) | 156 |
| 6.2 Berliner Straße (1937-1938) | 160 |
| 6.3 Grazer Damm (1938-1940) | 164 |
| 6.4 Ehemalige „SS-Kameradschaftssiedlung" (1938-1940) | 168 |

7. **Die Aufbauphase von 1945 bis 1960**
7.1 Karl-Marx-Allee I (1949-1958) 173
7.2 Hansaviertel [Interbau 1957] (1956-1958) 179
7.3 Otto-Suhr-Siedlung (1956-1961) 185
7.4 Charlottenburg Nord (1958-1960) 191

8. **Wohnungsbau in den 60er und 70er Jahren**

   **Innenstadt**
8.1 Karl-Marx-Allee II (1959-1965) 195
8.2 Fischerinsel (1967-1973) 201
8.3 Mehringplatz (1967-1975) 207
8.4 Leipziger Straße (1972-1981) 213
8.5 Böcklerpark (1974-1978) 219
8.6 Vinetaplatz (1975-1982) 225
8.7 Rollberg-Viertel (1976-1982) 231

   **Großsiedlungen im Stadtgebiet und am Stadtrand**
8.8 Gropiusstadt (1962-1975) 237
8.9 Märkisches Viertel (1963-1974) 241
8.10 Thermometersiedlung (1968-1974) 247
8.11 Wohnkomplex Fennpfuhl (1972-1986) 253
8.12 Wohngebiet Marzahn (ab 1977, 1980-1985) 258

9. **Tendenzen des Wohnungsbaus in den 80er Jahren**
9.1 Heinrich-Zille-Siedlung (1976-1981) 264
9.2 Admiralstraße (1976-1985) 270
9.3 Ritterstraße Nord/Süd (1978-1989) 276
9.4 Nikolaiviertel (1980-1087) 286
9.5 Paderborner Straße (1982-1985) 294
9.6 Rauchstraße [IBA] (1983-1985) 300
9.7 Grüne Häuser (1983-1985) 306
9.8 Gartenstadt Düppel (1983-1986) 312
9.9 Wohngebiet Ernst-Thälmann-Park (1983-1986) 318
9.10 Wohnpark Am Berlin Museum [IBA] (1984-1986) 325
9.11 Bersarinplatz (1985-1987) 331
9.12 Wilhelmstraße (1987-1992) 336

**Anmerkungen und Literaturverzeichnis** 342

**Abbildungsnachweis** 383

**Übersichtspläne nach Objektnummern** 389

**Gesamtübersichtsplan** 2. Umschlagseite

## Vorwort

Fünf Jahre nach seinem erstmaligen Erscheinen wird jetzt eine zweite Auflage des Führers „Berliner Wohnquartiere" vorgelegt. Diese Neuauflage muß mehr leisten als kleine Korrekturen und Ergänzungen, sie muß der revolutionären Wende des Jahres 1989 gerecht werden, die die erste Auflage radikal „veraltet" hat. Nicht nur die für Ausländer meist kaum verständliche Reduktion Berlins auf die Westhälfte der Stadt kann jetzt überwunden werden, auch die Sichtweise auf die Wohnquartiere selbst hat sich neuen Fragen zu stellen. Die Kenntnis der Wohnanlagen von gestern ist nicht mehr nur von historischem Interesse, sie ist auch unverzichtbar für den geplanten Bau neuer großer Wohnquartiere in Berlin. Zugleich entsteht mit dem - aus westlicher Sicht - neuen Blick auf Ost-Berlin auch das Problem der Dokumentation und Wertung des quantitativ höchst bedeutsamen Bestands industrieller Wohnungsbauproduktion - eines Erbes, das im Architekturführer der DDR große Aufmerksamkeit beanspruchen konnte, in den Dokumentationen nach 1989 aber weniger Interesse fand.

Die Bewertung dieses ungeliebten DDR-Erbes erfordert eine Überwindung der pauschalen, platten, aber modischen Vorurteile von heute. Bei der Diskussion um eine angemessene Wertung geht es nicht in erster Linie um eine Abrechnung mit dem „sozialistischen" Wohnungsbau, sondern um eine Auseinandersetzung mit dem Konzept der Wohnungsreform überhaupt, einem Konzept, das die Berliner Wohnungspolitik in diesem Jahrhundert entscheidend beeinflußt hat. Innerhalb dieses Konzepts spielten die Strategien der Industrialisierung des Wohnungsbaus und der sozialen Egalisierung der Wohnverhältnisse eine herausragende Rolle. Die DDR-Produkte des industrialisierten Bauens bilden die jüngste Variante der verschiedenen Visionen eines NEUEN BERLIN, das die unsoziale, verhaßte Stadt des späten 19. Jahrhunderts ablösen sollte. Wohnungsbau als Sozialpolitik - das war die wichtigste Maxime der wohnungspolitischen Experimente unseres Jahrhunderts.

### Die Mietskasernenstadt vor dem Ersten Weltkrieg im Spiegel der Kritik

In städtebaulicher Hinsicht ist Berlin vor allem als „größte Mietskasernenstadt der Welt" (Werner Hegemann) bekannt geworden. Wie kaum eine andere Hauptstadt Europas prägen Berlin die Stadterweiterungen der Kaiserzeit aus dem letzten Drittel des 19. Jahrhunderts, während sich die Reste der vorindustriellen Stadt, der bescheidenen Residenz der preußischen Könige, mit den Altstädten von Wien, Paris oder London in Dimension und Prachtentfaltung nicht messen können. Die steinernen Produkte der fieberhaften spekulativen Bautätigkeit der Kaiserzeit sind so umfassend wie kein anderer Bautyp in der Geschichte kritisiert und verteufelt worden, sie verkörpern in der Optik der baulichen Moderne die Un-Stadt schlechthin, die Verschmelzung von Menschenverachtung und Häßlichkeit.

Die Mietskasernen symbolisierten in den Augen der bürgerlichen Reformbewegungen wie der Sozialdemokratie bereits vor dem Ersten Weltkrieg eine abzulehnende Gesellschaftsorganisation harter sozialräumlicher Widersprüche. Soziale Ungleichheit zeigte sich auf den verschiedensten Ebenen: So wurden großräumig - im wesentlichen bis heute - die „guten" (etwa Wilmersdorf), „mittleren" (etwa Teile von Schöneberg) und „schlechten" Wohnlagen (etwa im Wedding, in Prenzlauer Berg oder Friedrichshain) durch unterschiedliche Typen der Bebauung festgeklopft. Auf Blockebene spiegelte in den Mietshausvierteln das Verhältnis von Vorderhaus- und Hinterhofwohnung ein starkes soziales „Gefälle" wider. Innerhalb eines Mietshauses gab es bessere (z.B. die „Beletage") und schlechtere (z.B. die Keller- und Dachgeschoßwohnungen) Stockwerkslagen. In den Arbeiterwohnungen hausten neben den Hauptmietern noch „Aftermieter", etwa die berühmt-berüchtigten „Schlafburschen", in den herrschaftlichen Wohnungen des Bürgertums wurden die Dienstmädchen in einer Kammer oder einem Hängeboden untergebracht.

Träger des unsozialen Massenwohnungsbaus dieser Jahre war ein Interessenblock im Wohnungswesen, der sich um eine ausschließlich private Boden- und Bauspekulation mit den Großbanken im Zentrum herausgebildet hatte. Der Anteil des Staates war bescheiden, passiv: Durch Infrastrukturinvestitionen (stadttechnische Anlagen, aber auch Theater, Schlachthofanlagen usw.) wurden großräumige Lagedifferenzen in der Regel bestätigt, durch Bauordnungen und Bebauungspläne wurde der Rahmen für das private Geschäft großzügig abgesteckt. Die Wohnungsbelegung (bzw. -überbelegung) wurde über den Markt geregelt, Mieterschutz und Mietpreisbindung waren unbekannt.

Die Gestalt der „Mietskasernen" verschleierte all diese Verhältnisse. „die hohen Häuserzeilen", so der Stadtbaukritiker Joseph August Lux 1908, „sind stucküberladen und ornamentiert, wie einstens nur die Paläste, und es scheint, als ob es ein herrliches Dasein wäre in einer solchen Stadt. Beim näheren Zusehen aber entpuppt sich die ganze Großzügigkeit als Lüge und Maskerade. Ein einziger Blick in die Hofräume genügt, um das Elend der großstädtischen Wohnungsverhältnisse, das sich hinter dieser Scheinarchitektur verbirgt, zu offenbaren."

Diese immer wieder beschriebene „Verlogenheit" der Architektur macht die schroffe ästhetische Ablehnung der Bauten der Kaiserzeit durch sozial engagierte Reformer verständlich. Die „Mietskasernen" waren in den Augen der Reformer nicht mehr heilbar, sanierbar. So träumte der Architekturkritiker Karl Scheffler bereits 1910 in einem utopischen Szenario von dem „idealen Bürgermeister" Berlins, der die ihm eingeräumte „Freiheit" dazu nutzt, „rücksichtslos" durchzugreifen, „halb Berlin und das Meiste in den Vororten niederzureißen und unter strenger Aufsicht die häßliche neue Großstadt als eine schöne neue Großstadt wieder aufzubauen".

**Beginn einer sozialstaatlichen Wohnungspolitik in der Weimarer Republik**

Erst der Erste Weltkrieg und die folgende Revolution brachten das Wachstum der Mietskasernenviertel zum abrupten Stillstand. Die bis dahin oppositionelle Kritik avancierte jetzt zum Staatsprogramm. Dem Staate wurde seither die Aufgabe zugewiesen, die überkommenen ungleichen Wohnverhältnisse sozialstaatlich abzumildern. „Wohnungsreform" bedeutete in diesem Sinne aktiver staatlicher Eingriff in den Wohnungsneubau durch restriktive Bauordnung, finanzielle Förderung mit der Verpflichtung, bestimmte Normen und Standards einzuhalten, und vor allem Institutionalisierung eines neuen Trägers des Wohnungsbaus - der gemeinnützigen Wohnungswirtschaft. Damit war der „soziale Wohnungsbau" begründet. Ziel war jetzt die relativ gleiche Massenwohnung, die großräumige, kleinräumige und gebäudeinterne Qualitätsdifferenzen minimiert.

Doch die Hoffnung auf eine soziale Alternative zur Mietskaserne ließ sich nur in Ansätzen erfüllen. Zwar signalisierte etwa die Siedlung Onkel-Toms-Hütte in dem großbürgerlichen Zehlendorf einen durchaus harten Bruch mit der aus der Kaiserzeit überkommenen Verteilung der Wohnlagen und eine beachtliche Angleichung der inneren Wohnverhältnisse über Siedlungsgrundriß, Raumprogramm und Ästhetik, bezahlbar waren diese Wohnungen für die einfachen Bewohner der „Mietskasernen" allerdings ebensowenig wie in anderen Neubauten der Weimarer Republik. Darüber hinaus war ausländischen Bürgern der Zugang zu solchen Neubauwohnungen verschlossen. Begleitet wurde die aktive Neubaupolitik durch eine passive Bestandspolitik (Mieterschutz, Mietpreisbindung, kommunale Belegungsrechte), die die Wohnverhältnisse in den Mietskasernen verbesserte, ohne die baulichen Verhältnisse und die Wohnungsstandards zu verändern.

Eine „Modernisierung" der Mietskasernen schien auch den Reformern der Weimarer Republik unmöglich. Bruno Taut, der berühmte sozial engagierte Architekt der 20er Jahre, verwies 1927 auf „jenes entsetzliche Gewirr von engen Höfen in Hinter- und Seitenhäusern, ... jene furchtbaren Schluchten, jene grauenhaften Rattenlöcher ... Das neue Bauen wird aber weiter um sich greifen, man wird diese Dinge eines Tages nicht mehr ertragen können und man wird schließlich dazu schreiten, sie - niederzureißen." Leider, so klagte Karl Scheffler im Jahre 1931, fehlen die Mittel, „das Häßliche und Schädliche einfach zu beseitigen".

## Vorbereitungen zur gewaltsamen Modernisierung der Wohnverhältnisse in der NS-Zeit

Die Instrumente und Prinzipien der „Wohnungsreform" - etwa gemeinnützige Wohnungswirtschaft, Mieterrechte, relativ gleiche Neubauwohnungen, Kritik der „Mietskasernen" - wurden auch von den Nationalsozialisten programmatisch hochgehalten. Bereits Ende 1934 - das ist bis heute noch wenig bekannt - wurde mit der Planung der Erneuerung der „roten" Mietskasernenviertel stadtweit begonnen. Auf die Anweisung an die Bezirke hin, mögliche Sanierungsgebiete anzuzeigen, schlug etwa der Neuköllner Bezirksbürgermeister die Sanierung des „Blocks Jäger-, Berg-, Kopf-, Hermannstr." vor, eines Gebietes, das sich mit dem späteren Sanierungsgebiet Neukölln-Rollberge überschneidet. Wichtiges Ziel der Stadterneuerung war die Beseitigung des „Nährbodens" des Kommunismus: „Je schlechter die Wohnverhältnisse, um so öder und langweiliger die Umwelt, desto besser der Nährboden für die staat- und volkszerstörenden Irrlehren" (Erich Frank 1939).

Nach der Ermächtigung Speers wurde im Rahmen des „Programms für die Neugestaltung Berlins" das Ziel der Auflockerung der Bevölkerungsdichte in der Innenstadt verkündet. „Während in Bezirken wie Wedding, Prenzlauer Berg oder Kreuzberg heute noch rund 400 Menschen auf den Hektar kommen, werden es in Zukunft nach Möglichkeit nicht mehr als 150 sein dürfen." (Speer 1938) Damit war das egalisierende Hektardenken als ein zentrales Kriterium der Stadtentwicklung öffentlich proklamiert.

Voraussetzung für die geplante Auflockerung war der Bau gigantischer Neubausiedlungen weit draußen an der städtischen Peripherie. Die Planungen für solche Siedlungen blieben aber Papier. Dennoch wurden bis zum 2. Weltkrieg keineswegs wenige Wohnungen gebaut - nicht nur am Grazer Damm. Ein beachtlicher Teil des Wohnungsneubaus blieb allerdings privilegierten Gruppen bzw. durch Großprojekte verdrängten Bewohnern vorbehalten, während Antifaschisten, Juden u.a. gewaltsam aus ihren Wohnungen vertrieben wurden. Damit erreichten die nicht über den Markt vermittelten positiven und negativen sozialen Diskriminierungen ihre schrecklichste Zuspitzung.

Der Zweite Weltkrieg verschob das Feld der Versprechungen weg vom Wohnungsneubau und der Sanierung. Zu Beginn der 40er Jahre - mitten im Krieg - wurde der soziale Massenwohnungsbau weitgehend unbeachtet von der Öffentlichkeit technokratisch für die Zeit nach dem „gewonnenen Kriege" im großen Stile vorbereitet. Die Zerstörung eines großen Teiles des Wohnungsbestandes im Zweiten Weltkrieg bildete den Schlußpunkt dieser Wohnungspolitik, die das Banner der Sozialstaatlichkeit in pervertierter Form weitergetragen hat.

## Wiederaufbauära mit „aufgelockertem" sozialen Wohnungsbau

Die Kriegszerstörungen nährten die Hoffnungen der Stadtplaner der Nachkriegszeit, mit dem „steinernen Berlin" endlich aufräumen und eine neue, sozialere „Stadtlandschaft" gestalten zu können. „Erfreulicherweise", so der Herausgeber der Fachzeitschrift Neue Bauwelt, Hans Josef Zechlin, „gehört zur Fülle der Verluste auch die Menge des Verfehlten und Häßlichen, so daß der Städtebauer manches Ruinenfeld mit wehmütigem Lächeln begrüßt." (Zechlin 1946)

Die zentrale Parole auch des Wiederaufbaus lautete: Auflockerung - also weniger Bewohner in weniger Wohnhäusern der Innenstadt. Wie die „neue Stadt" allerdings gestaltet werden sollte, war in Berlin nach der Spaltung der Stadt bald umstritten. In den 50er Jahren wurde der Wohnungsbau zu einem Gegenstand des Kalten Krieges. Mit großem propagandistischem Aufwand wurden in Ost-Berlin die Wohnpaläste der Stalinallee errichtet - die „sozialistische" Antwort auf die Mietskasernenviertel des Berliner Ostens. Erst Jahre später folgte die West-Berliner Antwort: der Bau des Hansaviertels im Rahmen der ebenfalls propagandistisch ausgeschlachteten Internationalen Bauausstellung 1957. Voll Zuversicht über die Entstehung einer „nivellierten Mittelstandsgesellschaft" wurden nicht nur im Hansaviertel relativ gleiche Wohnanlagen geschaffen, deren interne Differenzierung nicht mehr Klassenunterschiede, sondern Unterschiede in den Lebenslagen (junge Einzelbewohner, Kleinfamilien, Rentner) ausdrücken sollten.

Die neuen innerstädtischen Wohngebiete sollten - auch im Hinblick auf die städtebauliche Systemkonkurrenz mit Ost-Berlin - demonstrieren, wie die gesamte Innenstadt, also auch die nichtzerstörten Mietskasernenviertel, in Zukunft aussehen könnte. Die Bewohner der Mietskasernen, so eine Broschüre des Senators für Bau- und Wohnungswesen aus dem Jahre 1957, „in den Bezirken Wedding, Kreuzberg, Tiergarten, Schöneberg und Neukölln haben ebenfalls das Recht auf eine sonnige Wohnung, auf ein Badezimmer, auf einen grünen Hofraum und auf Spielplätze für ihre Kinder."
Die Auflockerung der Innenstadt sollte durch Neubaumaßnahmen an der Peripherie kompensiert werden. Tatsächlich wurde in den späten 50er Jahren in West-Berlin vor allem am Stadtrand gebaut - mit öffentlichen Subventionen, mit öffentlich festgesetzten Standards, unter der Trägerschaft der gemeinnützigen Wohnungsunternehmen.

**Radikaler Stadtumbau in der Wachstumsära**

In bislang einmaliger Weise wurde in der Ära des städtischen Wachstums seit den 60er Jahren die Kritik an den überkommenen unsozialen Wohnverhältnisse praktisch und die Vision eines neuen, aufgelockerten, sozialeren Berlin in West wie Ost gewaltsame Realität: Der Bau von Großsiedlungen an der Peripherie und die Kahlschlagsanierung in der Innenstadt sollten die Lagedifferenzen der „alten" Stadt ausgleichen. Der sozialstaatliche Wohnungsbau erreichte seinen Gipfelpunkt.

In Ost-Berlin wurden seit den 60er Jahren die heute noch die Innenstadt prägenden Wohngebiete auf den Trümmern der Reste der alten Stadt geschaffen - so etwa der westliche Abschnitt der Karl-Marx-Allee, die Fischerinsel, der Leninplatz. Während in den 70er Jahren die gewaltsame städtebauliche Modernisierung der Innenstadt an Bedeutung verlor, kam der Bau riesiger Neubaugebiete weit draußen an der Peripherie erst richtig in Gang und wurde bis zum Ende der DDR fortgesetzt. Das unterscheidet die Ost-Berliner grundsätzlich von der West-Berliner Situation.

In West-Berlin nämlich bezeichnet der Bau von Großsiedlungen wie Märkisches Viertel, Gropiusstadt und Falkenhagener Feld den Höhe- wie Endpunkt der Konzeption der relativ gleichen Massenwohnung wie des industrialisierten Bauens. Träger des Siedlungsbaus waren weiterhin die gemeinnützigen Wohnungsbauunternehmen. Adressat waren nicht mehr nur aufstiegsorientierte Sozialmieter wie bei den Siedlungen der zweiten Hälfte der 50er Jahre, sondern zunehmend, auch durch die Politik der Kahlschlagsanierung, verdrängte Mieter. Die Probleme, die im Zuge des Baus der Großsiedlung „Märkisches Viertel" auftraten, führten zwischen 1968 und 1972 zur Begründung der sozialen, stadtteilbezogenen Protestbewegungen in West-Berlin. Im Rahmen dieser Proteste polarisierten sich die Einschätzungen der Großsiedlungen. Von sozialwissenschaftlicher, aber auch von architektonischer bzw. stadtplanerischer Seite wurde erstmalig die vorherrschende Vision einer „modernen" Wohnsiedlung grundsätzlich in Frage gestellt.

Mit dem Bau der Großsiedlungen an den Peripherien korrespondierte die Kahlschlagsanierung in der Innenstadt. 1963 wurde in West-Berlin das Erste Stadterneuerungsprogramm verkündet, nach dem 56.000 Wohnungen saniert werden sollten. Daß dabei vor allem an Abriß und Neubau gedacht war, wurde unmißverständlich ausgesprochen. Soziales Kriterium für die Beurteilung „schlechter" Wohnlagen waren die Anteile von alten Menschen, armen Menschen und später von Ausländern (die berühmten drei AAA) an der Wohnbevölkerung. Katrin Zapfs Feldzug gegen das Milieu von „Alter, Armut und Unbildung" im Sanierungsgebiet Wedding-Brunnenstraße 1969 formuliert exemplarisch das sozialautoritäre Stadterneuerungsprogramm der 60er Jahre.

Die heftigen Proteste gegen die herrschende Wohnungspolitik an der Wende der 60er zu den 70er Jahren erzwangen eine schrittweise Aufgabe des bislang dominanten Kahlschlagkonzeptes: zuerst die Rehabilitierung der Blockrandbebauung (bei weiterem Kahlschlag - Entkernung genannt - im Blockinneren), dann die Rehabilitierung des Hinterhofes. Die Hausbesetzungen an der Wende zu den 80er Jahren beschleunigten diese Rehabilitierungen ungemein. Die Neuorientierung im Sinne einer Wiederentdeckung auch städtebaulicher Qualitäten der Stadt des späten 19. Jahrhunderts war aber natürlich nicht nur kulturell begründet. Die Stadterneuerung alten Typs erwies sich sozial, politisch und ökonomisch als immer weniger durchsetzbar. Das Konzept der „behutsamen Stadterneuerung" fand nicht nur mehr Akzeptanz, sondern war für die öffentliche Hand - insgesamt betrachtet - auch kostengünstiger.

Als in West-Berlin um eine Korrektur der Erneuerungspraxis noch heftig gerungen wurde, begann in Ost-Berlin ohne öffentliche Diskussion bereits eine neue Ära der Stadterneuerung. Mit dem Beginn der komplexen Rekonstruktion am Arnimplatz (Prenzlauer Berg) und Arkonaplatz (Mitte) um 1973 wurden erste Erfahrungen mit einer - im Vergleich zur damaligen Praxis in West-Berlin - durchaus behutsameren Variante der Stadterneuerung gewonnen.

**Antworten auf die Krise sozialautoritärer Wohnungsversorgung**

Erst seit den 70er Jahren war in West- wie Ost-Berlin ein Prozeß der partiellen Rehabilitation der „alten" Stadt zu beobachten. Dies zeigte sich nicht nur am zunehmenden Umfang der Erhaltung kaiserzeitlicher Gebäude und der neuen Wertschätzung der Korridorstraße, des fassadengesäumten Stadtplatzes, ja sogar des Hinterhofes, dieser Prozeß äußerte sich auch bei der Produktion neuer Wohnanlagen: in Ost-Berlin etwa beim Bau des Nikolaiviertels und bei der „komplexen Rekonstruktion" einiger Altbauquartiere, in West-Berlin etwa im Rahmen der „Rekonstruktion der Stadt" bzw. der „Stadtreparatur" der Internationalen Bauausstellung in der Innenstadt und bei der Organisation neuer Siedlungen am Stadtrand.

Die Krise des sozialstaatlichen Wohnungsbaus in West-Berlin zeigte sich in den 80er Jahren aber auch im Machtverfall der gemeinnützigen Wohnungswirtschaft, in der Abkehr von der Idee der aufgelockerten Stadt, in der Orientierung an den neuen Mittelschichten, in der Abkehr von Dimension und Gestalt des Massenwohnungsbaus der „Nachkriegsmoderne" und in der Aufgabe der Mietpreisbindung.

Eine Kehrseite der Rehabilitation der „alten" Stadt war nämlich - anders als in Ost-Berlin - die tiefgreifende kulturelle Entwertung des Nachkriegswohnungsbestands, die den zweifellos unerwartet rasch fortschreitenden baulichen Verfall dieses Bestandes bei weitem überholt hat. Die Siedlungen der 50er, 60er und frühen 70er Jahre am Stadtrand und die Großwohnanlagen der 60er/70er Jahre in der Innenstadt sind heute in gewissem Sinne die Nachfolger der Mietskasernen. Sie gelten pauschal und überzogen als unmenschliche Wohnstätten, als Orte, deren Bewohner oft als Spießbürger und rechtsextremistisches Wählerpotential diffamiert werden.

Soziale Aufwertungsprozesse („Gentrification") in einigen City-nahen Gebieten der Kaiserzeit (über Umwandlung von Miet- in Eigentumswohnungen, Modernisierungsmaßnahmen, Fassadenneugestaltungen usw.), begrenzter Wohnungsneubau vor allem für Mittelschichten, Wiederentdeckung und -betonung großräumiger Lagedifferenzierungen, eine neue Form und Wertschätzung ästhetischer Momente und vor allem die Delegation des Wohnungsangebotes an den wieder hoffähig gewordenen „Markt" kennzeichnen die West-Berliner Entwicklung.

**Anforderungen an eine sozialorientierte Wohnungspolitik heute**

Vor diesem Hintergrund steht eine Wohnungspolitik für Gesamtberlin mit sozialem Anspruch vor schwierigen Problemen. Zweifellos ist der autoritäre sozialstaatliche Wohnungsbau, der durch die Zerstörung bestehender ungleicher Wohnarchitektur und den Neubau relativ gleicher, massenhaft gestapelter Sozialwohnungen gesellschaftlichen Ungleichheiten im Wohnungsbereich entgegensteuern wollte, gescheitert. Eine soziale Wohnungspolitik muß heute anderen Prinzipien folgen.

Voraussetzung für eine neue Wohnungspolitik ist die endgültige Absage an die Vision eines „NEUEN BERLIN", das sich auf den Trümmern der alten Stadt verwirklicht, also die Anerkennung der „Gleichzeitigkeit des Ungleichzeitigen" in der Stadt. Anerkennung darf aber sicher nicht bedeuten: zynische, unsoziale Verherrlichung von unzumutbaren Wohnverhältnissen. Dies gilt insbesondere angesichts mancher Wohnbedingungen im Ostteil der Stadt. Notwendig ist auch die Abkehr von der Vorstellung, gesellschaftliche Ungleichheiten durch Wohnarchitektur beseitigen oder gesellschaftliche Aufstiegsprozesse durch Zwangskarrieren beflügeln zu können. Möglich und notwendig ist unter den gesellschaftlichen Verhältnissen der „sozialen Marktwirtschaft" nur eine Milderung sozialer Ungleichheit im Wohnbereich. Diese Möglichkeit muß aber auch voll genutzt werden.

Leitbild sollte also nicht mehr - wie in den Visionen der städtebaulichen Moderne - eine Wohnlandschaft mit relativ gleichen Wohnungen sein, die alle historischen, sozialen und kulturellen Besonderheiten des konkreten Ortes ausgelöscht hat, sondern die Schaffung möglichst gleichwertiger Wohnlagen, die die Besonderheiten der einzelnen Wohngebiete betont und die die dort wohnenden und arbeitenden Menschen in den Bestandsentwicklungsprozeß einbezieht.

Die Anerkennung der „multikulturellen Stadt" setzt die Kenntnis der verschiedenen städtebaulichen Facetten voraus, die nüchterne Analyse ihrer Qualitäten und Mängel. Doch von einem solchen realistischen Überblick über die im Gebrauch deutlich gewordenen Potentiale des Bestandes sind wir heute noch weit entfernt. Das vorliegende Buch setzt sich angesichts dieser Mangellage ein erstes Ziel: Es entfaltet das breite Spektrum der Wohnungsbestände in Gesamtberlin ohne Vorab-Diskriminierungen. Dabei konzentriert sich die Darstellung auf die Alternativen zur Mietskasernenstadt, auf die Alternativen für das Bürgertum und den Adel (Villenviertel), auf die Alternativen für den Mittelstand und einige Facharbeiter (Siedlungen der Zwischenkriegszeit), auf die Alternativen für die breiten Schichten des Volkes (Nachkriegsbestand) und schließlich auf das Angebot für die neuen Mittelschichten in West-Berlin (Anlagen der 80er Jahre), das sich seinerseits in harten Widerspruch zum Nachkriegsbestand setzt.

Die Auswahl ist bei einem solchen Vorhaben immer ein Problem: Sie muß sich orientieren an den überkommenen Klischees (Wohnungsbau der 20er Jahre = Großsiedlungen des Neuen Bauens), diese aber zugleich abbauen (Wohnungsbau der 20er Jahre = vor allem Siedlungen jenseits des Neuen Bauens). Sie setzt detaillierte Forschungsarbeiten zu einzelnen Siedlungen voraus, die aber - nicht nur für Ost-Berlin - oft nicht vorhanden sind. Sie kann natürlich listenartige Überblicke nicht ersetzen, wie sie etwa in „Berlin und seine Bauten Teil IV Wohnungsbau Band A" geleistet worden sind - dort allerdings nur bis Ende der 60er Jahre (Erscheinungsjahr des Bandes 1970). Sie erweitert in städtebaulicher Hinsicht die meist engen architektonischen Betrachtungen, wie sie etwa in den Bänden „Bauen seit 1900 in Berlin" (1968), „Architekturführer DDR: Berlin - Hauptstadt der Deutschen Demokratischen Republik" (1974), „Bauen der 70er Jahr in Berlin" (1981) und „Berlin - Architektur von Pankow bis Köpenick" (1987) sowie im Architekturführer Berlin (1989) vorgeführt werden. Sie setzt schließlich Versuche einer Erfassung der „einen Großstadtraum prägenden Stadtlandschaften" fort, wie sie mit dem „Topographischen Altlas Berlin" (1987) begonnen wurde.

Der mit diesem Band vorgelegte Überblick über die verschiedenen Facetten des Wohnungsbestandes Berlins sollte vor allem als fachlicher Stadtführer genutzt werden - von Studenten wie Studierten. Als Stadtführer, der auch auf bisher weniger Bekanntes, auf zu Unrecht Unbeachtetes verweist. Als Stadtführer, der die Notwendigkeit einer behutsamen Bestandsentwicklungspolitik für sämtliche städtebauliche Facetten unterstreicht. Die Kenntnis dieser Facetten ist eine, wenngleich sicher nicht die einzige Bedingung für die Abkehr von der Planungskultur gewaltsamer Erneuerungsstrategien der Vergangenheit, aber auch eine Bedingung für eine vernünftige Planung neuer großer Wohnquartiere.

Harald Bodenschatz

Berlin, im Januar 1994

## Zur Geschichte der Berliner Siedlungen - ein Überblick

Mietshaus und Villa sind die beiden Pole der Berliner Wohnungsbauentwicklung im letzten Drittel des 19. Jahrhunderts[1] : das steinerne und das grüne Berlin. Während innerhalb des S-Bahnringes die „größte Mietskasernenstadt der Welt" (Hegemann) überwiegend[2] für die einfachen Leute entsteht, lebt das einigermaßen wohlhabende und das reiche Bürgertum Berlins, der Adel und die höheren Beamten in den zahlreichen Villenvorstädten.

Für die große Masse der Berliner ist das auf spekulativer Basis errichtete Mietshaus die zumeist überbelegte und sanitär schlecht ausgestattete Wohnstatt. Demgegenüber kann sich nur ein kleiner Teil der Bevölkerung in den locker bebauten Villenkolonien weit vor den Toren Berlins eine privilegierte Wohn- und Lebensumwelt leisten.

**Villenvororte**

Die ersten Berliner Villenkolonien entwickeln sich im frühen 19. Jahrhundert am südlichen Tiergartenrand, auf dem Gelände des späteren Diplomatenviertels. Später gründen Berliner Bürger die Colonie Alsen zwischen dem großen und kleinen Wannsee auf halbem Wege von Berlin nach Potsdam. Dort entsteht die „erste genuin bürgerliche Stadtgründung Preußens"[3]. Die eigentliche Entwicklung der Villenvorstädte setzt in der Mitte der 60er Jahre des vorigen Jahrhunderts ein, als im Westen, Süden und Südosten, weit vor den Toren Berlins, Kolonien gegründet werden.

Mit der Etablierung der Villenkolonien erschließen sich die privilegierten Bevölkerungsgruppen der Stadt die Möglichkeit, dem steinernen Berlin den Rücken zu kehren. Die entstehenden Eisenbahnlinien gewährleisten eine gute Verbindung der Vororte mit Berlin, die wegen der Beibehaltung des Arbeitsplatzes in der Stadt notwendig ist. So sorgt der Initiator der Villenkolonie Lichterfelde bereits 1868 dafür, daß eine Eisenbahnhaltestelle angelegt wird. Auf Grund der Bevölkerungszusammensetzung ergeben sich in den Vororten geringere Kommunalsteuern als in Berlin, da dort zum Beispiel keine Armen zu versorgen sind. Sowohl die Steuerdifferenz als auch die landschaftlich reizvolle Lage der Villenkolonien sowie der von den Terraingesellschaften geförderte Ausbau der lokalen Infrastruktur (von der Mittelschule bis zum Konzertsaal) Straßen und Stadttechnik stellen erhebliche Anreize zur Ansiedlung dar.

Wegbereiter bei der Anlage von Villenvororten in der Umgebung Berlins sind der Bodenspekulant Quistorp 1866 mit der Gründung der Kolonie Westend in Charlottenburg, die im „Gründerkrach von 1873 bereits ein schmähliches Ende zu nehmen drohte"[4], und zur gleichen Zeit der Hamburger Carstenn, der nach englischen Vorbildern unter anderen die Kolonien Lichterfelde und Friedenau gründet. Carstenn erklärt 1869 anläßlich eines Besuchs Wilhelms I. in Lichterfelde, daß Berlin nach den Ereignissen von 1866 zur ersten Stadt des Kontinents berufen sei, „was seine räumliche Ausdehnung anbelangt, so muß Berlin und Potsdam eine Stadt werden, verbunden durch den Grunewald als Park".

Die ersten Villenkolonien sind symmetrische Anlagen mit einheitlichem, meist orthogonalem, Straßensystem, in das geometrische Schmuckplätze eingefügt sind.[5] Später weisen die Straßen einen eher geschwungenen Verlauf auf, um malerische Wirkungen zu erzielen. Dies gilt für die westlichen Teile der Kolonie Grunewald sowie für Nicolassee, Dahlem, Zehlendorf-West und andere. Die Grundstücksstruktur ist differenziert: Neben „Prachtlagen", wie zum Beispiel am Branitzer Platz in Westend, gibt es auch kleinere, weniger herausgehobene Standorte.[6] Die Straßen sind baumbestanden, die Kolonien durch großzügige Parzellen teils parkartig gestaltet, und die Natur wird möglichst weit einbezogen. Bisweilen schafft man auch künstliche Naturräume, wie die Seenkette der Kolonie Grunewald.

Zu den beiden vorherrschenden Bauformen der Vorstädte, der Villa und dem später von England beeinflußten Landhaus, führt Hermann Muthesius aus: „Die Villa, deren Glanzzeit in Deutschland etwa die achtziger und neunziger Jahre ausfüllt, trat hoch aus dem Boden heraus, sie hatte, die städtische Bauart übernehmend, ein bewohntes

Untergeschoß. Sie richtete ihre (repräsentative, d.V.) Fassade und die dahinter liegenden Wohnräume nach der Straße. Das Landhaus dagegen wendet seine Wohnseite nicht der Straße, sondern dem Garten und der Sonne zu, und die Bewohner können ‚ebenerdig ins Freie treten'."[7]

Der eigenständige Charakter der Vororte läßt sich an Lichterfelde gut demonstrieren: Neben den Bahnhöfen entstanden Schulen, Dienstleistungsangebote und ein Ladenzentrum, der „Bazar" am Bahnhof Lichterfelde-West. Sogar die erste elektrische Straßenbahn Deutschlands wurde in Lichterfelde betrieben. Und um noch ein Beispiel zu nennen: Die „Dirigenten und Virtuosen Berlins konzertierten alle auch in Lichterfelde".[8]

## Mietshausbebauung

Die Entstehung und Verwertung der Mietskaserne ist gekoppelt an den Verlauf der industriellen Revolution seit der ersten Hälfte des 19. Jahrhunderts. Bestimmende Gewerbezweige der Berliner Wirtschaft sind damals die Textil- und Bekleidungsindustrie sowie das metallverarbeitende Gewerbe. Die Wohngebäude für die aus den ländlichen Regionen - insbesondere aus Pommern, Schlesien und Ostpreußen - zuziehenden Arbeiter werden zunächst, wegen des Fehlens eines billigen Massenverkehrsmittels, in unmittelbarer Nähe zu den Produktionsstätten errichtet. Viele Unternehmer erwerben auch solch große Grundstücke, daß unmittelbar neben den Fabriken Werkswohnungen für die Arbeiter gebaut werden können. Zahlreiche Arbeitnehmer geraten dadurch in eine doppelte Abhängigkeit vom Unternehmer.

Berlin hat um die Mitte des 19. Jahrhunderts 450.000 Einwohner und wird schon, kurz nachdem es Reichshauptstadt geworden ist, Millionenstadt.[9] Vor dem Hintergrund dieser „historisch beispiellosen Bevölkerungsbewegung"[10] bereiten die Baupolizeiverordnung von 1853 und der Bebauungsplan von 1862 die Erschließung und spekulative Aufwertung riesiger Stadterweiterungsflächen vor. J. Hobrecht erhält 1858 vom Berliner Polizeipräsidenten den Auftrag, einen Erweiterungsplan für die Stadt aufzustellen, der 1862 fertiggestellt wird. Dieser später so genannte „Hobrechtplan" ist ein Straßenplan mit einem sehr weitmaschigen, rechtwinkligen Straßenraster (mit 200 bis 400 m langen und 150 bis 200 m tiefen Blöcken), dessen charakteristische Merkmale neben den breiten Straßenzügen viereckige oder polygonale Plätze sind. Hobrecht

Hobrechtplan von 1862

übernimmt wesentliche Straßenzüge - z.b. den „Generalszug" - aus dem von Lenné 1843 bearbeiteten Plan „Schmuck- und Grenzzüge der Residenz"[11].

Die Bebauung auf den durch den Hobrechtschen Bebauungsplan ermöglichten tiefen Grundstücken erfolgt in der Regel mit Vorderhaus, Seitenflügeln und Quergebäuden häufig um mehrere Hinterhöfe. Die Bauordnung von 1853 läßt die Überbauung des ganzen Grundstückes zu - lediglich Höfe von 5,30 x 5,30 m sind ausgenommen, um feuerpolizeilichen Bestimmungen zu genügen (das Wenden der Feuerwehrspritze muß möglich sein). 1887 wird in einer neuen Bauordnung die Mindestgröße der Höfe auf 60 qm festgelegt. Dies stellt auch keine wesentliche Verbesserung dar, weil bereits vorher trotz möglichst intensiver baulicher Grundstücksnutzung selten ein Hinterhof nach den Mindestmaßen der Bauordnung von 1853 gebaut wurde.[12]

Die Vorderhausfassaden der Wilhelminischen Miethäuser sind in der Regel mit Stuckelementen reich dekoriert. In den ersten zwei Obergeschossen des Vorderhauses befinden sich vielfach die besseren, im Keller und unter dem Dach die schlechteren Wohnungen; zum Hinterhof hin liegen die schlechtesten Wohnungen. Die typische Miethausbebauung wird auf privatspekulativer Basis gürtelförmig um die alte Stadt vorangetrieben, und es entsteht das von W. Hegemann so genannte „steinerne Berlin". Diese dichte, hohe Miethausbebauung liegt innerhalb des S-Bahnringes, den Posener als die moderne Stadtmauer bezeichnet.[13] Die Wohnbedingungen in den meist erheblich überbelegten Wohnungen sind dramatisch. Hinzu kommt die zum Teil schlechte Ausstattung und die kurze Verweildauer in den Wohnungen. Um die Miete zahlen zu können, muß häufig untervermietet werden. Das Wohnungselend ist bald Gegenstand heftiger Kritik, die zu verschiedenen Reformansätzen führt.

**Reformwohnungsbau in Berlin**

Die großstädtische Entwicklung ist in Berlin zwar eindeutig durch das von Bauunternehmern und Terraingesellschaften erstellte Miethaus geprägt, doch gibt es schon früh Reformbestrebungen. „Krankheiten und Seuchen führen zu ersten staatlichen Begrenzungen der Baufreiheit; Gruppen und Vereine beschäftigen sich mit der Wohnungsfrage, besonders mit der Lebens- und Wohnsituation der Arbeiter, und suchen nach realistischen Verbesserungsmöglichkeiten; erste gemeinnützige und genossenschaftliche Baugesellschaften werden gegründet".[14] Dr. V.A. Huber, Professor an der Berliner Universität, fordert 1848 bereits den Bau von Arbeitersiedlungen rings um die Städte. Er gründet die erste Berliner Gemeinnützige Baugenossenschaft, die aber nur 209 Musterwohnungen errichten kann und sich wieder auflöst. Es lassen sich nicht genügend Finanzmittel auftreiben, da die Bebauung aufgelockert wird und weniger Wohnungen mit niedrigem Mietpreis entstehen. Die dadurch bedingten geringen Mieteinnahmen von den Arbeitern ermöglichen keine für die Geldgeber akzeptable Verzinsung.[15]

Gegen Ende des 19. Jahrhunderts werden dann in Berlin eine Reihe neuer gemeinnütziger und genossenschaftlicher Wohnungsbaugesellschaften gegründet. Als Reaktion auf die katastrophalen Verhältnisse des Wohnungsmarkts entstehen die Bau- und Wohnungsgenossenschaften als Selbsthilfeorganisation der Betroffenen. Zu ihren Gründern gehören führende Bodenreformer wie Damaschke und Roscher. Novy unterteilt die faszinierende „Vielfalt der Gründungen und wohnkulturellen Leitbilder"[16] in vier Gruppen: mittelständisch-besitzindividualisierende Richtung (z.B. Berliner Baugesellschaft von 1886), arbeitgebernahe oder Beamtengenossenschaften (z.B. Beamtenbauverein, Wohnungsverein zu Berlin 1900), paternalistisch-sozialreformerische Richtung (z.B. Spar- und Bauverein Berlin 1892, Erbbauverein Moabit 1904) und oppositionell-reformerische Richtung (z.B. Freie Scholle 1895, Arbeiterbaugenossenschaft Paradies 1902).[17] Die großen Wohnungsbaugenossenschaften zählen einige tausend Mitglieder.

Die von den Genossenschaften errichteten Geschoßbauten sind in die Miethausviertel des Hobrechtplanes eingestreut und unterscheiden sich von diesen in dem Bemühen, mehr Licht, Luft und Sonne zu ermöglichen sowie dem Bedarf entsprechend bezahlbare Kleinwohnungen zu errichten. Außerdem haben sie eine bessere

Ausstattung und vermeiden die im Mietshausbau häufigen Kellerwohnungen. Städtebaulich demonstrieren sie, daß „eine Erschließung des Blockinneren mit Wohnstraßen möglich und nicht unwirtschaftlich gewesen wäre, oder daß Hofgemeinschaften mehrerer Grundstücke erträglichere Licht- und Luftverhältnisse hätten schaffen können".[18]

Die Bauformen sind an die Blockrandbebauung angelehnt, wobei unterschiedliche Wege gegangen werden, um die bedrückend engen Hinterhofsituationen zu vermeiden: Bei der Wohnanlage an der Weisbachstraße (Arch.: A. Messel) wird eine Blockrandbebauung mit einem begrünten Innenhof ausgeführt, bei den Charlottenburger Wohnanlagen an der Haeselerstraße und dem Horstweg (Charlottenburg II, Arch.: P. Mebes) wird versucht, durch bepflanzte, zum Teil zur Straße hin geöffnete Wohnhöfe das Hinterhofschema aufzuheben. Ein weiteres Konzept sind innere Blockerschließungen mit Gartenhöfen und Plätzen wie in der Wohnanlage Steglitz II an der Grillparzerstraße, in den Wohnanlagen des Erbbauvereins Moabit, z.B. in Alt-Moabit und in der „Idealpassage" in Neukölln.

## Die Gartenstadtbewegung

Die Deutsche Gartenstadtgesellschaft, 1902 gegründet, stützt sich auf den Erfolg der Howard'schen Vorstellungen, wobei sich die deutsche Gartenstadtbewegung unter Berücksichtigung pragmatischer Durchsetzungsstrategien in wesentlichen Punkten von den Howard'schen Ideen unterscheidet. Gemeinsam ist beiden Vorstellungen die Suche nach einer Alternative zur „Mietskasernenstadt", die Kritik an dem Wachstum der großen Städte und der gleichzeitigen „Entleerung" des Landes. Howard beschreibt die Gartenstadt in seinem 1898 erschienenen Buch „Tomorrow" als Stadt, die gerade groß genug ist, ein städtisches Leben und ökonomische Eigenständigkeit zu garantieren und alle städtischen Funktionen zu beinhalten (ca. 30.000 Einwohner). Der Boden gehört der Gartenstadtgesellschaft, jede Bodenwertsteigerung dient somit der Gemeinschaft. „Das Gemeinschaftsprinzip der Gartenstadtbewegung umfaßte, dem allgemeinen Trend gemäß, ein pädagogisches Moment. Man maß der ‚genossenschaftlichen Erziehung' und dem dadurch ‚gestärkten Gemeinsinn' eine ‚hohe kulturelle Bedeutung' bei."[19] Das von Karl Schmidt gegründete „Hellerau" bei Dresden, für das Richard Riemerschmid zwischen 1906 und 1908 den Bebauungsplan erarbeitete, ist die erste und einzige Gartenstadt, die in dieser Konsequenz von 1909 bis 1914 in Deutschland verwirklicht wird.

Die nächsten deutschen Gartenstadtgründungen, wie Karlsruhe-Rüppurr auf Initiative von H. Kampffmeyer, Leipzig-Marienbrunn oder Essen-Hüttenau, sind vom pragmatischen Kompromißgeist der deutschen Gartenstadtbewegung geprägt, der die progressiven boden- und bevölkerungspolitischen Ideen der englischen Gartenstadtgründer abschwächt. Selbst das wesentliche Merkmal - der Gemeinschaftsbesitz - ist durch die Möglichkeit des Privatbesitzes nicht gewährleistet; auch die wirtschaftliche und politische Autonomie ist nicht gesichert. Die Gartenstadt degeneriert zur Gartenvorstadt. Die 1907 durchgeführte Statutenveränderung der Deutschen Gartenstadtgesellschaft unterstützt den Trend, daß der erweiterte Gartenstadtbegriff zu spekulativen Zwecken genutzt werden kann. Es entwickeln sich immer zahlreichere Gartenvorstädte, die mit dem sozialpolitischen Anliegen der ursprünglichen Gartenstadtbewegung nichts gemein haben.

Die erste im Berliner Raum geplante, aber nur in Teilen realisierte, Gartenstadt ist Falkenberg bei Grünau. 1913 wird auf der Grundlage eines Entwurfs von Bruno Taut in Zusammenarbeit mit Härtel mit der Realisierung begonnen. Sowohl die Planung als auch die Projektierung der Einzelgebäude werden in Bewohnerversammlungen diskutiert und von der Mehrheit der Genossenschaftsmitglieder beschlossen. In der Gartenstadt sind 1.700 Gebäude mit ca. 7.000 Einwohnern vorgesehen. Allerdings werden nur die Planungen für den Akazienhof und für den Gartenstadtweg ausgeführt. Jene Gartenstadt bleibt eine kleine Wohnsiedlung, da sowohl die landwirtschaftliche Nutzung als auch die Arbeitsstätten - beides wesentliche Merkmale der Howard'schen Idee - fehlen.

# Geschichte der Berliner Siedlungen

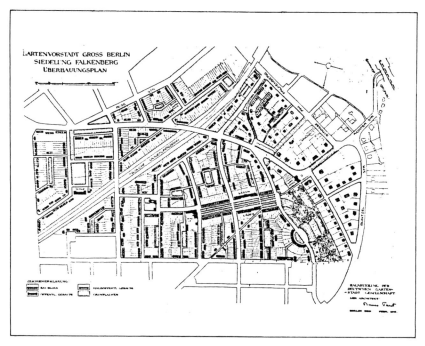

Falkenberg

Eine zweite Gartenstadt wird kurz vorm Ersten Weltkrieg vom Beamten-Wohnungsverein in Zehlendorf gebaut. In der „Gartenstadt Zehlendorf" entstehen im wesentlichen in Baublöcken angeordnete Reihenhäuser, die die in der Mitte liegenden Gärten rechteckig umschließen. Diese von Mebes und Emmerich geplante „Anlage ist bereits in der Art konzipiert, wie die Großsiedlungen der zwanziger Jahre dann angelegt"[20] werden.

Auch die Aufnahme von Fabrikdörfern in das Programm der Deutschen Gartenstadtgesellschaft hat das sozialpolitische Engagement nicht gerade gestärkt. Die in den Jahren 1914 -1916 gebaute Gartenstadt Staaken (Arch.: P. Schmitthenner), eine Werksiedlung der fiskalischen Munitionsanstalten, hat nicht mehr als den Namen mit der eigentlichen Gartenstadtidee gemeinsam. Sie ist eine Gartenvorstadt deutscher Prägung zur Sicherung der Loyalität von Facharbeitern am Vorabend des Ersten Weltkrieges.[21] Mit Staaken erhält die traditionalistisch orientierte Architektur ein bis in die 30er Jahre häufig kopiertes Vorbild.

## Wohnungsbau in den 20er Jahren

In der Zeit nach dem Ersten Weltkrieg spitzt sich der Wohnungsmangel drastisch zu. In Berlin fehlen um 1920 zwischen 100.000 und 130.000 Wohnungen.[22] Auch während der Phase der wirtschaftlichen Stabilisierung 1924 - 1929 und der damit einhergehenden Förderung des Kleinwohnungsbaus verbessert sich die Situation nicht in dem gewünschten Maße.

Die umfassende Reform des Wohnungswesens, vor allem Mieterschutz und Mietpreisbindung sowie Bewirtschaftung des Wohnraums, die Überwindung der alten Wohnverhältnisse und die Verwirklichung neuer Wohnformen sind die zentralen Aufgaben des Programms, dem sich das Neue, aber auch das eher „traditionsgebundene" Bauen der Weimarer Republik stellt. Enorme wohnungspolitische Leistungen werden insbesondere in den sozialdemokratisch regierten Städten erreicht. In den neuen Wohnanlagen - nach sozialen und hygienischen Gesichtspunkten geplant - sollen Enge und Trostlosigkeit der Mietskasernenbebauung überwunden werden. Träger des Wohnungsbauprogramms werden privatrechtlich organisierte, gemeinnützige

Wohnungsbaugesellschaften, an denen die öffentliche Hand (Staat, Gemeinde) oder die Gewerkschaften oft zu 100 % finanziell beteiligt sind. Beispiele neu gegründeter Wohnungsbaugesellschaften zur damaligen Zeit sind: Deutsche Gesellschaft zur Förderung des Wohnungsbaus - DEGEWO, Gemeinnützige AG für Angestellten-Heimstätten - GAGFAH, Gemeinnützige Heimstätten AG - GEHAG.

Zum Teil bereits vor Kriegsende (1918) schafft der Staat - zur Abwehr der Vorboten der Revolution[23] - mit der Verordnung über die öffentliche Wohnraumbewirtschaftung, der Verordnung zur Behebung der dringenden Wohnungsnot, dem preußischen Wohnungsgesetz und dem Reichsheimstättengesetz wichtige Voraussetzungen für den sozialen Wohnungsbau.

Darüber hinaus erfolgt in Abkehr von den liberalistischen Grundsätzen der Kaiserzeit eine direkte öffentliche Wohnungsbauförderung. Die staatlichen Fördermittel werden zunächst durch das allgemeine Steueraufkommen, später durch die Wohnungsbauabgabe auf Althausbesitz und ab 1924 durch die Hauszinssteuer finanziert.[24] Die Vergabe der Hauszinssteuerhypotheken übernimmt die ebenfalls 1924 gegründete Wohnungsfürsorgegesellschaft Berlin (WFG). In Berlin werden von 1919 bis 1923 mit öffentlicher Hilfe nur etwa 9.000 Wohnungen und zwischen 1924 und 1930 weitere 135.000 Wohnungen errichtet.[25] Dabei wird insbesondere der Kleinwohnungsbau (Wohnungen mit 2 bis 2 1/2 Zimmern) gefördert.

Die großen Leistungen im Berliner Wohnungsbau der 20er Jahre sind eng verbunden mit dem Namen Martin Wagner, der ab 1926 Stadtbaurat in Groß-Berlin war. Erstes Siedlungsprojekt Wagners ist die Lindenhofsiedlung (1918 bis 1921), die von der Gemeinde Schöneberg errichtet wird und in gewissem Sinne den Beginn des sozialdemokratisch geprägten Wohnungsbaus markiert, wiewohl die Planungen noch auf die Zeit des Kaiserreichs zurückgehen. Beim Bau der Hufeisensiedlung (ab 1925) wird zum ersten Mal eine rationalisierte Bauweise erprobt.[26] Zeilenbau und Optimierung der Grundrisse sind ebenso Versuchsobjekte wie Serienbauweise sowie teilweise Vorfertigung und Typisierung. Die Mitte der 20er Jahre erprobten rationalisierten Bauweisen werden in der, ebenfalls auf Initiativen von Martin Wagner zurückführenden, heute so genannten Splanemann-Siedlung (1926 bis 1930) weiterentwickelt, die die erste in Deutschland errichtete Plattenbausiedlung darstellt.

Die Qualität der Siedlungen wird auch dadurch bestimmt, daß sich qualifizierte Architekten und Planer für die Probleme des Massenwohnungsbaus engagieren. Wesentlicher sind allerdings die neuen Rahmenbedingungen: gemeinnützige Wohnungswirtschaft als Hauptträger des staatlich subventionierten Wohnungsbaus, die neue Bauordnung und das veränderte soziokulturelle Klima. Der Zeilenbau, - als städtebauliches Leitbild - mit angestrebter Ost-West-Belichtung der Wohnungen, setzt sich immer mehr durch. Die Berliner Siedlungen werden jedoch weitgehend nicht in einer schematischen Anwendung der Zeilenbauweise errichtet. Die Architekten sind bemüht, die topographischen Besonderheiten in die Planung zu integrieren und eine differenzierte Raumbildung zu ermöglichen (z.B. Hufeisensiedlung, Onkel-Tom-Siedlung). Außer Betracht bleibt jedoch, mit Ausnahme der Wohnstadt „Carl Legien" (1929 bis 1930), die Einbindung der Siedlungen in das Gefüge der Gesamtstadt, was demgegenüber beim Gemeindewohnungsbau in Wien und in gewissem Sinne auch in Frankfurt (Main) bei den Planungen Ernst Mays große Bedeutung hatte. Neben dem - für die Weiterentwicklung des Städtebaus wichtigen, wenngleich quantitativ eher untergeordneten - Beitrag des Neuen Bauens entstehen in den 20er Jahren viele andere Siedlungen mit verschiedenen Facetten traditionalistischer Formensprache: vom „bürgerlich gefärbten Gegenentwurf"[27] zur Lindenhofsiedlung von Mebes und Emmerich, die in Zehlendorf-West 1923-1925 die Siedlung „Heidehof" planten, über die nach 1925 östlich der Fritz-Reuter-Allee von der DEGEWO errichtete „traditionalistische" Siedlung (Arch.: Engelmann und Fangmeyer) gegenüber der Hufeisensiedlung, bis hin zur „gemäßigten Moderne" der Siedlungen von O. R. Salvisberg z.B. in Lankwitz an der Seydlitzstraße (1930 - 1931).

Infolge der sich Anfang der Dreißiger Jahre verschlechternden Wirtschaftslage und des auch politisch durch die Regierung Brüning veranlaßten Abbaus der Förderbeiträge für den Wohnungsbau gerät die gesamte Bauwirtschaft ins Stocken. Die „Notsiedlungsbewegung" bildet die letzte Etappe des Wohnungsbaus in der Weimarer Republik[28] Diese wird später von den Nationalsozialisten in veränderter Form als „Kleinsiedlung im Grünen" aufgegriffen.

## Wohnungsbau von 1933 bis 1945

Die Formensprache der 20er Jahre, die „Neue Sachlichkeit", wird in der Zeit des Nationalsozialismus nur in der nüchternen Industriearchitektur fortgesetzt. Demgegenüber wird bei den Repräsentationsbauten ein monumentaler, dem Neoklassizismus verschriebener Stilkanon verwandt. Die Alltagsarchitektur in dieser Zeit hingegen, vor allem der Wohnungsbau, ist zunächst weder monumental noch neoklassizistisch. Sie ist vielmehr gekennzeichnet durch eine bodenständige Bauweise, die aus dem landschaftsgebundenen, traditionalistischen Bauen der Stuttgarter Schule um Bonatz, Schmitthenner und Wetzel erwächst. Die klassische Moderne wird als „Kulturbolschewismus" abgelehnt. Die seit 1928 bestehende Vereinigung „Der Ring" (Gropius, Hilbersheimer, Mies van der Rohe u.a.), 1923/24 als „Zehnerring" gegründet, muß sich auflösen. Städtische Bauverwaltungen und Wohnungsbaugesellschaften werden gleichgeschaltet. Aus der Zwangsvereinigung von acht kleineren Gesellschaften entsteht die Gemeinnützige Siedlungs- und Wohnungsgesellschaft (GSW). Auch die Wohnungsbaukreditanstalt (WBK) wird zu dieser Zeit durch Ablösung der 1924 geschaffenen Wohnungsfürsorgegesellschaft gegründet.

Den ideologischen Hintergrund der Alltagsarchitektur bildet in den ersten Jahren die Heimatschutzbewegung in ihrer reaktionären Interpretation durch Schultze-Naumburg. Später gewinnt auch im Berliner Wohnungsbau die neoklassizistische, monumentale Formensprache an Bedeutung, wie sie sich z.b. im Zeilenbau an der Wohnsiedlung Berliner Straße (1937-1938) in Zehlendorf oder an der Südostallee (1938) in Treptow zeigt. Nach der Machtübernahme durch die Nationalsozialisten 1933 wird neben anderen Bauaufgaben der Wohnungsbau zunächst forciert. Er bleibt jedoch insgesamt hinter den Bauleistungen der 20er Jahre zurück.

Die staatliche Förderung (Reichsdarlehen) zielt zunächst primär auf die Kleinsiedlungen und den Eigenheimbau. Konkrete Entwurfserläuterungen zu Siedlungen vermag die Planungsideologie authentisch zu beschreiben: „Die schönste Form jeder Siedlung ist auch für uns Berliner Siedler heute noch immer das alte Dorf mit seinem grünen Anger in der Mitte (...). Das Wesen des Angers aber ist Abgeschlossenheit, Ruhe, Wohnlichkeit. Die Häuser der Nachbarn sind ihm zugewandt, keiner wird von der Gemeinschaft ausgeschlossen. Die Zäune der Vorgärten sind niedrig, Lauben, Bänke, Bäume und Sträucher stehen vor den Häusern. Der Verkehrszweck tritt zurück. Befestigt ist nur das Notwendigste. Die Natur hat Heimatrecht. Das Raumbild atmet Vertrauen und Gemeinschaft."[29]

Im Rahmen des Kleinsiedlungs- und Eigenheimbaus werden im Nationalsozialismus spezielle Siedlungen für ausgewählte Bevölkerungsgruppen gebaut, so beispielsweise die ehemalige SS-Kameradschaftssiedlung in Zehlendorf die Marine-Siedlung für Angehörige der Marine und die Invalidensiedlung für ehemalige Angehörige des Heeres in Frohnau.

Eine stärkere Bautätigkeit gibt es in Berlin 1936 mit 15.700 Wohnungen und 1937 mit 18.700 Wohnungen.[30] Unter den geplanten Großbauvorhaben des Wohnungsbaus im Rahmen der Speerschen Gesamtplanung wird lediglich die Wohnanlage Grazer Damm (1938 - 1940) fertiggestellt. Im Süden Berlins sollte eine neue Stadt für insgesamt 400.000 Bewohner entstehen. Diese sollten in Blöcken „kaserniert" werden, „die aufs nachdrücklichste demonstrieren, daß die Zeiten endgültig vorbei waren, in denen selbstbewußte Genossenschaften in den Siedlungen eines Bruno Taut ihre soziale Identität und ihre Zuversicht auch architektonisch zu artikulieren verstanden."[31] Weitere größere Wohnungsbauprojekte außerhalb der Speerschen Planung entstehen z.B. am Nachtigalplatz und am Attilaplatz. Ab 1940 verringert sich die Zahl der fertiggestellten Wohnungen von ca. 7.000 auf lediglich 86 Wohnungen im Jahr 1944. Insgesamt werden zwischen 1933 und 1944 in Berlin immerhin 102.000 Wohnungen gebaut.[32]

## Die Aufbauphase von 1945 bis 1960

Als Folge des Zweiten Weltkrieges liegt die Hauptstadt Berlin im Mai 1945 in Trümmern. Allein von den knapp 1,6 Mill. Wohnungen sind mehr als 500.000 völlig zerstört und etwa 700.000 stark oder teilweise beschädigt. Dazu kommen die Zerstörungen an der gesamten Infrastruktur sowie an Fabriken, Gewerbebetrieben u.v.a.m. Die Bezirke Mitte und Tiergarten sind mit 50% und der Bezirk Friedrichshain ist mit 45% zerstörten Gebäuden am stärksten davon betroffen. Bereits fünf Tage nach Kriegsende, 2 1/2 Monate bevor sich der Alliierte Kontrollrat - das oberste Kontrollorgan der vier Siegermächte - konstituierte, wird am 13.5.1945 der erste Berliner Magistrat nach dem Krieg vom Militärkommando der Roten Armee bestätigt, in welchem Hans Scharoun ab 17. Mai 1945 die Leitung der Abteilung Bau- und Wohnungswesen übernimmt und somit zum ersten Berliner Stadtplaner der Nachkriegszeit avanciert[33]. Vordringliche Aufgabe neben der Beseitigung der Trümmer, der einstweiligen Wiederherstellung der Verkehrswege und der Instandsetzung von Wohnungen und Versorgungseinrichtungen wird es für Scharoun, in kürzester Zeit eine Planung für die zerstörte Stadt zu erarbeiten. Dieser sogenannte „Kollektivplan", benannt nach der mit „Planungskollektiv" bezeichneten Gruppe von Fachleuten (mit Hans Scharoun, Wils Ebert, Reinhold Lingner, Luise Seitz, Peter Friedrich, Ludmilla Herzenstein, Selman Selmanagic und Herbert Weinberger), die diesen ausarbeitet, wird bereits im Sommer 1946 im Rahmen der Ausstellung „Berlin plant" im Weißen Saal des teilweise noch nutzbaren Berliner Stadtschlosses der breiten Öffentlichkeit vorgestellt.

Da das dichte Häusermeer des „steinernen Berlins"[34] (Hegemann) in den Berliner Bombennächten zu einem Teil zerstört wurde, bietet sich für das Planungkollektiv die Chance für eine Auflockerung und Durchgrünung der Großstadt, die - seit den 20er Jahren angestrebt - bisher aber nur in den Neubausiedlungen im Weichbild Berlins realisiert werden konnte. Kaum einer denkt in jener Zeit an die zweite Möglichkeit: die vernichteten Stadtviertel auf den vorhandenen Parzellen wieder aufzubauen. Neue zusammenhängende Wohnsiedlungen waren das Gebot der Stunde. Aus verschiedenen Ideen moderner und nationalsozialistisch geprägter Stadtplaner „gespeist", entsteht die Konzeption der organischen, gegliederten und aufgelockerten Stadt. Die Wohnqualität von Stadtrandsiedlungen soll in die zerstörte Stadt gebracht werden. Die Grundgedanken dieser Städtebauauffassung werden schon im Krieg in einer Erstfassung des erst viele Jahre später post festum erschienenen Buches von Göderitz, Rainer und Hoffmann „Die gegliederte und aufgelockerte Stadt" formuliert. Die Stadt soll in Analogie zu Prinzipien der Natur in übergeordnete und untergeordnete Einheiten gegliedert werden. Auf schulischen, wirtschaftlichen und kulturellen Gesichtspunkten basierend, wird eine Untergliederung des Stadtorganismus in Stadtbezirke, Stadt- und Nachbarschaftszellen angestrebt. Die Wohndichten insbesondere in den innerstädtischen Gebieten sollen zur Auflockerung und Durchgrünung der Stadt verringert werden, wiewohl auch weiterhin ein gewisses Dichtegefälle zwischen Außen und Innen vorgesehen ist. Der „Kollektivplan" der Gruppe um Hans Scharoun basiert auf ähnliche Ideen.

Weder der Kollektivplan oder der etwa zur gleichen Zeit unter Walter Moest im Zehlendorfer Planungsamt entstandene „Zehlendorfer Plan", noch der „Hermsdorfer Plan" (1946 in Bln.-Hermsdorf ausgestellt) von Georg Heyer oder die zahlreichen anderen privaten Planungskonzepte (u.a. auch von Max Taut) werden zur Grundlage des Wiederaufbaus ausgewählt. Selbst der „Neue Plan", der unter dem 1946 neu gewählten sozialdemokratischen Baustadtrat Karl Bonatz entsteht und mit Elementen des Kollektivplans und des Zehlendorfer Plans „auf den Boden der Wirklichkeit"[35] gestellt wird, gerät 1947/48 in die Kritik der sich zunehmend polarisierenden gesellschaftlichen Gruppen. Mit der Einführung der Währungsreformen im Nachkriegs-Deutschland wird auch Berlin 1948 politisch sowie als Wirtschaftsraum geteilt. In jeder Stadthälfte werden unterschiedliche städtebauliche Planungsbehörden geschaffen, deren Planungsauffassungen in der Zeit des kalten Krieges sich schon wegen der Abhängigkeit von entgegengesetzten politischen Machtverhältnissen unterscheiden müssen.

## Geschichte der Berliner Siedlungen

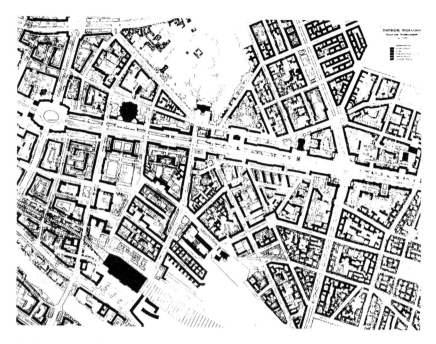

Aufbauplan der Planungsgruppe Berlin von 1952/53 für die Gebiete nördlich und südlich der Stalinallee (heute Karl-Marx-Allee)

Der inzwischen weiter bearbeitete und präzisierte Kollektivplan wird im Juli 1949 vom Ost-Berliner Oberbürgermeister Friedrich Ebert als Generalaufbauplan von Berlin zur öffentlichen Diskussion gestellt und allgemein ausdrücklich als fortschrittlich gelobt und prämiert. Aber bereits kurz nach Gründung der DDR im Oktober 1949 und weiterer Zuspitzung der politischen Auseinandersetzung zwischen Ost und West ist in Ost-Berlin ein Kampf zur ideologischen Ausrichtung der Planungsorgane im Gange[36], in dessen Folge sich die Architekten des ´Planungskollektivs´ zurückziehen. Der Generalaufbauplan wird nicht umgesetzt, verwirklicht werden lediglich zwei Laubenganghäuser an der Karl-Marx-Allee (Scharoun/Herzenstein) und die an der Südseite angrenzenden Wohnzeilen zwischen Hildegard-Jadamowitz-Straße und Graudenzer Straße (Entwurfsgruppe Helmut Riedel)[37] der neu entworfenen „Wohnzelle Friedrichshain", deren Bau nicht mehr gestoppt werden kann.

Nach der administrativen Teilung der Stadt ist die einst zentral gelegene City um den Alexanderplatz in eine periphere Lage gekommen. Für die Ost-Berliner Planer besteht nun die Hauptaufgabe, das auszubauende Zentrum mit den östlich gelegenen Arbeiterbezirken funktionell-gestalterisch baulich zu verbinden. Prädestiniert ist die einstige Frankfurter Allee, die neue Stalinallee (heute: Karl-Marx-Allee) zwischen Strausberger Platz und Frankfurter Tor. Dieser Straßenzug ist stark zerstört, die Trümmer sind fast weggeräumt und mit dem Aufbau eines solchen Straßenzuges kann die frisch an die Macht avancierte SED in ihrem neuen Staat Zeichen dafür setzen, wie die zerstörten Städte der DDR nach den Bedürfnissen der Werktätigen „besser wie nie zuvor" wiederaufgebaut werden sollten: „national, schön und großzügig"[38].

Nach der Trennung Deutschlands und Berlins werden 1950 für die neu gegründete DDR und Ost-Berlin innerhalb kürzester Zeit von den inzwischen etablierten Institutionen zwei völlig neue Grundlagen für die städtebauliche Entwicklung ausgearbeitet und beschlossen, die sich nicht nur auf die nächsten Bauvorhaben auswirken, sondern ein neues Leitbild nach sich ziehen sollten:

Erstens werden in den „16 Grundsätzen des Städtebaus" Planungs- und Gestaltungsprinzipien für einen neuen, aber relativ konservativen, Städtebau festgelegt, der sich am sowjetischen Städtebau orientiert und zweitens wird im „Gesetz über den Aufbau der Städte in der DDR und der Hauptstadt Deutschlands, Berlin" (Aufbaugesetz) das gesellschaftliche Verfügungsrecht über Grund und Boden geregelt und damit eine wesentliche Voraussetzung für den Aufbau und die sozialistische Neugestaltung der Städte und Stadtzentren im Sinne der „16 Grundsätze" geschaffen.[39]

Mit diesen Planungsinstrumentarien ausgestattet wird auf der Grundlage eines Wettbewerbs aus den Wettbewerbsgewinnern mit Hanns Hopp, Richard Paulick, Egon Hartmann, Karl Souradny, Gerhard Strauß, Heinz Auspurg und Kurt W. Leucht eine Arbeitsgruppe gebildet, die in Kienbaum bei Erkner den ersten verbindlichen Aufbauplan für Ost-Berlin, den sogenannten ´Kienbaumplan´, ausarbeitet, der bereits recht konkret die künftige städtebauliche Gestaltung der Stalinallee (Gebiet Karl-Marx-Allee I, 1949, 1952 - 1958) zwischen Strausberger Platz und Frankfurter Tor ausdrückt. Die Grundsteinlegung für dieses erste zusammenhängende große Aufbaugebiet Berlins in der Nachkriegszeit wird am 3. Februar 1952 durch den DDR-Ministerpräsidenten Otto Grotewohl vorgenommen. Der Aufbauplan wird von der neu gegründeten Planungsgruppe Berlin und ab 1953 vom Institut des Chefarchitekten Hermann Henselmann insbesondere hinsichtlich der Gebiete nördlich und südlich der Stalinallee detailliert durchgearbeitet. Die Stalinallee in ihrer national-traditionalistischen Form ist vor allem auch deshalb prägend für die gesamte DDR, weil nach Fertigstellung des Plans in der Modellwerkstatt der Bauakademie zehn Modelle davon gefertigt werden und als „Anregung" für die Architekten in die größten Städte der DDR verschickt werden[40].

In West-Berlin wird das seit dem Kollektivplan neu entwickelte Leitbild erst ab 1953 städtebaulich wirksam, denn in den ersten drei Phasen des „Wiederaufbaus" können wegen Kapitalmangels keine größeren Siedlungsneubauten realisiert werden. Zunächst geht es, ebenso wie in Ost-Berlin, um die Wiederherstellung beschädigten Wohnraums und um die Trümmerbeseitigung. In der Innenstadt erfolgt - vor allem wegen der Schwierigkeiten bei der Bodenordnung - meistens ein parzellenbezogener „Wiederaufbau". Es entstehen auch sogenannte Nissenhüttenlager in Form von Wellblechbaracken zur Beseitigung der größten Wohnungsnot. 1952, sieben Jahre nach Kriegsende, beginnt man erste weniger provisorische Notsiedlungen in 2-geschossigen Zeilenbauten mit Kleinwohnungen zu errichten.

Die ersten Siedlungen des „Wiederaufbaus", d.h. Neubau auf dem von Trümmern und noch gebrauchsfähigen Resten der ehemaligen Stadt freigelegten Gelände, entstehen in West-Berlin als Demonstrationsbauvorhaben („Berlin - Schaufenster der freien Welt") und Antwort auf die Bauvorhaben in Ost-Berlin nahe der Sektorengrenze. Sie greifen das städtebauliche Leitbild der gegliederten und aufgelockerten Stadt in Form reiner, durchgrünter Wohnquartiere auf und sind als „Nachbarschaften" konzipiert: Ernst-Reuter-Siedlung (1953 bis 1955) im Wedding, Otto-Suhr-Siedlung (1956 bis 1963) und Springprojekt (1959 bis 1962) in Kreuzberg. Besondere Bedeutung erlangt beim „Wiederaufbau" der Innenstadt das Hansaviertel im Tiergarten (1956 bis 1958), das als Mustersiedlung der Internationalen Bauausstellung „Interbau 1957" wesentlich zur Manifestation städtebaulicher und architektonischer Leitvorstellungen des „freien" Berlins, als Gegenpol zur Ost-Berliner Stalinallee, beitragen soll.[41]

Den nächsten Schritt stellen in West-Berlin ab 1955 die Siedlungen dar, die als Arrondierung bestehender Siedlungsstrukturen geplant werden: Als Erweiterung der Großsiedlung um das Hufeisen entsteht Britz-Süd (1955 bis 1960), als Fortsetzung der Siemensstadt Charlottenburg-Nord und die Paul-Hertz-Siedlung (1956 bis 1965).

Die inneren Strukturen der neuen Wohngebiete weisen wesentliche gemeinsame Gestaltungsmerkmale auf, die sie von allen vorhergehenden Siedlungen deutlich unterscheiden. Im Gegensatz zum Siedlungsbau der 20er Jahre fehlt den Straßen jede raumbildende Eigenschaft. Das hierarchische Straßensystem (Stadtautobahn, Hauptverkehrs-, Erschließungs- und Stichstraßen) wird von den Baustrukturen, deren Erschließung oft nur über straßenunabhängige Fußwege erfolgt, abgekoppelt. Als neues Element tauchen immer stärker die Stellplätze auf, die zu einem bedeutenden Flächenverbraucher werden.

Die Grundrißtypen und Hausformen sowie die Verteilung der Baumassen und der autogerechten Verkehrsflächen determinieren die Funktion und Gliederung des Außenraums. Der auf hygienische und physische Aspekte reduzierte Zeilenbau wird zur Strukturmischung um Hochhäuser (als Punkthaus oder Scheibe) und Flachbauten (für Familieneigenheime) ergänzt. Zur Erzielung raumbildender Wirkungen werden zum Teil quergestellte Zeilen - wie in der Otto-Suhr-Siedlung - vorgesehen. Die Freiflächen erscheinen wegen der Loslösung der Gebäude von der Straße zufällig, die gärtnerische Nutzung wird weitgehend zugunsten der „gepflegten" Grünanlage („Abstandssgrün") vermieden. Der Grünbezug ist dadurch auf den Ausblick und das Spazierengehen beschränkt. Die Versorgung mit Wohnfolgeeinrichtungen orientiert sich am gegliederten Stadtaufbau: Die Schule ist Mittelpunkt der „Nachbarschaft" mit 4.000 bis 5.000 Einwohnern. Die Funktionen sind klar getrennt, d.h. es entstehen in den 50er Jahren nur reine Wohnsiedlungen ohne Arbeitsmöglichkeiten in der Nähe.

Bereits drei Jahre nach der Grundsteinlegung der Stalinallee und Verwirklichung der ersten Bauten im national-traditionalistischen Stil nach Moskauer Vorbild kündigt sich 1955 in Ost-Berlin und der gesamten DDR ein nochmaliger tiefgreifender Einschnitt in der Architektur- und Städtebauentwicklung an. Nach dem Tode Stalins 1953 übte der Nachfolger Chruschtschow 1955 harte Kritik u.a. an der stalinistischen Architektur der Sowjetunion, insbesondere an den hohen Herstellungskosten. Trotz anfänglicher Verwirrung in der SED-Führung wird die Stalinallee in der vorgesehenen Form weitergebaut. Ein erneuter Paradigmenwechsel findet erst allmählich statt. Er wird eingeleitet mit der ersten Baukonferenz 1955 in der Berliner Sporthalle in der Stalinallee, auf der die Industrialisierung des Bauwesens (d.h. Einführung der Montagebauweise und Typisierung von Gebäuden) für die DDR beschlossen wurde. Eines der ersten Wohngebiete in Großplattenbauweise, das in Ost-Berlin noch in den 50er Jahren vorbereitet und 1959-65 errichtet wird, ist das Gebiet Karl-Marx-Allee II zwischen Strausberger Platz und Alexanderplatz.

In der zweiten Hälfte der 50er Jahre kommen die ohnehin stark eingeschränkten Kontakte zwischen den Planungsbehörden in Ost-Berlin und West-Berlin fast völlig zum Erliegen. 1956 wird für das neue Ost-Berliner Wohngebiet Fennpfuhl ein gesamtdeutscher Architekturwettbewerb ausgeschrieben, bei dem sich auch die Jury aus westlichen und östlichen Architekten zusammensetzt. Den ersten Preis bekommt der Architekt Ernst May aus Hamburg. Nach etwa 10-jähriger Vorbereitungszeit und intensiven Auseinandersetzungen zwischen Ost und West war fast zeitgleich zum Wettbewerb „Fennpfuhl" im März 1957 vom Westberliner Senat und vom Bundesministerium für Wohnungsbau der Wettbewerb „Hauptstadt Berlin"[42] ausgelobt worden. Die Einbeziehung des Ost-Berliner Zentrums in den Wettbewerb rief scharfe Reaktionen bei der sowjetischen Besatzungsmacht und der DDR-Regierung hervor: Ost-Berlin schreibt daraufhin einen eigenen „Hauptstadtwettbewerb"[43] mit internationaler Beteiligung aus, der eben erst verliehene 1. Preis im Fennpfuhl-Wettbewerb wird korrigiert und der Entwurf von May aus ideologischen Gründen abgelehnt[44]. Aber sowohl die Ergebnisse des West-Berliner als auch des Ost-Berliner Hauptstadtwettbewerbs bleiben letztlich angesichts der weltpolitischen Lage und der Vorboten des Mauerbaues Papier und bilden keine solide Grundlage für die weitere Aufbauarbeit Berlins.

**Wohnungsbau in den 60er und 70er Jahren**

Der Bau der Mauer ab 1961 verschärft die Trennung der Stadt Berlin in zwei Teile mit völlig unterschiedlichen Wirtschaftssystemen. Gab es in den 50er Jahren noch Kontakte zwischen den Verwaltungen in beiden Stadtteilen, so entwickeln sich fortan beide Teile der Stadt weitgehend unabhängig voneinander: West-Berlin als Insel inmitten der DDR, finanziell gut durch hohe Subventionen aus dem Bundeshaushalt ausgestattet, jedoch mit begrenzten Flächenressourcen versehen, Ost-Berlin als Hauptstadt der DDR mit sozialistischer Wirtschaftsordnung und entsprechendem Planungssystem. Jeder Teil plant für sich, wobei bezeichnenderweise die Flächen in Mauernähe zunächst weitgehend ausgegrenzt werden.

## West-Berlin

In West-Berlin heißt es, die politische Situation zu stabilisieren und den Ausbau der Stadt voranzutreiben, insbesondere mit Wohnungsbau und öffentlichen Einrichtungen, die nur im Ost-Teil vorhanden waren (Universitäten, Einrichtungen der Kultur usw.) und nicht mehr genutzt werden können. Eine Förderung erfolgt aus dem Bundeshaushalt.

Bezogen auf den realisierten Wohnungsbau wird in West-Berlin bereits Anfang der 60er Jahre Kritik an der schematischen Funktionstrennung (Gliederung) und der sturen Auflockerung laut: Gefordert wird Urbanität, Verdichtung und Vermischung.[45] Das neue Leitbild läßt sich in dem Schlagwort „Urbanität durch Dichte" zusammenfassen. „Mit der ‚Urbanität' ließen sich die Wünsche der Wohnungsbaugesellschaften, ihr Bauland stärker auszunutzen, leicht motivieren. Der Senat, in zunehmendem Maße um seine Baulandreserven besorgt, unterstützt diese Tendenz der Verdichtung".[46] Die Durchsetzung dieses neuen Leitbildes der Siedlungsentwicklung fällt in West-Berlin mit dem Mauerbau, mit dem Übergang zur Vollbeschäftigung und der Berufung des Senatsbaudirektors Werner Düttmann zusammen.

Ab 1963 werden in West-Berlin drei Siedlungsbauvorhaben bisher ungekannter Größe begonnen. Das Märkische Viertel (MV) in Reinickendorf, die Gropiusstadt (Britz-Buckow-Rudow) in Neukölln und die Großsiedlung Falkenhagener Feld in Spandau. Neben diesen Großprojekten mit etwa 10-jähriger Bauzeit entstehen auch weitere kleinere Trabantensiedlungen wie die Thermometersiedlung in Lichterfelde und die Wohnsiedlung Gersdorfstraße in Mariendorf. Die Großsiedlungen unterscheiden sich von den Siedlungen der 50er Jahre vor allem durch ihre gewaltigen Dimensionen und ihre Lage am Rand der Stadt: Bauliche Großformen wie der sog. „Lange Jammer" im Märkischen Viertel dominieren die Baugestalt. Diese Großzeilen stellen den fragwürdigen Versuch dar, raumbildende Wirkungen zu erzielen. „Es handelt sich bei geschlossenen Großhöfen um Baukörper von riesigem Ausmaß, die, in Höhe und Tiefe stark gestaffelt, einen Freiraum von drei Seiten umschließen. ... In einer gigantischen Geste umfaßt die an Höhenzüge erinnernde städtebauliche Großform eine niedrige Einfamilienhausbebauung (im MV, d.V.)".[47] Wirtschaftliche Interessen der Bauindustrie und die Kranbahnen der Fertigteilbauweise dürften wohl die stärksten Argumente für die Realisierung dieses Siedlungstyps gewesen sein. Mit den Großsiedlungen soll der im Zuge der „Kahlschlagsanierung" erforderliche Ersatzwohnraum geschaffen werden, darüber hinaus dient der Bau der Siedlungen der „Sanierung des Stadtrandes", da an den Standorten der Großsiedlungen vorhandene Wohnlaubengebiete „wegsaniert" werden.[48] Schon zu Bauzeiten geraten die Trabanten ins Kreuzfeuer der Kritik: Triste Schlafstädte ohne menschlichen Maßstab aus der Retorte. Sie werden als „menschenverachtend"[49] charakterisiert. Die Versuche, entsprechend dem Urbanitätsleitbild eine Funktionsmischung und städtisches Leben zu erreichen, bleiben erfolglos; lediglich eine größere Zahl von Wohnfolgeeinrichtungen wird, zumindest im nachhinein, realisiert.

Abseits der Trabanten gibt es in West-Berlin weiterhin, wenn auch in geringerem Umfang, Wohnungsneubau in der Innenstadt. Einerseits wird auf kriegszerstörten Flächen weiter aufgebaut. Zum anderen schafft die nach 1963 zunächst erst sehr langsam beginnende Berliner Sanierungspraxis neues Bauland durch flächenhaften Abriß. „Daß die Stadterneuerung bereits zu Beginn der 60er Jahre vorbereitet, finanziert und organisiert wird, ist - im Verhältnis zu westdeutschen Großstädten - eine Besonderheit West-Berlins".[50] So entstehen in dieser Zeit beispielsweise die Bebauung am Mehringplatz in Kreuzberg (1967 bis 1975), das Neue Kreuzberger Zentrum [NKZ] (1969 bis 1974), der sog. „Sozialpalast" (1975 bis 1977) und die Überbauung der Schlangenbader Straße. Die Großzeile am Böcklerpark (1974 bis 1978) entsteht am Rand eines alten Parkgeländes. Die Wiederaufnahme der formalen Baublockstrukturen und damit die Wiederherstellung des Bezuges von Gebäude und Straße erfolgt in Berlin zuerst in Gebieten der „Kahlschlagsanierung". Der Vinetaplatz im Wedding und die Rollberge in Neukölln können als frühe Beispiele gelten.

Die ökonomische Krise Mitte der 70er Jahre stellt auch einen Einschnitt in der Berliner Wohnungspolitik dar. Der Bau von Großsiedlungen an der Peripherie der Stadt wird eingestellt, um die Bauaktivitäten auf die innerstädtischen Gebiete umzulenken. Nur langsam steigt allerdings der Anteil der Wohnungsmodernisierung an, und noch bis zur Hausbesetzerbewegung (1980 bis 1982) wird in Teilen der Stadt die alte Sanierungspraxis des Abrisses und der massiven Blockentkernung fortgeführt.[51] Heute gibt es angesichts der erneuten Wohnungsnot kaum noch größere Blockentkernungen, und der Abriß ist auf ein Minimum reduziert.

**Ost-Berlin**
Mit großem Ehrgeiz und permanenter Stützung durch die gesamte DDR wird in Ost-Berlin nach dem Mauerbau der weitere Ausbau der DDR-Hauptstadt vorangetrieben, der sich zunächst auf Regierungs- und Verwaltungsgebäude, auf das sozialistische Stadtzentrum Ost und erst an zweiter Stelle auf den Wohnungsbau bezieht. Im Gegensatz zur Bundesrepublik und West-Berlin werden in der DDR die programmatischen Entwicklungsziele, u.a. auch für Städtebau und Wohnungsbau, für jeweils fünf Jahre auf den Parteitagen der SED verkündet, die Bilanz und Abrechnung der Bauleistungen sowie das Feiern der Erfolge geschieht zu runden Jahrestagen der DDR ebenfalls alle fünf Jahre sowie bei den Folge-Parteitagen.

Zum Teil auf der Grundlage des Wettbewerbs von 1958 geht es seit Anfang der 60er Jahre insbesondere um den Ausbau der Ost-West-Magistrale, des Straßenzugs Frankfurter/Karl-Marx-Allee, Alexanderplatz, Liebknecht/Rathausstraße, Marx-Engels-Platz sowie Unter den Linden bis zum Brandenburger Tor. Angefangen am Lindenforum entstehen hier in den 60er Jahren hauptsächlich Verwaltungs- und Kulturgebäude, Geschäfte, ein Hotel, ein Warenhaus, u.ä.

Als typisches Merkmal eines sozialistischen Zentrums gilt auch der Wohnungsbau, der auf Grund der Vergesellschaftung des Bodens leicht durchzusetzen ist. In diesem Zusammenhang wird die Verödung westlicher Cities durch Konzentration der Banken, Versicherungen und Verwaltungsbauten offiziell abgelehnt. Urbanität entsteht aber trotzdem nicht durch den Wohnungsbau, da überdimensionierte Verkehrsstrassen, bauliche Großformen und ein eingeschränktes Handels- und Gastronomieangebot dem entgegenstehen.

Als Fortsetzung der Stalinallee (heute Karl-Marx-Allee) und sozusagen als Antwort auf das West-Berliner Hansa-Viertel wird deshalb 1959-65 das Wohngebiet Karl-Marx-Allee II zwischen Strausberger Platz und Alexanderplatz in Großplattenbauweise gebaut. Die lockere Zeilenbauweise entspricht dem in Ost-Berlin und der DDR neu angenommenen Leitbild des „sozialistischen Wohnkomplexes"[52] und wird auch mit der Einführung rationeller Montagebau-Methoden begründet. Im Gegensatz zu West-Berlin, wo seit 1963 Großsiedlungen am Stadtrand geplant werden, wird in Ost-Berlin in dieser Zeit in der Innenstadt gebaut, vorrangig auf trümmerberäumten Flächen. Die mit dem Aufbaugesetz legitimierte staatliche Verfügbarkeit über Grund und Boden und auch die forcierte Einführung der Montagebauweisen insbesondere beim Wohnungsbau führen oft zu sehr weiträumigen und großflächigen städtebaulichen Lösungen.

Der Wohnungsbau der DDR ist staatlich, seit 1964 auch genossenschaftlich organisiert, der private Wohnungsbau wird bis auf einige wenige Einfamilienhäuser zurückgedrängt. Wohnungsgrößen und -ausstattung werden staatlicherseits normativ festgelegt und gelten für sämtliche Neubauwohnungen. Diese Normative sind etwa mit den Vorgaben zu den westdeutschen Sozialwohnungen vergleichbar, liegen in Größe und Standards aber eher darunter.

In den 60er Jahren entstehen in der Ost-Berliner Innenstadt neben Karl-Marx-Allee II u.a. das Heinrich-Heine-Viertel (ehem. Neandersviertel, ab 1958), die Gebäudekomplexe an der Rathausstraße (1967-73), an der Karl-Liebknecht-Straße (1968-73), die Gebiete Fischerinsel (1967-70), Leninplatz (heute Platz der Vereinten Nationen, 1968-70), Am Friedrichshain (1967-71). Neben diesen Wohnvierteln, die jeweils nur etwa 1.000 WE umfassen, werden in dieser Zeit beim Bau größerer Wohngebiete mit 4.000 bis 5.000 Wohnungen (u.a. Hans-Loch-Viertel, 1961-66; Wohnkomplex am Tierpark, 1968-72 und 1975-82; Frankfurter Allee-Süd, ab 1969)[53] innerhalb des Stadtgebietes z.T. auch Kleingarten- und Brachlandflächen in Anspruch genommen. Ende der 60er Jahre wird in Ost-Berlin nahezu jeglicher Wohnungsbau in Großplattenbauweise hergestellt.

Zwar werden von 1961-69 in Ost-Berlin weit mehr als 50.000 Wohnungen neu gebaut, der Wohnungsbestand reicht aber bei weitem nicht aus, um den Bedarf zu decken. Das ehrgeizige Programm zum beschleunigten Ausbau des Stadtzentrums bis 1969, zum 20. Jahrestag der DDR, bewirkt insbesondere in der zweiten Hälfte der 60er Jahre einen Abzug der Bauarbeiter der Kombinate von den Wohnungsbaustellen, was einen etwa 20- bis 25-prozentigen Rückgang des Wohnungsbaues zur Folge hat. Nicht nur in Ost-Berlin, sondern in der gesamten DDR, werden seit 1970 der Ausbau der Zentren und der Industrie weitgehend eingeschränkt, um dem Wohnungsbau Vorrang einzuräumen. Auf dem VIII. Parteitag der SED werden 1971 die Weichen für einen verstärkten Wohnungsbau gestellt und 1973 mit dem langfristigen Wohnungsbauprogramm fixiert, nach welchem allein von 1976 bis 1990 in der DDR 2,8 bis 3,0 Mill. Wohnungen neu gebaut bzw. modernisiert und die „Lösung der Wohnungsfrage" herbeigeführt werden sollen.

In diesem politischen Kontext werden in Ost-Berlin seit Beginn der 70er Jahre zahlreiche neue Wohngebiete mit etwa 30.000 Wohnungen im gesamten Stadtgebiet auf ehemaligen Trümmerflächen, auf Kleingarten-, Brachland-, Acker- oder anderen Flächen begonnen, so u.a. das Gebiet Straße der Pariser Kommune (1970-73), das Allende-Viertel in Köpenick (I: 1971-76; II: 1979-82), die Gebiete Leipziger Straße (1972-81), Greifswalder Straße (1973-83) und Buch I-IV (1973-86). Das mit weiteren 15.730 WE größte Ost-Berliner Wohngebiet aus jener Zeit, das überwiegend auf Kleingärten entsteht, ist das Gebiet Fennpfuhl (1970-80)[54].

Im Gegensatz zu West-Berlin, wo seit Mitte der 70er Jahre der Bau von Großsiedlungen am Stadtrand eingestellt wird, steigert sich in Ost-Berlin nach dem Beschluß des Wohnungsbauprogrammes ab Mitte der 70er Jahre noch einmal die Größe der hauptsächlich am Stadtrand neu zu bauenden Wohngebiete. Das mit rund 62.000 Wohnungen wohl größte Neubauwohngebiet in Europa wird im Rahmen dieses Wohnungsbauprogrammes 1976 in Berlin-Marzahn begonnen und 1990 im wesentlichen abgeschlossen. Mehr als 60.000 Wohnungen werden darüber hinaus in Berlin-Hohenschönhausen (1975-88), am Tierpark (1975-82) sowie an vielen anderen, meist peripheren, Standorten neu gebaut.

Nahezu sämtliche Wohnungen werden in Ost-Berlin seit den 60er Jahren in Großplattenbauweise hergestellt und mit den wichtigsten Folgeeinrichtungen des Wohnbereichs, wie Schulen, Kindergärten, Kinderkrippen, Kaufhallen und anderen Kaufeinrichtungen, Gaststätten, Dienstleistungseinrichtungen, Jugendklubs, z.T. auch mit Feierabendheimen, Postämtern, Polikliniken, Schwimmhallen u.ä. ausgestattet. Ende der 60er und Anfang der 70er Jahre werden noch unterschiedliche Gebäudetypen, wie QP 64, QP 71, P2 und WBS 70, verwendet, ab Mitte der 70er Jahre beschränken sich die Baubetriebe meist nur noch auf die Wohnungsbauserie 70 (WBS 70), die bereits Ende der 60er Jahre als „Einheitsserie" entwickelt wurde. Variiert wird nur durch „Funktionsunterlagerungen" (Einbau von Läden und anderen Einrichtungen in die Erdgeschoßzone der Wohnblocks), Wechselmöglichkeit des Hauseingangs, Bau von geschlossenen Ecken und von winkel- und mäanderförmigen Gebäuden, Geschossigkeit von Gebäuden.

Die neuen Bewohner können meist nicht sehr wählerisch sein, sondern sind auf eine Neubauwohnung mit vergleichsweise guter sanitärer Ausstattung und Fernheizung bei niedriger Miete angewiesen, die in der Regel besser als ihre vorherige Altbauwohnung ist. Die bevorzugte Vergabe von Neubauwohnungen insbesondere an junge Familien fördert das massenweise Umziehen junger Leute aus den relativ zentral gelegenen „Gründerzeitgebieten" vor allem der Bezirke Mitte, Friedrichshain und Prenzlauer Berg in die Neubaugebiete am Stadtrand. Damit verbunden ist eine zunehmende Überalterung der Bewohner in den Altbaugebieten. Die Wohnungen dieser Gebiete werden oft nicht wieder bezogen und auch nicht rekonstruiert. Eventuelle Kritik der Bürger oder der Fachwelt an der Wohnungspolitik oder an der Gesichtslosigkeit der Wohngebiete kommt nicht an die Öffentlichkeit, sondern wird, wenn überhaupt, intern behandelt.

Mit dem Wohnungsbauprogramm wird zwar beschlossen, auch jeweils einen Anteil Altbauwohnungen zu rekonstruieren, jedoch haben die Ost-Berliner Sanierungsbetriebe viel zu geringe Baukapazitäten, um hier merkbar Änderungen herbeizuführen. Die staatlich finanzierten Sanierungsgebiete am Arkonaplatz (seit 1964) und Arnimplatz (1973-84) haben dazu einen viel zu geringen Umfang. Nach der West-Berliner „Sanierungspraxis" der 60er und 70er Jahre, neues Bauland durch flächenhaften Abriß zu gewinnen, haben Ende der 70er Jahre SED-Politiker und Baukombinate in Ost-Berlin eine ähnliche Vision, das Ziel der „Kahlschlagsanierung". Leergezogene Altbaugebiete sollen verfallen, damit man diese unter dem Druck der Bevölkerungsmeinung abreißen kann, um auf großen Flächen Plattenbausiedlungen in der Innenstadt errichten zu können. Der Ost-Berliner SED-Chef Konrad Naumann verkündet dazu noch 1976, 80.000 Wohnungen abreißen zu wollen. Die unbewältigte Abrißproblematik in der gesamten DDR führt letztlich zur Unerfüllbarkeit der Partei-Zielstellungen. 1979 wird vom Ministerium für Bauwesen ein Abrißstop erlassen, wonach jeder Gebäudeabriß gesondert genehmigt werden muß.[55]

**Tendenzen des Wohnungsbaus in den 80er Jahren**

**West-Berlin**
In den 70er Jahren tritt West-Berlin auf der Grundlage des Berlin-Abkommens und der damit verbundenen Befreiung vom Frontstadt-Mythos in eine Umbruchphase ein. Die politische Konsolidierung der Stadt und die Akzeptanz der Rolle als „Teil-Stadt" eröffnen neue Ansätze der Stadtpolitik: Negative Erfahrungen mit den Großsiedlungen und der Flächensanierung führen - begleitet von Bürgerprotesten gegen die bisherige Praxis der Stadtplanung - zu einer veränderten Einstellung gegenüber der historisch gewachsenen Stadt. Die bis Mitte der 70er Jahre praktizierte Form der Stadterneuerung mit der „weitgehenden Zerstörung des zu erneuernden Gebietes"[56] gerät genauso in die Krise wie der Großsiedlungsbau an der Peripherie der Stadt, wo massenhaft in den Standards des sozialen Wohnungsbaus normierte und ästhetisch reduzierte Behausungen entstanden sind. Die Leitbilder der Vergangenheit werden in Frage gestellt.

Neben den sich verändernden ökonomischen und auch gesellschaftlichen Rahmenbedingungen wird die Umorientierung in West-Berlin begleitet durch eine neu entfachte Diskussion um das aktuell gültige städtebauliche Leitbild. Die Stadt als Gesamtheit unterschiedlichster Funktionen, aber auch als baulich-räumlicher Form- und Gestaltwert, wird neu diskutiert. Vorreiter dieser Diskussion sind einige vage, gegen den „Zeitgeist" gerichtete Veröffentlichungen wie in Berlin Wolf Jobst Siedlers Buch „Die gemordete Stadt", in dem bereits 1964 die Anonymität neuer Siedlungsprojekte und die Zerstörung Berlins beklagt wird.[57]

Architekturtheoretische Wegbereiter derer, die sich auf der Suche nach einem neuen Leitbild der Stadt des 19. Jahrhunderts bedienten, war u.a. Aldo Rossi. Er lieferte für die Rekonstruktion der europäischen Stadt in der Schrift „L'Architettura della Cittá" 1966 ein theoretisches Fundament, indem er auf die Qualitäten der vormodernen Stadt verweist, ihre Geometrie aber auch ihre Infrastruktur.

Ein Prinzip des Städtebaus an der Wende zu den 80er Jahren ist die Ergänzung bzw. Rekonstruktion der Stadt des 18. und insbesondere des 19. Jahrhunderts. Die Beachtung des Stadtraums erfährt eine Renaissance. Städtebauliche Utopien orientieren sich nicht mehr an der visionären Vorstellung der klassischen Moderne à la Corbusiers „Ville Radieuse", sondern an der neu erweckten Sensibilität für „die der Stadt innewohnenden Potentiale und das Wissen um die Gewordenheit der Stadt."[58] Historische Stadtgrundrisse werden nachgezeichnet, der Baublock und das Straßenraster wiederentdeckt, was in Rob Kriers Konzept zur Rekonstruktion der südlichen Friedrichstadt oder auch im städtebaulichen Rahmenplan für die IBA-Neubaugebiete von Josef Paul Kleihues offensichtlich wird.

Die Auflösung des städtischen Raumes durch Zeilen und Punkthochhäuser der 50er und 60er Jahre bzw. der städtebaulichen Großform der frühen 70er Jahre ist aufgegeben zugunsten des Rückgriffs und z.T. auch der Weiterentwicklung auf historische Vorbilder. An die Stelle der Fortschrittsgläubigkeit und des Wachstumsoptimismus tritt eine eher konservative Grundeinstellung - ein Bedürfnis, am „Überkommenen" oder aber auch „Bewährtem" festzuhalten.[59]

Die vorsichtige Abwendung von der Kahlschlagsanierung und damit von der grundlegenden Neuerstellung städtischer Teilgebiete wird bereits Anfang der 70er Jahre eingeleitet. Zunächst erlebt der Baublock in Form der historische Blockrandbebauung eine Renaissance. Mitte der 70er Jahre unternimmt Hämer, noch gegen den Widerstand der Träger der Stadterneuerung, im Block 118 im Charlottenburger Sanierungsgebiet „Klausener Platz" den ersten Versuch, auch im Blockinnenbereich Seitenflügel und Hinterhäuser zu erhalten. Vorbereitet durch die Proteste der Mieterinitiativen in den 70er Jahren und die wachsende Einsicht in die mangelnde Finanzierbarkeit der auf „Kahlschlag" basierenden Stadterneuerung, fördert die Hausbesetzerbewegung 1980/81 den Bruch mit der bisherigen Praxis des Umgangs mit dem Bestand. „Die Zerstörung der Parzellen, Gebäude-, Eigentümer-, Bewohner- und Gewerbestruktur" und die „kulturelle Entwertung"[60] der alten Stadt findet ein Ende.

Die Rückbesinnung auf die Werte der historischen Stadt geht einher mit veränderten architektonischen Formen. Ein neues Bauen hat sich durchgesetzt, das sich vom „Neuen Bauen" der 20er Jahre, der klassischen Moderne, wesentlich unterscheidet. Die neue Architektur veranschaulicht i.d.R. nicht mehr primär die funktionalen Eigenschaften des Gebäudes. Die Lust am Ornament und an „aufgeklebten" historischen Formen feiert eine Wiedergeburt. Der Eklektizismus, entweder als willkürliche Auswahl verschiedener historischer Vorbilder oder aber als gezielter Rückgriff auf ein bestimmtes historisches Vorbild, stellt den gestalttheoretischen Rahmen der Postmoderne dar. Die Berliner IBA-Neubauten von Hollein oder Hermann/Valentiny in der Rauchstraße sind beredtes Beispiel. Unter dem neuen Primat der Gestalt leidet zum Teil oder häufig die Gebrauchsfähigkeit der Räume. Das Prinzip der ästhetischen Reduktion auf das „Wesentliche" - eine zentrale Qualität vieler 20er-Jahre-Bauten - gerät mehr und mehr in Vergessenheit. Von den wenigen neuen Bauten, die an diese Tradition anzuknüpfen versuchen, konnten Kohlhoff und Ovaska im Wohnpark am Berlin-Museum ein Gebäude realisieren.

Neben diesen architektonischen und stadträumlichen Erscheinungsformen erleben wir einen Wandel des Gebrauchs der Stadt, der auch leitbildwirksam wird. Die Stadt wird zumindest in Teilbereichen - zur Bühne von Stadtfesten, Straßenmusikanten und Selbstdarstellungen jeder Art. „Wir haben inzwischen erfahren, daß der alltägliche, gewöhnliche Zwischenraum der Wohngebiete durchaus noch eine wichtige soziokulturelle Aufgabe hat, nicht nur für Kinder und Alte, sondern auch als Raum der symbolischen Abgrenzung und Begegnung."[61]

In diesem Zusammenhang stellt sich die Frage nach der Sinnhaftigkeit konsistenter städtebaulicher Leitbilder in einer Stadt, die durch demokratische Regeln, d.h. Mitbestimmung der Bewohner, bestimmt sein sollte. Eine einheitliche Stadtgestalt und Stadtstruktur, die einem umfassenden städtebaulichen Leitbild entspricht, erscheint obsolet. Die Stadt ist hingegen als „Collage" verschiedener Leitbilder zu begreifen und weiterzuentwickeln - stadträumlicher und funktionaler Leitbilder, die aus den konkreten Anforderungen städtischer Teilräume abzuleiten sind. Die gebietsbezogene, unterschiedliche Qualitäten der Berliner Wohnquartiere respektierende, Entwicklung des Bestandes könnte dabei ein übergeordnetes Ziel sein.

Neue städtebauliche Aufgaben entstehen in West-Berlin in den Jahren vor dem Mauerfall: Die erst Mitte der 70er Jahre fertiggestellten Großsiedlungen werden zum Gegenstand der Stadterneuerung. Unter dem Stichwort „Nachbesserung" werden Betonsanierung, Wohnumfeldverbesserung und kleinere bauliche Veränderungen vorgenommen.

Die Rückbesinnung auf den Bestand, die im Flächennutzungsplan 1984/88 von West-Berlin im konzentrischen Dichtemodell ihren Ausdruck findet, erfährt Ende der 80er Jahre durch eine drastische Verschärfung der Wohnungsmarktsituation eine besondere Belastungsprobe. Überall wird nach Möglichkeiten der Nachverdichtung gesucht.[62] Die mit großem Druck betriebene Erschließung neuer Wohnbaupotentiale in den bestehenden Wohngebieten (z.B. Baulücken, „offene" Ecken, Dachgeschosse) droht die Erfolge der behutsamen Stadterneuerungspolitik der 80er Jahre und die entwickelten demokratischen Beteiligungsverfahren in den Hintergrund zu drängen.

Mit der Stadterneuerungsdebatte gewinnt kurz vor dem Fall der Mauer ein „alter Gedanke" im Städtebau, der Bezug zur Natur, wieder an Bedeutung. Stadtökologie, als neues Schlagwort und positiver Wert schlechthin, hält Einzug in die stadtplanerischen Diskussionen. Ökologisches Bauen an der Bundesgartenschau in Berlin (BUGA-Häuser) oder ökologische Stadterneuerung in Berlin-Schöneberg und anderswo sind Ausdruck dieser Tendenz in der „Vorwendezeit".

Leitbildprägend sind solche Vorstellungen wenig, da in der Regel alte städtebauliche Ideen um den Aspekt Ökologie erweitert werden. Mit dem Regierungswechsel 1989 in Berlin wird der „Einstieg in eine ökologisch orientierte Stadtpolitik" kurze Zeit zur „Schwerpunktaufgabe"[63] der Senatspolitik. Die Zielsetzung, die Stadt sozial- wie „umweltverträglich" zu machen, gerät sehr schnell mit den Bedürfnissen einer wieder wachsenden Stadt, zunächst noch ohne Umland, in Konflikt.

**Ost-Berlin**
Im Gegensatz zu West-Berlin werden in Ost-Berlin die großen, bereits in den 70er Jahren begonnenen Wohngebiete in Marzahn, Hohenschönhausen, Buch, Allende-Viertel II in Köpenick an der Peripherie des Stadtgebietes weitergebaut, da die Ziele des Wohnungsbauprogrammes bis 1990 erfüllt werden sollen. Dazu kommen noch solche Gebiete wie Kaulsdorf-Nord (1980-84), das später in die mehr als 30.000 Neubau-WE von Hellersdorf aufgeht, sowie Alt-Friedrichsfelde (1980-84) und einige weitere Bereiche. Die Weiterführung des „extensiven" Wohnungsbaus in fast unverminderter Form soll aber nicht darüber hinwegtäuschen, daß sich auch in Ost-Berlin zu Beginn der 80er Jahre ein Umdenkungsprozeß abzeichnet. Ausgelöst wird dieser Prozeß durch mehrere Einflüsse: Erstens drängen Rahmenbedingungen in der Weltwirtschaft besonders auch die DDR zur Sparsamkeit auf allen Gebieten, zweitens steht die 750-Jahrfeier Berlins vor der Tür und zuletzt führen die Flächenverschwendungen an der Peripherie und der fortschreitende Verfall der Altbausubstanz im Innern der Stadt sowie die entstandenen Disproportionen in der Stadtstruktur zur intensiven „Reproduktion" der Bausubstanz. Wirtschaftliche Zwänge initiieren neue Leitbildvorstellungen.

Die Sparmaßnahmen führen Anfang der 80er Jahre in Ost-Berlin zu drastischen Einschränkungen beim Wohnungsbau. Verändert wird nicht die Anzahl der geplanten Wohnungen, sondern das Verhältnis Neubau/Rekonstruktion zugunsten der Sanierung. Die Neubaugebiete müssen außerdem mit weniger Mitteln errichtet werden. Hochhäuser werden gestrichen, es werden nur noch die Hochhäuser fertiggebaut, die bereits projektiert sind. Das neue Baugebiet Hellersdorf am Stadtrand wird weitgehend in sechsgeschossiger Zeilenbauweise errichtet. Die Wohngebiete werden dichter bebaut und sind schlechter mit Wohnfolgeeinrichtungen, Parkplätzen und Freiflächen ausgestattet. Selbst die ursprünglich knapp bemessenen staatlich-normativen Vorgaben können nicht mehr eingehalten werden.

Was sich in den 70er Jahren mitunter andeutete, verstärkt sich seit Anfang der 80er Jahre auch in Ost-Berlin: die Tendenz, ähnlich wie in West-Berlin mit der Altbausubstanz behutsamer umzugehen. Die „Kahlschlagsanierung" scheint erst einmal abgewendet. Die Baublöcke in der Innenstadt werden nicht mehr durch Zeilenbebauung und Punkthäuser aufgelöst, sondern in ihrer Struktur ergänzt. Selbst das alte Formenvokabular an Gebäuden, Reklameschriften, die „Stadtmöblierung" bis hin zur Straßenbeleuchtung, wird teilweise originalgetreu wiederhergestellt, adaptiert oder eklektizistisch in einer neuen Scheinwelt eingesetzt. Postmoderne Formen werden dabei jedoch weitgehend vermieden. Als dominierende Bautechnik, auch für innerstädtische Bauvorhaben, ist in Ost-Berlin nach wie vor der Plattenbau zum Dogma erhoben, der unflexibel ist. Um differenzierte Architektur für die Innenstadt zu schaffen, müssen viele Fassadenplatten oft als Unikat hergestellt werden, was die Baukosten in die Höhe treibt. Als ein Musterbeispiel für den Aufbau einer „Scheinwelt" gilt das Nikolaiviertel als wohl wichtigstes Bauvorhaben zur 750-Jahrfeier Ost-Berlins. Ähnliches läßt sich aber auch bei den Vorzeigeobjekten Friedrichstraße und Gendarmenmarkt (ehemaliger Platz der Akademie) beobachten, wo repräsentativer Wohnungsbau mit Läden und anderen Einrichtungen unter besonders komplizierten Bedingungen des Plattenbaus in die alte Blockstruktur eingegliedert werden muß. Vom Projektierungsbüro des Baukombinats werden für die Bauleitung einzelner Gebäude „Komplexarchitekten" eingesetzt, um die persönliche Handschrift in die Fassadendifferenzierung einbringen zu können.

Daneben werden kleinere Neubaugebiete auf freien innerstädtischen Flächen errichtet: das Wohngebiet Ernst-Thälmann-Park (1983-86) auf dem Areal eines ehemaligen Gaswerkes und das nach dem Mauerfall umstrittene Wohnquartier Wilhelmstraße (ehemalige Otto-Grotewohl-Straße, 1987-92) auf der Fläche der ehemaligen Ministerien und Ministergärten, dem historisch belasteten Ort und langzeitigen Sitz deutscher Regierungen.

Während in West-Berlin im Zuge der IBA versucht wird, mit international bekannten Architekten neue städtebauliche und architektonische Lösungen zur Diskussion zu stellen, arbeitet die Ost-Berliner Führung, besonders im Hinblick auf die 750-Jahrfeier Berlins, mit den ihr eigenen Mitteln der „Kommando-Wirtschaft" an ähnlichen Zielen. Sowohl für den Neubau am Stadtrand als auch für die Rekonstruktion von Altbauten und quartierergänzenden Neubauten in der Innenstadt werden die Bezirke der DDR verpflichtet, einen Beitrag für den Aufbau der Hauptstadt der DDR zu leisten. Damit werden nicht nur die Platten für die Gebäude über z.t. mehrere hundert Kilometer nach Berlin transportiert, sondern es werden auch zahlreiche, regional verschiedene, Typen der DDR-Plattenbauweisen in Berlin sichtbar gemacht. U.a. dadurch unterscheidet sich das Baugebiet Hellersdorf von den anderen großen Neubaugebieten in Marzahn oder Hohenschönhausen. Auch in der Innenstadt von Ost-Berlin werden von den DDR-Bezirken an mehr als zwanzig Standorten Quartierstrukturen rekonstruiert und durch Plattenneubauten ergänzt. Die wichtigsten Baustellen sind in der Wilhelm-Pieck-Straße, Rosenthaler Straße, Max-Beer-Straße/Alte Schönhauser Straße (Mitte), Bersarinplatz, Frankfurter Allee Nord, Stralauer Allee/Markgrafendamm, Straße der Pariser Kommune (Friedrichshain), Müggelheimer Straße, Köllnische Vorstadt (Köpenick), Frankfurter Allee, Alt Friedrichsfelde (Lichtenberg).

Nach der 750-Jahrfeier spitzen sich vor dem Hintergrund gravierender Finanzprobleme die Meinungsverschiedenheiten zwischen den Führungen in Ost-Berlin und in den DDR-Bezirken nicht zuletzt wegen der Baupolitik zu, da die für Berlin abgestellten Baukapazitäten in den Bezirken fehlen. Es wächst der Unmut der Bevölkerung in Ost-Berlin u.a. auch gegen die Baupolitik der erneut drohenden Kahlschlagsanierung, sodaß die Baukampagnen zum 40. Jahrestag der DDR (7. Oktober 1989) ihre Wirkung verfehlen und auf das politische System eher destabilisierend wirken.[64] Trotz 28jähriger Trennung bestehen 1989 ähnliche Bauprobleme in beiden Teilen der Stadt, obwohl der Verfall und Leerstand der Wohnbausubstanz in Ost-Berlin gravierender ist.

**Aktuelle Tendenzen im Städtebau in Berlin**

Mit dem Fall der Mauer haben sich die stadtentwicklungspolitischen Rahmenbedingungen Berlins grundsätzlich verändert.

Es wird von einem aktuellen Defizit von ca. 200.000 Wohnungen ausgegangen. Der Flächennutzungsplanentwurf hält Flächen für bis zu 400.000 Wohnungen vor. Diese Zahlen können die gewaltige städtebauliche Aufgabe nur sehr bedingt veranschaulichen, vor der Berlin gegenwärtig steht.

Über zehn „Vorstädte" in einer Größenordnung von jeweils ca. 5.000 Wohnungen befinden sich bislang im wesentlichen im ehemaligen Ost-Berlin in der Planung. Die Größe dieser „Teilstädte" liegt weit über der Größe der 20er Jahre Siedlungen (ca. 1.000 bis 1.850 WE) und immer noch deutlich über den Zahlen der Wiederaufbauplanungen in den 50er Jahren im Hansaviertel, der Otto-Suhr-Siedlung oder Charlottenburg-Nord mit ca. 1.300 bis 2.300 Wohnungen. Sie liegen aber deutlich unter den maßlosen Bauvolumina der West-Berliner Großsiedlungen des Märkischen Viertels und der Gropiusstadt mit jeweils ca. 16.000 Wohnungen, geschweige denn den Wohnungsbauquantitäten „realsozialistischer Großsiedlungen" in Lichtenberg, Marzahn, Hellersdorf oder Hohenschönhausen mit jeweils 30.000 bis 62.000 Wohnungen.

## Geschichte der Berliner Siedlungen

Im Gegensatz zu den Siedlungen der 20er Jahre steht weniger der politisch ambitionierte städtebauliche Entwurf mit der Zielsetzung der Schaffung möglichst gleichwertiger Wohnverhältnisse für Arbeiter, Beamte und Angestellte bzw. die Schaffung möglichst gleichwertiger Lebensbedingungen für die „breiten Massen der Bevölkerung" in den 50er und 60er Jahren im Vordergrund entwurflicher Überlegungen als vielmehr die Suche nach Konzepten, die eine möglichst breite soziale Mischung gestatten. Realisiert ist bislang noch keine dieser Vorstädte, sodaß sich der Anspruch des Leitbilds noch nicht an der gebauten Realität überprüfen läßt. Festzuhalten bleibt jedoch, daß er sich in der Tradition der kritischen Rekonstruktion der Stadt des 19. Jahrhunderts bewegt. Das neue Leitbild liegt, so Senatsbaudirektor H. Stimmann, „irgendwo zwischen den in ihrem ästhetischen Ausdruck sehr differenzierten Vorstädten der Zeit vor und nach der Jahrhundertwende (Friedrichshagen, Lichterfelde, Rüdesheimer Platz, Bayerisches Viertel) und den Reformprojekten genossenschaftlicher Wohnungsbauprojekte (Haeseler Straße, Weisbachstraße, Grillparzerstraße etc.)"[65].

# DOKUMENTATION DER SIEDLUNGEN

# 1. VILLENVORORTE

## 1.1 GROSS-LICHTERFELDE

**Ausgewählte städtebauliche Daten**

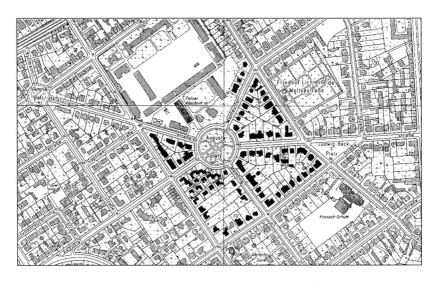

Kolonie Groß-Lichterfelde um den Augustaplatz
M 1 : 10.000

| | |
|---|---|
| Lage: | Berlin-Steglitz, südlich des Botanischen Gartens |
| Bauherren: | Carstenn als Initiator, diverse private Bauherren |
| Architekten: | diverse für die Einzelhäuser (in Groß-Lichterfelde sind u.a. R. und W. Hinze sowie Gillies hervorzuheben) |
| Bauzeit: | Kolonie Groß-Lichterfelde - Hauptbauzeit: 1866 - 1900 Teilgebiet: ca. 40 Häuser um 1890 und später ca. 20 weitere Häuser um 1910 und ca. 25 Häuser um 1960, die ehemalige Gardeschützenkaserne (heutiger Polizeikomplex) zur Zeit Friedrichs II („des Großen") |
| Grundflächenzahl: | 0,2 |
| Geschoßflächenzahl: | 0,25 - 0,45 |
| Geschosse: | i.d.R. 1 - 2, z.T. 3 - 4 |
| Wohneinheiten: | 281 |
| Wohnungsschlüssel: | 10 % 1/2-Zi, 25 % 3-Zi, 30 % 4-Zi, 15 % 5-Zi, 20 % 6-Zi |
| Wohnungsausstattung: | 8 % ohne Bad, 40 % ohne Zentralheizung (1968) |
| Einwohner 1987: | 610 (im Teilgebiet und 184 auf dem Gelände der Polizeikaserne) ca. 60.000 in der gesamten Kolonie |
| Einwohnerdichte 1987: | 76 Ew/ha |
| ÖPNV-Anbindung: | S-Bahnhof Botanischer Garten (S 2) und Buslinie 188 (Endhaltestelle Augustaplatz) |

Groß-Lichterfelde

## Zur Planungsgeschichte

Der Hamburger Kaufmann und „Spekulant im besten Sinne" Johann Anton Wilhelm Carstenn erwirbt 1865 die Rittergüter Lichterfelde und Giesendorf mit insgesamt mehr als 3.000 Morgen Land. Carstenn bringt neben Kapital auch einschlägige stadtplanerische Erfahrung mit.[1] In Hamburg hat er vorher die Villenkolonie Marienthal, die durch den Zuzug steuerkräftiger Siedler sehr erfolgreich war, gegründet. Die grundlegenden Prinzipien seines späteren Vorgehens in Berlin sind hier bereits erprobt worden: Carstenn baut Straßen und Plätze, veranlaßt die Erschließung durch die Eisenbahn, parzelliert und verkauft das Land gewinnbringend. Darüber hinaus wird durch grundbuchliche Sicherung der Villencharakter der Kolonie geschützt.

Carstenn beschreibt seine Ziele und sein Vorgehen drei Jahrzehnte später wie folgt: „Mit den gesammelten Erfahrungen kehrte ich nach dem Continent zurück, studierte Paris, Wien und Berlin, mußte erkennen, daß gerade Berlin in der rationellen Entwicklung am meisten zurückgeblieben war, sah aber, daß auch gerade in den Naturschönheiten der Umgebung die Vorbedingungen vorhanden waren, um mit Unterstützung der Regierung Berlin ohne Schwierigkeiten zu der schönsten Stadt der Welt zu machen. Weiter erkannte ich als einzig richtige Ausdehnung dieser Stadt die nach Südwesten in Richtung auf Potsdam und legte hierzu die Grundlage, indem ich mich 1865 käuflich in den Besitz der Rittergüter Lichterfelde und Giesendorf setzte, um hier eine vornehme Villenstadt im Sinne der Entwicklung Londons zu gründen. Sehr wohl erkannte ich, daß zur Entwicklung der Wohnplätze in größerem Maßstab unmittelbare Eisenbahnverbindungen erforderlich seien, (...) bei der in Frage kommenden damaligen Berlin-Anhaltischen Privatbahn-Gesellschaft fand ich auch sofort das gewünschte Entgegenkommen (...). Gleichzeitig begann ich mit der Ausarbeitung eines Parzellierungsplanes und mit der Anlage von Straßen, so daß ich im Frühjahr 1868 die ersten Verkäufe von Bauparzellen abschließen konnte".

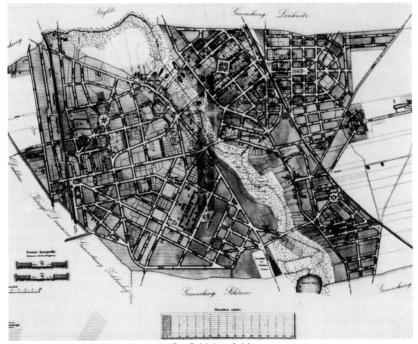

Bebauungsplan der Villenkolonie Groß-Lichterfelde

Weiter heißt es bei Carstenn: „Ich (...) hatte für die Errichtung einer Eisenbahnstation, von Post und Telegraph und für bequeme Eisenbahnverbindungen mit Berlin gesorgt, hatte Arzt und Apotheker an den Ort gezogen und die Errichtung höherer Knaben- und Mädchenschulen veranlaßt, kurz, man konnte sich in meiner Villen-Kolonie ein gesundes Heim für sein Capital gründen, dessen Zinsen bei weitem nicht an die Mieten der Großstadt in ungesunder Luft heranreichten, man brauchte dabei das großstädtische Leben nicht zu entbehren."[2]

Carstenn faßt also bereits in den 60er Jahren des 19. Jahrhunderts den bemerkenswerten Plan für die Ausdehnung Berlins in Richtung Potsdam, verbunden durch den Grunewald als Park. Er sieht den Grunewald als eine Art „vergrößerten Tiergarten" innerhalb des umbauten Gebietes vor.

Landhaus in der Umgebung des Augustaplatzes

Die Entwicklung der Villenkolonie verläuft in den ersten fünf Jahren sehr vielversprechend: Bereits 1868, gleichzeitig mit dem Verkauf der ersten Parzellen, entsteht der Bahnhof Lichterfelde-Ost an der Berlin-Anhalter Bahnlinie, nur drei Jahre später der Bahnhof Lichterfelde-West an der Potsdamer Bahnlinie. Im gleichen Jahr gründet Carstenn eine Aktiengesellschaft, der er große Teile seiner Grundstücke verkauft. Zur weiteren Förderung seines Unternehmens schenkt Carstenn dem Staat das Gelände zum Bau einer preußischen Kadettenanstalt, zu welcher im Beisein des Kaisers 1872 der Grundstein gelegt wird. Dieses „patriotische Geschenk", welches eine „Unsumme von Verpflichtungen"[3] mit sich bringt, und der Gründerkrach von 1873 kosten Carstenn im Laufe der Zeit sein Vermögen und Einfluß auf die weitere Entwicklung der Villenkolonie.

Zu diesem Zeitpunkt hat Lichterfelde etwa 2.000 Einwohner. Die Siedlungstätigkeit hat im südöstlichen Teil von Groß-Lichterfelde in der Umgebung des Marienplatzes begonnen. Das Straßensystem ist nach einer einheitlichen Grundkonzeption angelegt, die mit Zentralplatz und Achsenstraßen eine besondere städtebauliche Wirkung bezweckt.[4] Dies findet sich vor allem im Teil südöstlich des Teltowkanals, wiewohl auch der später angelegte Bereich um den Augustaplatz diese städtebauliche Form aufweist. Die Einwohnerzahl steigt bis 1890 nur langsam auf 9.000 an, wobei vor allem in Lichterfelde-Ost gesiedelt wird. In der Bauboomphase bis 1910 wächst die Bewohnerzahl auf über 40.000, und der Westen entwickelt sich kräftig. Zuvor war 1877 die Gemeinde

# Groß-Lichterfelde

Groß-Lichterfelde aus dem Zusammenschluß der Gutsbezirke Lichterfelde und Giesensdorf mit dem Dorf Giesensdorf entstanden. (Nur vier Jahre später wird in Groß-Lichterfelde die erste elektrische Straßenbahn von Siemens & Halske gebaut, die seit 1890 die beiden Bahnhöfe verbindet.)

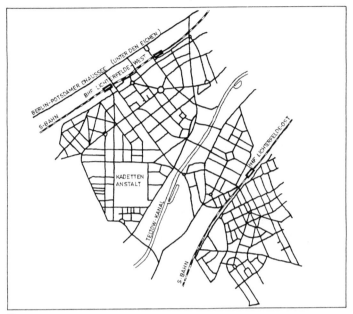

Übersichtsplan der Villenkolonie Groß-Lichterfelde

Der Bereich um den Augustaplatz ist von zwei Besonderheiten mitgeprägt: Einerseits grenzt nordwestlich der großflächige heutige Polizeikomplex an (welcher in der Silvesternacht 1983 durch den Tod von sechs Abschiebehäftlingen traurige Berühmtheit erlangt), und zum anderen entsteht südlich des Augustaplatzes in den 60er Jahren ein Bungalowbaubereich in eingeschossiger Bauweise. Ansonsten überwiegt landhausartige Bebauung.

Das gesamte Areal um den Augustaplatz, ausschließlich des Geländes der Polizeikaserne, und einige angrenzende Bereiche sind - genauso wie ein größerer Bereich westlich des Johanneskirchplatzes im Süden der Villenkolonie - mit der Verordnung aus dem Jahre 1978 zum „geschützten Baubereich Lichterfelde-West" deklariert worden. In diesem Bereich ist der Abbruch vor 1918 errichteter Gebäude unzulässig; Veränderungen an nach 1918 errichteten Häusern können zugelassen werden, wenn sie der Eigenart des geschützten Baubereiches entsprechen. Alle Neubauten im geschützten Baubereich müssen sich hinsichtlich der Verteilung der Baumassen, der Dachausbildung, der Gebäudehöhe sowie der Gestaltung der Gebäudefronten, einschließlich der Farbgebung, einfügen.

Beispielhaftes Erscheinungsbild der Landhaus-Bebauung

## Die Wohnungen

Das dominante Element der Bebauung in Groß-Lichterfelde ist das Landhaus, wiewohl auch die repräsentative Villa und das bescheidenere Reihenhaus zu finden sind. „Das Landhaus ist ein Einfamilienhaus in offener Bauweise mit Garten, daß sich von der `Villa` dadurch unterscheidet, daß es keine betont repräsentative Fassade besitzt. Dafür ist seine Wohnseite zum Garten und nach Süden gerichtet. Da es sich um einen bescheidenen Repräsentationsabsichten genügenden Bau handelt, wird auf das Souterrain verzichtet. Das Erdgeschoß ist ebenerdig."[5]

Ein Alt-Lichterfelder Haus

„Das Raumprogramm des alten Lichterfelder Hauses war recht eigentlich das der Stadtwohnung. Man kann sagen, das waren Stadtwohnung in zwei Etagen im Grünen, im Park gelegen".[6]

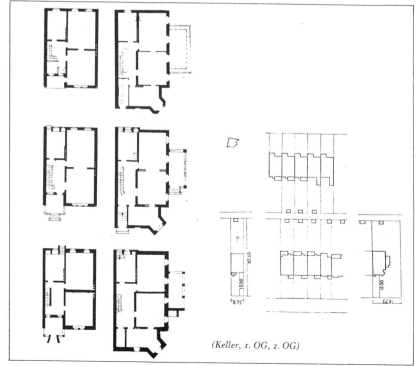

*(Keller, 1. OG, 2. OG)*

Reihenhäuser um 1890 in Lichterfelde

Groß-Lichterfelde

## Die Siedlung - heute

Die Charakterisierung der Gebäude von Groß-Lichterfelde von Lüders aus dem Jahre 1901 hat weitgehend auch noch heute ihre Gültigkeit. „Dem Fremden, welcher zum ersten Male unseren Ort durchwandert, wird, wenn anders er ein Auge und Verständnis für Architektur besitzt, die reiche Mannigfaltigkeit von Stilarten auffallen, die bei der Villenbebauung hier zur Geltung kommen. Es ist so ziemlich alles in dieser Beziehung vertreten, von der altehrwürdigen romanischen Bauart bis zum ausgelassensten Barock; der heitere griechische und der auf das praktische gerichtete nordische Backsteinbau grenzen nachbarlich aneinander, ja selbst der Orient ist durch seine uns wunderlich erscheinenden Formen vertreten, als wollten sie miteinander in Wettbewerb treten, als gelte es hier, einen Preis zu erringen."[7]

Gut 70 Jahre später schreibt der Deutsche Werkbund Berlin: „Das Quartier Lichterfelde ist von räumlichen, typologischen und morphologischen Merkmalen bestimmt, die zwar vereinzelt auch anderswo im Berliner Stadtgebiet vorkommen; hier aber definieren sie durch die homogene Form ihrer gegenseitigen strukturellen Verknüpfung, durch die Übereinstimmung zwischen Bauformen und Nutzungsabläufen (und nicht zuletzt durch Größe des Gebietes, das sie beherrschen) einen Wohnwert, der sich über die Einzelwohnung hinaus als Wohnqualität eines gesamten Quartiers manifestiert".[8]

So verändern sich Wahrnehmungsmuster und die Sprache der Betrachter!

Villa im Tietzenweg

Völlig verändert hat sich das gesellschaftliche Eigenleben, welches Groß-Lichterfelde im 19. Jahrhundert entwickelt hatte. So verweist Posener darauf: „die berühmten Dirigenten und Virtuosen Berlins konzertierten alle auch in Lichterfelde". Heute führt dagegen auch Lichterfelde ein typisches Vorstadtdasein: Eine ruhige, gepflegte reine Wohnlage mit viel Grün bietet einen Ausgleich für die geringe Urbanität. Das „erste Ladenzentrum in Berlin"[9] (der Bazar am Bahnhof Lichterfelde-West) und andere Einrichtungen sind mit der zunehmenden Integration in den Berliner Stadtorganismus wieder verschwunden.

## 1.2 WESTEND

**Ausgewählte städtebauliche Daten**

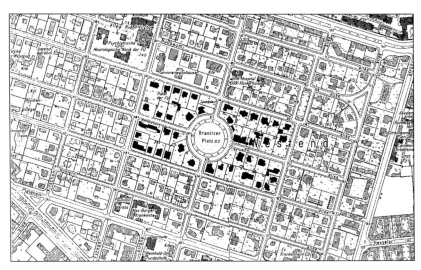

Villenkolonie Westend, um den Branitzer Platz
M 1 : 10.000

| | |
|---|---|
| Lage: | Berlin-Charlottenburg |
| Bauherren: | Einzelbauherren; für die Erschließung „Kommanditgesellschaft Westend" |
| Architekten: | diverse, auch Bauhandwerksbetriebe |
| Bauzeit: | 1868 - 1905 (Aufbau der Villenkolonie), weitere Bauten nach 1950 |
| Grundflächenzahl: | 0,1 - 0,3 |
| Geschoßflächenzahl: | 0,2 - 0,5 |
| Geschosse: | Einzelhausbebauung/Villen, i.d.R. 2- bis 3-geschossig, z.T. 1- oder 4-geschossig |
| Wohneinheiten: | 144 (im Gebiet am Branitzer Platz) |
| Wohnungsschlüssel: | 10 % 1+2-Zi, 30 % 3-Zi, 30 % 4-Zi, 10 % 5-Zi, 20 % 6-Zi |
| Wohnungsausstattung: | Bad, WC, Zentralheizung |
| Einwohner 1987: | 370 (im Gebiet am Branitzer Platz) |
| Einwohnerdichte 1987: | 56 (Ew/ha) |
| ÖPNV-Anbindung: | U-Bahnhof Neu-Westend und Theodor-Heuss-Platz (Linie 1) sowie Buslinien 145 auf dem Spandauer Damm und 104 auf der Reichsstraße |

# Westend

## Zur Planungsgeschichte

Nachdem bereits 1824 der Fabrikant Wimmel in der Gegend des Westends ein Landhaus - in der Hoffnung ein Villengebiet zu entwickeln - errichtet hat, beginnt erst gut vierzig Jahre später die eigentliche Entwicklung des Villenviertels Westend. 1866 gründet der Fabrikant Albert Werkmeister mit fünf weiteren Unternehmern (u.a. der Baumeister Martin Gropius und der Kommerzienrat Johannes Quistorp) eine Baugesellschaft „Westend". Zunächst soll das Westend mit einer gemeinnützigen Baugenossenschaft im Sinne der Wohnungsreform bebaut werden. Es ist beabsichtigt, Einfamilienhäuser für 3000 Mark zu bauen.[1] Werkmeister gibt damals die Broschüre „Das Westend und die Wohnungsfrage" heraus.

Ein Parzellierungsvorschlag wird von Werkmeister erarbeitet, der rechtwinklig kreuzende Alleen und achsgleich verteilte geometrische Plätzen vorsieht.[2] Dieser von strenger Regelmäßigkeit getragene Bebauungsplan, der nur durch wenige Plätze aufgelockert wird, sieht nach Londoner Vorbild etwa 400 Bauplätze für Landhäuser vor. Bei der Ausführung des Plans, die bereits 1867 beginnt, wird der Parzellierungsvorschlag etwas vereinfacht.

1868 wird die zwei Jahre zuvor gegründete „Kommanditgesellschaft auf Aktien Westend" von Heinrich Quistorp übernommen und in die „Westend-Gesellschaft H. Quistorp und Co. zu Berlin" umgewandelt. Die Bautätigkeit ist zunächst sehr rege, insbesondere in der Ahorn-, Linden-, Akazien-, Nußbaum-, Ulmen- und Eichenallee. Dabei entstehen weniger bescheidene Landhäuser als großzügige Villen für die „wohlhabenden Stände".

Diese und andere Wohnungsbaugesellschaften Quistorps (u.a. der zunächst unter wohnungsreformerischen Aspekten gegründeten „Central Bauverein") werden zu einem Spekulationsobjekt des „Gründungsfiebers". Quistorps Zielgruppe sind nunmehr die wohlhabenden Bürger. „An die Förderung der Genossenschaften und der Bauunternehmen wurde gar nicht mehr gedacht, sondern vor allem an der Börse gespielt und immer neue Gesellschaften gegründet."[3] Dieses Spekulationsgeschäft bricht im Börsenkrach Ende 1873 zusammen: Die Quistorpsche Westend-Gesellschaft, seine Vereinsbank und der Central Bauverein müssen ihre Zahlungen einstellen. Nach so vielversprechendem Beginn der Westend-Kolonie stehen dann längere Zeit halbfertige Landhäuser, sog. „Krachruinen", herum. Erst 1879 stabilisiert sich die finanzielle Situation der Westend-Gesellschaft, und die Erschließung und Bebauung des Geländes geht langsam weiter. Sind allein in den ersten 5 Jahren der Westendentwicklung bis 1872 ca. 80 Villen gebaut worden, so werden in den nächsten 20 Jahren bis 1892 nur 40 weitere errichtet. Seit dem Zeitpunkt gilt für das Westend die neue Bauordnung, die am Außenrand der Villenkolonie geschlossene Bebauung zuläßt. Bis 1905, dem ersten Abschluß der Entwicklung der Villenkolonie, entstehen dann noch einmal 65 neue Villen.

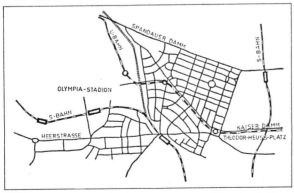

Übersichtsplan:
Villenkolonie Westend und angrenzende Bereiche

„Männer der Wirtschaft, Wissenschaft und Künstler ließen sich in den geruhsamen, nach den dort gepflanzten Bäumen benannten Alleen nieder, so etwa der Bakteriologe Robert Koch, (...) der Philosoph Georg Simmel."[4]

Die Bauten des Westendes weisen die ganze Breite der damals verwandten Baustile auf: neoklassische Bauten, Jugendstilvillen, neugotische Wohnschlößchen und vieles andere - jeweils entsprechend dem Zeitgeschmack ihrer Erbauer. Es entstand „ein fast einmaliges Stilchaos auf Berliner Boden."[5]

Zu Beginn des zwanzigsten Jahrhundert wird anschließend an das Westend bis zur Reichsstraße und dem Spandauer Damm die Kolonie „Neu-Westend" gebaut, wobei das Planungskonzept Werkmeisters nicht fortgeführt wird. Zur gleichen Zeit wird die U-Bahnlinie Nr.1 bis zum Reichskanzlerplatz (heute Theodor-Heuss-Platz) gebaut, die seit 1913 bis zum heutigen Olympia-Stadion weitergeführt wird.

**Die Wohnungen**

Als gutes Beispiel aus dem 20. Jahrhundert kann die Doppelvilla von Erich Mendelsohn gelten.

Doppelvilla von Mendelsohn 1922 (Karolingerplatz 5a)

**Die Siedlung - heute**

„Mit der zunehmenden Baulandverknappung nach dem 2. Weltkrieg begannen verschiedene Besitzer mit der Veräußerung ihrer Anwesen. Dann folgte der Abriß der Villen, die einer dichteren Bebauung weichen mußten. So geht nach und nach der ursprünglich großzügige Charakter des Villenviertels verloren."[6]

Im Erscheinungsbild veränderte Bauten am Branitzer Platz, Ecke Eichenallee

Dies gilt insbesondere für die äußeren Bereiche der Villenkolonie, während in dem Bereich um den Branitzer Platz nur relativ wenige unmaßstäbliche Neubauten das Erscheinungsbild stören. Insbesondere der sehr schöne, große geometrische Platz und die symmetrische Anlage der Straßen sind auch heute noch als deutlich ablesbare Strukturelemente erlebbar. Trotzdem liegen im Gebiet auch eine Reihe von negativen baulichen Eingriffen, wie das Terrassenhaus des Seniorenwohnheims, die Eternitverkleidung einer alten Villa und unangepaßte Anbauten vor.

Die den Branitzer Platz umgebenden Baublöcke und eine Reihe weiterer Blöcke im Süden, Westen und Osten werden 1985 als „geschützter Baubereich Westend" ausgewiesen. Die bis 1939 errichteten Gebäude müssen aufgrund dieser Verordnung in ihrem ursprünglichen Erscheinungsbild erhalten werden. Dies gilt für die Grobgliederung der freistehenden Baukörper, die bei Gebäuden aus der Kaiserzeit (1871-1918) durch Erker kräftig gegliedert und mit hochstehenden gereihten Fenstern versehen sind. Zusätzlich weisen diese Gebäude meist ein ausladendes Traufgesims, einschließlich Türmchen, Eckbekrönungen, Giebeln, Zwerchhäusern oder Gauben im Dachbereich auf. Darüber hinaus ist die Feingliederung der Gebäude weitgehend erhalten, die in der Regel durch mit Pfosten, Kämpfern und Sprossen versehene Fenster und dekorative Putzelemente geprägt ist.

Villa am Branitzer Platz Nr. 5

Gebäude, die nach 1939 gebaut wurden und nicht mehr ihrem ursprünglichen Erscheinungsbild entsprechen, dürfen im „geschützten Baubereich" nur verändert werden, wenn es der Wiederherstellung des ursprünglichen Erscheinungsbildes dient und die Eigenart des Gebietes nicht beeinträchtigt. Für Neubauten gilt ebenfalls der Grundsatz des Sich-Einfügens in die Eigenart der vorhandenen Strukturen.

Im Gegensatz zu vielen anderen Villenkolonien kann das Westend aufgrund seiner insgesamt erheblich überformten baulichen Struktur im Flächennutzungsplan 1984/88 nicht als Wohnbaufläche mit landschaftlicher Prägung ausgewiesen werden. Die Geschoßflächenzahl ist im Zentralbereich mit maximal 0,6 und in den Randbereichen mit 1,5 bis 2,0 angesetzt.

In jüngster Zeit wird durch behutsame Verkehrsberuhigungsmaßnahmen der Straßenraum den heutigen Anforderungen angepaßt.

## 1.3 GRUNEWALD

**Ausgewählte städtebauliche Daten**

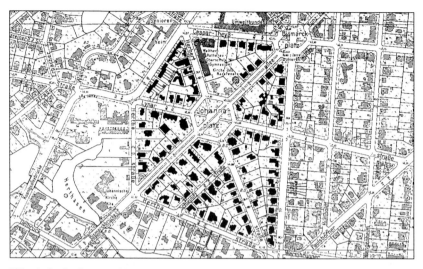

Villenkolonie Grunewald, um den Johannaplatz
M 1 : 10.000

| | |
|---|---|
| Lage: | Berlin-Wilmersdorf, Grunewald[1] |
| Bauherren: | diverse Einzelbauherren |
| Architekten: | u.a. Alfred Grenander (Bismarckallee 18, 1973 abgerissen), Ernst Eberhard von Ihne (1898, Bismarckallee 23 bzw. Herthastraße 7), Ludwig Otto (1895, am Johannaplatz), Werner Düttmann (1965, Bismarckallee 21 a); Landschaftsarchitekt: Garteninspektor Roer (u.a. Bismarck- und Johannaplatz) |
| Bauzeit: | 1890 Anlage des Johannaplatzes, 1891 Bau des ersten Hauses in der Herthastraße, um 1900 sind schon große Teile des Gebiets bebaut (mehr als 250 Villen) |
| Grundflächenzahl: | ca. 0,2 |
| Geschoßflächenzahl: | ca. 0,3 |
| Geschosse: | i.d.R. 2 bis 3 Geschosse |
| Wohnungsausstattung: | i.d.R. hochwertige, reiche Ausstattung |
| Einwohner 1987: | 501 |
| Einwohnerdichte 1987: | ca. 55 Ew/ha |
| ÖPNV-Anbindung: | Buslinien 110 und 129 (auf der Hubertusallee) sowie Buslinie 119 (auf der Königsallee) |

## Zur Planungsgeschichte

Das Gebiet der heutigen Villenkolonie Grunewald war noch 1876 in Julius Straubes Beilage zum Berliner Adressbuch als „Spandower Forst" verzeichnet. 13 Jahre später (1889) erwirbt ein deutsches Konsortium unter Führung des Baumschulenbesitzers John Booth, das wenig später an die „Kurfürstendammgesellschaft" (eine Gesellschaft der Deutschen Bank) ihren Vertrag abtritt, 234 ha des „Spandower Forstes" westlich der Berliner Ringbahn (Wetzlarer Bahn) mit dem damaligen Bahnhof Grunewald (heute: S-Bahnhof Halensee). Dieses Grundstücksgeschäft hängt eng mit dem nach 1882 durchgeführten kostspieligen Ausbau des Kurfürstendammes zusammen, da John Booth als Gegenleistung für den Ausbau der Prachtstraße das Gelände der heutigen Villenkolonie zum Preis von 1,20 DM für den Quadratmeter zugesagt wird.[2] Die Anlage des Kurfürstendamms als „Ausfallstraße" und Anbindung des Parks Grunewald an Groß-Berlin sowie als Zufahrtstraße der neuen Kolonie geht auf eine Anregung von Carstenn zurück und wird später durch Bismarck und Wilhelm I. unterstützt. Dieses einmalige städtebauliche Engagement Bismarcks ist, wie Hegemann bissig bemerkt, hauptsächlich auf die Anlage eines Reitweges - nach dem Vorbild der Pariser Avenue du Bois de Boulogne - ausgerichtet.

Villa in der Herthastraße

Im Kaufvertrag für das Gelände der Kolonie ist bereits die Art der Bebauung und das Straßennetz mit Straßenbreiten von 12 bis 21 Metern und den typischen unterschiedlichen Baumpflanzungen festgeschrieben. Gesetzliche Bestimmungen für die Bebauung der Villenviertel bestehen erst ab 1892 mit der Baupolizeiverordnung für die Vororte Berlins.[3] An der Königsallee, die das Gebiet nordöstlich tangiert, ist beispielsweise die Bauklasse E mit folgenden Bestimmungen festgelegt: zwei Geschosse, zusätzlich Keller- und Dachgeschoss, welche nur zur Hälfte mit Wohnungen ausgebaut werden dürfen; Grundflächenzahl 0,3 (bei Eckgrundstücken 0,4); Nachbarabstand mindestens 8 m und 4 m Vorgarten sowie allseitige Fassadenausbildung.[4]

Der Hubertussee und drei weitere Seen - außer dem bereits vorhandenen Halensee - bilden einen künstlich geschaffenen Naturraum. Sie entstehen durch Ausbaggerung von Luchflächen und kleinen Tümpeln in dem sumpfigen Fenngelände. An deren Ufern entstehen besonders aufwendige Villen und Landhäuser, die alle nur denkbaren Stile „repräsentieren".

Grunewald

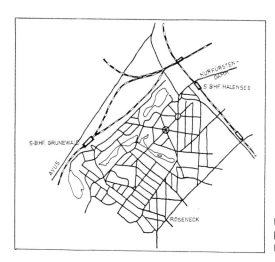

Übersichtsplan der Villenkolonie Grunewald und Umgebung

Zu dem Gebiet rund um den streng geometrischen, mit 120 Metern Durchmesser sehr großen Johannaplatz, der als einer der ersten besiedelt wird, heißt es in einer Schrift aus der Zeit um die Jahrhundertwende: „Die vornehmsten Punkte des neuen Terrains sind im Westen an der Seenkette: Hubertus-, Herta-, Koenigs- und Dianasee gelegen und die eigentlichen Mittelpunkte im Kern der Kolonie bilden der große Johanna- und der Joachimplatz. Die 21 Meter breite Bismarckallee verbindet beide Plätze (...). Von den bisherigen Käufern haben sich 31 verpflichtet, bereits im selben Jahr ihre Parzellen mit Villen zu besetzen. Um den Charakter einer ländlichen Anlage zu wahren, ist die Bebauung gewissen Vorschriften unterworfen. Die Gebäude, die nach allen Seiten mit Fassaden zu versehen sind, dürfen nicht höher als drei Stockwerke ausgeführt werden. Die Gesellschaft bevorzugt die Erbauung von Villen für eine Familie und von Doppelvillen für zwei Familien."[5]

Hier ist anzumerken, daß neben der Familienvilla auch größere Mietshäuser im Landhausstil entstehen. Dabei werden im Hochparterre und im 1. Stockwerk große Wohnungen, die teilweise später weiter aufgeteilt wurden, mit hohen Räumen und im ausgebauten Keller- und Dachgeschoß kleinere Wohnungen mit niedrigeren Raumhöhen geschaffen. Teilweise werden sogar Nebenräume und Dachgeschoßteile illegal zu Wohnzwecken umgenutzt.[6]

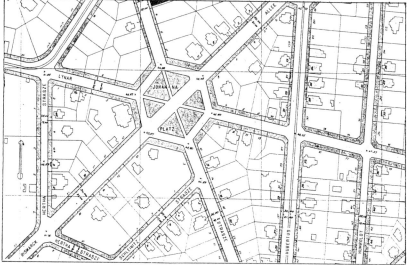

Straube-Plan für den Bereich um den Johannaplatz

# Grunewald

Bereits um 1900 ist die Villenkolonie Grunewald, die am 1.4.1899 zur eigenständigen Gemeinde erhoben wurde, eine der feinsten Wohngegenden in Berlin. Sie ist Wohnort des Großbürgertums (Professoren, Ärzte, Kaufleute, hohe Reichsbeamte, Bankiers, Künstler). Voigt schreibt 1901: „Bodenpreise, wie im Grunewald, waren bisher in einer Villenkolonie unerhört. Ermöglicht werden sie einmal durch die zunehmende Beliebtheit, derer sich die Kolonie Grunewald in den wohlhabenden Schichten der Berliner Gesellschaft erfreut, vor allem aber durch die Einbürgerung des großen Mietshauses. (...) Unmittelbar veranlaßt aber wird die rapide Preissteigerung durch die im Grunewald herrschende äußerst intensive Terrainspekulation."[7] Auch heute ist die Kolonie eine der bevorzugten Villengebiete Berlins mit den höchsten Bodenpreisen,[8] insbesondere da dieser „grüne" Vorort vergleichsweise zentral gelegen ist.

## Die Wohnungen

Um ein möglichst gelungenes Erscheinungsbild der Villenkolonie sicherzustellen, hatte der Berliner Architektenverein im Auftrag der Kurfürstendammgesellschaft 1890 einen Wettbewerb ausgeschrieben, der insbesondere dem damaligen Zeitgeschmack entsprechende Entwürfe für Einzelvillen erbrachte.

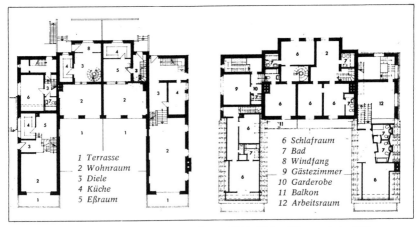

1 Terrasse
2 Wohnraum
3 Diele
4 Küche
5 Eßraum
6 Schlafraum
7 Bad
8 Windfang
9 Gästezimmer
10 Garderobe
11 Balkon
12 Arbeitsraum

Haus des Bankiers Freiherr von Mendelsson 1896, Ecke: Bismarckstr. 21/ Herthastr. 8, von Hofbaurat Professor Ernst Ihne

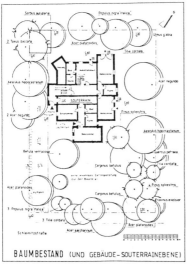

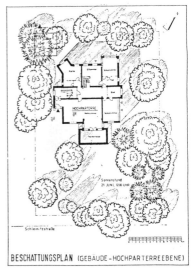

Haus an der Schleinitzstraße 3

„Die Architekten Lübke, Mossinger, K. Reimer & Körte, Hentschel, Endell, Höniger und Krämer haben reizvolle Vorschläge geliefert, bei denen neben der klaren, praktischen Anordnung der Grundrisse die malerische Gestaltung der Fassaden, die zumeist mit hochragenden Aussichtstürmchen, offenen Loggien, Terrassen und schmucken Giebeln versehen und bestens auf ein schönes Zusammenstimmen mit Park und Wald berechnet sind, hervorzuheben ist. Eine solche Villa enthält ein teilweise ausgebautes Kellergeschoß, ein Erdgeschoß, ein erstes Stockwerk, sowie ein ausgebautes Dachgeschoß mit insgesamt einem Salon, fünf bis sechs Zimmern und genügend Wirtschaftsräumen. Die bebaute Grundfläche nimmt etwa 200 Quadratmeter in Anspruch, so daß beispielsweise bei einer Parzelle von 1450 Quadratmetern noch immer 1250 Quadratmeter Garten übrig bleibt."[9]

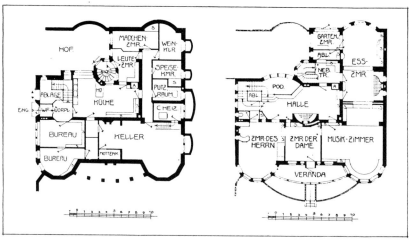

Haus Bernhard, Grunewald 1904/1905 (Architekt: Hermann Muthesius)

Haus Bismarckallee 21a, 1965 (Architekt: Werner Düttmann)

## Die Siedlung - heute

Die Villenkolonie Grunewald gehört zu einer Kette der Berliner Vororte, die - Carstenns Ideen entsprechend - am Rande des Parks Grunewald liegen: Wannsee, Nikolassee, Schlachtensee, Zehlendorf-West, Dahlem und Grunewald. Es ist auch heute noch eines der begehrtesten Wohngebiete „im Grünen", zumal der Kurfürstendamm noch zu Fuß erreichbar ist.

Repräsentativer Eingangsbereich einer Villa (Herthastraße)

Das Villengebiet weist die typischen Entwicklungsprobleme auf, die seinen Charakter verändern können: stückweise Grundstücksteilungen, Bau von Einfamilienhäusern und größeren Eigentumswohnungsanlagen. Zur Sicherung des Gebietscharakters (überdurchschnittlich große Grundstücke von 1000 qm und mehr, freistehende Häuser mit Gärten teilweise parkartiger Größe, baumbestandene Straßen) weist der aktuelle Flächennutzungsplanentwurf es als Wohngebiet mit landschaftlicher Prägung und einer mittleren blockbezogenen Geschoßflächenzahl (GFZ) bis maximal 0,4 aus, d.h. daß die realisierbare Geschoßfläche nicht größer als 40% der Gesamtgrundstücksfläche sein darf. Es sollen überwiegend Einzel- und Doppelhäuser in offener Bauweise mit 1 bis 2 Geschossen und eine typische, das Siedlungsbild prägende Vegetation erhalten bleiben. Diese Absichten des Flächennutzungsplanentwurfs sollen durch rechtsverbindliche Bebauungspläne umgesetzt werden.

Am Hubertussee ist in den letzten Jahren mit viel Mühe des Stadtplanungsamtes ein noch nicht ganz vollendeter Rundwanderweg für die Öffentlichkeit angelegt worden. Dieser reizvolle Uferweg erfreut sich nicht nur der Beliebtheit der in diversen Heimen in der Umgebung lebenden Senioren[10]. Ein weiterer Wanderweg mit Grünzone ist vom Stadtplanungsamt Wilmersdorf für den Halensee in den 90er Jahren geplant. Zur Verbesserung der Wasserqualität der Seen wird Regenwasser eingeleitet und künstlich Sauerstoff zugeführt.

Insgesamt „gehört der Ortsteil Grunewald noch immer zu den besten Wohnlagen und ist in seiner besonderen Prägung für Berlin einzigartig, wenn auch die Einheit von baulicher Repräsentation und gesellschaftlicher Exklusivität der Vergangenheit angehört."[11]

## 2. BERLINER MIETSHAUSBEBAUUNG

### 2.1 SOPHIENSTRASSE / HACKESCHE HÖFE

**Ausgewählte städtebauliche Daten**

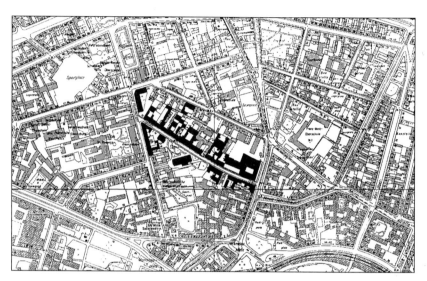

Sanierung und Neubau im Bereich der Sophienstraße
M. 1: 10.000

| | |
|---|---|
| Lage: | Berlin-Mitte |
| Bauherr: | ursprünglich überwiegend private Einzelbauherren; Sanierung in der DDR: Hauptauftraggeber Komplexer Wohnungsbau Berlin-Mitte im Rahmen des staatlichen Wohnungsbaus der DDR |
| Architekten: | diverse, u.a. Alfred Messel (ehem. Kaufhaus), Joseph Franckel u. Theodor Kampfmeyer (Handwerkervereinshaus), übrige Architekten unbekannt; Komplexarchitekt Sanierung: Peter Gohlke |
| Bauzeit: | ab frühes 18. Jh. bis Anfang 20. Jh., Sanierung 1981-1987 |
| Grundflächenzahl: | 0,6 bis 0,8; durchschnittlich 0,6 |
| Geschoßflächenzahl: | 1,8 bis 2,3; durchschnittlich 1,9 |
| Geschosse: | 2 - 5 |
| Wohneinheiten: | Sanierungsgebiet ca. 830, davon 321 Wohnungen saniert, 80 Neubauwohnungen |
| Wohnungsschlüssel: | 2% 1-Zi.; 39% 2-Zi.; 48% 3-Zi.; 6% 4-Zi.; 5% 5-Zimmer-Wohnungen und größer (nach Angaben für den Bezirk Mitte aus dem Jahre 1925) |
| Wohnungsausstattung: | nach Sanierung Küchenausstattung mit gasbetriebenem Herd, WW-Bereitung und Gasheizung, Ausstattung mit Bädern (90 %) und Duschen, Ofenheizung, z.T. moderne Heizsysteme oder Zentralheizung |
| Einwohner 1992: | ca 1.070 |
| Einwohnerdichte 1992: | ca. 320 Ew/ha |
| ÖPNV-Anbindung: | S-Bahnhof Hackescher Markt (Linien S3, S5, S6, S7, S9), U-Bahnhof Weinmeisterstaße (Linie 8), Straßenbahnlinien 1, 2, 3, 4, 5, 13, 15, 52, 53 (Hackescher Markt); Buslinie 348 (Hackescher Markt) |

Sophienstraße/Hackesche Höfe

## Zur Planungsgeschichte

Nördlich dem historischen Stadtkern vorgelagert, gehört die Spandauer Vorstadt zu den ältesten Berliner Siedlungsgebieten. Häufig wird diese ehemalige Vorstadt auch mit Scheunenfeld oder Scheunenviertel bezeichnet, obwohl sich die historische Bedeutung des Namens hauptsächlich auf das Gebiet um den Rosa-Luxemburg-Platz zwischen Prenzlauer Tor, Alexanderplatz, Münzstraße, Weinmeister-, Rosenthaler und Lothringer Straße bezieht, die soziale, gewerbliche und kulturelle Ausstrahlungszone aber auch die Bebauung zwischen Hackeschem Markt, Oranienburger und Elsässer Straße, u.a. mit Linien-, August-, Großer Hamburger und Sophienstraße, einschließt.

Laut der 1672 vom Stadtkommandanten erlassenen neuen Feuerordnung dürfen feuergefährliche Landwirtschaftsprodukte wie Stroh, Heu oder Getreide nicht mehr innerhalb der Stadtmauern gelagert werden, weshalb auf dem Gelände des heutigen Rosa-Luxemburg-Platzes 27 Scheunen mit entsprechenden Erschließungswegen gebaut werden[1]. Um die Volksbühne zu errichten, werden die letzten Scheunen vor 1913 abgerissen.

Im Scheunenviertel, dem stark gemischten Wohn- und Gewerbegebiet mit Kasernen, Straßenmärkten, Boheme etc., wird Berliner Milieugeschichte geschrieben. Bereits seit 1671 beginnt hier ein neues Kapitel der jüdischen Besiedlung, in der Großen Hamburger Straße entsteht der erste jüdische Friedhof Berlins. Zahlreiche Vereinigungen, Künstler etc. finden im Scheunenviertel ihre Wirkungsstätte, ein Großteil der „Berliner Szene" ist hier, insbesondere in den „goldenen" zwanziger Jahren, etabliert. Politische Gruppierungen, angefangen von den Vereinigungsversammlungen der Eisenacher und Lasalleaner 1874 im Handwerkervereinshaus (Sophienstraße), über Spartakisten und Kommunisten bis hin zu rechtsgerichteten Vereinigungen haben hier ihre Kneipen, Versammlungsräume, Hinterzimmer, Quartiere oder Verstecke[2]. Mit dem Scheunenviertel verbinden sich auch solche Namen wie Theodor Fontane, Heinrich Zille, Gerhard Hauptmann, Alfred Döblin oder wie Georg Christian Unger, Hans Poelzig, Oskar Kaufmann, Ludwig Hoffmann und Alfred Messel als Architekten und Stadtplaner.

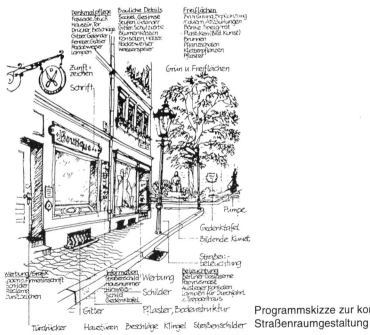

Programmskizze zur komplexen Straßenraumgestaltung

# Sophienstraße/Hackesche Höfe

Sophienstraße, Blick nach SO, links Handwerkervereinshaus

Durch die zunehmende Beseitigung von Handwerks- und Gewerbebetrieben, Enteignungen von Grundbesitz sowie durch die mangelnde Pflege und Sanierung der Altbausubstanz ist das Scheunenviertel in der Nähe des Ost-Berliner Stadtzentrums am Alexanderplatz, Fernsehturm und Nikolaiviertel bereits in der DDR-Zeit dem weiteren Verfall preisgegeben. Deshalb wird vor der Berliner 750-Jahrfeier von 1981-1987 in der Sophienstraße versucht, durch Gebäudesanierung und -modernisierung, vorsichtigen Neubau und Ansiedlung von Handwerks- und Gewerbebetrieben (einem Novum in der DDR!) sowie Künstlern ein Modellbeispiel für weitere ähnliche Stadterneuerungen zu schaffen und jenen Stadtteil wiederzubeleben.

Das Sanierungsgebiet Sophienstraße, begrenzt durch die Gipsstraße, Rosenthaler Straße, Oranienburger Straße und durch die Große Hamburger Straße, umfaßt rund 830 Wohnungen. Die Bausubstanz unterschiedlichen Baualters ist sehr heterogen und weist einen unterschiedlichen Bauzustand auf. Insbesondere in der Sophienstraße stehen viele Gebäude unter Denkmalschutz. Das älteste Haus Sophienstraße 11 entstand bereits vor 1750. Ohne Auslobung eines Wettbewerbs oder Ausschreibung der Bauleistungen bekommt der VEB Baureparaturen Mitte als Hauptauftragnehmer, Komplexarchitekt Peter Gohlke, den Auftrag für die bautechnische Projektierung und bauliche Ausführung. Mitbeteiligt sind neben den staatlichen Institutionen als Auftraggeber das Büro für Städtebau, das Institut für Denkmalpflege und der VEB Stadtgrün Berlin. Zur Aufgabe heißt es: „Mit der komplexen Modernisierung und Instandsetzung der Wohnung als primäre Aufgabe waren die Gestaltung des Straßenraumes mit seinen historischen Fassaden, die Gestaltung der Höfe und Freiflächen, die Belebung der Erdgeschoßzonen mit der Einordnung von Handel und Gewerbe, die Erfüllung der ... denkmalpflegerischen ... Forderungen und die Wahrung bzw. Schaffung milieuprägender Details Zielvorstellungen, die im Rahmen vertretbarer Aufwände zu realisieren waren"[3].

## Die Wohnungen

Von den insgesamt rund 830 Wohnungen werden von 1981 bis 1987 321 saniert, wobei häufig Hinterhäuser oder Seitenflügel sowie Gebäude außerhalb der Sophienstraße ausgegrenzt werden. Bei der Modernisierung der Wohnungen, die alle in sich abgeschlossen sind, werden vor allem die wärmetechnischen, sanitärtechnischen und stadthygienischen Bedingungen verbessert. Die Wohnungen erhalten z.T. moderne Heizsysteme und werden zu 90 % mit Bädern sowie zu 10 % mit Duschen ausgestattet. Die Küchen bekommen neue Herde, Warmwasserbereitungsanlagen und Gasheizungen. Eine Voraussetzung dazu ist die Erneuerung der Gebäudeinstal-

Sophienstraße/Hackesche Höfe

Plattenneubauten Große Hamburger Straße/Ecke Sophienstraße

lation und der stadttechnischen Versorgungsnetze. Außerdem werden die Wohnungsgrundrisse und das Wohnumfeld verbessert[4]. Bestimmend für die Fassaden der Gebäude sind die moderate Farbgebung und die originalgetreu wiederhergestellten Dekorelemente. Zahlreiche liebevoll gestaltete Details, wie Schilder, Zunftzeichen, Tür- und Fenstergitter, Zäune, Straßenlaternen, Straßenschilder, Werbeschriften u.v.a.m. sollen zu einer planerischen Aufwertung und neuen Imagebildung beitragen, bedeuten aber auch die Neuherstellung und Konservierung einer Scheinwelt, die in dieser Form nicht mehr oder noch nie so vorhanden war.

Zwölf Neubauwohnungen entstehen durch die Schließung von drei Gebäudelücken in traditioneller Bauweise und 68 Neubauwohnungen als quartierergänzende Bebauung an der Großen Hamburger Straße, August- und Gipsstraße in stark gegliederten viergeschossigen Plattenbauten mit ausgebautem Dachgeschoß vom Typ INB - 80/C, eine vom Wohnungsbaukombinat Cottbus weiterentwickelte Version der Wohnungsbauserie 70 (WBS 70)[5]. Während die Fassaden der Lückenschließungen behutsam in traditioneller Form an die Altbauten angeglichen werden, sprengen die Plattenbauten trotz zahlreicher Angleichungsversuche (wie z. B. Einsatz der Wandskelettbauweise mit 3,30 m Höhe im Erdgeschoß zur Unterbringung von Läden, Gebäudedurchfahrt von 4,20 m Höhe, Erker, 45°-Ecke, Mansarddach) wegen des Plattenrasters und der disproportionierten groben Betonformen den gegebenen Gestaltungsrahmen in penetranter Form. Damit wird erneut deutlich, daß der Einsatz der Plattenbauweise für Lückenschließungen und Ersatzneubau auf kleinen Grundstücken von Altbaustrukturen denkbar ungeeignet ist.

Die Ausstattung der Neubauwohnungen entspricht dem aktuellen Standard in DDR-Neubaugebieten.

**Das Wohnquartier - heute**

Die Sanierung der Sophienstraße ist noch zu DDR-Zeiten ein Versuch, in einem geschichtsträchtigen Gebiet neues vielfältiges Leben zu entwickeln. Mit den sanierten Altbau- sowie mit den Neubauwohnungen in „city"naher Lage wird die Sophienstraße zu einer beliebten Wohngegend. Die Gewerbeansiedlung ist ein Neuanfang, durch die einstmalig staatliche Steuerung anfangs jedoch ohne Ausstrahlung. Über die Geschichte des Scheunenviertels wird in der DDR nur zaghaft publiziert, ein Grund dafür, warum erwünschte Touristen wegbleiben. Urbanes Leben entwickelt sich eben über größere Zeiträume und kann nicht kurzfristig verordnet werden. Diesbezüglich und hinsichtlich der eingesetzten starren Plattenbautechnologien hatte die Sanierung der Sophienstraße in der DDR keinen Modellcharakter. Unter den neuen politischen und wirtschaftlichen Bedingungen seit 1989/90 könnte sie eher ein Anfang für behutsame Stadterneuerung und Belebung der heterogenen Strukturen des gesamten Scheunenviertels sein.

Sophienstraße/Hackesche Höfe

Hackesche Höfe

Ein besonders markantes Beispiel für künftige Berliner Sanierungsaufgaben sind die Hackeschen Höfe, der 1905-07 errichtete ausgedehnte Gebäudekomplex für Gewerbe- und Wohnzwecke zwischen dem Gebäude Sophienstraße 6 und dem Hackeschen Markt mit vier- und fünfgeschossigen Seiten- und Quergebäuden an insgesamt neun Hinterhöfen[6]. Die rund 10.000 m² Nutzfläche werden heute zu etwa 2/3 durch Wohnungen belegt und zu 1/3 durch Gewerbebetriebe genutzt. Bereits zur Bauzeit sind die Wohnungen im Vergleich zu den umliegenden Mietskasernen luxuriös mit Bad, Innen-WC, Balkon und Zentralheizung ausgestattet, wodurch sie auch heute noch attraktiv sind. Die Gewerbeflächen werden heute durch ein Varieté, ein Kulturprojekt, das DAT-Theater, den Sophienclub, eine Druckerei, einen Kühlanlagenbetrieb u.v.a.m. genutzt, tausende Quadratmeter Gewerbeflächen stehen leer. Eine Investorengruppe bemüht sich z.Zt. um die Konzipierung eines Entwicklungskonzeptes, dessen Realisierung jedoch nicht nur wegen der ungeklärten Grundstücksfragen Probleme aufwirft[7].

## 2.2 KLAUSENER PLATZ

**Ausgewählte städtebauliche Daten**

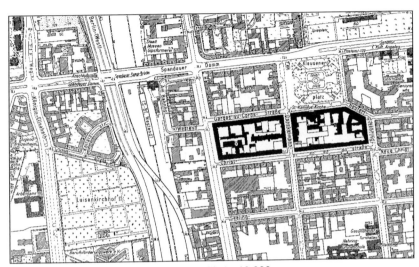

Klausener Platz - zwei Blöcke am Platz, M 1 : 10.000

| | |
|---|---|
| Lage: | Berlin-Charlottenburg |
| Bauherren: | Private Bauherren im Altbaubereich |
| | Neue Heimat bei Neubauten |
| Architekten: | diverse, Mustergrundrisse der Bauhandwerksbetriebe im Altbau |
| | Neubauten: Jahn/Suhr/Pfeifer, Planungskollektiv Nr. 1, Kauffmann/Mott, Düttmann, Neue Heimat Berlin, Heide u.a. |
| Bauzeit: | zwischen 1860 und 1910 (Hauptbauzeiten im westl. Block: 1882 bis 1896 und im östlichen Block: 1896 bis 1906); Neubauten 1975 bis 1981 |
| Grundflächenzahl: | etwa 0,5 |
| Geschoßflächenzahl: | westlicher Block: 1,9; östlicher Block: 2,3 |
| Geschosse: | 4 bis 5 Geschosse; Neubauten im Blockinnenbereich 3 und am Blockrand bis 7 Geschosse |
| Wohneinheiten: | ca. 800 (im ganzen Sanierungsgebiet 1981: ca. 5.500) |
| Wohnungsschlüssel: | 35 % 1- und 2-Zi, 60 % 3- und 4-Zi, 5 % 5-Zi |
| Wohnungsausstattung: | vor der Sanierung 1970: ca. 20% ohne Bad und 90% mit Ofenheizung |
| Einwohner 1973: | 12.300 (im ganzen Sanierungsgebiet) |
| Einwohner 1980: | 9.300 (im ganzen Sanierungsgebiet) |
| Einwohner 1987: | 1.619 (im Gebiet) |
| Einwohnerdichte 1987: | ca. 400 Ew/ha |
| ÖPNV-Anbindung: | Buslinien 145 und 110 auf dem Spandauer Damm |

**Zur Planungsgeschichte**

Der Stadtgrundriß geht in diesem Teilgebiet nicht allein auf den „Bebauungsplan für Berlin und seine Umgebung" von James Hobrecht zurück. Neufert- sowie Nehringstraße waren bereits vor 1862 vorhanden, die Christstraße und die Gardes-du-Corps-Straße werden zur Unterteilung der Hobrechtschen Blöcke erst in den 70er Jahren des letzten Jahrhunderts im Zuge der Bebauung eingefügt, so daß diese Baublöcke erheblich kleiner zugeschnitten sind. Die Bautiefen der Grundstücke ließen in aller Regel „nur" ein Vorderhaus mit Seitenflügel(n) und einem Quergebäude bzw. Hinterhaus zu. Zwei Quergebäude, wie in den südlich angrenzenden Blöcken, kamen im Gebiet nur an wenigen Stellen vor.

Typische Baustruktur an der Gardes-du-Corps-Straße

Trotz dieser Untergliederung entstehen die typischen Berliner Mietshausstrukturen: Hinter repräsentativer Fassade und bürgerlichen Wohnungen im Vorderhaus finden sich in Seitenflügel und Hinterhaus die schlichten Kleinwohnungen.

Der Klausener Platz ist in der Karte von „Berlin und Charlottenburg mit nächster Umgebung" 1857 als Exerzierplatz gegenüber dem Schloß eingetragen. In den Hobrechtplan wird der damals noch Friedrich-Karl-Platz genannte Platz aufgenommen und später als Reitplatz genutzt. 1921/22 wird der Platz zu einer wohnungsnahen Grünanlage vom Charlottenburger Gartenbaudirektor Erwin Barth umgestaltet. Dieser schafft einen Gartenplatz mit Ruhe- und Erholungszonen, einschließlich eines Spielplatzes. Im Zweiten Weltkrieg wird die südliche Platzhälfte durch den Bau eines Luftschutzbunkers stark verändert. Nach Kriegsende dient der Platz zunächst als Schuttsammelstelle. Danach entsteht dort eine typische bescheidene Bezirksgrünfläche. Nach Abtragung des mittlerweile baufälligen Bunkers wird 1988 in Übereinstimmung mit der Gartendenkmalpflege eine teilweise Rekonstruktion des Barth'schen Gartenplatzes vorgenommen. Unter Verwendung des ‚klassischen Gestaltungsrepertoires' ensteht eine neue repräsentative Grünfläche, in die ein vergrößerter Kinderspielplatz integriert ist.

Das Quartier um den Klausener Platz wird 1963 im ersten Berliner Stadterneuerungsprogramm als Sanierungsgebiet ausgewiesen. Die bevorstehenden Sanierungsmaßnahmen führen dazu, daß die Hausbesitzer kaum mehr in ihre Häuser investierten bzw. sie an die Neue Heimat veräußern. Die Häuser verfallen und die Bewohner verlassen das Gebiet - von 1961 bis 1970 nimmt die Einwohnerzahl der beiden Blöcke um fast ein Viertel ab. Gründe dafür sind in dem Abbau der Überbelegung und in der Abwanderung der Bewohner in besser ausgestattete Wohnungen der Neubaugebiete zu suchen.

# Klausener Platz 44

Sanierungsgebiet Klausener Platz - Gebäudebestand 1939

Mehr als 10 Jahre später, nachdem das Städtebauförderungsgesetz in Kraft getreten ist, wird mit der Erneuerung der Bauten in nennenswertem Umfang begonnen. Dies erfolgt auf der Grundlage der Ergebnisse des Sanierungswettbewerbs, der in vier Phasen von Ende 1972 bis Anfang 1974 durchgeführt wird. Der prämierte Entwurf der Planungsgruppe „AGS - Arbeitsgruppe für Stadtplanung" (Jahn, Pfeifer, Suhr) sieht eine Modernisierung der Vorderhäuser und den weitgehenden Abriß mit anschließender Neubebauung der Blockinnenbereiche vor. Dieses Konzept wird insbesondere im westlichen Block nahezu vollständig duchgesetzt.

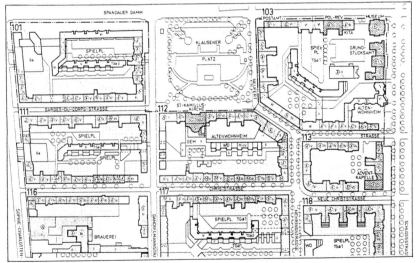

Prämierter Wettbewerbsentwurf der AGS für das Sanierungsgebiet 1974

# Klausener Platz

Der Sanierungsprozeß im Quartier wird von erheblichen Widerständen gegen den Sanierungsträger Neue Heimat und das Land Berlin begleitet. Kritik wird u.a. an der Abrißpolitik (insbesondere im Blockinnenbereich), den Mietsteigerungen, der Umsetzungspraxis, den hohen Heizkosten und der unzureichenden Betroffenenbeteiligung geübt. Seit dem Frühjahr 1973 besteht im Gebiet eine Mieterinitiative, die mit wechselnden Strategien und Erfolgen um den Erhalt der guten und preiswerten Altbauwohnungen kämpft.

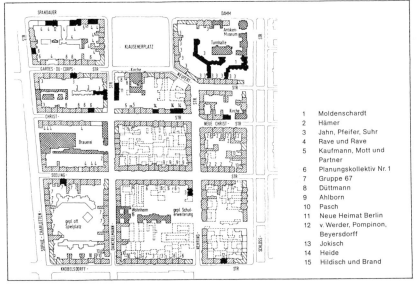

1 Moldenschardt
2 Hämer
3 Jahn, Pfeifer, Suhr
4 Rave und Rave
5 Kaufmann, Mott und Partner
6 Planungskollektiv Nr. 1
7 Gruppe 67
8 Düttmann
9 Ahlborn
10 Pasch
11 Neue Heimat Berlin
12 v. Werder, Pompinon, Beyersdorff
13 Jokisch
14 Heide
15 Hildisch und Brand

Übersicht zur Durchführung der Sanierung, Stand 1980

Besondere Aufmerksamkeit in der Fachwelt hat das Sanierungsgebiet Klauserner Platz durch den sog. „Hämer-Block" erlangt. Dieser Block 118 an der Schloßstraße (südlich der Neue-Christ-Straße) wird im Rahmen des Europäischen Denkmalschutzjahres 1975 auf der Basis von Planungen Prof. Hämers als Pilotprojekt nach dem Motto „Sanierung ohne Verdrängung" behutsam saniert. Hier kann zum ersten Mal demonstriert werden, daß durch sparsame Entkernung und Erhalt von Seitenflügel und Quergebäuden sozial und städtebaulich vertretbare Lösungen gefunden werden können. Auch wurden Wohnungsstandards erprobt, die nicht an Neubauwohnungen orientiert sind.

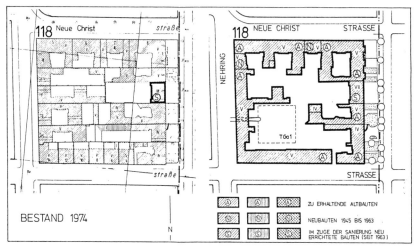

„Hämer-Block" 118: Bestand 1974 und städtebauliches Konzept

Klausener Platz    46

Bereits 1964 sind der „Hämer-Block", die nördliche Randbebauung der Schloßstraße und die Bebauung im westlichen Bereich der Seeling- und Christstraße - also auch die Gebäude der Christstraße 1 bis 11, die im westlichen der hier betrachteten Blöcke liegen - als „geschützter Baubereich" festgeschrieben worden. Die Verordnung zum „geschützten Baubereich" legt fest, daß Veränderungen der Gebäudefronten und Dächer an öffentlichen Straßen der bis zum Jahr 1914 errichteten Gebäude der Eigenart des geschützten Baubereichs entsprechen müssen. Darüber hinaus müssen sich Neubauten in der Verteilung der Baumassen, der Dachausbildung, der Gebäudehöhe sowie der Gestaltung der Außenwände einschließlich der Farbgebung in die vorhandene Bebauung derart einfügen, daß der geschützte Baubereich nicht beeinträchtigt wird.

**Die Wohnungen**

Die Altbauwohnungen der Blöcke bestehen heute im wesentlichen aus den ehemals eher bürgerlichen Vorderhäusern, die früher von höheren Beamten, Offizieren und wohlhabenderen Bürgern bewohnt wurden. Die Grundrisse der Vorderhauswohnungen entsprechen in der Regel dem typischen „bürgerlichen" Mietshausstandard mit zwei großen zur Straße hin orientierten Räumen und dem „Berliner Zimmer". Im Zuge der Blockentkernung, d.h. dem Abriß der Seitenflügel, erhält das „Berliner Zimmer" teilweise ein weiteres Fenster mit Balkon. Die 2- oder 3-spännigen Neubauten im Blockrand mit 5 bis 7 Geschossen weisen konventionelle „moderne" Grundrisse auf.

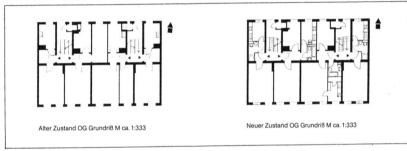

Gardes-du-Corps-Straße 1 - errichtet 1882, modernisiert 1978

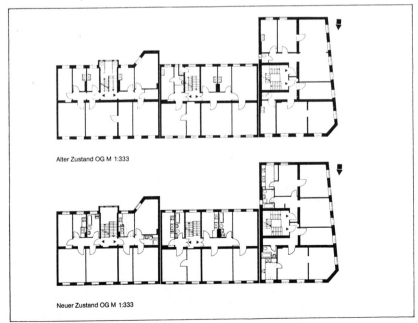

Christstraße 21 und 23 - errichtet 1825, modernisiert 1979/80

# Klausener Platz

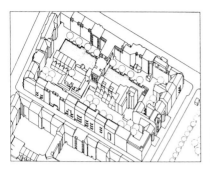

Block westlich des Klausener Platzes, südlich des Spandauer Damms - Neubauten seit 1978

**Das Wohnquartier - heute**

Die im Sanierungskonzept geplante radikale „Ausschlachtung" der Baublöcke hat im Gebiet in weiten Teilen stattgefunden; im westlichen Block ist im Innenbereich eine Neubauzeile in drei- bzw. viergeschossiger Bauweise mit Erdgeschoß- und Dachgarten, entsprechend der 1974er Planung, errichtet worden. Der Sanierungsprozeß, der Mitte der 70er Jahre im Bereich Christ- und Seelingstraße seinen Ausgangspunkt nimmt, wird von vielen Konflikten, in den frühen 80er Jahren auch von Hausbesetzungen (u.a. das leerstehende Haus Christstraße 42), begleitet. „Die Auseinandersetzungen in Charlottenburg erreichten aber bei weitem nicht die Vehemenz wie in Kreuzberg und Schöneberg. Mittlerweile gibt es keine besetzten Häuser mehr: einige wurden geräumt, für andere konnten vertragliche Lösungen gefunden werden".[1]

Insgesamt gibt der Kiez heute ein widersprüchliches Bild ab: „Das triste Grau heruntergekommener Fassaden, wie man es aus anderen Berliner Altbaugebieten kennt, wird immer wieder durch frisch renovierte, zum Teil abgestuckte Altbaufassaden aufgelockert. Dazwischen finden sich auch einige Neubauten, zum Teil im Wiederaufbauprogramm der frühen sechziger Jahre entstanden, zum Teil im Zuge der Sanierung in den späten siebziger Jahren. Letztere sind in Farbe und Gestaltung mehr den stuckverzierten Altbaufassaden angepaßt, erstere dem grauen Glattputz der vor längerer Zeit abgestuckten Altbauten. So erhält man den Eindruck eines im Umbruch befindlichen Gebietes, das aber dennoch einen geschlossenen Gesamteindruck vermittelt."[2]

Neubau und 1988 fertiggestellte Modernisierung: Gardes-du-Corps-Straße 18 und Danckelmannstraße 1

Die Funktion des Klausener Platz-Kiezes als Wohn- und Arbeitsstandort ist zunehmend in Frage gestellt. Die Zahl der Gewerbebetriebe geht ständig zurück, in den beiden Blöcken nördlich der Christstraße sind heute nur noch ein Handwerksbetrieb und wenige Dienstleistungsbetriebe vorhanden. Bisher konnte allerdings auch die Sanierung die lebendige Nutzungsmischung des Quartieres nicht gänzlich zerstören. Ende der 80er Jahre wurde versucht, durch den Neubau eines Gewerbehofes und weiterer Gewerbegebäude diesem Prozeß entgegenzuwirken.

## 2.3 CHAMISSOPLATZ

**Ausgewählte städtebauliche Daten**

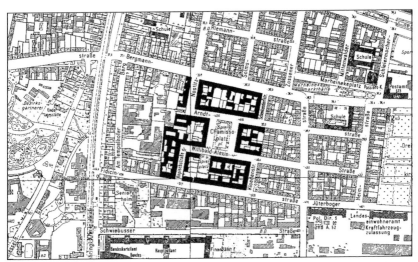

Wohnquartier um den Chamissoplatz
M 1 : 10.000

| | |
|---|---|
| Lage: | Berlin-Kreuzberg |
| Bauherren: | überwiegend private Einzelbauherrn |
| Architekten: | Bauhandwerksbetriebe nach Typenentwürfen, Sanierungsträger Gemeinnützige Wohnungsbau AG (GeWoBaG); Mieterberatung: SPAS |
| Bauzeit: | 1880 - 1895 |
| Grundflächenzahl: | 0,5 - 0,8 |
| Geschoßflächenzahl: | 2,2 - 3,5 |
| Geschosse: | i.d.R. 5 Geschosse |
| Wohneinheiten: | 3.200 |
| Wohnungsschlüssel: | 1% 1 Zi.; 44% 2 Zi.; 40% 3 Zi.; 13% 4 Zi.; 1,5% 5 Zi.; 0,5% 6 Zi-Wohnungen |
| Wohnungsausstattung: | 1976: 75% ohne Bad, ca. 75% mit Einzelöfen; 1985: 25% ohne Bad, ca. 25% mit Einzelöfen |
| Einwohner 1987: | ca. 4.800 (Blöcke 228 - 230, 232, 234, 235, 613) |
| Einwohnerdichte 1970: | 520 - 700 Ew/ha |
| Einwohnerdichte 1987: | 420 - 540 Ew/ha |
| ÖPNV-Anbindung: | U-Bahnhof Gneisenau Straße (Linie 7) und U-Bahnhof Platz der Luftbrücke (Linie 6), Buslinie 341 auf der Zossener- und Friesenstraße und 119 auf dem Mehringdamm |

## Zur Planungsgeschichte

Die Bebauung um den Chamissoplatz gehört zur ehemaligen Tempelhofer Vorstadt, die 1861 von der Stadt Berlin eingemeindet wird. Diese Stadterweiterung erfolgte aufgrund des hohen Bevölkerungszuwachses, auch eine Folge der einsetzenden Industrialisierung. 1862 wird der Hobrechtplan fertiggestellt, wobei das Gebiet zunächst nicht in den Bebauungsplan einbezogen ist. Erst 1877 wird das Gelände unter Anwendung der grundlegenden Entwufselemente des Bebauungsplans in Ergänzung zum Hobrechtplan erschlossen.

Die ersten Wohngebäude entstehen 1880 an der Ecke Bergmannstraße/Mehringdamm. Bis 1885 wird das Gebiet zwischen Arndtstraße und Bergmannstraße bebaut, erst nach 1890 entsteht die den Chamissoplatz begrenzende Bebauung. Die Gebäude werden im allgemeinen - wie damals üblich - von Bauhandwerkern und nicht von Architekten geplant und erstellt.

## Die Wohnungen

Die Wohnungsausstattung wie auch die Wohnungsgrößen unterscheiden sich innerhalb der einzelnen Blöcke stark. Die Wohnungen der Vorderhäuser werden zu einem großen Teil bereits damals mit Bädern und Innentoiletten ausgestattet. Die kleineren Wohnungen in den Seitenflügeln und Hinterhäusern erhalten teilweise Innentoiletten, i.d.R. jedoch Außentoiletten.

Bei den Grundrissen der Wohnungen fällt die Gleichförmigkeit des Erschließungssystems, der Wohnungszuschnitte und der Wohnungsgröße auf - ein charakteristisches Merkmal der Berliner Miethausbebauung.

Gleichförmige Grundrißstruktur am Chamissoplatz

## Das Wohngebiet - heute

Bereits 1964 wird das Gebiet zum geschützten Baubereich erklärt. Zwischen 1974 und 1977 werden vorbereitende Untersuchungen gem. 4 StBauFG im Gebiet um den Chamissoplatz durchgeführt. Das Gebiet wird nach Abschluß der vorbereitenden Untersuchungen und der Betroffenenbeteiligung durch Erörterungsveranstaltungen im Oktober 1979 als Sanierungsgebiet förmlich festgelegt. Als Sanierungsträger setzt der Senat die gemeinnützige Wohnungsbaugesellschaft GeWoBaG ein, die Betreuung der Mieter führt der Verein für Sozialplanung und angewandte Stadtforschung (SPAS) im Senatsauftrag durch.

# Chamissoplatz

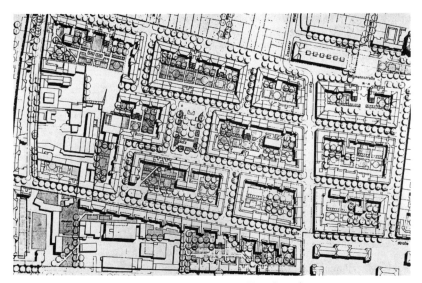

**Neuordnungskonzept für das Wohnquartier am Chamissoplatz**

Das Quartier um den Chamissoplatz ist im Gegensatz zu anderen Stadterneuerungs- und Sanierungsgebieten in seiner äußeren baulich-räumlichen Struktur weitgehend erhalten, da die geschlossene Front der reich stuckatierten wilhelminischen Fassaden unter Denkmalschutz steht. Die damals üblichen Blockentkernungen finden jedoch trotzdem statt.

Eine Besonderheit stellt der 1982 eingeführte „Stufenplan" dar, „der - im Gegensatz zur radikalen Blockerneuerungsplanung der späten 70er Jahre - ein schrittweises und differenziertes Vorgehen beim Umgang mit den Baublöcken in diesem Gebiet vorsieht."[1] So wird der befristete Erhalt von Gebäuden und Gebäudeteilen möglich, da zwischen kurz- (bis zu fünf Jahren), mittelfristigen (bis zu zehn Jahren) und langfristigen (länger als zehn Jahren) notwendigen Abrissen unterschieden wird.

Blick Richtung Arndtstraße. Eine Modifizierung des Hobrecht'schen Straßenrasters. Sowohl die Topographie des Geländes wie auch die Gebäudestellung verleihen dem Gebiet einen besonderen Charakter.

Betrachten wir exemplarisch das im Jahr 1875 erbaute Haus Arndtstraße 20, welches nahezu 100 Jahre nach der Erstellung 1973 von der Gemeinnützigen Wohnungsbau AG (GeWoBaG) übernommen wurde.[2] Hier wurde mit einem Kostenaufwand von ca. 1,5 Millionen DM (1,26 Mio. DM im LaMod-Programm, 0,2 Mio. Aufwendungszuschuß) das Vorderhaus saniert. Im Ende 1986 bezugsfertigen Vorderhaus reduzierte sich durch Zusammenlegung die Wohnungsanzahl von 18 auf 14 1- bis 3-Zimmer-Wohnungen. Der Mietzins steigt von 2,60 DM/qm vor der Sanierung - trotz erheblicher öffentlicher Förderung - auf 4,00 DM/qm nach der Modernisierung.[3] Das Quergebäude war nach den Sanierungszielen des Senats nur für den kurzfristigen Erhalt vorgesehen; jegliche Instandsetzung des Gebäudes unterbleibt deshalb. „Nachdem bei der ersten Befragung 1983 die Mieter sich für den Erhalt des Gebäudes ausgesprochen haben, stimmen sie bei der zweiten Befragung im August 1986, den Kontrast des gerade modernisierten Vorderhauses vor Augen, dem Abriß zu und nehmen so höhere Mieten in Ersatzwohnungen in Kauf."[4] Im Jahr 1988 wird das durchaus instandsetzungs- und modernisierungsfähige Quergebäude abgerissen, wodurch wieder ein kleines Stück des dringend gebrauchten billigen Wohnraums (Miete bisher 1,90 DM/qm) in Berlin verloren geht.

Die Maßnahmenprioritäten im Rahmen der Sanierung konzentrieren sich auf die Wohnungsmodernisierung und Fassadeninstandsetzung. Der Großteil der Maßnahmen an den Gebäuden im Eigentum der GeWoBaG ist abgeschlossen, lediglich einige private Maßnahmen stehen noch aus. Deshalb beabsichtigt die Senatsbauverwaltung das Gebiet um den Chamissoplatz als Sanierungsgebiet zu entlassen.

Sowohl im öffentlichen, mehr noch im privaten Außenraum sind allerdings bislang kaum Maßnahmen realisiert worden. Sieht man von dem Kinderspielplatz auf dem Platz bzw. dem Bolzplatz in einer Baulücke ab, so sind Mängel der Nutzbarkeit und Gestaltungsdefizite offensichtlich.

Blick in Richtung Willibald-Alexis-Straße. Sorgsam instandgesetzte Fassaden unterstreichen den baulich sehr homogen wirkenden Charakter des Quartiers.

## 2.4 RIEHMERS HOFGARTEN

**Ausgewählte städtebauliche Daten**

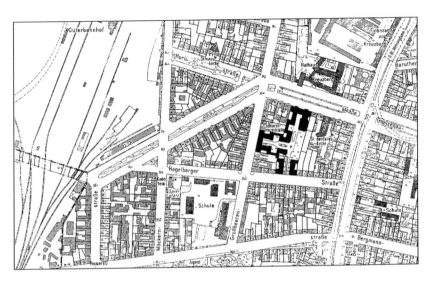

Riehmers Hofgarten
M 1 : 10.000

| | |
|---|---|
| Lage: | Berlin-Kreuzberg |
| Bauherr: | W. Riehmer |
| Architekten: | O. Moes und W. Riehmer |
| Bauzeit: | 1891 - 1899 |
| Grundflächenzahl: | 0,5 |
| Geschoßflächenzahl: | 2,3 |
| Wohneinheiten: | 655 |
| Wohnungsschlüssel : | 13 % 1-Zi.; 30 % 1 1/2- und 2-Zi.; 27 % 2 1/2- und 3- Zi.; 20 % 3 1/2- und 4-Zi.; 10% über 4 1/2 Zimmer-Wohnungen (im Block 205) 5 % 1-Zi.; 15 % 1 1/2- und 2-Zi.; 45 % 2 1/2-und 3-Zi.; 21 % 3 1/2- und 4-Zi.; 14% über 4 1/2-Zimmerwohnungen (Wohnanlage Riehmers Hofgarten)[1] |
| Wohnungsausstattung: | vor 1978: 76 % Bad, 30 % Zentralheizung (ZH), 5% Außentoilette Modernisierung 1978 - 1984, seitdem 100 % Bad/WC und ZH |
| Einwohner 1987: | 1.433 (gesamter Block 205) |
| Einwohnerdichte 1987: | ca. 325 Ew/ha |
| ÖPNV-Anbindung: | U-Bahnhof Mehringdamm (Linie 6 und 7) und Buslinie 119 auf der Yorckstraße |

# Riehmers Hofgarten

## Zur Planungsgeschichte

Bereits in den 60er Jahren des vorigen Jahrhunderts sind die Grundstücke, auf denen in den Folgejahren „Riehmers Hof" errichtet wird, im Besitz des Maurermeisters Riehmer. Im Jahre 1845 hat Lenné einen Teilbebauungsplan für die Schöneberger Wiesen entworfen, in dem die Straßenzüge um das Riehmersche Gelände bereits festgelegt sind. Der 1862 von J. Hobrecht entwickelte Bebauungsplan übernimmt diese Straßenführung.

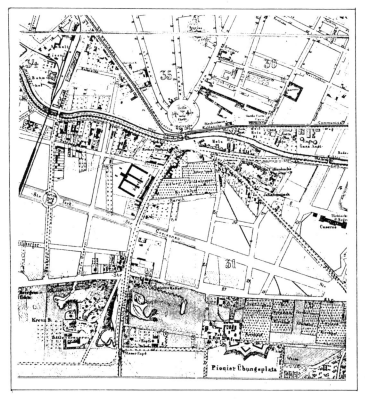

Ausschnitt aus dem Bebauungsplan für die Umgebung Berlins von J. Hobrecht 1862

Interessant ist die Lage des Riehmerschen Besitzes an drei Straßen: eine durchgehende Parzelle zwischen den Parallelstraßen York- und Hagelberger Straße, die durch einen Geländestreifen bis zur Großbeerenstraße erweitert wird. Riehmer beabsichtigt, eine Wohnanlage mit einer internen Erschließungsstraße zu errichten. Durch den „Trick" einer zusätzlichen inneren Erschließung wird das sonst übliche Hinterhofschema vermieden. Es entstehen bessere Wohnbedingungen, und eine verbesserte Verwertung der Miethäuser wird dadurch wohl auch möglich. Der Innenhof bzw. die Außenanlagen sollen gärtnerisch angelegt werden.[2]

# Riehmers Hofgarten

Blick in den Blockinnenbereich von Riehmers Hofgarten

Die Bebauung wird in drei Abschnitten - gegen große behördliche Widerstände - realisiert.[3] Zunächst werden die Grundstücke an der Hagelberger Straße 9 und 12 5-geschossig mit i.d.R. 5-Zimmer-Wohnungen bebaut. Die Fassade weist eine reiche Ornamentik mit kleinprofilierten Dekorationselementen auf. Im Jahr 1883 ist der erste Bauabschnitt einschließlich der Erweiterung in dem Blockinnenbereich abgeschlossen. Die schrittweise Ausführung der Planung nimmt ihren Fortgang in der Blockrandschließung der Grundstücke Großbeerenstraße 56-57a. Der dritte große Teil der Planung auf den Grundstücken Yorckstraße 83-86 wird ab 1890 begonnen. Im Jahr 1892 wird das Bauprojekt Riehmers Hofgarten fertiggestellt.

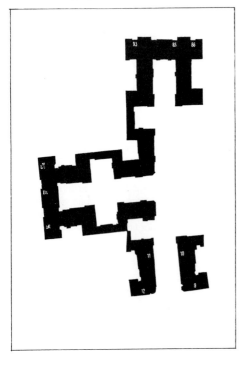

Schematischer Lageplan der Riehmerschen Hofgärten

Die Straßenfront zur Yorckstraße wirkt durch die kräftige Putzquaderarchitektur. Die dekorativen Einzelheiten dokumentieren den Stil der Jahrhundertwende. Zwei große Atlasfiguren zieren als Rückgriff auf barocke Ausdrucksmittel das hohe Rundbogenportal.

Bemerkenswert an der Riehmerschen Hofbebauung ist, daß die klassische Blockstruktur, wie sie insbesondere durch die Hobrecht-Planung vorgegeben war, aufgebrochen wird. Man kann diese Art der Bebauung deuten als erste Reaktion auf die Mietskasernen oder als neue Qualität einer Mietskasernenbebauung, wobei die Wohnanlage für eher bürgerliche Schichten konzipiert war. Die innere Wohnstraße steigert den Wohnwert im Blockinnenbereich. Riehmer sah seine Mieter wohl in der Beamtenschaft der angrenzenden Südlichen Friedrichstadt und in den Militärbeamten der nahegelegenen Exerzierplätze der Berliner Garnison (Tempelhofer Feld).

Zugang zur internen Wohnstraße von der Hagelberger Straße

**Die Wohnungen**

Lediglich 5 % der Wohnungen in Riehmers Hof sind 1-Zimmerwohnungen; im gesamten Block beträgt der Anteil dieser Wohnungen 13 %. Dagegen sind überdurchschnittlich viele Wohnungen (14 %) Großwohnungen mit 4 1/2 und mehr Zimmern (im gesamten Block beträgt der Anteil 10 %).

Die ab Ende der 70er Jahre durchgeführten Modernisierungsmaßnahmen haben die Grundrisse zum Teil erhalten, zum Teil den alten, während der Kriegszeit oft veränderten großzügigen Zuschnitt, wiederhergestellt.[4]

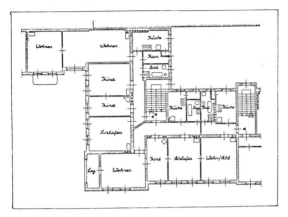

Grundriß Yorckstraße 84a, 83a vor der Modernisierung

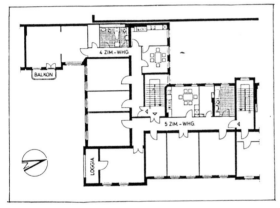

Grundriß Yorckstraße 84a, 83a nach der Modernisierung

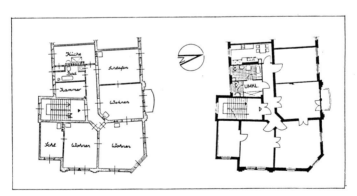

Grundriß Hagelberger Straße 10c - 4. OG, vor und nach Modernisierung

## Das Wohngebiet - heute

Durch eine Verordnung wird Riehmers Hofgarten bereits 1964 zum geschützten Baubereich erklärt. Im gleichen Jahr beginnen Fassadenrestaurierungen, die zum überwiegenden Teil aus Stadtbildpflegemitteln finanziert werden.

Von Ende der 70er Jahre an beginnt man mit wohnungs- und gebäudeteilbezogenen Modernisierungs- und Instandsetzungsmaßnahmen. Mit der öffentlichen Förderung nach den Konditionen des Landesmodernisierungsprogramms - „LaMod" - wird ein vergleichsweise gehobener Standard angestrebt: Bad, Zentralheizung, Austausch von Einfachfenstern, ausreichende Elektroinstallation, Klingelanlage. Auch die Außenanlagen im Blockinnenbereich werden mit öffentlichen Mitteln (Wertausgleichsprogramm) rekonstruiert. Die Modernisierungsarbeiten in Riehmers Hofgarten werden 1984 abgeschlossen.

In Analogie zur Sanierung nach Städtebauförderungsgesetz werden die Maßnahmen (z.B. Umzüge von Mietern etc.) durch ein Sozialplanverfahren für die betroffenen Mieter (im Sinne des 8 StBauFG) begleitet. Durch die Modernisierungsmaßnahmen ist erwartungsgemäß die Mieterstruktur jedoch erheblich verändert worden. Deutlich ablesbar ist dies an dem stark gesunkenen Anteil älterer Mieter und dem Einzug einkommensstarker Schichten („Gentrification") nach der Modernisierung.

Anstelle eines kriegszerstörten Seitenflügels an der Yorckstraße entsteht in der Nachkriegszeit ein Stadtteilkino. Dies wird im Rahmen der Modernisierung in einer „modernen Formensprache" neu errichtet.

Die Anlage weist bei einem relativ günstigen Mietniveau (aufgrund der Bindungen, die aus der öffentlichen Modernisierungsförderung resultieren) einen hohen Wohnwert auf. Riehmers Hofgarten gilt sowohl in der städtebaulichen Grundform als auch in den stilistischen Elementen als ein wichtiges stadtbaugeschichtliches Zeugnis. Neben den genossenschaftlichen Wohnanlagen ist die Wohnanlage eines der wenigen Beispiele für eine unkonventionelle städtebauliche Lösung im Rahmen der Hobrechtschen Blöcke vor der Jahrhundertwende.

## 2.5 HERRFURTHPLATZ

**Ausgewählte städtebauliche Daten**

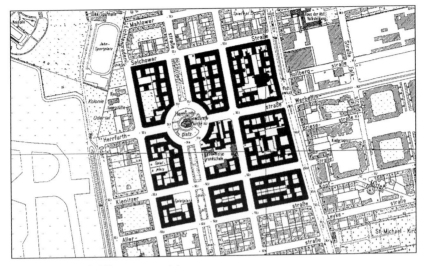

Herrfurthplatz (Schillerpromenade)
M 1 : 10.000

| | |
|---|---|
| Lage: | Berlin-Neukölln |
| Bauherren: | private Bauherren |
| Architekten: | verschiedene Architekten |
| Bauzeit: | 1900 - 1913 |
| Grundflächenzahl: | 0,3 - 0,8, durchschnittlich: 0,7 |
| Geschoßflächenzahl: | 1,5 - 4,5, durchschnittlich: 3,0 |
| Geschosse: | 5 |
| Wohneinheiten: | 3.573 |
| Wohnungsschlüssel: | ca. 35 % 1- und 2-Zi; ca. 55% 3-Zi; ca. 10% 4-und mehr Zimmer-Wohnungen |
| Wohnungsausstattung: | ca. 18 % ohne Bad, ca. 80% Ofenheizung |
| Einwohner 1987: | 6.892 |
| Einwohnerdichte 1987: | ca. 550 Ew/ha |
| ÖPNV-Anbindung: | U-Bahnhof Boddinstraße (Linie 7) sowie Buslinien 104 und 144 auf der Hermannstraße |

# Herrfurthplatz (Schillerpromenade)

## Zur Planungsgeschichte

Die Bebauung in dem Bereich ist einheitlich zwischen 1900 und 1913 entstanden und weist die typischen Merkmale der Wilhelminischen Bauepoche auf. Noch um 1869 ist der Bereich durch vorstädtische bzw. dörfliche Strukturen (hier insbesondere der südöstlich liegende Dorfkern Rixdorf) gekennzeichnet. Bereits 1875 liegt für das Gebiet östlich der Hermannstraße um den Herrfurthplatz herum ein Bebauungsplan vor, der das Gebiet für das sprunghafte städtische Wachstum unter den bereits an anderer Stelle charakterisierten Bedingungen vorbereitet.

Auf der Grundlage dieses Bebauungsplans wird das Gelände durch eine Terraingesellschaft („Aktiengesellschaft für Grundbesitz") erschlossen, parzelliert und grundstücksweise an einzelne Bauherren verkauft. Hinsichtlich der Bebauung gibt es bestimmte Gestaltungsauflagen, die ein relativ homogenes Erscheinungsbild bewirken. Die Bebauung beginnt um 1900 an der Hermannstraße und der Herfurthstraße; in den Jahren 1908 und 1909 werden die Blöcke zwischen der Hermannstraße und der Schillerpromenade bebaut. Die westlich der Schillerpromenade liegenden Baublöcke entstehen bis zum Jahr 1913.

Charakteristische Blockrandbebauung an der Schillerpromenade

Die relativ kleinen Baublöcke bewirken ein gleichmäßiges engmaschiges Flächenraster, das in Verbindung mit einer vereinheitlichten Fassadenausbildung (Gliederung der Fassaden, Stuckornamente nur an der Schillerpromenade), den Eckbetonungen und den vielfältigen Erdgeschoßnutzungen eine Raumstruktur mit starken Orientierungsqualitäten und Identifikationsmöglichkeiten darstellt. Bestimmendes Strukturelement des öffentlichen Raumes ist die Schillerpromenade als zentrale, baumbestandene Mittelachse. Deutlich betont wird diese zentrale Achse im Kreuzungsbereich mit der Herrfurthstraße durch eine rondellartige Ausbildung des Herrfurthplatzes.

Herrfurthplatz (Schillerpromenade)

Der Straßenraum Schillerpromenade mit dem begrünten Mittelstreifen

**Die Wohnungen**

Es überwiegen die Wohnungen bis zu einer Größe von drei Räumen. In der Regel haben sie noch Ofenheizung. Ausstattungsunterschiede bestehen häufig zwischen Vorderhaus mit Innentoilette/Bad und rückwärtiger Bebauung. Die Seitenflügel und Hinterhäuser verfügen zumeist über kein Bad.

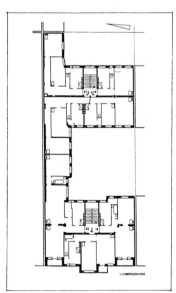

Grundriß Schillerpromenade 39, Arch. P. Rettig (Aktiengesellschaft für private Grundbesitzverwertung 1906)

# Herrfurthplatz (Schillerpromenade)

**Das Wohnquartier - heute**

Das Gebiet um die Schillerpromenade am Herrfurthplatz repräsentiert den Typ eines städtischen Quartiers, das in seiner Gestalt für den letzten Entwicklungsabschnitt des Berliner Mietshauses vor dem Ersten Weltkrieg (1900-1914) beispielhaft ist.
Die Bebauungsdichte nimmt korrespondierend mit dem Baualter nach Westen hin (Oderstraße) ab. Hier befinden sich im wesentlichen die Gebäude, die nach 1910 errichtet werden. Neben den stadträumlichen Qualitäten, die das Gebiet um den Herrfurthplatz aufweist, sind die Besonderheiten, Probleme und Defizite nachfolgend in Stichpunkten benannt:

- hohe Einwohnerdichte (500 - 600 Ew/ha),
- hoher Anteil an Kleinraumwohnungen,
- hoher Anteil an Wohnungen ohne Bad (70 %),
- erhebliche Freiflächendefizite,
- Unterversorgung mit Sozial-Infrastruktureinrichtungen (Kindertagesstätten, Schulen, Alteneinrichtungen).

Zum Abbau dieser Defizite hat die Bereichsentwicklungsplanung Neukölln folgende Zielsetzungen formuliert :

- Verbesserung der Freiflächensituation,
- Verbesserung der Wohnqualität (Zuschnitt und Ausstattung),
- Verbesserung der Infrastrukturausstattung des Gebietes,
- Erhaltung der städtebaulichen Struktur des Bereichs (ggfs. Ausweisung als geschützter Baubereich).

Zur Realisierung der Ziele - insbesondere zur Erhöhung des Freiflächenanteils - werden punktuell Abrisse der rückwärtigen Gebäudesubstanz mittelfristig durchzuführen sein. In der angespannten wohnungspolitischen Situation Ende der 80er und 90er Jahre wird allerdings der Erhaltung preisgünstigen Wohnraumes Vorrang gegenüber dem städtebaulich motivierten Abriß rückwärtiger Gebäudesubstanz zu geben sein.

Durch den Einsatz von Modernisierungsförderungsmitteln ist die Wohnungsausstattung zu verbessern (Zentralheizung und Badeinbau). Darüber hinaus kann durch Wohnungszusammenlegungen der Anteil der größeren, „familiengerechteren" Wohnungen erhöht werden.

Neben Maßnahmen zur Anhebung der Wohnungsqualität sind Aufwertungen des Wohnumfelds erforderlich. Hier ist eine Verkehrsberuhigung zur Erhöhung der Aufenthaltsqualität im öffentlichen Raum genauso notwendig wie die qualitative Aufwertung der privaten Freiflächen. Ansätze zur grundstücksübergreifenden Freiflächenorganisation im Blockinnenbereich sind im Rahmen von behutsamen Erneuerungskonzepten zu entwickeln. Dabei ist auf die kleinteilige Eigentümerstruktur Rücksicht zu nehmen.

## 2.6 ARNIMPLATZ

**Ausgewählte städtebauliche Daten**

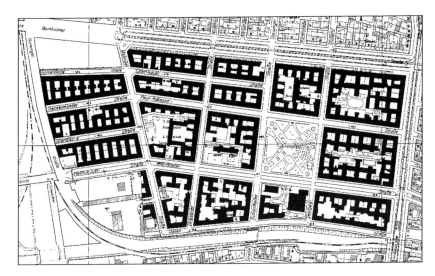

Sanierungsgebiet um den Arnimplatz
M. 1: 10.000

| | |
|---|---|
| Lage: | Berlin-Prenzlauer Berg |
| Bauherren: | ursprünglich überwiegend private Bauherren; Sanierung in der DDR: Hauptauftraggeber (HAG) Magistrat von Groß-Berlin, Bereich Hauptplanträger für den komplexen Wohnungsbau sowie HAG Modernisierung des Stadtbezirks Prenzlauer Berg im Rahmen des staatlichen Wohnungsbaus der DDR |
| Architekten: | zahlreiche Mustergrundrisse der Bauhandwerksbetriebe bei den Altbauten; Sanierung 1. Bauabschnitt zwischen Arnimplatz und Schönhauser Allee: Arbeitsgruppe unter Manfred Zache; Sanierung weiterer Bauabschnitte: Dorothea Krause, Karl-Heinz Megow, Hans-Jürgen Mücke, Jürgen Schulz und Mitarbeiter |
| Bauzeit: | 1896-1925, Sanierung 1973-1984 |
| Grundflächenzahl: | vor Sanierung: 0,6 bis 0,8; nach Sanierung: 0,4 bis 0,8 |
| Geschoßflächenzahl: | vor Sanierung 3,0 bis 3,9; nach Sanierung: 2,0 bis 3,9 |
| Geschosse: | 5 |
| Wohneinheiten: | ursprünglich rund 8.300, nach Sanierung etwa 6.500 |
| Wohnungsschlüssel: | 33 % 1-Zi.; 52 % 2-Zi.; 13 % 3-Zi.; 2 % 4- u. mehr Zimmer-Wohnungen; nach Sanierung: 16 % 1-Zi.; 55 % 2-Zi.; 26 % 3-Zi.; 3 % 4- u. mehr Zimmer-Wohnungen |
| Wohnungsausstattung: | 8 % AWC, 57 % IWC, 35 % IWC mit Bad oder Dusche; nach Sanierung alle Wohnungen mit Innentoilette, Bad oder Dusche, Doppelfenster und Gasdurchlauferhitzer, in der Regel Ofenheizung |
| Einwohner: | vor Sanierung: ca. 17.180; nach Sanierung: ca. 11.960 |
| Einwohnerdichte: | vor Sanierung ca. 450 Ew/ha; nach Sanierung: ca 310 Ew/ha |
| ÖPNV-Anbindung: | S-Bahnhof Schönhauser Allee (Linien S8, S10, S85, S86), S-Bahnhof Bornholmer Straße (Linien S1, S2, S8, S10, S85, S86), U-Bahnhof Schönhauser Allee (Linie U2), Straßenbahn-Linien 50, 52, 53 (Schönhauser Allee), Linie 23 (Bornholmer Straße), Buslinie 126 (Bornholmer Straße) |

# Arnimplatz

## Zur Planungsgeschichte

Das heute dicht bebaute Sanierungsgebiet zwischen S-Bahn, Bornholmer Straße und Schönhauser Allee ist nach dem Berliner Hufenplan von 1822 im Besitz der Mette-Schäferei, der Witwen Boetzow und Vollmer sowie der Dorotheen-Kirche[1]. Nachdem Hobrecht bereits 1862 in seinem Plan das Straßensystem einschließlich Platz für dieses Gebiet festgelegt hat, setzt zwar eine zügellose Grundstücksspekulation und damit eine gewaltige Wertsteigerung des Ackerlandes ein, gebaut wird jedoch zunächst erst am nördlichen Rand des kompakten Berliner Stadtgebiets um den Zionskirchplatz, Arkonaplatz und Vinetaplatz. Seine endgültige Begrenzung bekommt das Gebiet durch den Bau der Ringbahn (1867-1871) und der Nordbahn (1872-1878). Die breiten Bahntrassen stellen gewaltige städtebauliche Barrieren dar und wirken sich gravierend auf die von Hobrecht bereits geplante Stadtstruktur aus. Aber erst zwischen 1896 und 1908 werden die östlichen Teile zwischen Schönhauser Allee und etwa der Driesener Straße, insbesondere um den heutigen Arnimplatz, planmäßig bebaut. Der Platz selbst wird 1902-1903 anstelle des großen Pankpfuhls, einer eiszeitlichen Bodensenkung mit Moorwiesen, die im Winter als Schlittschuhbahn diente, als ein 1,8 Hektar großer, begrünter Schmuckplatz angelegt und später nach dem aus einem alten märkischen Adelsgeschlecht stammenden Dichter der Romantik, Achim von Arnim, benannt[2]. Die Bebauung der westlichen und nördlichen Teile bis an den Bahnkörper und an die Bornholmer Straße erfolgt sukzessive zwischen 1909 und 1925.

Der wirtschaftliche Aufschwung in Berlin führt vor 1905 zu einer vermehrten Wohnungsnachfrage, womit sich auch die Bautätigkeit um diese Zeit verstärkt. Da die übrigen verfügbaren Gebiete weitgehend bebaut sind, steht nur noch Bauland im Norden und Osten des dicht bebauten Stadtareals zur Verfügung[3], wodurch dort die Grundstückspreise durch Spekulation weiter in die Höhe getrieben werden. Um die Mieten trotz der relativ hohen Bodenpreise erschwinglich zu gestalten, werden die z.T. großen Karrees von den Bauherren durchgängig fünfgeschossig mit zwei bis drei engen Hinterhöfen dicht bebaut und völlig unzureichend mit Freiflächen ausgestattet.

Im Zweiten Weltkrieg bleibt das Gebiet weitgehend vor Zerstörungen bewahrt, die Bausubstanz verfällt aber während der Zeit der meist kommunalen Gebäudeverwaltung auf Grund ausbleibender Sanierung bis zu den 70er Jahren zusehends.

Typische Fassadengestaltung im Sanierungsgebiet Arnimplatz

# Arnimplatz 64

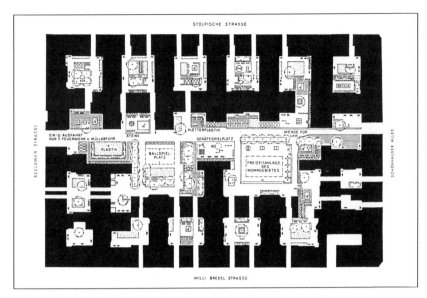

Beispiel einer Freiflächengestaltung

Der eigentliche Anstoß zur Sanierung resultiert aus den zentralen Beschlüssen des VIII. Parteitages der SED von 1971. Dort wird die Aufgabe gestellt, die Wohnbedingungen als wichtigen Bestandteil des „materiellen und kulturellen Lebensniveaus des Volkes"[4] entscheidend zu verbessern. Das soll nicht nur mit verstärktem Neubau, sondern auch durch Modernisierung und Instandsetzung der Altbausubstanz erreicht werden. Zwar werden im Ostteil Berlins bereits seit 1964 im späteren „sozialistischen" Vorzeigebeispiel für Modernisierung rund um den Arkonaplatz vereinzelt und später komplex Gebäude modernisiert und instandgesetzt[5], für die Umsetzung der Parteitagsbeschlüsse soll aber auch in Ost-Berlin ein deutliches Zeichen der Sanierung gesetzt werden.

Nach umfangreichen Voruntersuchungen, Aufwandsvergleichen und Optimierungsrechnungen, die vom Bezirksbauamt Berlin in Zusammenarbeit mit dem ZOD Berlin (Rechenbetrieb des Berliner Bauwesens) an Hand zahlreicher potentieller Sanierungsgebiete durchgeführt werden, ergibt sich das bebaute Areal im Bezirk Prenzlauer Berg westlich der Schönhauser Allee rund um den Arnimplatz, zwischen S-Bahn und Bornholmer Straße, als das Sanierungsgebiet, in dem mit relativ geringen „finanziellen und materiellen Mitteln der größte Effekt bei der qualitativen und quantitativen Erfüllung der Wohnbedürfnisse"[6] erzielt werden kann.

Der Bereich um den Arnimplatz wird entsprechend einem Magistratsbeschluß von 1972 zwischen 1973 und 1984 zum größten Altbausanierungsgebiet im Ostteil der Stadt. Auf einer Fläche von nur 40 Hektarn mit etwa 8.300 Wohnungen werden Modernisierungs- und Instandsetzungsmaßnahmen durchgeführt, die eine Restnutzungsdauer von mindestens 30 Jahren gewährleisten sollen. Ohne Ausschreibung bekommt der einzige, örtlich dafür zuständige Betrieb, der VEB Ingenieurbüro für Baureparaturen und Rekonstruktion Berlin, die Generalauftragnehmerschaft für Projektierung und Bauleistungen. Im Sanierungsgebiet Arnimplatz sollte gezeigt werden, wie städtebaulich und sozial vertretbare Lösungen bei behutsamer Entkernung erreicht werden können. Die Wohn- und Einkaufsbedingungen sollten durch entsprechende Versorgungseinrichtungen verbessert werden.

Bezogen auf die Zielstellung werden zunächst entsprechende Effekte erreicht. Die Solidität des verwendeten Materials und der Arbeiten läßt jedoch sehr zu wünschen übrig. Dadurch treten bereits nach kurzer Nutzungszeit erneut Bauschäden auf, die eine Restnutzungszeit von 30 Jahren ohne weitere Sanierung z.T. nicht erwarten lassen. Insofern stellt das Gebiet Arnimplatz keine Wende in der Sanierungspraxis der DDR dar, sondern dient eher politischen Zielen.

## Die Wohnungen

Von den etwa 8.300 Wohnungen gehen im Verlauf der Sanierung 1.800 durch Abriß und Wohnungszusammenlegung verloren. Bei rund 6.500 Wohnungen erfolgt eine „komplexe Instandsetzung und Modernisierung". Die meist relativ kleinen Wohnungen mit schlechter sanitärtechnischer Ausstattung werden mit Innen-WC, Bad oder Dusche, Doppelfenstern und Gasdurchlauferhitzern ausgestattet, vielfach werden Einraumwohnungen zu größeren Wohnungen zusammengelegt oder die Wohnungsgrundrisse verändert. Darüber hinaus werden die Dächer, die Dachentwässerungen, die Schornsteine, teilweise auch die Decken, die Installationsstränge, die Treppen sowie die Fassaden einschließlich der Balkons ausgebessert bzw. erneuert.

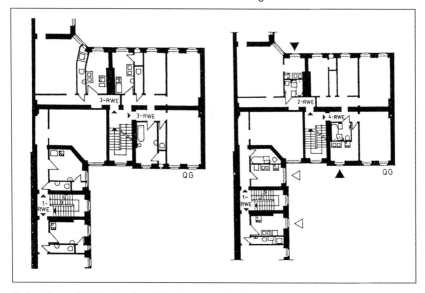

Beispielgrundriß Bestand und Sanierungsvariante

Die Bewohner haben bei der Umgestaltung ihrer Wohnungsgrundrisse z.T. ein Mitspracherecht. Während der Sanierungsarbeiten wohnen jeweils 90 Familien in einem teilmöblierten Mieterhotel an der Leninallee (heute Landsberger Allee), ihre Möbel befinden sich in einem Möbelspeicher. Zur Vermeidung von Umschulungen und langen Schulwegen werden die Schulkinder täglich mit einem Schulbus zu ihrer Schule am Arnimplatz transportiert[7]. Die geplanten durchschnittlichen Wohnungsgrößen liegen bei 75 Quadratmetern[8]. Trotz der aufwendigen Modernisierungsarbeiten werden die gestützten Einheitsmieten nach der Sanierung während der DDR-Zeit mit 0,90 DDR-Mark/m$^2$ berechnet[9].

## Das Wohngebiet - heute

Das Sanierungsgebiet ist in den 70er und 80er Jahren im Generalbebauungsplan langfristig als Teil des intensiv genutzten Wohnmischgebietes entlang der Schönhauser Allee zwischen Stadtzentrum und Pankow ausgewiesen[10]. Entsprechend wird darauf die Sanierung ausgerichtet. Neben der Beseitigung ungenutzter Hofgebäude und dem Abriß von Wohngebäuden (Abriß von etwa 15 % der Wohnungen) in den Hinterhöfen zur Verbesserung der Belichtung, Belüftung und Besonnung der Wohnungen sowie zur Neugestaltung der Hof- und Wohngrünflächen und Kinderspielflächen werden große Flächen auch für den Neubau oder Einbau von Gewerbe- oder anderen Einrichtungen genutzt. Ein Kostenvergleich zeigt, daß selbst bei einer solch aufwendigen Sanierung unter Einbeziehung sämtlicher Preispositionen die Modernisierungs-

# Arnimplatz

variante nur etwa gut die Hälfte der Neubauvariante[11] kostet. Die Erneuerung mit Totalabriß wird wegen zu hoher Kosten völlig ausgeschlossen, jedoch die Sanierung nur für eine Restnutzungsdauer von etwa 30 Jahren berechnet. Wegen der Verwendung minderwertigen Baumaterials und z.T. wegen nicht sachgerechter Bauausführung sind bereits heute, nach etwa 10 Jahren Standzeit, viele Bauteile bereits wieder erneuerungsbedürftig. In diesem Zusammenhang erhebt sich die Frage, ob der enorme Sanierungsaufwand mit größerer Solidität nicht auf eine längere Restnutzungszeit ausgerichtet werden sollte. Jede hausbezogene Modernisierung und Instandsetzung sollte deshalb sehr differenziert vorbereitet und qualitätvoll ausgeführt werden, um eine lange Nutzungsdauer zu gewährleisten.

Insgesamt vermittelt der Kiez im Vergleich zum Gebiet Arkonaplatz ein vorteilhaftes Bild, woran die weitgehend wiederhergestellten Stuckfassaden (u.a. auch Jugendstilfassaden), die harmonische Farbgebung, die Begrünung von Fassaden und Gestaltung des Arnimplatzes sowie die neu eingerichteten Läden, Gewerbe- und andere Einrichtungen und die ausgelagerten störenden Betriebe einen großen Anteil haben. Offenbar identifizieren sich die Bewohner auch mit ihrem Kiez.

# 3. REFORMWOHNUNGSBAU IN BERLIN

## 3.1 LANDHAUSGRUPPE AMALIENPARK

**Ausgewählte städtebauliche Daten**

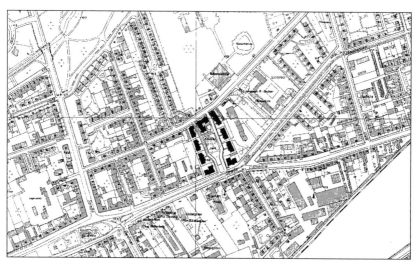

Landhausgruppe Amalienpark
M. 1: 10.000

| | |
|---|---|
| Lage: | Berlin-Pankow |
| Bauherr: | Landhaus-Baugesellschaft Pankow |
| Architekt: | Otto March (als Direktor der Landhaus-Baugesellschaft Pankow) |
| Bauzeit: | 1896-1897 |
| Grundflächenzahl: | 0,4 |
| Geschoßflächenzahl: | 1,0 |
| Geschosse: | 2 bis 3 |
| Wohneinheiten: | ursprünglich ca. 50, nach Kriegszerstörung ca. 47 |
| Wohnungsschlüssel: | 77% 4- u.4 1/2-Zi.; 23% 5- u. 5 1/2-Zimmer-Wohnungen |
| Wohnungsausstattung: | alle Wohnungen mit Küche, Bad, WC, Ofenheizung, viele Wohnungen mit Balkon oder Loggia, Wohnungen im Inneren der Anlage mit 7,5 m² großer Loggia, einige Wohnungen durch interne Treppen zu größeren Wohnungen zusammengefaßt |
| Einwohner 1992: | ca. 190 |
| Einwohnerdichte 1992: | ca. 110 Ew/ha |
| ÖPNV-Anbindung: | S-Bahnhof Pankow (Linie S8, S10, S85, S86), Straßenbahnlinien 50, 52, 53 (auf der Breiten Straße), Buslinien 107, 155, 227, 255 (auf der Breiten Straße) |

## Zur Planungsgeschichte

Bereits Ende des 18. Jahrhunderts wird in Pankow die Landwirtschaft weitgehend von wohlhabenden Berlinern verdrängt, die sich auf den neu erworbenen Kossätenhöfen[1] ihre Sommerhäuser einrichten. Diese Tendenz zur Sommerfrische mit zahlreichen Gärten und Parks verstärkt sich in dem Vorort in der zweiten Hälfte des 19. Jahrhunderts. Nach 1871 wird das Gebiet durch eine Reihe neuer Straßen erschlossen und eine Bebauung vor allem auf jene Straßen ausgedehnt, die nach Berlin führen. Gleichzeitig wird auch die verkehrsmäßige Erschließung durch Pferdeomnibusse (ab 1854), Pferdestraßenbahn (ab 1873), Vorortzüge der Stettiner Eisenbahn (ab 1842)[2] verbessert[3]. Etwa seit den 80er Jahren des 19. Jahrhunderts wächst damit, zunächst in finanziell besser gestellten Kreisen, später aber auch in der mittelständischen Bevölkerung, das Bedürfnis, zumindest in der Freizeit dem Berliner Großstadtgetriebe zu entrinnen und den Wohnort in die begrünten Vororte zu verlegen.

Um diese sich anbahnende Entwicklung zu unterstützen, wird auch die Baupolizeiordnung für die Vororte von 1892, die in vielen Punkten von der Berliner Baupolizeiordnung aus dem Jahre 1887 abweicht, darauf eingerichtet. Nach dieser Bauordnung werden in der Klasse I Grundstücke erfaßt, die an regulierten Straßen liegen, eine geregelte Wasserversorgung und Abwasserbeseitigung haben, die Klasse II erfaßt alle übrigen Grundstücke. In der Klasse I dürfen vier und in der Klasse II drei Geschosse gebaut werden. In beiden Bauklassen werden aber umfangreiche Gebiete ausgesondert, die der „landhausmäßigen Bebauung" dienen sollen. Der Begriff Landhaus[4] wird hier aber nicht nur als Synonym für Einfamilienhaus angesehen. Vielmehr soll kapitalkräftigeren Bauherren und Mietern Gelegenheit dazu gegeben werden, sich in Gebieten anzusiedeln, deren Nutzung gegenüber der Klassen I und II eingeschränkt ist, dafür aber die Anlage größerer Gartenflächen erlaubt[5]. Die Gebäude der Landhausgebiete sollten ganz oder mindestens an drei Seiten frei liegen und durften in der Regel nur zwei Geschosse haben. Jedoch ist es erlaubt, die Grundrißfläche des Dachgeschosses bis zur Hälfte und die des Kellergeschosses bis zu drei Vierteln für den ständigen Aufenthalt von Menschen zu nutzen. Außerdem sind noch Einschränkungen zur Überbaubarkeit der Grundstücke und zur Geschoßflächenzahl gegeben, und es dürfen nur solche Gebäude errichtet werden, die ausschließlich oder in überwiegendem Maße für Wohnzwecke vorgesehen sind[6].

Vogelperspektive aus der Entstehungszeit

## Landhausgruppe Amalienpark

Teil der Landhausgruppe

Die Landhausgruppe „Amalienpark", die 1896-1897 in Berlin-Pankow gebaut wird, ist offenbar ein konsequentes Ergebnis jener Baupolizeiordnung für die Vororte von 1892. Noch bevor Hermann Muthesius nach intensivem Studium der englischen Reformbewegung im Kunstgewerbe und Hausbau und insbesondere des englischen Landhauses[7] der führende Architekturtheoretiker des gehobenen deutschen Bürgertums wird und ab 1907 beispielhafte Landhäuser im Materialstil[8] errichtet, wird bei der Landhausgruppe „Amalienpark" deutlich, wie bereits zu einem sehr frühen Zeitpunkt versucht wird, Reformbestrebungen unter den gegebenen Bedingungen einzuleiten, um Alternativen zur Mietskaserne zu entwickeln. Otto March, der wie viele andere Architekten in seiner Funktion als Direktor der Landhaus-Baugesellschaft Pankow auch Unternehmer ist[9], zeichnet für den Entwurf verantwortlich. Die auf einem etwa 100 Meter breiten und 160 Meter tiefen ehemaligen Parkgrundstück zwischen Breiter Straße und Wolfshagener Straße errichtete Anlage[10] von neun Mietwohnhäusern ist beispielgebend für ihre Zeit, da sie zu den ersten Wohnanlagen ihrer Art zählt, wo sich die zwei- bis dreigeschossigen einzeln stehenden Miethäuser um eine angerartige Grünfläche gruppieren, die von einer Privatstraße erschlossen wird.

Altanlösung

# Landhausgruppe Amalienpark

## Die Wohnungen

Die Gebäude mit z.T. ausgebautem Souterrain sowie ausgebautem Mansardwalm-Dachgeschoß und neobarocken Hauseingängen enthalten sehr große Wohnungen, die mit Küche, Bad, WC und Ofenheizung ausgestattet sind. Bei den sechs Gebäuden im Innern der Anlage sind beispielsweise pro Geschoß eine etwa 140 m² große 4 1/2-Zimmer-Wohnung und eine 155 m² große 5 1/2-Zimmerwohnung enthalten. In den übergiebelten Altanachsen[11] befindet sich eine der Wohnung zugeordnete 7,5 m² große, zur Grünanlage ausgerichtete offene Sitzhalle. Manche Wohnungen sind auch durch interne Treppen zu noch größeren Wohnungen zusammengefaßt[12].

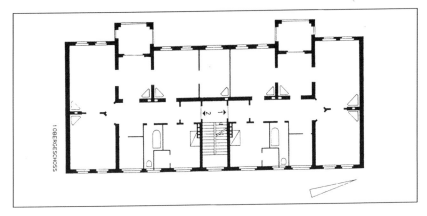

Typischer Grundriß

## Die Wohnanlage - heute

Die originelle Wohnanlage mit dem eigenständigen städtebaulichen Raum und den relativ großen gut ausgestatteten Wohnungen bietet auch heute noch, fast 100 Jahre nach ihrem Bau, hervorragende Wohnbedingungen. Damit bestätigt sich, daß Otto March seine Landhausgruppe für einen Bedarf geplant hat, der weit in die Zukunft projeziert war. Eine Sanierung der Gebäude mit Modernisierungsanteilen insbesondere bei Installationen, Heizsystemen und anderen Bauteilen erscheint dringend geboten. In diesem Zusammenhang sollte auch das teilweise kriegszerstörte Gebäude, Amalienpark 4/5, aufgebaut werden, um die ursprüngliche Gestalt der Anlage wiederherzustellen.

## 3.2 WOHNANLAGE WEISBACHGRUPPE

**Ausgewählte städtebauliche Daten**

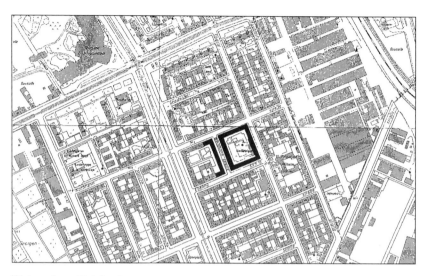

Wohnanlage Weisbachgruppe
M. 1: 10.000

| | |
|---|---|
| Lage: | Berlin-Friedrichshain |
| Bauherr: | Verein zur Verbesserung der kleinen Wohnungen in Berlin, Aktiengesellschaft |
| Architekt: | Alfred Messel |
| Bauzeit: | 1899-1900, 1903-1905 |
| Grundflächenzahl: | 0,5 |
| Geschoßflächenzahl: | 2,4 |
| Geschosse: | 5 |
| Wohneinheiten: | ursprünglich 388, nach Kriegszerstörung noch 373 |
| Wohnungsschlüssel: | 2 % Einzelzimmer; 37 % 1-Zi.; 59 % 2-Zi.; 2 % 3-Zimmer-Wohnungen (vor Kriegszerstörung) |
| Wohnungsausstattung: | alle Wohnungen in sich abgeschlossen mit Flur, Küche, Speisekammer, Innen-WC und Balkon sowie Keller und Kachelofenheizung |
| Einwohner 1992: | ca. 610 |
| Einwohnerdichte 1992: | ca. 360 Ew/ha |
| ÖPNV-Anbindung: | S-Bahnhof Landsberger Allee (Linien S8, S10, S85, S86), Straßenbahnlinien 5, 6, 7, 8, 15, 27 (Landsberger Allee), 20, 21 (Petersburger Straße), Buslinie 257 (Thorner Straße) |

# Wohnanlage Weisbachgruppe

## Zur Planungsgeschichte

Da die Wohnverhältnisse der Arbeiter in der Anfangsphase der industriellen Revolution nicht den hygienischen Grundforderungen entsprechen, gehören etwa seit Mitte des 19. Jhs. Wohnungen und besonders Kleinwohnungen für Arbeiter zur Kernforderung der Wohnungsfrage in den Industrieländern. In Preußen werden diese Forderungen von F. Engels und V.A. Huber vertreten. Die Umsetzung hingegen stößt auf zahlreiche Widerstände. Insbesondere die geringen Einkommen der Arbeiter reichen unter den Bedingungen des freien Wohnungsmarktes nicht für die Finanzierung aus. Alternative Lösungen werden erst ganz allmählich durch Selbsthilfeorganisationen (Baugenossenschaften, Werkswohnungsbau u.ä.) angeboten. So ist das ursprüngliche Ziel des 1888 gegründeten Vereins zur Verbesserung der kleinen Wohnungen, alte Häuser in Berlin billig aufzukaufen, um diese anschließend instandzusetzen und zu modernisieren[1]. Da in Berlin jedoch nicht das englische Lease-System für den Boden gilt, Gebäude einschließlich Grundstücke gekauft werden müssen, bei Grund und Boden jedoch hohe Wertsteigerungen zu verzeichnen sind, ist diese Vorstellung nicht mehr realisierbar.

1891 kauft Valentin Weisbach, der stellvertretende Aufsichtsratsvorsitzende, einen Teil des Baugeländes zwischen der Petersburger Straße und dem neuen Städtischen Vieh- und Schlachthof, wofür es nach Hobrecht zwar ein Straßenraster gibt, das aber bis 1895 noch weitestgehend unbebaut ist. Weisbachs Grundidee ist es, das Terrain mit einer großen Anzahl kleiner Häuser zu bebauen[2], weshalb er mit Eingaben bei der Bauverwaltung erwirkt, den relativ breiten und tiefen Baublock durch weitere Zwischenstraßen (Ebelingstraße, Weisbachstraße) zu teilen. Der Architekt Alfred Messel geht bei seinen Grundüberlegungen davon aus, daß die seinerzeit bestehenden Berliner Baublöcke und auch die üblichen Grundstücksabmessungen für den Bau von kleinen Wohnungen sehr ungünstig sind. Regierungs-Baumeister Messel bestimmt daher in umgekehrter Weise zunächst die zweckmäßigste Größe der Räume, die richtige Form und Anordnung der Wohnung, um dann die Abmessungen des Baulandes zu bestimmen, die er mit 10x16 m = 160m$^2$ Grundstücksfläche ermittelt. Bei einem Straßenabstand von 32 m entstünde so eine Blockbebauung mit großem Hofbereich, ohne Hinterhäuser und Seitenflügel und mit viel Licht, Luft und Sonne[3]. Bei seinem ersten Entwurf zur Bebauung des Areals an der Weisbachstraße aus dem Jahre 1892 erreicht Messel zwar nicht seine selbst ermittelten Idealwerte, erregt aber durch die klare Gestaltung der Häusergruppen, die großzügigen, auch gärtnerisch gestalteten Höfe (ohne die „bisher eigenartige Oede" [4]) und die rationale Gestaltung der Wohnungsgrundrisse großes Aufsehen in der öffentlichen Diskussion, zumal „bis vor ganz kurzer Zeit ... gerade in Berlin dieses Gebiet der Bauthätigkeit fast ganz brach gelegen ..."[5] hat. Eine der vorherrschenden Zweiraumwohnungen sollte bei einer vier- bis fünfprozentigen Kapitalverzinsung 200 Mark Monatsmiete kosten[6]. Die Leistung Messels wird erst deutlich, wenn man bedenkt, daß in jener Zeit im allgemeinen Wohnungen gebaut werden, die schlecht belüftet und belichtet sind, die keinen Wohnungsflur und eine viel zu große Küche haben, welche auch für Schlafzwecke genutzt wird und die, wenn überhaupt, ein WC auf der Treppe haben, das von mehreren Mietparteien genutzt werden muß.

Noch progressiver ist ein weiterer Entwurf Messels aus dem Jahre 1893. Von dem ersten Bebauungsvorschlag bleiben nur die an der Straße gelegenen 10 m tiefen Häuser übrig. „Das ganze übrige Bauland ist freigelassen und stellt einen etwa 80 m im Geviert großen Square dar, der den nach hinten hinausgehenden Wohnräumen Luft und Licht in fast überreichlichem Maße zu Theil werden läßt"[7]. Die Wohnungen sind jetzt in sich abgeschlossen und gegenüber dem ersten Entwurf mit einem Innen-WC ausgestattet. Die Küchen sind knapp bemessen, aber funktionell aufgebaut, die Wohnräume sind den normalen Wohnbedürfnissen angemessen. Im Hof ist eine Gartenanlage, ein Bad, ein Spielplatz sowie ein Turnplatz vorgesehen. Der Entwurf erschien als „ ... eine sehr gelungene Lösung einer Aufgabe, die bis jetzt unter den Berliner Architekten noch nicht entfernt die Beachtung gefunden hat, die ihr ihrer socialpolitischen Bedeutung wegen zukommt"[8].

## Wohnanlage Weisbachgruppe

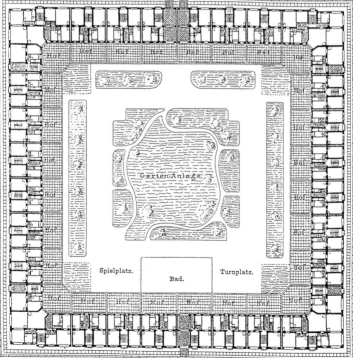

Bebauungspläne für das „Weisbachsche Terrain" von 1892 (oben) und 1893 (unten) (Die westliche Seite der Weisbachstraße wurde der Einfachheit halber weggelassen)

# Wohnanlage Weisbachgruppe

Sozialeinrichtung im Inneren der Bebauung „Weisbachgruppe"

Bei den beidseits der Weisbachstraße von 1899-1900 errichteten ersten zehn Häusern wird zwar die Grundidee der Blockrandbebauung verwirklicht, auf Grund der größeren Häuser sind jedoch Abweichungen zum ersten Weisbach-Messelschen Projekt unvermeidlich. Nur einzelne Häuser (Weisbachstraße 2 und Ebelingstraße 12) entsprechen noch annähernd der ursprünglichen Idee. Nach weiterem Grunderwerb durch den Verein wird 1903-1905 das Areal vollständig bebaut, statt ursprünglich mit 28 kleinen jetzt mit 16 größeren Häusern.

## Die Wohnungen

Sämtliche Wohnungen sind in sich abgeschlossen sowie mit Küche, Speisekammer, Flur, Innentoilette, Balkon und Ofenheizung ausgestattet. Die zuerst gebauten Häuser werden diesbezüglich nachgerüstet. Etwa 2/3 der 388 Zwei- und Dreispännerwohnungen sind querbelüftet. Es gibt keine Berliner Zimmer. In der Weisbachstraße sind 18 Parterre-Wohnungen als Ladenwohnungen ausgebaut, die sich jedoch nur schwer vermieten lassen. 1905-1906 erfolgt im Hof eine Komplettierung der Anlage durch eine kleine Badeanstalt, Gesellschaftsräume und einen Kindergarten. Besonders die Veranstaltungen des Kindergartens für die Eltern der maximal 84 Kinder (Elternversammlungen, musikalische Unterhaltungsabende, Sommerausflüge und Weihnachtsbescherungen) erzeugen unter den Mietern ein Zusammengehörigkeitsgefühl[9].

## Das Wohnquartier - heute

Mit Ausnahme der Gemeinschaftseinrichtungen (Badeanstalt, Gesellschafträume, Kindergarten) und des kriegszerstörten Eckgebäudes Ebelingstraße 11 und Ebertystraße 13 ist die Anlage heute noch erhalten. Ähnlich wie bei den Messelschen Wohnanlagen in der Proskauer Straße und in der Stargarder Straße sind für den aufmerksamen Betrachter auch bei der Wohnanlage „Weisbachgruppe" heute noch die Bestrebungen des Reformwohnungsbaus sichtbar. Gezwungen durch die Preissteigerungen der Inflation löst sich der Verein bereits 1920 auf und überträgt sein gesamtes Vermögen der Stadt Berlin, wodurch die Sanierung der Gebäude sicher nicht gefördert wird. Um die Weisbach/Messelschen Reformgedanken weiterleben zu lassen, wäre eine umfangreiche komplexe Sanierung und Verbesserung der Bausubstanz dringend erforderlich.

## Wohnanlage Weisbachgruppe

Wohnungsgrundriß im Weisbachschen Terrain

Straßenfront, gegenwärtiger Zustand

## 3.3 CHARLOTTENBURG II

**Ausgewählte städtebauliche Daten**

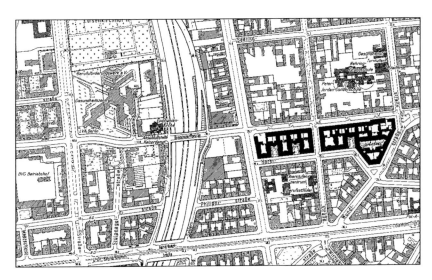

Wohnanlage „Charlottenburg II" am Horstweg
M 1 : 10.000

| | |
|---|---|
| Lage: | Berlin-Charlottenburg |
| Bauherren: | Beamtenwohnungsverein zu Berlin und private Bauherrn |
| Architekten: | Paul Mebes (1867-1936) für die Genossenschaftsbauten und Bauhandwerksmeisterbetriebe nach Typenentwürfen |
| Bauzeit: | Genossenschaftsbauten in zwei Bauabschnitten: 1907-1909; Häuser Knobelsdorffstraße 15 - 35 zwischen 1869 und 1881 und die Häuser Knobelsdorffstraße 37 - 49 zwischen 1896 und 1905, ein Nachkriegsbau |
| Grundflächenzahl: | 0,65 |
| Geschoßflächenzahl: | 3,45 |
| Geschosse: | 5 (kein Dachausbau) |
| Wohneinheiten: | 835, davon 338 WE in der Wohnanlage Charlottenburg II |
| Wohnungsgrößen: | durchschnittlich 79 qm BGF/WE |
| Wohnungsschlüssel: | 64 1- u. 2-Zi, 373 3-Zi, 262 4-Zi, 113 5-Zi, 23 6-Zimmer-Wohnungen (davon: 5 % 1-Zi, 63 % 2-Zi, 17 % 3-Zi, 10 % 4-Zimmer-Wohnungen in der Wohnanlage Charlottenburg II) |
| Wohnungsausstattung: | 19 % ohne Bad, 69 % Ofenheizung (1968) |
| Einwohner 1987: | 1.451 |
| Einwohnerdichte 1987: | ca. 540 EW/ha |
| ÖPNV-Anbindung: | U-Bahnhof Sophie-Charlotte-Platz (Linie 1), Buslinie 110 auf der Schloßstraße Straße im Kiez. |

## Zur Planungsgeschichte

Das Gebiet spiegelt zwei widersprüchliche Tendenzen der Berliner Mietwohnungsbauentwicklung vor dem Ersten Weltkrieg wider: Einerseits das massenhaft gebaute Berliner Mietshaus mit den vielgescholtenen Hinterhöfen und zum anderen den wesentlich selteneren Genossenschaftsbau, die zentrale Reformbestrebung in der Kaiserzeit.

Auf der Basis des Hobrecht-Planes von 1862, der in diesem Bereich durch die damals schon vorhandene Bebauung an der Schloßstraße, die bereits bestehende Wundtstraße, die Ost-West-Achse (heute in diesem Abschnitt Bismarckstraße) und den eiszeitlichen Graben mit Lietzensee etc. hinsichtlich Blockgröße und Straßenraster beeinflußt wurde, entstehen bereits vor mehr als 100 Jahren die Mietshäuser in Teilen der Knobelsdorffstraße. Bemerkenswert ist die Anwendung des in Berlin sehr selten gebauten Mietshaustyp mit Mittelflügel. Dieser „T-Typ" mit innenliegenden durch Schächte belichteten Treppenhäusern fußt auf Hamburger Vorbildern.[1] Der Standardtyp des Berliner Mietshauses - eine Addition von Vorderhaus, Seitenflügel und Quergebäude - wurde in diesem kleinen Gebiet nur dreimal gebaut.

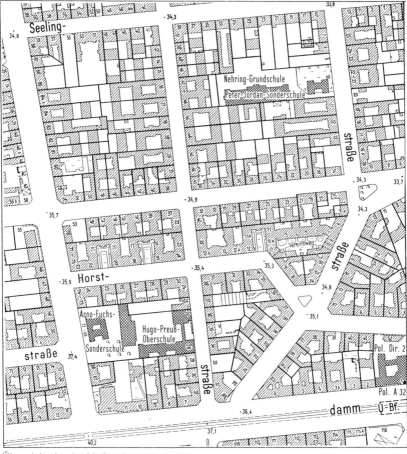

Übersichtsplan im Maßstab ca. 1 : 5.000

Der Horstweg ist, wie die Bezeichnung „Weg" schon andeutet, nachträglich als Erschließungsstraße zur weiteren Unterteilung in den Hobrechtplan (vermutlich kurz vor 1900) eingefügt worden. Die nachträglich eingefügten Straßen vermochten allerdings nur einen Teil der sehr groß dimensionierten Hobrechtschen Baublöcke - drei- bis viermal so groß wie die Blöcke der königlichen Stadterweiterungen - zu verkleinern und dies vor allem in den äußeren Bereichen des Planes.

# Charlottenburg II

Die Bebauung am Horstweg wird vom Beamtenwohnungsverein zu Berlin vorgenommen. Der Verein ist 1900 gegründet worden, um der Wohnungsnot und den schlechten Wohnverhältnissen, von der auch einfache und mittlere Beamte betroffen waren, entgegenzuwirken. Das Ziel ist, preiswerten und angemessenen Wohnraum zu schaffen. In dem Vereinsaufruf heißt es dazu: „Es sollen den Mitgliedern der Genossenschaft gesunde und bequeme und in gewissen Grenzen unkündbare Wohnungen in Berlin und den Vororten zu mäßigen und keiner Steigerung unterworfenen Preisen geboten und ihnen dadurch die Annehmlichkeiten und Vorteile verschafft werden, die sonst nur das Hauseigentum gewährt."[2]

Die finanziellen Mittel für die Bautätigkeit des Vereins werden zu einem Teil durch die Einlagen der Mitglieder und zu größeren Teilen durch die bevorzugte Bewilligung staatlicher Gelder bzw. Grundstücke aufgebracht. Daß diese staatlichen Bevorzugungen nicht ganz uneigennützig waren, sondern staatstragende Ziele verfolgten, geht auch aus Aussagen des Staatsministers Freiherr von Reinbaben hervor: „Wer ein behagliches Heim besitzt, fühle sich wohl und ist gefeit gegen destruktive Tendenzen".[3]

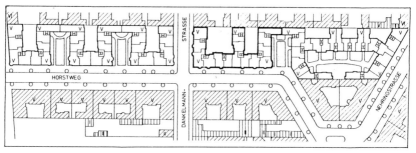

Lageplan der Genossenschaftsbauten am Horstweg, Maßstab ca. 1 : 3.000

Fassadenansichten des zweiten Bauabschnittes am Horstweg

Die Wohnanlage wird von Paul Mebes, seit 1906 Leiter des technischen Büros des Wohnungsbauvereins, geplant und nacheinander in zwei Bauabschnitten errichtet. Die Gliederung mit offenen Wohnhöfen zur Straße und Wirtschaftshöfen nach „hinten" ist ein besonderes Merkmal der Bebauung. Während der erste Bauabschnitt eine mäanderähnliche Form aufweist, muß im zweiten Bauabschnitt der Knick des Horstweges und die bereits bestehende Bebauung der Ecke Wundtstraße/Horstweg einbezogen werden. Dies geschieht durch eine interne Erschließung, den Vereinsweg, in Verbindung mit einem größeren Gartenhof. Auch in der Fassadengestaltung bestehen zwischen erstem und zweitem Bauabschnitt erhebliche Unterschiede hinsichtlich der Unterteilung der Baueinheiten und der Verwendung von Schmuckformen. Eine einheitliche Blockfront wird im zweiten Bauabschnitt verwirklicht und deutet schon auf die Architekturformen der Moderne hin.

**Die Wohnungen**

Die Wohnungen der Mietshausbebauung an der Knobelsdorffstraße weisen nur zum Teil die typischen Berliner Grundrisse auf, die man bereits in dem 1862 erschienen Musterbuch von Landbaumeister Gustav Assmann finden kann. Die Gebäude mit Mittelflügel stellen in der Berliner Mietshaustypologie eine Sonderform dar und sind der Hamburger „Schlitzbauweise" verwandt.

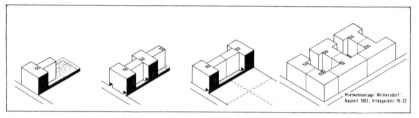

Typologie der Berliner Mietshäuser: Typ 5 - Vorderhaus und Mittelflügel

Die Wohnanlage „Charlottenburg II" weist wegen des damaligen Überangebotes an großen Wohnungen und der großen Nachfrage nach Kleinwohnungen überwiegend 2- bzw. 3-Zimmerwohnungen auf. Die Qualität der Wohnungen ist überdurchschnittlich: Durch die mäanderförmige Bauform wurde überall eine gute Besonnung und Querlüftung erreicht. Bad, Küche mit Speisekammer und Loggia oder Balkon gehören zur Standardausstattung. Allerdings gibt es in einer Reihe Wohnungen ein „Berliner Zimmer"[4] oder einen ihm ähnlichen Raum.

Zur Innenausstattung der Wohnungen bemerkt Behrendt: „Für die innere Ausstattung bietet sich der Vorteil, daß alle Einzelteile, Türen, Fenster, Öfen, Beleuchtungskörper, Treppengeländer, Stuckverzierungen, Klingelknöpfe, usw. massenweise hergestellt werden können. Die massenweise Anfertigung gestattet aber dem Architekten die Detaillierung aller dieser Teile, die jedesmal für den inneren Ausbau die größte Sorgfalt der ästhetischen Durchdringung garantiert... ."[5]

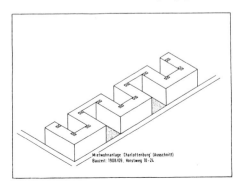

# Charlottenburg II

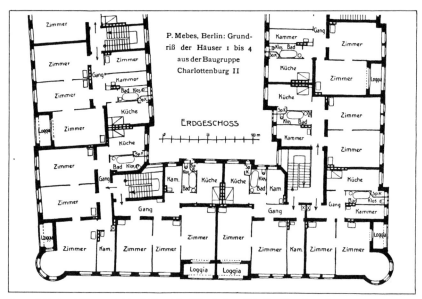

Grundriß der Häuser 1 bis 4 (Sophie-Charlotten-Straße/Horstweg)

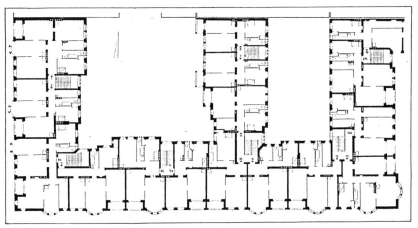

Grundriß der Häuser Ecke Danckelmannstraße/Horstweg, Maßstab ca. 1 : 2.000

**Das Wohnquartier - heute**

Das Gebiet spiegelt bis zum heutigen Tage die Polarität seiner Entstehungsgeschichte wider. Während die Wohnanlage des Beamtenwohnungsvereins auch heute noch entsprechend ihres Entstehungsgedankens genossenschaftlich verwaltet wird und sich in einem guten Bauzustand befindet, ist die Situation der Altbauten an der Knobelsdorffstraße teilweise sehr problematisch. Schlechter Gebäudezustand durch unterlassene Instandhaltung und in Teilen extrem dunkle und kleine Hinterhöfe mit Wohnungsleerständen vor allem im Erdgeschoßbereich charakterisieren die Situation. Besonders problematisch sind die „Mittelflügel-Grundstücke", die an eine Brandwand als Grenzbebauung des Nachbarseitenflügels angrenzen. Hier besteht erheblicher Modernisierungsbedarf, der ggfs. den Abriß einiger Seiten- bzw. Mittelflügel nicht ausschließt. Derzeit wird man aber wohl aufgrund der Engpässe im unteren Wohnungsmarktsegment (insbesondere hinsichtlich der Mietzahlungsfähigkeit) auf solchen Wohnraum kaum verzichten können.

Die Unterschiede im Gebäudezustand finden in umgekehrter Weise ihre Entsprechung im Nutzungsbild: In den Mietshäusern an der Knobelsdorffstraße gibt es Läden und Kneipen, die Straße wird als „Kommunikationsraum" genutzt. Demgegenüber überkommt zumindest den jüngeren Beobachter in der Wohnanlage Charlottenburg II ein Gefühl der „preußischen Ungemütlichkeit", welches durch Betretungsverbote der Rasenflächen noch verstärkt wird.[6] In den Genossenschaftswohnungen gibt es nur Wohnungen in der Erdgeschoßzone; die Grünflächen der Straßenhöfe haben eher einen Repräsentationscharakter als daß sie nutzbare Frei- und Spielflächen wären. Dies entspricht allerdings wohl auch den Wünschen der Bewohner der Wohnanlage, die einen sehr hohen Altenanteil und wenig Kinder ausweist - nicht zuletzt eine Folge der Wohnungsgrößen und langen Wohndauer in den Beamtenwohnungen.

Loggien im Gebäude des ersten Bauabschnittes am Horstweg

Öffentliche Flächen beschränken sich im Gebiet auf den Straßenraum. Die Knobelsdorffstraße wurde erfolgreich verkehrsberuhigt, obwohl damit die Linearität des Straßenraumes beeinträchtigt wird. Gestalterische und funktionale Verbesserungsmöglichkeiten bieten noch die Platzsituationen im Osten des Gebietes.

Ein städtebauliches Kleinod stellt der Gartenhof am Vereinsweg dar. Dieser trotz beengter und problematischer Grundstückssituation großzügig gestaltete Innenhof ist ein gutes Beispiel für die Gestaltung halböffentlicher Räume. Der Kletterpflanzenbewuchs der Fassaden gibt dem Hof einen zusätzlichen Reiz.

## 3.4 HAESELERSTRASSE

**Ausgewählte städtebauliche Daten**

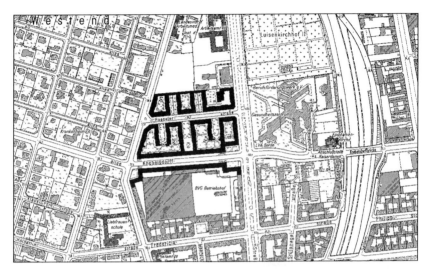

Haeselerstraße
M 1 : 10.000

| | |
|---|---|
| Lage: | Berlin-Charlottenburg, Westend |
| Bauherr: | Berliner Bau- und Wohnungsgenossenschaft von 1892, gegründet als: Berliner Spar- und Bauverein |
| Architekten: | Bauteil I (Haeselerstraße): Paul Kolb, Bauteil II (Knobelsdorffstraße): O.R. Salvisberg, J. Krämer |
| Bauzeit: | Bauteil I: 1907 - 1913, Bauteil II: 1928 - 1929 |
| Grundflächenzahl: | 0,4 |
| Geschoßflächenzahl: | 2,1 |
| Geschosse: | 5 (Turmgebäude an der Knobelsdorffstraße: 7) |
| Wohneinheiten: | etwa 1.000; südlich der Haeselerstraße: 688 |
| Wohnungsschlüssel: | Bauteil I: 25 % 1-Zi, 65 % 2-Zi, 10 % 3- bis 4 1/2-Zimmer-Wohnung Bauteil II: 10 % 1- bis 2-Zi, 75 % 2 1/2-Zi, 15 % 3 1/2-Zimmer-Wohnung |
| Wohnungsausstattung: | Bauteil I: Zentralheizungseinbau in den 60er Jahren, vorher Ofenheizung; WC; Bäder auf dem Dachboden, seit 1980 Einbau von Duschkabinen Bauteil II: Bad, WC und Zentralheizung (Heizwerk) |
| Einwohner 1987: | ca. 1.700 |
| Einwohnerdichte 1987: | ca. 410 Ew/ha |
| ÖPNV-Anbindung: | U-Bahnhof Kaiserdamm (Linie 1) und Buslinien 105 und 204 auf der Königin-Elisabeth-Straße |

## Zur Planungsgeschichte

Die Gründung des „Berliner Spar- und Bauvereins eGmbH zu Berlin" als eine eingetragene Genossenschaft ist eine Reaktion der wirtschaftlich schwachen Bevölkerung auf das „schrankenlose Erwerbsstreben und die Spekulation in der Wohnungsproduktion. ... Die Mietskaserne ohne Licht und Sonne umgeben von schmutzigen Hinterhöfen bei unzureichenden hygienischen Verhältnissen, konnte kein anziehendes Heim für eine gesunde Arbeiterfamilie sein. ... Durch Mobilisierung kleinster Sparleistungen innerhalb der Mitglieder, Ausgabe von Schuldverschreibungen, Stiftungen und Darlehen liberaler Kreise und vor allem zinsgünstigen Wohlfahrthypotheken des Staates und der Rentenversicherungsträger wurde die soziale Bauleistung finanziert."[1]

Besonders geschmückter Eingang in der Mitte der nördlichen Straßenrandbebauung an der Haeselerstraße Nr. 18

Nachdem die Genossenschaft bereits 1893 ihr erstes Wohngebäude in der Siedlung Sickingenstraße im Bezirk Tiergarten erstellen konnte, nimmt sie 1907 ihr bis dahin größtes Bauprojekt mit über 800 Wohnungen in Angriff. An der Haeselerstraße, zwischen S-Bahnring und der Villenkolonie Westend in einer noch weitgehend unbebauten Gegend, wird der Süd- bzw. Nordteil von zwei Baublöcken mit etwa 250 m Seitenlänge mit Mietwohnungen bebaut. In drei Bauabschnitten entstehen bis zum Ersten Weltkrieg von der Haeselerstraße abgewandte hufeisenförmige Baukörper, die jeweils durch etwa 45 m tiefe und i.d.R. 15 m breite gärtnerisch gestaltete Straßenhöfe getrennt sind. Die Höfe öffnen sich abwechselnd zu beiden Seiten der Straße.

# Haeselerstraße 84

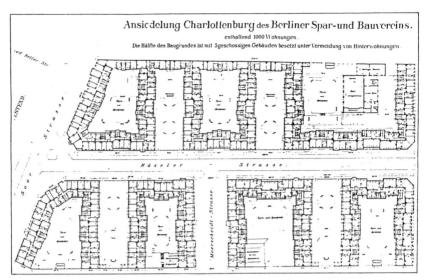

Lageplan der Bebauung an der Haeselerstraße

Die von 1907 bis 1913 errichteten Wohngebäude sind hell verputzt und zum Teil mit rotem Backstein verkleidet. „Charakteristische Motive der ansonsten einfach gehaltenen Fassaden sind zum einen die im 4. Obergeschoß laubengangartig zusammengefaßten Balkone mit an Fachwerkbau erinnernden Kolonaden."[2]

Zu den besonderen sozialen Errungenschaften gehören nicht nur unkündbare Mietverträge und gleichbleibende Mieten, wenngleich in den zwanziger Jahren eine den steigenden Bewirtschaftungskosten angepaßter Zuschlag eingeführt werden mußte, sondern auch ein Gemeinschaftsgebäude. 1913 wird im größten Hof im Nordosten der Wohnanlage ein großer Saal, der 500 Personen faßt, eine Bibliothek mit Lesesaal und eine Gastwirtschaft mit Kegelbahnen eröffnet. Dort befindet sich auch ein Kindergarten. Diese Gemeinschaftseinrichtungen bestehen teilweise heute noch, wiewohl die Bibliothek in den 50er Jahren aufgegeben wird und die Gaststätte verpachtet ist.

Der erste Bauteil an der Haeselerstraße wird Ende der zwanziger Jahre zur Knobelsdorffstraße hin ergänzt. Damals soll südlich der bereits bestehenden Wohnanlage ein Straßenbahndepot entstehen. Nach Einsprüchen der Genossenschaft wird letztlich erreicht, daß Straßenbahndepot etwas weiter nach Süden zu verschieben, so daß beiderseits der so entstandenen Verlängerung der Knobelsdorffstraße noch Baugelände zur Verfügung steht.

Da die Straßenbahn-Betriebsgesellschaft den Straßenbahnhof mit Wohnbebauung umgeben will, kann nunmehr beiderseits der Knobelsdorffstraße eine einheitliche Bebauung konzipiert werden. Nach den Entwürfen von Salvisberg und Krämer ensteht 1928 eine einheitliche Straßenrandbebauung. Dabei baut die Berliner Bau- und Wohnungsgenossenschaft von 1892 den nördlich der Knobelsdorffstraße gelegenen Bauteil, während die Straßenbahn-Betriebsgesellschaft (heute: BVG-Heimstätte) den südlichen Teil in Zusammenhang mit dem Depot errichtet. Besonders auffällig sind dabei die beiden 7-geschossigen Kopfbauten am westlichen Teil der Knobelsdorffstraße, die auch wegen der vorgelagerten Arkaden und der Läden eine imposante Torsituation entstehen lassen. Die zurückgesetzten obersten Geschosse der „Torgebäude" erinnern an italienische Vorbilder. Neben der einprägsamen baulichen Gestalt dieses zweiten Bauteils ist das Heizwerk mit angeschlossener Zentralheizung noch hervorzuheben. (Heute werden alle Wohnungen mit Fernwärme versorgt.)

**Die Wohnungen**

Im Bauteil beiderseits der Haeselerstraße überwiegen die kleinen Wohnungen, ein Viertel 1-Zimmerwohnungen und über die Hälfte 2-Zimmerwohnungen. Die „Normalwohnung" enthält Innentoilette (mit Hängeboden) und Küche mit Speisekammer; ein oder mehrere etwa 20 qm große Zimmer bzw. kleinere Kammern und Balkon oder Loggia. Bäder haben nur die großen Wohnungen an der Soorstraße, alle anderen hatten früher im Dachgeschoß für jeden Treppenaufgang einen gemeinsamen Baderaum und eine Waschküche. Seit 1980 wird in die Wohnungen an der Haeselerstraße stufenweise der Einbau von Duschkabinen in den Küchen vorgenommen. Da dies nur mit Mieterzustimmung erfolgt, konnten bis 1987 etwa 80 % der Wohnungen ohne Bad mit Duschkabinen versehen werden.[3]

Bei den Aufgängen mit drei Wohnungen sind nur die beiden größeren Wohnungen beidseitig orientiert, während die 1-Zimmerwohnung nur indirekt über das Treppenhaus querbelüftet werden kann. Die Wohnungen waren zunächst mit Gasbeleuchtung und Kachelofenheizung versehen. In den sechziger Jahren werden Zentralheizungen mit Fernwärmeanschluß installiert.

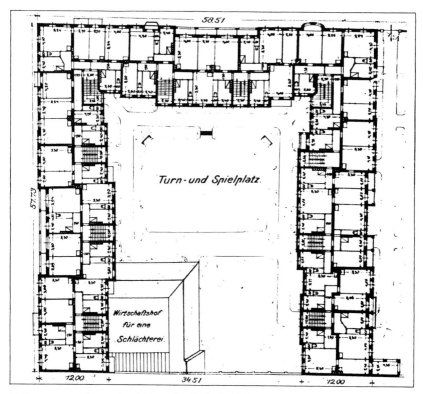

Wohnungsgrundrisse des I. Bauteils, Arch. P. Kolb

Der zweite Bauteil mit knapp 200 Wohnungen enthält zu drei Vierteln 2 1/2 -Zimmerwohnungen mit etwa 70 qm. Diese waren von Anfang an mit Bädern und Zentralheizung ausgestattet.

Im siebengeschossigen „Turm" an der Knobelsdorffstraße wird das 4. bis 7. Obergeschoß von der Baugenossenschaft als Geschäftsstelle genutzt, die anderen Obergeschosse enthalten große Wohnungen.

# Haeselerstraße

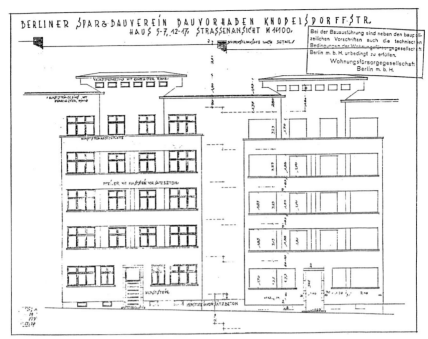

Straßenansicht des II. Bauteils an der Knobelsdorffstraße

**Die Siedlung - heute**

Nachdem im Zweiten Weltkrieg einige Häuser zerstört bzw. teilzerstört werden, erfolgt zu Beginn der 50er Jahre die Wiederherstellung der Gebäude in ihrer ursprünglichen Form. Sie befinden sich auch heute noch in gutem Bauzustand, da in regelmäßigen Abständen eine Instandhaltung vorgenommen wird. Der Bereich um die Haeselerstraße wird in den 70er Jahren schrittweise - jeweils nur mit Mieterzustimmung - einfach modernisiert (Einbau von Kleinstbädern mit Dusche und teilweise Zusammenlegung sehr kleiner Wohnungen), die Häuser an der Knobelsdorffstraße, die der Berliner Bau- und Wohnungsgenossenschaft von 1892 gehören, werden seit einigen Jahren abschnittsweise - je nach den zur Verfügung stehenden Mitteln - renoviert (u.a. Erneuerung des Fassadenputzes).

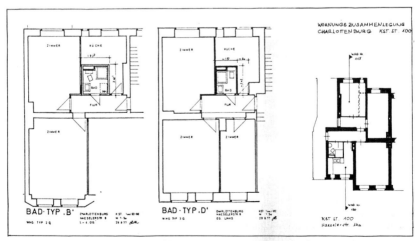

Wohnungsmodernisierung an der Haeselerstraße durch Einbau von Duschbädern und Zusammenlegung von Kleinstwohnungen

Der südlich der Knobelsdorffstraße gelegene Bauteil der BVG-Heimstätte erhält 1987 neue Kunststoffenster. Durch die sehr breiten Fensterprofile wird der ursprüngliche Fassadencharakter erheblich verändert und, was noch schwerer wiegt, das einheitliche Fassadenbild beiderseits der Knobelsdorffstraße zerstört.

Im Gegensatz zu anderen genossenschaftlichen Wohnprojekten werden bei diesem eine Reihe von Läden und Ladenwohnungen eingeplant. Dies wirkt sich auch heute noch positiv aus, da die Grundversorgung mit Gütern und Dienstleistungen im Gebiet sichergestellt ist, wenngleich im Laufe der Zeit einige Läden in Wohnungen umgenutzt worden sind.

Aufgrund der vielen kleinen Wohnungen ist die Bevölkerungsstruktur des Gebietes relativ einseitig. Die Einpersonenhaushalte überwiegen, und der Anteil der alten Menschen ist sehr hoch. In den letzten Jahren ziehen allerdings mehr junge Leute zu, so daß seit 1970 bereits eine gewisse „Normalisierung" der Altersstruktur eingetreten ist.

Insgesamt stellt das Gebiet aufgrund seiner relativ zentralen Lage zur Innenstadt und wegen der günstigen Mieten ein attraktives innerstädtisches Wohnquartier mittlerer Qualität dar.

Blick in die Haeselerstraße

Siebengeschossiger „Turm" an der Knobelsdorffstraße

## 3.5 MIETWOHNANLAGE GRABBEALLEE (ehemalige LINDENSTRASSE)

**Ausgewählte städtebauliche Daten**

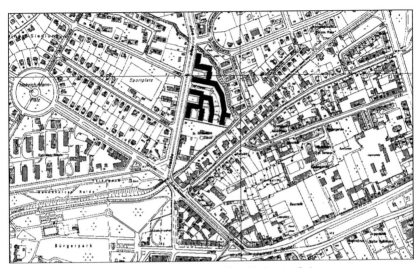

Mietwohnanlage an der Grabbeallee (ehemalige Lindenstraße)
M. 1: 10.000

| | |
|---|---|
| Lage: | Berlin-Pankow (Niederschönhausen) |
| Bauherr: | Beamten-Wohnungs-Verein zu Berlin eGmbH |
| Architekt: | Paul Mebes; Bildhauer Walter Schmarje |
| Bauzeit: | 1908-1909 |
| Grundflächenzahl: | 0,4 |
| Geschoßflächenzahl: | 1,3 |
| Geschosse: | 3 |
| Wohneinheiten: | 174 |
| Wohnungsschlüssel: | 47 % 2-Zi.; 33 % 3-Zi.; 20 % 4-Zimmer-Wohnungen |
| Wohnungsausstattung: | alle Wohnungen mit Bad, Küche und Speisekammer, Balkon oder Loggia, Ofenheizung |
| Einwohner 1992: | ca. 480 |
| Einwohnerdichte 1992: | ca 240 Ew/ha |
| ÖPNV-Anbindung: | S-Bahnhof Wollankstraße (Linie S1, S2), S-Bahnhof Pankow (Linie S8, S10, S85, S86); Straßenbahnlinien 52, 53 (Grabbeallee), Buslinien 107, 250, (Grabbeallee), 155 (Heinrich-Mann-Straße) |

## Zur Planungsgeschichte

Nach dem stürmischen Anstieg der Berliner Bevölkerungszahl in den letzten Jahren des vorigen Jahrhunderts verlagert sich das Wachstum Berlins seit der Jahrhundertwende mehr auf die damaligen Vororte, die ohnehin mit Berlin bereits eine enge verkehrsmäßige und wirtschaftliche Einheit bilden und auch städtebaulich meist schon mit den dichtbebauten Gebieten zusammengewachsen sind. Im Jahre 1910 wohnen im kompakten Stadtgebiet von Berlin bereits mehr als zwei Millionen Einwohner, in der Nachbargemeinde Charlottenburg 306.000, in der Gemeinde Pankow aber erst 45.000 Einwohner[1].

Zu jener Zeit soll im Auftrag des Beamten-Wohnungs-Vereins zu Berlin in Niederschönhausen (heutiger Bezirk Pankow) ein dreieckiges Restgrundstück zwischen Lindenstraße (heute Grabbeallee) und Zingergraben mit Mietwohnungen bebaut werden. Den Auftrag dafür bekommt der Architekt Paul Mebes, der gerade erst 1906 nach Berlin übergesiedelt ist und für den Beamten-Wohnungsverein in Steglitz bereits eine Wohnanlage (Steglitz II) am Fritschweg (1907-1908) entworfen hat.

Ähnlich seiner Wohnanlage Steglitz II versucht Mebes auch in Pankow an der Grabbeallee, die von der Stadtplanung vorgegebene, relativ große Parzelle mit einer Privatstraße (Paul-Franke-Straße) und zusätzlichen Wohnwegen zu erschließen, um damit den Bautyp „Mietskaserne" durch eine bessere Raumgliederung auflockern

Straßenraum der Paul-Francke-Straße

Ansicht von der Grabbeallee nach Süden

zu können. Durch den Straßenraum an der Privatstraße und durch vier u-förmige, nach außen hin offene Höfe entsteht eine charakteristische Wohnanlage mit angenehm proportionierten städtebaulichen Räumen[2]. Beispielhaft nimmt Mebes gewissermaßen das Prinzip der Zeilenbauweise vorweg. Die geschickte Ausrichtung der Baukörper bewirkt, daß nahezu „alle Wohnungen mit den Wohnzimmern sowohl zu einem Wohn- bzw. Straßenhof oder zur Privatstraße gerichtet sind und gleichzeitig Ost-, Süd- oder Westausrichtung haben"[3].

Zur positiven Gesamtwirkung der Wohnanlage trägt wesentlich die Ausbildung der Fassade in dunkelroten Rathenower Handstrichsteinen mit weißer Verfugung bei, die in interessantem Kontrast zur Vegetation steht. Die sachliche Strenge der zur Grabbeallee symmetrisch ausgebildeten Anlage mit vier gereihten Giebeln wird durch zahlreiche Klinkerdetails aufgelockert. Dazu gehören die risalitartig gegliederten Fassaden mit Korbbogenloggien, Erker- und Verandenvorbauten ebenso, wie die Klinkerfriese oder die ornamentale Gestaltung der Hauseingänge. Der plastische und ornamentale Schmuck an Giebeln und Eingängen sowie ein Zierbrunnen, ein Medaillon und zahlreiche Kerbschnittklinker stammen von dem Bildhauer Walter Schmarje.

Entwicklungsgeschichtlich ist diese Wohnanlage von Mebes ein wichtiges Dokument für die Abkehr vom unwirtlichen Mietskasernenbau und für die Einleitung von Reformbestrebungen zu frei gestalteten Wohnformen. Mebes kritisiert vor allem den Wohnungsbau als Spekulationsobjekt sowie die daraus resultierende hohe Ausnutzung von Grund und Boden, die unzweckmäßige Aufteilung der Wohnungsgrundrisse und die schlechte Ausführung der Bauten. Seine Kritik richtet sich aber auch gegen die unzureichende Ausstattung und Gestaltung der Wohngebäude inbesondere in der zweiten Hälfte des 19. Jahrhunderts. Die Ursachen für diese Misere sieht Mebes vor allem in dem Bruch mit der handwerklichen Tradition, die ursprünglich Zweck, Gestaltung und Ausführung in Einklang zu bringen vermochte. Seine Vorbilder für einfache und zweckmäßige Bauten sowie für die Entfaltung einer neuen einheitlichen Kunstauffassung sucht er deshalb auch in der Architekturentwicklung um 1800[4].

Detail eines Hauseingangs

# Grabbeallee

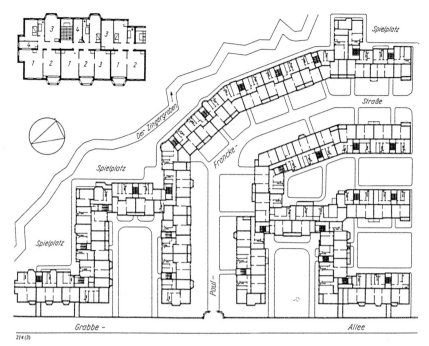

Wohnungsgrundrisse

## Die Wohnungen

Die Erschließung der 174 Wohnungen erfolgt über vier Dreispänner- und 23 Zweispänneraufgänge. Die meist sehr großen Zweizimmer- (65-100 m²) und Dreizimmerwohnungen (93-115 m²) sind mit Bad, Küche und Speisekammer sowie jeweils mit einem Balkon oder einer Loggia ausgestattet und sind sämtlich querbelüftet und gut belichtet. Küchen, Bäder und Treppenhäuser sind fast ausschließlich nach Norden und Osten, die Wohnräume nahezu immer nach Westen oder Süden orientiert. 151 Wohnungen (etwa 87 %) sind zusätzlich mit einer großen Kammer, Wohnkammer oder beidem versehen, nur zwei Wohnungen haben ein Berliner Zimmer. Die Beheizung erfolgt über Öfen[5].

Während zu den Straßen und Höfen hin Vorgärten und begrünte Freiflächen angelegt sind, gibt es am Zingergraben drei Spielplätze. Läden oder Gewerbeeinrichtungen sind in der Wohnanlage nicht enthalten.

## Die Wohnanlage - heute

Der Reformwohnungsbau von Mebes ist zukunftsorientiert. Selbst heute, über 80 Jahre nach ihrem Bau, hält die Wohnanlage nahezu jedem Vergleich mit einer Neubauanlage Stand. Aus diesem Grund und wegen der großen, gut geschnittenen Wohnungen ist die Anlage ein beliebter Wohnstandort. Was Mebes zu jener Zeit nicht voraussehen konnte, das ist die starke Verkehrsentwicklung. Die Öffnung der zeilenartigen Bebauung und Wohnhöfe zur stark befahrenen Grabbeallee trägt heute dazu bei, daß die Wohnungen von der Straße durch Verkehrslärm beeinträchtigt werden. Über die Pivatstraße wird sogar der Verkehr in das Gebiet hineingezogen.

Die Wohnanlage befindet sich in einem ausgesprochen guten Bauzustand. Sanierungen und vorsichtige Modernisierungen unter Beachtung des Denkmalschutzes wären hauptsächlich bei den Installationen und beim Heizsystem notwendig.

## 3.6 MUNIZIPALVIERTEL

**Ausgewählte städtebauliche Daten**

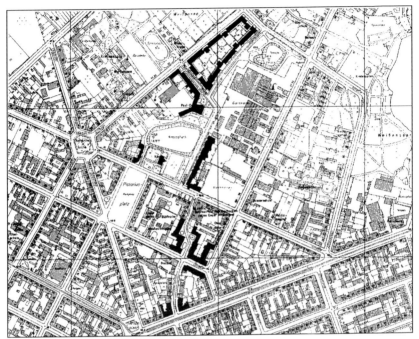

Gegenwärtig vorhandene Bebauung des Munizipalviertels
(Holländerviertel am oberen Bildrand)
M. 1: 10.000

| | |
|---|---|
| Lage: | Berlin-Weißensee |
| Bauherr: | Gemeinde Weißensee |
| Architekten: | Teil 1 (Woelckpromenade 2-7, Woelckpromenade 36, 37/Paul-Oestreich-Str. 2, 4) und Teil 2 (Tassostraße 1-4, 5-7, 13-16, 18-22, Charlottenburger Str.1-3, 141-142, Parkstr. 107, 108): Carl James Bühring; Teil 3 (zwischen Schönstr., Amalienstr., Woelckpromenade u. Paul-Oestreich-Str.): Joseph Thiedemann |
| Bauzeit: | Teil 1: zwischen 1908 und 1913; Teil 2: zwischen 1913 und 1915; Teil 3: 1925-1928 |
| Grundflächenzahl: | Teil 1: 0,4; Teil 3: 0,5 |
| Geschoßflächenzahl: | Teil 1: 1,7; Teil 3: 1,5 |
| Geschosse: | 3 und 4 |
| Wohneinheiten: | Teil 1 und 3: ca. 290 |
| Wohnungsschlüssel: | ca. 45% 1- bis 2 1/2-Zi.; ca. 55% 3- bis 5-Zimmer-Wohnungen (Schätzung nach vorliegenden Unterlagen) |
| Wohnungsausstattung: | alle Wohnungen mit Küche, Bad, WC, Zentralheizung |
| Einwohner 1992: | Teil1 und 3: ca. 790 |
| Einwohnerdichte 1992: | Teil 1 und 3: ca. 125 Ew/ha |
| ÖPNV-Anbindung: | Straßenbahnlinien 2, 3, 4, 13, 23 (auf der Berliner Allee); Buslinien 158, (auf der Pistoriusstraße und Parkstraße), 255 (auf der Pistoriusstraße) |

## Zur Planungsgeschichte

Nach der Besitznahme des Ortes Weißensee im Jahre 1872 durch den Hamburger Großkaufmann Gustav Adolf Schön[1], nach der Parzellierung und dem Verkauf der Flächen des ehemaligen Rittergutes, werden auf dem Areal etwa zwischen der heutigen Pistoriusstraße, der Berliner Allee, der Lehder Straße und Berliner Straße zunehmend große Mietshäuser gebaut. Bereits 1880 zählt diese neue Siedlung, die als Vorstadt räumlich getrennt zum Berliner Stadtgebiet entsteht, 3.900 Einwohner (das Dorf Weißensee hat erst 800 Einwohner!) und wird zu einem eigenständigen Gemeinwesen unter dem Namen Neu-Weißensee erhoben. Zur Zeit der erneuten Vereinigung des Dorfes mit der Vorstadtgemeinde im Jahre 1905 wohnen in Weißensee bereits etwa 37.000 Menschen. Dr. Carl Woelck, der ab 1906 das Amt des Vorstehers der neuen Gemeinde übernimmt, setzt sich insbesondere für das Ziel ein, aus der z.T. unplanmäßig gewachsenen und unwirtlichen Landgemeinde mit relativ schlechtem Ruf eine vorbildliche und anziehende Stadt für alle Bevölkerungsschichten zu machen[2]. Die wichtigste Voraussetzung zur Erreichung dieses Ziels sieht Woelck darin, die Funktionen des Bauherren weitestgehend der Gemeinde zu übertragen, was gleichzeitig ein Zurückdrängen der privaten Bautätigkeit bedeutet. Dazu werden von ihm ein Hochbau- und ein Tiefbauamt eingerichtet sowie ein Grunderwerbsfonds geschaffen, der es der Kommune besser ermöglichen soll, Einfluß auf die Bodenpolitik zu nehmen und gemeindeeigene Bauobjekte zu verwirklichen[3].

Diese Absicht Woelcks, die städtebaulichen Belange und den Wohnungsbau insbesondere über die Kommune stärker zu beeinflussen, stellt sich in jener Zeit zweifellos als ungewöhnliches Vorhaben dar, zumal eher über Baugenossenschaften und Kleinwohnungsbauvereine versucht wird, Bauspekulation und Wohnungselend zu mindern oder auszuschalten.

Bereits im Frühjahr 1906 übernimmt der Architekt Carl James Bühring das Amt des Gemeindebaurates für Hochbau. Neben der Planung und dem Bau von Gebäudekomplexen, die eine Vorbildwirkung auch auf andere Bauherren ausüben sollten, sowie der Entwicklung nutzungsspezifischer Wohnangebote für verschiedenste Bevölkerungsschichten bekommt Bühring die Aufgabe, für das Gebiet um den Kreuzpfuhl ein kommunales Zentrum zu entwerfen. Die ursprüngliche Ausdehnung des sogenannten Munizipalviertels erstreckt sich auf das Areal zwischen Pistoriusstraße, Schönstraße, Amalienstraße und Woelckpromenade mit einer Verbindungsspange über die Tassostraße zur Hauptstraße, der heutigen Berliner Allee. Neben zahlreichen Wohngebäuden werden auch ein Ledigenheim, ein Beamtenwohnhaus sowie eine Oberrealschule mit Aula, eine Volksbadeanstalt, eine Gemeindeturn- und Festhalle

Gebäude Woelckpromenade 2-7

# Munizipalviertel

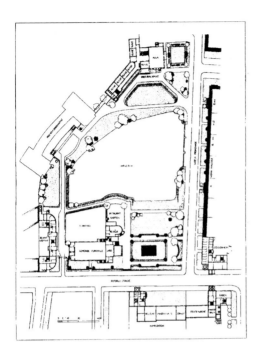

Lageplan des kommunalen
Forums zu Berlin-Weißensee
von Carl-James Bühring

(Stadthalle) mit Saal für 1.000 Personen, Restaurant und Grünanlagen, Verwaltungsgebäude, eine Pumpstation und eine Feuerwache als öffentliche Gebäude und Anlagen geplant und rund um den Kreuzpfuhl etwa zwischen 1908 und 1913 verwirklicht, die Wohnbebauung in der Tassostraße entsteht zwischen 1913 und 1915.

Seine Vorstellung vom ´Raum als Gestaltungselement, als künstlerisches Mittel, als künstlerisch zu bewältigende Naturform´[4] sowie seine Vision von der ´Stadt als großer Wohnung´[5], mit kurzen Wegen unter Vermeidung von Verkehr, setzt Bühring besonders auch im Munizipalviertel durch. Blickpunkte in der Wohnstraße, Vorbauten zur Begrenzung des Straßenraumes, der öffentliche Festraum auf einem Platz unter Einbeziehung und Umgestaltung der Landschaft und ähnliche Gestaltungselemente werden von ihm als Funktionen des städtischen Raumes vorgeplant, Vorstellungen, die sich bei den Taut´schen Siedlungen ebenso wie bei manchen europäischen Siedlungen der 50er und 60er Jahre wiederfinden.

Eine Ensemblewirkung erreicht Bühring bei den Bauten unterschiedlicher Funktion im Munizipalviertel hauptsächlich durch Verwendung von rotem Ziegelmauerwerk in Verbindung mit Putzflächen und eingeschossigen Natursteinsockeln. Plastische Schmuckelemente (u.a. von Hans Schellhorn) werden sparsam verwendet, der Ziegelverband selbst wird zum schmückenden Detail. Ähnliche Gestaltungselemente werden auch von den Architekten bei den nachfolgenden Wohnbauten des Holländerviertels und am Pistoriusplatz verwendet.

Bühring wird mit seinem Munizipalviertel auf den Architekturausstellungen in Berlin, Leipzig und London (1910-1913) bekannt und in Leipzig dafür mit einer silbernen Medaille ausgezeichnet. Von der Fachpresse wird das Viertel wiederholt als vorbildlich für Städtebau und Architektur eingeschätzt.

Nicht nur der Ausbruch des Ersten Weltkriegs trägt dazu bei, daß mehrere Entwürfe Bührings, wie zum Beispiel das Volksbad, die Feuerwache, eine Schule und Wohnbauten an der Woelckpromenade und an der Schönstraße nicht zur Ausführung kommen. Gründe für die eingeschränkte Bautätigkeit liegen u.a. im umstrittenen Grunderwerbsfonds von Weißensee, der von Haus- und Grundbesitzern als Eingriff in ihre Freizügigkeit angesehen wird. Aber auch die Kotroversen im Gemeinderat und andere administrative Einflüsse tragen nach 1912 nicht zu einer Belebung der Bautätigkeit, sondern eher zu Bührings und Woelcks Amtsniederlegung bei.

Die Versuche der Gemeinde Weißensee, das Stadtrecht zu bekommen, sind nicht von Erfolg gekrönt. Dazu kann auch nicht mehr die teilweise Realisierung des Munizipalviertels beitragen, denn bereits 1912 wird auf einer Fläche von 3.500 Quadratkilometern mit 4,2 Mill. Einwohnern der Zweckverband Groß-Berlin gegründet, dem auch Weißensee beitritt. Dieser Zweckverband dient der Koordinierung der Planungen in den einzelnen Stadtteilen und nimmt die Bildung von Groß-Berlin im Jahre 1920 vorweg.

Erst etwa 15 Jahre nach der Tätigkeit Bührings bekommt Joseph Thiedemann den Auftrag, das Munizipalviertel 1925-1928 in Anlehnung an Bühringsche Planungen nach Norden hin (Bebauung zwischen Schönstraße, Amalienstraße, Woelckpromenade und Paul-Oestreich-Straße) abzurunden. Thiedemann knüpft dabei an historische Formen des 18. Jahrhunderts (Holländisches Viertel in Potsdam) an.

**Die Wohnungen**

Die von Bühring entworfenen Zwei- bis Fünfzimmerwohnungen von etwa 76 bis 170 m² rund um den Kreuzpfuhl[6] sind ausgesprochen repräsentativ und komfortabel mit Küche, Bad, WC, Diele und Zentralheizung ausgestattet. Viele Wohnungen haben eine Kammer sowie Erker, Balkon oder Loggia. Die Dielen und Bäder werden z.T. über einen Lichthof belichtet. Große Wohnungen sind teilweise auch mit Gästetoilette, Nebeneingang zur Küche und Mädchenkammer versehen. Die Gebäude haben in der Regel einen Vorgarten.

Grundriß Woelckpromenade 36, 2. Obergeschoß

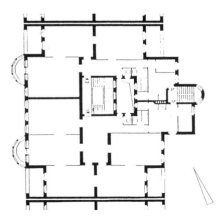

Grundriß Woelckpromenade 2-7, 1. u. 2. Obergeschoß

Munizipalviertel

## Das Viertel - heute

Das Munizipalviertel steht heute unter Denkmalschutz. Rund 80 Jahre nach seiner Vollendung ist es auch heute noch das wohl wichtigste stadtbild- und strukturprägende städtebauliche Element im Bezirk Weißensee, obwohl es nicht zu einer eigenständigen Stadtbildung beitragen konnte. Bemerkenswert ist aber vor allem der starke Einfluß der Klinkerfassaden auf die Fassadengestaltung im Holländerviertel, am Pistoriusplatz und bei zahlreichen weiteren Gebäuden in der Nähe des Viertels. Die Nutzung des Gebiets wird lediglich durch fehlende Infrastruktureinrichtungen, wie beispielsweise die Stadthalle (Kriegsverlust), beeinträchtigt.

Auch die Wohnungen entsprechen noch den gegenwärtigen Forderungen. Das bestätigt eine Befragung, die jüngst bei den Bewohnern durchgeführt wurde. Insbesondere die „Ökonomie der Wärmeverhältnisse", die „Baugliederung" und die „Umwelt" werden positiv bewertet. Kritik gibt es hauptsächlich an der Vernachlässigung der Gebäude und angrenzenden Anlagen, zu den „überalterten technischen Einrichtungen", „winddurchlässigen Fensterfronten" und zum Verfall der denkmalgeschützten Aufzugsanlagen[7]. Eine Sanierung der Wohnungen und des Wohnumfeldes ist also dringend erforderlich. Instandsetzungen und Pflege der Gebäude und Anlagen, ggf. Wiederherstellung des ursprünglichen Zustands, sind aber besonders auch bei den öffentlichen Einrichtungen notwendig. So konnten beispielsweise das Gymnasium und die Aula nach Teilzerstörung im Krieg bisher nur vereinfacht wiederhergestellt werden.

Holländerviertel

## 3.7 RÜDESHEIMER PLATZ

**Ausgewählte städtebauliche Daten**

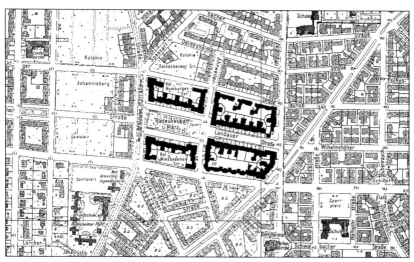

Rüdesheimer Platz
M 1 : 10.000

| | |
|---|---|
| Lage: | Berlin-Wilmersdorf |
| Bauherren: | Terraingesellschaft „Berlinische Bodengesellschaft" und Tochtergesellschaft „Berlin Südwest", nach Parzellierung verschiedene Bauherren |
| Architekten: | Paul Jatzow, einzelne Objekte: L. Thou, W. Peschko, W. Kubler, V. Wolf u.a. |
| Bauzeit: | 1910 - 1914 |
| Grundflächenzahl: | 0,2 - 0,7 |
| Geschoßflächenzahl: | 0,8 - 2,7 |
| Geschosse: | 4 |
| Wohneinheiten: | 478 |
| Wohnungsschlüssel: | 12 % 1- und 2-Zi; 36 % 3- und 4-Zi; 52 % 5- und mehr Zimmer-Wohnungen |
| Wohnungsausstattung: | Bad, teilweise Aufzug und Zentralheizung |
| Einwohner 1987: | 1.635 |
| Einwohnerdichte 1987: | ca. 280 Ew/ha |
| ÖPNV-Anbindung: | U-Bahnhof Rüdesheimer Platz (Linie 2) und Buslinien 101 und 348 auf der Laubacher Straße bzw. dem Südwestkorso |

## Zur Planungsgeschichte

Innerhalb kurzer Zeit entwickelt sich um die Jahrhundertwende das ehemalige Dorf Wilmersdorf zu einem begehrten Berliner Wohnvorort. In Verbindung mit dem Bau der nach Dahlem führenden U-Bahnstrecke entsteht ab 1910 die Bebauung um den Rüdesheimer Platz in Wilmersdorf. Die Terraingesellschaft „Berlinische Bodengesellschaft", die 1890 von G. Haberland und A. Booth gegründet wird, erwirbt das Gelände, um es für eine Bebauung vorzubereiten. Die Berlinische Bodengesellschaft stellt sich 1930 in einer Veröffentlichung[1] als grundstücksgewerblicher Betrieb dar, der als Zwischenglied zwischen Gemeinde und dem Bauherrn fungiert, mit dem Ziel, die notwendigen Bauplätze für den rasch wachsenden Wohnungsbedarf zu schaffen.

Aufgabe der Gesellschaft ist es, die Ländereien aufzukaufen, die Aufstellung von Bebauungsplänen herbeizuführen, die Anlegung von Straßen und Plätzen zu erwirken und die Grundstücke nach Parzellierung wieder zu veräußern. Die Bau- und Terraingesellschaften haben die Möglichkeit, deutlich Einfluß auf das formale, einheitliche Erscheinungsbild eines zur Bebauung anstehenden Geländes zu nehmen.

Für die Wohnanlage um den Rüdesheimer Platz erarbeitet Paul Jatzow - als Architekt der Berlinischen Bodengesellschaft - einen Bebauungsplan, der für die damalige Zeit eine neue Form der Großstadtbebauung dokumentiert. Um ein einheitliches, geschlossenes Erscheinungsbild zu gewährleisten und um das Gelände besser zu verwerten, erwirkt die Gesellschaft gemeinsam mit dem Wilmersdorfer Magistrat beim Ministerium die Aufhebung einer Bauvorschrift über die Einhaltung des Bauwichs zwischen den einzelnen Gebäuden[2] zugunsten einer geschlossenen Randbebauung. Beeinflußt wurde P. Jatzow bei der Planung der „Gartenterrassenstadt" durch den Charakter der englischen Landhaussiedlungen (Cottagetypus).

Bebauung unmittelbar am Rüdesheimer Platz

# Rüdesheimer Platz

Die Bebauung stellt einen Kompromiß zwischen großstädtischem Mietshaus und Landhaus, zwischen Großstadt und dörflichem Charakter dar. Dies wird u.a. durch einen neuen Typus von Vorgärten erreicht; die Vorgärten sind 13 m vom Straßenniveau entfernt als Rasenfläche terrassiert angelegt und zu den Gebäuden ansteigend ohne die übliche Einfriedung durch Vorgartengitter gestaltet.

Die Bebauung erscheint in architektonischer Hinsicht, insbesondere auch durch die Vielzahl von Erkern und Giebeln bei einheitlicher Gestaltung, abwechslungsreich. Die Fassadengestaltung ist zurückhaltend und verzichtet auf Ornamentik. Es handelt sich im wesentlichen um 4-geschossige Putzbauten. Die einheitliche Struktur der Fassaden wird im Grundbuch und im Kaufvertrag festgelegt.[3] Zur Unterhaltung der Gartenterrassenstadt wird eine Gesellschaft „Gartenvereinigung Berlin-Südwest" gegründet.

Die Gestaltung der zentralen Platzanlage „Rüdesheimer Platz" geht auf einen Wettbewerb zurück. Die begrenzende Brunnenanlage wird von E. Cauer entworfen.

„Neuer Bebauungsplan des Südwestgeländes" der Berlinischen Bodengesellschaft

## Die Wohnungen

Die Wohnungen weisen einen für die damalige Zeit gehobenen Ausstattungsstandard mit Bad, Zentralheizung und Aufzug auf. Auffallend ist der hohe Anteil an Großraumwohnungen mit 150 bis 250 qm Wohnfläche.

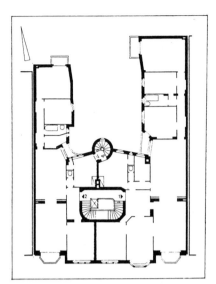

Grundriß Normalgeschoß Landauer Straße 5

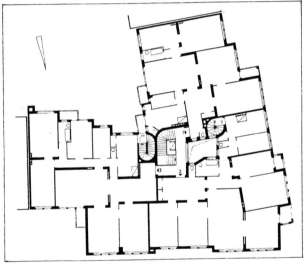

Grundriß Normalgeschoß Rüdesheimer Platz / Ecke Rüdesheimer Straße 9

**Das Wohngebiet - heute**

Obwohl die nach 1945 entstandenen Neubauten (z.B. Landauer Straße 13, 14) keinen Bezug zu der älteren Bebauung herstellen, vermittelt das Wohngebiet am Rüdesheimer Platz auch heute noch einen einheitlichen und geschlossenen Eindruck. Die Bebauung um den Rüdesheimer Platz zählt nach wie vor zu den gehobenen, bürgerlichen Wohnanlagen in Berlin. Insbesondere die gute Verkehrsanbindung, das homogene, intakte Erscheinungsbild, der hohe Grünanteil, die ruhige Lage und der hohe Anteil an gut ausgestatteten Großraumwohnungen charakterisieren dieses privilegierte innerstädtische Wohnquartier.

Seit 1983 ist das Gebiet geschützter Baubereich (nach 17 Denkmalschutzgesetz Berlin)[4]. Die Verordnung über den geschützten Baubereich Rüdesheimer Platz zielt darauf ab, die Eigenart dieses Bereiches bzw. das ursprüngliche Erscheinungsbild, das auf eine einheitliche städtebauliche Planung zurückgeht, zu erhalten. Der Bestandsschutz bezieht sich auf Maßnahmen, die in den öffentlichen Straßenraum wirken (z.B. Grob- und Feingliederung sowie Farbgebung der Gebäudefronten einschließlich der Dachausbildung); darüber hinaus auch auf die Vorgartenzone, die Straßen und Plätze.

# 4. BERLINER GARTENVORSTÄDTE

## 4.1 PREUSSENSIEDLUNG

**Ausgewählte städtebauliche Daten**

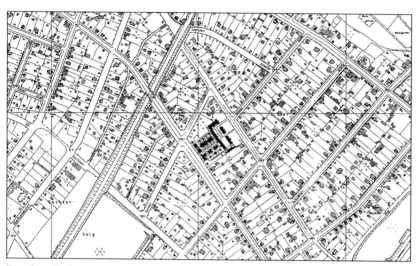

Preußensiedlung
M. 1: 10.000

| | |
|---|---|
| Lage: | Berlin-Treptow, Ortsteil Altglienicke |
| Bauherr: | Landwohnstätten-GmbH in Altgliensche bei Grünau |
| Architekten: | Max Bel und Franz Clement (Architekturbüro Bel & Clement, 1. Bauabschnitt), Hermann Muthesius (2. Bauabschnitt) |
| Bauzeit: | 1911-1914 |
| Grundflächenzahl: | 0,2 |
| Geschoßflächenzahl: | 0,4 |
| Geschosse: | 2 |
| Wohneinheiten: | 41 (pro Reihenhaus eine Wohnung) |
| Wohnungsschlüssel: | 100 % 3-Zimmer-Wohnungen |
| Wohnungsausstattung: | alle Wohnungen mit Küche, Bad, WC, Stall und Garten sowie Ofenheizung |
| Einwohner 1992: | ca. 100 |
| Einwohnerdichte 1992: | ca. 105 Ew/ha |
| ÖPNV-Anbindung: | S-Bahnhof Altglienicke (Linien S 9 und S 85), Buslinien 160 und 363 (auf der Straße Am Falkenberg) |

# Preußensiedlung

**Zur Planungsgeschichte**

Angeregt durch die gewerbliche Entwicklung der südöstlichen Vororte Berlins und wohl auch durch die großen Verkaufserlöse der Schöneberger Bauern beginnt in den neunziger Jahren des vorigen Jahrhunderts in Altglienicke der Verkauf von Ackerland zu Erschließungszwecken. Damit erklärt sich, daß diese Gemeinde im Südosten Berlins bereits seit 1904 an das Elektrizitätsnetz angeschlossen ist, seit 1905 über eine eigene Wasserversorgung und seit 1908 über ein eigenes Gaswerk verfügen kann, obwohl der Ort um 1905 erst etwa 4.000 Einwohner hat. Von 1908 an fahren stündlich Busse vom Ortskern nach Grünau und zum Bahnhof Altglienicke-Adlershof. Dies ist eine Ursache dafür, daß der dörfliche Kern des Ortes um diese Zeit mehr und mehr städtischen Charakter annimmt und mit größeren Miethäusern durchsetzt wird, in denen u.a. Arbeitspendler zu den Gewerbegebieten im Südosten Berlins ihren Wohnsitz nehmen. Als sich der Wohnungsbau nach 1910 in Altglienicke erneut belebt, werden östlich vom Dorfkern hauptsächlich Einfamilienhäuser, Landhäuser, Kleinhaussiedlungen, Reihenhäuser u.ä. errichtet. Im Ortsteil Falkenberg, der entsprechend der „Terraingesellschaft Alt-Glienicke" und der Ortssatzung bereits vor 1905 vorwiegend für eine villenmäßige Bebauung vorgesehen war, entsteht so u.a. die Gartenstadt am Falkenberg von Bruno Taut[1].

Etwa zwischen Dorfkern und Falkenberg wird 1911-1914 auf Initiative von Herrn und Frau Stadtrat Preuß an der Germanen- und an der Preußenstraße die sogenannte Preußensiedlung als Arbeiterkolonie der „Landwohnstätten GmbH in Altgliensche bei Grünau" gebaut. Der erste Bebauungsplan, der 1910 von den Architekten Max Bel und Franz Clement (Architekturbüro Bel & Clement) ausgearbeitet wird, sieht eine Kleinhaussiedlung mit etwa 28 Doppelhäusern vor, wovon 1911-1912 jedoch nur 16 Kleinhäuser in der Germanenstraße 80, 82 und 84 verwirklicht werden. Die malerisch gruppierten Gebäude mit Sattel- oder Mansarddach sind an kurzen Stichstraßen auch zu Gruppen von zwei und vier Häusern (würfelförmig) zusammengefaßt, mit Loggien, Balkonen oder Erkern belebt und durch Stallbauten miteinander verbunden[2].

Wohnbebauung mit Häusern gleicher Art in der Preußensiedlung
(Architekt: Hermann Muthesius)

Die ursprüngliche Bebauungskonzeption wird 1912 geändert und Hermann Muthesius damit beauftragt, einen zweiten Bebauungsplan für den Bauabschnitt Preußenstraße 41, 43, 45 und 47 zu erstellen, der den „neueren Grundsätzen des Gartenstadtgedankens" entsprechen sollte. In dieser Konzeption, die 1912-1914 verwirklicht wird, umschließt Muthesius mit Reihenhausgruppen für zwei, vier oder sechs Familien einen längsrechteckigen Wohnhof mit Spielplatz an drei Seiten und bildet so einen angenehm proportionierten städtebaulichen Raum, der auch der gemeinschaftlichen Nutzung dienen soll. Mit dem ersten Bauabschnitt ist diese Hofanlage durch zwei torbogenartige Durchgänge verbunden. Die schlichten Kleinhausfronten werden durch Fenster mit Sprossenteilung sowie Fensterläden, schlichten Gesims, Klinkersockel gegliedert und vor allem durch die rhythmisch angeordneten unterschiedlich großen Dachgiebel belebt[3].

Hermann Muthesius wird bei seinen Auslandsaufenthalten u.a. in London durch die kunst- und lebensreformerischen Ideen von W. Morris und J. Ruskin (Arts and Crafts Movement) stark beeindruckt und versucht, in Deutschland eine ähnliche Bewegung ins Leben zu rufen. 1907 wird er der namhafteste Begründer des Deutschen Werkbundes. Mit solchen Aktivitäten, zahlreichen Publikationen sowie eigenen Entwürfen, u.a. auch für vorbildhafte Landhäuser der gehobenen Klasse, versucht Muthesius, die akademisch-historisierende Architektur und Formgestaltung in Deutschland bereits vor 1910 zu reformieren. Sein Ziel ist es dabei auch, mit Kleinhaus und Kleinsiedlung dringend notwendigen Wohnraum besonders für weniger bemittelte Bevölkerungskreise zu schaffen. Er entwickelt sehr detaillierte theoretische Grundlagen zum Grundriß der Häuser, zur Gestaltung des Bebauungsplans, zur städtebaulich-räumlichen Gestaltung, zur Ausstattung der Siedlungen mit Gemeinschaftseinrichtungen, zur Typengestaltung, Baulandbeschaffung, Baufinanzierung u.v.a.m. „Bei der Kleinsiedlung handelt es sich um dasjenige bauliche Gebiet, auf dem die durchdachteste Sparsamkeit mehr wie auf irgendeinem anderen am Platze ist. Daß sie am Hause selbst unerläßlich ist, wird nicht angezweifelt ... Durch geeignete Straßenführung, durch umsichtige Zuschneidung der Baublöcke, durch zweckmäßige Gruppierung der Häuserreihen, durch richtige Bemessung und Befestigung der Straßen können auf einen Hieb ungeheure Summen eingebracht werden"[4]. Die Gruppierung des Kleinhauses als Reihenhaus wird von der Wohnungs- und Städtebaureformbewegung seit der Jahrhundertwende als wirtschaftlichste Bauform für „Geringbemittelte" angesehen. In diese Zeit der Wiederentdeckung des Reihenhauses für die Lösung dringender Wohnungsprobleme fällt der Bau der Preußensiedlung. Sie zählt zu den ersten Reihenhaussiedlungen, die in jener Zeit in Deutschland entstehen.

**Die Wohnungen**

Entsprechend dem Ziel des sparsamen Umgangs mit Grund und Boden, Flächen, Material usw. sind die Wohnungen und auch die Gärten im Verhältnis zu anderen Einfamilienhäusern auf Einzelgrundstücken relativ klein bemessen. Im zweiten Bauab-

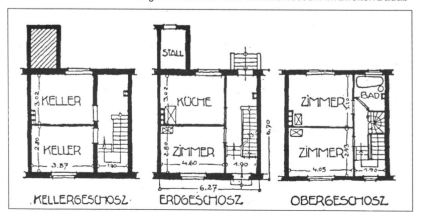

Hausgrundriß, 2. Bauabschnitt

schnitt haben die Häuser z.T. eine Frontlänge von 6,27 m und eine Gebäudetiefe von 6,70 m zuzüglich Stallanbau. Daraus ergibt sich eine bebaute Fläche von 42 m$^2$ (ohne Stall). Küche oder Zimmer sind mit jeweils etwa 12 m$^2$ nicht üppig. Mit knapp 60 m$^2$ (ohne Keller) trifft das auch auf die gesamte Wohnung zu. Im Vergleich zu anderen Reihenhäusern jener Zeit, die mitunter nur eine Frontlänge von vier Metern, jedoch eine Gebäudetiefe von mehr als sieben Metern aufweisen, erscheinen die Grundrisse der Preußensiedlung jedoch relativ groß. Muthesius geht davon aus, daß sich eine bessere Wohnungsorganisation dadurch ergibt, wenn sich der Gebäudegrundriß der quadratischen Form annähert und nicht mit schmaler Front und großer Gebäudetiefe gestaltet ist[5]. Offenbar konnte Muthesius die dem Quadrat angenäherte Grundrißform wählen, da die Hofanlage des zweiten Bauabschnittes hauptsächlich über Wohnwege erschlossen werden kann und insofern wenig Straßenfläche dazu benötigt wird.

Die Ausstattung der Wohnungen mit Küche, Bad und WC sowie Ofenheizung entspricht dem unteren Standard.

### Die Siedlung - heute

Die Siedlung steht unter Denkmalschutz und stellt auch heute noch eine interessante städtebaulich-räumliche und gestalterische Lösung dar. Die Bausubstanz ist relativ gut erhalten, bedarf aber trotzdem der Sanierung in unterschiedlicher Form. Dabei wäre es sinnvoll, insbesondere auch das Gesamterscheinungsbild zu pflegen und zu erhalten. Probleme bei der Sanierung ergeben sich nach Auskunft der Bewohner aus den ungeklärten Eigentumsverhältnissen. In der DDR waren die Gebäude z.T. Privateigentum der Bewohner und andernteils in kommunaler Verwaltung. Rückübertragungsansprüche bedürfen der Klärung.

Bei einer weiteren verdichtenden Bebauung umliegender Grundstücke sollte der Denkmalwert und die Gestalt der Siedlung Berücksichtigung finden.

Blick in den Wohnhof des 2. Bauabschnitts, heutiger Zustand

## 4.2 GARTENSTADT AM FALKENBERG

**Ausgewählte städtebauliche Daten**

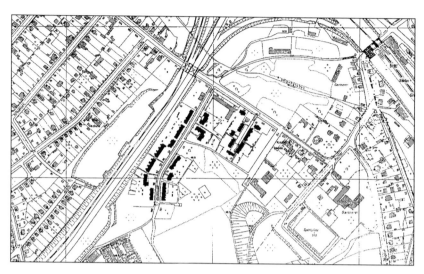

Gartenstadt am Falkenberg, 1913/14 ausgeführter Teil
M. 1: 10.000

| | |
|---|---|
| Lage: | Berlin-Treptow, Ortsteil Altglienicke |
| Bauherr: | Deutsche Gartenstadt-Gesellschaft für die Gemeinnützige Baugesellschaft Groß-Berlin GmbH |
| Architekt: | Bruno Taut |
| Bauzeit: | 1913-1914 |
| Grundflächenzahl: | 0,13 |
| Geschoßflächenzahl: | 0,25 |
| Geschosse: | 2 |
| Wohneinheiten: | 127 |
| Wohnungsschlüssel: | 13 % 1 1/2-Zi.; 13 % 2-Zi.; 74 % 3-Zimmer-Wohnungen |
| Wohnungsausstattung: | alle Wohnungen mit Küche, Bad, WC, Keller, Ofenheizung und 120-150 m² Hausgarten, 93 Wohnungen mit Hauslauben zum Garten sowie kleinen Ställen |
| Einwohner 1992: | ca. 340 |
| Einwohnerdichte 1992: | ca. 75 Ew/ha |
| ÖPNV-Anbindung: | S-Bahnhof Grünau (Linie S 6 und S 8) und Altglienicke (Linien S 9 und S 85), Buslinien 160 (auf der Germanenstraße), 163, 263 und 363 (auf der Straße Am Falkenberg und am S-Bahnhof Grünau) |

# Gartenstadt am Falkenberg

## Zur Planungsgeschichte

Untersuchungen der Allgemeinen Ortskrankenkasse zur Berliner Wohnsituation in den Jahren 1909 und 1912 bestätigen ein beklagenswertes Bild bei der Unterbringung der Arbeiterbevölkerung. Nach der Gartenstadt Hellerau bei Dresden (1907) soll deshalb entsprechend den Reformvorstellungen des „Ansiedlungsvereins Groß-Berlin" um Karl von Mangoldt[1] mit einer Berliner Gartenstadtgründung zur Linderung der Wohnungsnot insbesondere der Arbeiterbevölkerung beigetragen werden. Aber erst in der Folge der Allgemeinen Städtebauausstellung wird 1910 u.a. durch Bernhard Kampffmeyer, Albert Kohn, Adolf Otto und Hermann Salomon die „Gemeinnützige Baugenossenschaft Groß-Berlin e.V." gegründet, die sich 1912 auf Grund einer günstigen Option das Gut Falkenberg der Brüder Richter, ein 75 Hektar großes Gelände in der Gemeinde Altglienicke bei Grünau vor den Toren Berlins, sichern kann. Jenes Gut, das ursprünglich Friedrich der Große als Maulbeerplantage anlegen ließ, ist zu diesem Zeitpunkt, bis auf die Gutshausumgebung, im wesentlichen baumlos, weist aber eine interessante Topographie auf. „...Hauptmerkmal (ist) ein von S.O. herkommender Höhenzug ..., der unter Bildung von Einsenkungen und Schluchten sich nach dem nordwestlichen Teil hinzieht. So mußte es Aufgabe des Entwerfenden sein, die Straßenzüge den Höhenkurven anzupassen ... daß der besondere Reiz des Geländes nach seiner Aufschließung in gesteigerter Form zur Geltung kommt"[2].

Der erste Bebauungsplan, der von dem Schweizer Architekten Hans Bernoulli bearbeitet wird, stößt auf Kritik der Gemeinde, da er bestimmte örtliche Gegebenheiten unberücksichtigt läßt. Bruno Taut, der zusammen mit dem Ingenieur Härtel von der Gartenstadtgesellschaft den Auftrag bekommt, einen neuen Bebauungsplan auszuarbeiten, sieht darin nicht nur schlechthin eine architektonische Aufgabe. Bereits 1910, als Taut noch mit dem Entwurf gutbürgerlicher Miethäuser beschäftigt ist, nimmt er an einer Studienfahrt der Deutschen Gartenstadtgesellschaft nach England teil. Zwei Jahre später beschäftigt er sich intensiv mit den Problemen beim Bau billiger Kleinhäuser im Rahmen eines Teilbebauungsplanes für die Berliner Vorortgemeinde

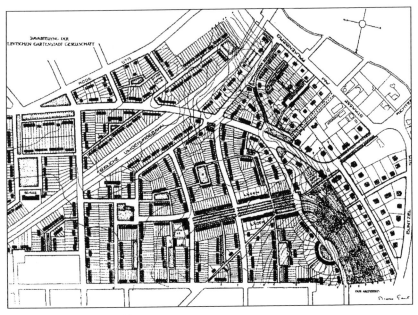

Bebauungsplan von 1912

Gebäude am Akazienhof

Eichwalde[3]. Der Taut´sche Gesamtplan für die Gartenstadt am Falkenberg sieht auf einer Fläche von 70 Hektarn etwa 1.500 Wohnungen für rund 7.000 Einwohner vor[4]. Die wichtigste Haupterschließungstrasse verläuft vom Bahnhof Grünau über die Richterstraße durch eine bestehende Baumallee nach Westen und ist in ihrer Form den Geländekurven angepaßt. Von dieser „...sich in geschwungener Form auf die Höhe hinaufziehenden Straße zweigt dann nach Süden hin ein Weg ab und führt zu der höchsten Stelle des Geländes, die durch eine halbkreisförmige Reihenhausanlage besonders betont ist. Die zu dem Abhange hingehende Seite dieses Weges ist zu einem öffentlichen Park ausgebildet. ... Dieser wurde dann weiter noch in der Weise in den Bebauungsplan hineingezogen, daß er zum Ziele einer großen Innenstraße in dem Gartenstadtgelände dienen soll. Diese in ihrer Breite von 35-40 m vorgesehene platzartige Straße, deren Form an die alte märkische Dorfaue angelehnt ist..." mündet auf den Park. „In dieser Straße sind Läden vorgesehen; es soll sich hier das örtliche Leben konzentrieren.... Abgeschlossen wird diese Allee durch eine Schule mit Lehrerhaus und Turnhalle....Der Zug der Straße führt dann weiter hin auf die Kirche zu, deren Turm von der Dorfaue aus sichtbar sein und das städtebauliche Bild bereichern wird"[5]. An den „Verkehrsstraßen" hat Taut hauptsächlich Mehrfamilienhäuser, an den „Wohnhöfen, Wohnstraßen oder -wegen"[6] (z.B. Akazienhof) Einfamilienreihenhäuser vorgesehen. Im ersten Bauabschnitt um den Akazienhof werden 34 Wohnungen, darunter acht im Geschoßbau, im zweiten Abschnitt am Gartenstadtweg 93 Wohnungen realisiert, bis der Erste Weltkrieg die Bautätigkeit unterbricht.

Hervorstechend ist die äußerst intensive Farbgebung, die der Siedlung den Beinamen „Kolonie Tuschkasten" einbringt[7]. Die Siedler setzen sich aus Arbeitern und anderen Schichten zusammen. Unterstützt durch die städtebaulichen Gegebenheiten entwickeln die Bewohner ein starkes Gemeinschaftsgefühl, ihre Sommerfeste sind ein jährlicher kultureller Höhepunkt.

Taut verwendet die Gebäudetypen der Gartenstadt Falkenberg auch in seiner Kleinsiedlung „Reform" in Magdeburg-Südost, die zur gleichen Zeit errichtet wird. Auf Grund ihrer Rationalität und strengen architektonischen Einfachheit haben beide Siedlungen eine nachhaltige Wirkung auf die Wohnsiedlungen, die nach dem Ersten Weltkrieg entstehen sollen.

## Die Wohnungen

Trotz der detaillierten Durcharbeitung des städtebaulichen Konzepts liegt Tauts besonderer Beitrag hier wohl in der Kleinhausarchitektur. Er wollte mit den Gebäuden „die einfachen Bedürfnisse klar und unumwunden befriedigen und allein damit ohne besondere architektonische Scherze zum Gefühl sprechen"[8]. Um den Dachraum bei dem kleinsten Haustyp weitgehend auch als Wohnraum nutzen zu können, wendet Taut eine Drempelkonstruktion an, wodurch die Nutzfläche auf 61 m$^2$ vergrößert wird. Der „Schmuck" der Architektur besteht hauptsächlich in kleinen Verschiebungen oder Unterbrechungen der Häuserzeilen gegeneinander sowie in der sehr kräftigen Farbgebung. Auf architektonisches Beiwerk, wie Treppentürmchen, Erker, Gauben o.ä., wird weitgehend verzichtet[9]. Die Wohnungen im Akazienhof sind mit 45 m$^2$ bei 1 1/2 Zimmern und 52 m$^2$ bei 2 Zimmern relativ klein. Die Dreizimmer-Wohnungen im Gartenstadtweg umfassen 77 m$^2$. Sämtliche Wohnungen sind mit Bad und Ofenheizung ausgestattet und haben, entsprechend dem Gartenstadtgedanken, einen 120-150 m$^2$ großen Hausgarten. An den Häusern im Gartenstadtweg hat jede Mietpartei einen 3,5 m$^2$ großen Stallraum und zum Garten hin 2,5 auf 1,5 m große Hauslauben[10].

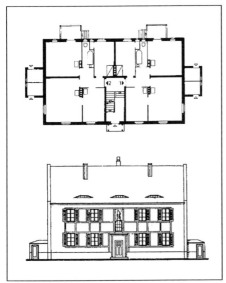

Grundriß und Ansicht
Gartenstadtweg 75

Akazienhof, heutiger Zustand

## Die Siedlung - heute

Die Bautätigkeit in der Siedlung am Falkenberg nach dem Taut'schen Konzept wird mit Beginn des Ersten Weltkriegs eingestellt. Mit den Gebäuden am Akazienhof und am Gartenstadtweg wird nur ein Bruchteil der ursprünglichen Konzeption realisiert. Dieser Teil steht heute unter Denkmalschutz und befindet sich, im Gegensatz zu anderen Siedlungen im Bezirk Treptow, in einem erstaunlich guten baulichen Zustand[11]. Bei der Rekonstruktion der Häuser am Akazienhof und Am Falkenberg wird 1983/84 auch die ursprüngliche Farbigkeit wiederhergestellt[12].

Eine städtebauliche Abrundung der Siedlung ist dringend geboten und möglich. Sie ist deshalb Bestandteil des Wohnungsbauprogramms der Landesregierung. Die Senatsverwaltung für Bau- und Wohnungswesen hat 1992 einen beschränkten, einstufigen Realisierungswettbewerb mit ergänzender städtebaulicher Aufgabenstellung ausgelobt, der dazu Lösungsmöglichkeiten anbieten sollte. Auf einer Fläche von 18,5 ha ist der Bau von ca. 1040 Wohnungen sowie etwa 2000 m² Gewerbe- und Dienstleistungsflächen vorgesehen. Der erste Preis wurde im Januar 1993 an die Berliner Architekten Susanne Quick, Michael Bäckmann und Klaus Quick vergeben. Die Gruppe entwickelt für die Bebauung eine „Teppichstruktur" mit einer „Vielzahl von spannungsvollen räumlichen Varianten"[13].

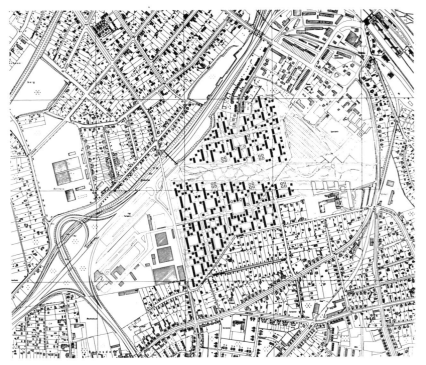

1. Preisträger im Wettbewerb zur Erweiterung der Gartenstadt Falkenberg von 1993

## 4.3 GARTENSTADT STAAKEN

**Ausgewählte städtebauliche Daten**

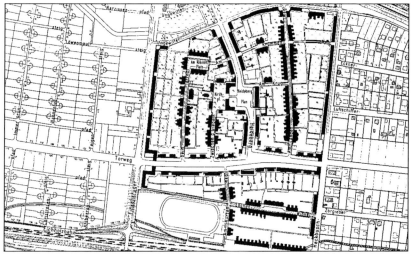

Gartenstadt Staaken
M 1 : 10.000

| | |
|---|---|
| Lage: | Berlin-Spandau |
| Bauherr: | Reichsamt des Innern und Gartenstadt Staaken GmbH |
| Architekt: | P. Schmitthenner |
| Bauzeit: | 1913 - 1917 |
| Grundflächenzahl: | ca. 0.2 |
| Geschoßflächenzahl: | ca. 0.35 |
| Geschosse: | 1 bis 3 Geschosse |
| Wohneinheiten: | 804 |
| Wohnungsschlüssel: | 7 % 2-Zi, 36 % 3-Zi, 36 % 4-Zi, 19 % 5-Zi, 2 % 6-Zimmer-Wohnungen |
| Wohnungsausstattung: | jede Wohnung mit Garten, überwiegend mit Bad und Sammelheizung |
| Einwohner 1987: | ca. 1.600 |
| Einwohnerdichte 1987: | ca. 78 Ew/ha |
| ÖPNV-Anbindung: | Buslinien 131 und 237 |

## Zur Planungsgeschichte

Im Jahr 1913 wird das Gelände vom Reichsamt des Innern aus Mitteln des Wohnungsfürsorgefonds aufgekauft, erschlossen und im Dezember des gleichen Jahres an die neugegründete Baugenossenschaft in Erbbau gegen Entrichtung eines Erbbauzinses von 2% übergeben. Die Erschließungskosten sind vergleichsweise hoch, da neben der Be- und Entwässerung, den Beleuchtungsanlagen und dem Straßenbau noch die Kosten für zwei Schulen, eine Kirche und eine einmalige Pauschale für die Anstellung eines zweiten Pfarrers sowie Ansiedlungsgebühren hinzukommen, die die damalige Gemeinde Staaken (2.500 Ew) nicht tragen kann.

Die neu zu schaffenden Kleinwohnungen sollen ausschließlich Militärarbeitern der nahegelegenen Rüstungsproduktionen zur Verfügung gestellt werden, um die Notwendigkeit der Loyalitätssicherung der Facharbeiterschaft der Munitionsfabriken zu gewährleisten. Die Wohnverhältnisse der Arbeiter sind schon vor Kriegsausbruch schlecht, da die private Bauwirtschaft nicht genügend Wohnraum zur Verfügung stellt. Die Situation verschärft sich nach Kriegsbeginn durch die erhöhte Produktion der Militärwerkstätten in Spandau, die zusätzliche Arbeitskräfte nach Spandau ziehen.

Vor dem Hintergrund des nahezu völligen Erliegens der privaten und genossenschaftlichen Bautätigkeit während des Krieges kommt der Erschließung der Gartenstadt Staaken eine besondere Bedeutung zu.

Paul Schmitthenner entwirft eine Siedlung, die den Prinzipien der deutschen Gartenstadtbewegung entspricht. Diese Prinzipien unterscheiden sich allerdings deutlich von wesentlichen Merkmalen der englischen Gartenstädte, die als selbständige Städte mit allen notwendigen Funktionen seit Ende des 19. Jahrhunderts konzipiert werden. Die ursprüngliche Idee der Gartenstadt wird in Deutschland auf eine Gartenvorstadt reduziert, d.h. mit Grünstreifen durchzogene Stadterweiterungsprojekte, die oft lediglich Siedlungen geringerer Wohndichte darstellen.

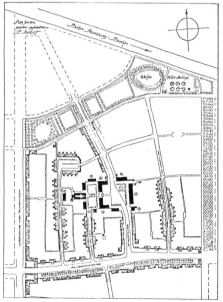

1 Kirche
2 Pfarrhaus
3 Knabenschule
4 Mädchenschule
5 Turnhalle
6 Gasthaus
7 Kaufläden
8 Bäckerläden

Bebauungsplan der Gartenstadt Staaken bei Spandau 1913

Die Aufsichtsbehörden nehmen bei der Aufteilung des Geländes insofern Einfluß, als sie die Führung der beiden Hauptstraßen Torweg (ehemalige Delbrückstraße) und „Am Heideberg" (ehemalige Lewaldstraße) und deren Breite festlegten (36 m). Die Straße „Am Heideberg" konnte im Laufe des Verfahrens auf eine Breite von 24 m reduziert werden. Zeitgenössische Kritiker weisen darauf hin, daß durch diese Entscheidung neben der „Unproportionalität" des Straßenraums 20.000 qm Bauland verloren gehe, was die individuelle finanzielle Belastung der Genossenschaftsmitglieder erhöhe.[1]

Kern der Siedlung sind zwei axial angelegte Plätze: der Heidebergplan (ehemalig: Am Markt) und der Kirchplatz. In diesem Bereich konzentrieren sich die Läden, die Kirche und die Schulen. Bis 1917 werden 804 Wohnungen fertiggestellt (298 Einfamilien- und 148 Mehrfamilienhäuser).

In der „anmutigen" Einheitlichkeit der Siedlung, der Abwechslung ihrer Außenräume und den Gebäuden, die an märkische und Postdamer Bautypen der fredericianischen Zeit erinnern, vermochte sie wesentliche bauliche Ziele ihrer Entstehungszeit zu verwirklichen, wie z.b. die Durchgrünung der Siedlung, die Einpassung in die Landschaft, die Weiterentwicklung der Handwerks- und Bautradition um 1800 und die Einheitlichkeit heimischer Baustoffe. Um die Geschlossenheit nach außen zu betonen, sind am Siedlungsrand mehrgeschossige Mietshäuser in Form einer „bewohnten Stadtmauer" vorgesehen.[2]

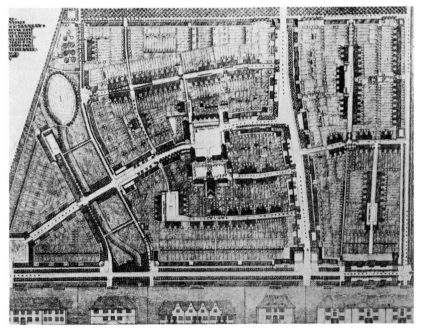

Gesamtanlage der „Gartenstadt Staaken"

**Die Wohnungen**

Fünf verschiedene Haustypen werden entwickelt. Diese sind, nur im Detail variiert, in Form von Ein-, Zwei- oder Vierfamilienhäusern aneinandergereiht oder zu Gruppen zusammengestellt. Die Wohnungen sind in sich abgeschlossen und mit Flur, Wohnküche (seit 1915 mit Spülküche und Bad) und ein bis drei Zimmern ausgestattet. Zu jeder Wohnung gehört ein bis zu 150 qm großer Garten. Da es sich bei den Gebäuden um Zweispänner handelt, ist jede Wohnung „querzulüften".

# Gartenstadt Staaken

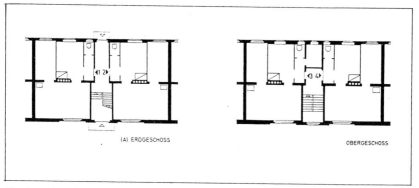

Zweigeschossige Vierfamilien-Reihenhäuser - in jedem Geschoß zwei ca. 40 qm große 1 1/2-Zimmer-Wohnungen

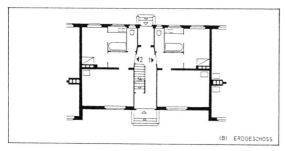

Zweigeschossige Vierfamilien-Reihenhäuser - in jedem Geschoß zwei ca. 36 qm große 1-Zimmer-Wohnungen mit Diele, Küche, Spülküche/Bad und Toilette.

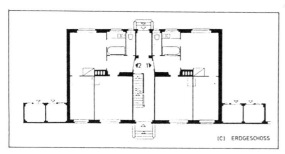

Freistehendes zweigeschossiges Vierfamilienhaus mit seitlich angebauten Stallgebäuden. In jedem Geschoß ca. 63 qm große 2 1/2-Zimmer-Wohnungen mit Wohnküche, Spülküche/Bad und Toilette

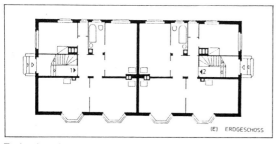

Freistehendes zweigeschossiges Vierfamilienhaus, Doppelhäuser mit Erker zur Straße. In jedem Geschoß zwei 3-Zimmer-Wohnungen von ca. 70 qm mit Küche und Bad.

Gartenstadt Staaken 114

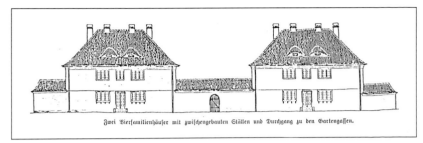

Vierfamilienhäuser mit zwischengebauten Ställen

Einfamilienhausreihe

**Die Siedlung - heute**

Noch heute vermittelt die Gartenstadt einen homogenen, nahezu geschlossenen Eindruck. Verstärkt wird diese Situation durch die Randlage. Öffentliches Leben auf den hierzu anscheinend prädestinierten Straßenräumen findet nur in Ausnahmen statt, da aufgrund des hohen privaten Freiflächenanteils pro Wohnung und der geringen Baudichte kein realer Bedarf vorausgesetzt werden kann.

Der „Heidebergplan"

Blick in eine durch Reihenhausbebauung begrenzte typische Straße

So qualitativ wertvoll die privaten Freiflächen sind, so stiefmütterlich wird der öffentliche Außenraum in der Siedlung behandelt. Insbesondere der „Heidebergplan", aber auch die anderen Straßenräume stellen sich in ihren gestalterischen Qualitäten in einem bedauerlichen Zustand dar.

Neben der notwendigen Attraktivitätssteigerung der öffentlichen Außenräume sind insbesondere Maßnahmen zu ergreifen, die erhebliche bauliche Veränderungen an den Gebäuden verhindern. Dies dürfte dadurch erleichtert werden, daß die Siedlung vor wenigen Jahren unter Denkmalschutz gestellt wurde.[3]

# 5. WOHNUNGSBAU IN DEN ZWANZIGER JAHREN

## 5.1 LINDENHOF-SIEDLUNG

**Ausgewählte städtebauliche Daten**

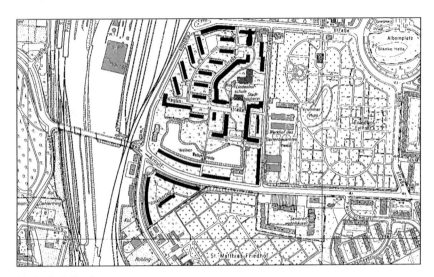

Lindenhof-Siedlung
M 1 : 10.000

| | |
|---|---|
| Lage: | Berlin-Schöneberg |
| Bauherren: | Teilbereich I (südlich der Eythstraße) Bezirksamt Schöneberg; Teilbereich II (nördlich der Eythstraße) Siedlung Lindenhof eGmbH |
| Architekten: | I: Martin Wagner |
| | II: Prof. H. Lassen |
| Bauzeit: | I: 1918 - 1921 |
| | II: 1929 - 1938 |
| | (Die Siedlung wurde im Krieg stark zerstört) |
| Grundflächenzahl: | 0,4 - 0,6 |
| Geschoßflächenzahl: | 1,0 - 1,2 |
| Geschosse: | Teilbereich I: 2; Teilbereich II: 3 |
| Wohneinheiten: | 983 (ursprünglich, d.h. ohne die Veränderungen in der Nachkriegszeit) |
| Wohnungsschlüssel: | 16 % 1-Zi; 31 % 2- und 3-Zi, 53 % 4- und mehr Zimmer-Wohnungen |
| Wohnungsausstattung: | ursprünglich Ofenheizung |
| Einwohner 1987: | 1.277 |
| Einwohnerdichte 1987: | ca. 125 Ew/ha |
| ÖPNV-Anbindung: | S-Bahnhof Priesterweg (Linie S 2), Buslinie 204 auf der Eythstraße sowie Buslinien 170 und 174 auf der Arnulfstraße |

## Zur Planungsgeschichte

Bereits im Jahre 1912 werden erste Überlegungen, auf dem Gelände des heutigen Lindenhofes eine Kleinhaussiedlung zu errichten, entwickelt. Der Grund und Boden befindet sich zum überwiegenden Teil in Besitz der Familie Wollmann, die dort ein kleines Gehöft (Lindenhof) betreibt. Der vorbereitende Grunderwerb beginnt im Kriegsjahr 1916. In diesem Jahr wird auch ein Bebauungsplan erstellt, der jedoch nicht zur Realisierung gelangt.

Der Stadtbaurat von Schöneberg, Martin Wagner, überarbeitet von 1918 an die vorliegende Planung nach seinen reformerischen Vorstellungen, die durch die Gartenstadtbewegung geprägt sind. Mit der Planung des Außenraumes wird Leberecht Migge beauftragt.

Die Errichtung der Siedlung erfolgt unter der Auflage, nach Fertigstellung an eine noch zu gründende Genossenschaft übertragen zu werden; demnach gehen die Mieter bei Einzug die Verpflichtung ein, einer Genossenschaft beizutreten. Ein Kaufvertrag zwischen dem Bezirk Schöneberg und der sich konstituierenden Genossenschaft wird 1922 geschlossen.

Das charakteristische Erscheinungsbild einer 2-geschossigen geschlossenen Straßenrandbebauung mit ruhigen, privaten Grünflächen (Mietergärten) in den Blockinnenbereichen wird durch Kriegszerstörungen in Teilbereichen stark verändert.

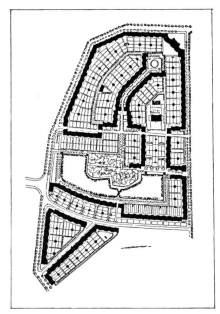

Bebauungsplan Lindenhof, M. Wagner, um 1918

Die ursprüngliche Siedlung wirkt nach außen hin geschlossen und weist einen einheitlichen Gesamteindruck auf, obgleich durch architektonische Details und die differenzierte Stellung der Baukörper, die Betonung von Hausecken durch Loggien etc. ein vielfältiges Erscheinungsbild gegeben ist.

# Lindenhof-Siedlung

Bebauungszeile an der Arnulfstraße, Eingangsbereiche im Norden und Gärten zur Arnulfstraße

Zur Aktivierung des Gemeinschaftslebens sind bestimmte Gemeinschaftseinrichtungen und Versorgungsbetriebe vorgesehen. Eine besondere Bedeutung hat das Ledigenheim mit ehemals 120 Wohnplätzen für Alleinstehende. Damit soll ein Beitrag zum Abbau des „Schlafburschenunwesens" geleistet werden. Es liegt an dominierender Stelle im Haupteingangsbereich zur Wohnsiedlung. Neben den Wohnheimplätzen sind dort ein Laden, ein Restaurant und ein Festsaal untergebracht. Darüber hinaus gibt es in der Siedlung zahlreiche Läden, eine Schule und eine gemeinsame Waschküche.

Nach 1930 wird nördlich der Eythstraße und entlang der Bessemerstraße eine erste Erweiterung der Siedlung realisiert. Im Rahmen dieser Erweiterung werden die städtebaulichen bzw. architektonischen Prinzipien, die dem Gesamtkonzept der Siedlung zugrundeliegen, nicht weiter fortgesetzt. Es handelt sich um 3-geschossige Putzbauten mit Flachdach. Den einzelnen Wohnungen werden keine Gärten zugeordnet.

## Die Wohnungen

Um eine rationelle, kostensparende Serienbauweise zu ermöglichen, werden Typenhäuser mit genormten Grundrissen verwendet. Es entstehen sehr kleine Wohnungen, teilweise mit Durchgangszimmern und einfacher Ausstattung (Ofenheizung). Zu jeder Wohnung gehört ein durchschnittlich 80 qm großer Mietergarten.

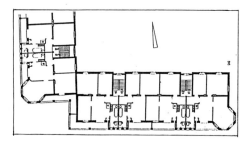

Grundriß Domnauerstraße 20-22

## Die Siedlung - heute

Die Siedlung wird im Zweiten Weltkrieg stark zerstört, zwei Drittel der Wohnungen und das Ledigenheim sind beschädigt. Der Wiederaufbau im südöstlichen Teilbereich orientiert sich am alten Erscheinungsbild. Der nordwestliche Bereich wird durch die Neubebauung in den 50er Jahren, die eine andere Maßstäblichkeit aufweist, stark verändert. Der Wiederaufbau in diesem Bereich erfolgt nach einem anderen Bebauungsprinzip (Zeilenbebauung senkrecht zur ehemaligen Gebäudestellung). Dadurch werden die sozialräumlichen Qualitäten - mit der Trennung von öffentlichem und privatem (bzw. gemeinschaftlich) zu nutzendem Raum - aufgegeben. Den Neubauwohnungen werden keine Gärten zugeordnet.

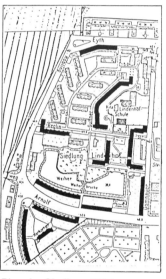

Hochhaus aus den 50er/ 60er Jahren mit Läden an der Eythstraße

Plan der Siedlung 1981
(Altbauteile dunkel)

Ein Punkthochhaus, das am See errichtet wird, steht im Gegensatz zur Kleinteiligkeit und Überschaubarkeit der Siedlung und wirkt wie ein Fremdkörper. Insgesamt liegen den Neubebauungen der Nachkriegszeit geänderte städtebauliche Leitbildvorstellungen zugrunde, die sich formelhaft zusammenfassen lassen als Prinzipien der gegliederten, aufgelockerten, durchgrünten Stadt. Von diesen Leitbildvorstellungen ist man heute wieder abgerückt. Statt dessen erscheinen nunmehr die älteren Teilbereiche der Siedlung als besonders erhaltenswert. Die Vorzüge, die die ehemalige Siedlung aufweist, liegen in ihrer Überschaubarkeit, der klaren Trennung bzw. Begrenzung der Räume nach ihren „Sozialcharakteren" („vorne" öffentlich - „hinten" privat bzw. gemeinschaftlich) und der Nutzbarkeit der Außenräume. Die Zeilenbauten der Nachkriegszeit weisen diese Qualitäten nicht mehr auf.

In den letzten Jahren bringt die Zunahme des motorisierten Individualverkehrs auch in der Lindenhofsiedlung neue Probleme. Auf Initiative der Bewohner werden 1979 erste Maßnahmen zur Verkehrsberuhigung durchgeführt.

## 5.2 TEMPELHOFER FELD

**Ausgewählte städtebauliche Daten**

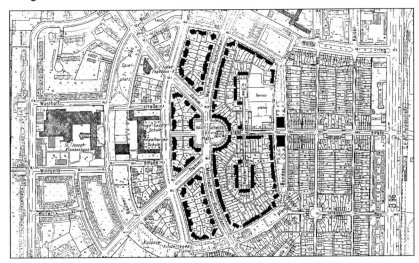

Siedlung Tempelhofer Feld
M 1 : 10.000

| | |
|---|---|
| Lage: | Berlin-Tempelhof |
| Bauherr: | Gemeinnützige Tempelhofer-Feld-Heimstätten GmbH |
| Architekt: | städtebauliche Planung von F. Bräuning (1920) unter Berücksichtigung vorangegangener Entwürfe von Gerlach (1911) |
| Bauzeit: | 1920 - 1934 |
| Grundflächenzahl: | ca. 0,2 |
| Geschoßflächenzahl: | ca. 0,4 - 0,5 |
| Geschosse: | in der Regel 2 Geschosse |
| Wohneinheiten: | ca. 300 |
| Wohnungsschlüssel: | 5 % 2-Zi; 15 % 3-Zi; 20 % 4-Zi; 20 % 5-Zi; 40 % 6-Zimmer-Wohnungen |
| Wohnungsausstattung: | überwiegend Bad/WC und Zentralheizung |
| Einwohner 1987: | ca. 720 (im Teilgebiet) |
| Einwohnerdichte 1987: | ca. 65 Ew/ha |
| ÖPNV-Anbindung: | U-Bahnhof Platz der Luftbrücke und Paradestraße (Linie 6) und Buslinien 140 und 184 |

# Tempelhofer Feld

## Zur Planungsgeschichte

Bis nach 1900 ist das Tempelhofer Feld Exerzierplatz der Berliner Garnison. Um 1908 bietet der Militärfiskus diese letzte große innenstadtnahe unbebaute Fläche zum Verkauf an. es darf mit 4 Geschossen bebaut werden, wobei der Ausnutzungsgrad der Flächen im Normalfall auf 50%, bei Eckgrundstücken auf 60% festgelegt wird. Vor dem Verkauf gelingt dem Militärfiskus den baulichen Ausnutzungsgrad der Flächen von 50 % auf 70 % und die Geschossigkeit von vier auf fünf Geschosse zu erhöhen. Dadurch läßt sich der Verkaufserlös verdoppeln. Erwerber wird die Gemeinde Tempelhof, die einen Verwertungsvertrag mit der Deutschen Bank geschlossen hat. Die Stadt Berlin, die Eingemeindungspläne verfolgt, tritt zunächst auch als Bieterin auf.

Bereits 1909 - noch im Auftrag des Militärfiskus - erarbeitet Baurat Gerlach einen Bebauungsplan, der bei vergleichsweise hohen Ausnutzungsziffern den vor 1910 üblichen Straßenfluchtlinienplan mit Schmuckplätzen und tiefen Baublöcken für die Mietshausbebauung zeigt.

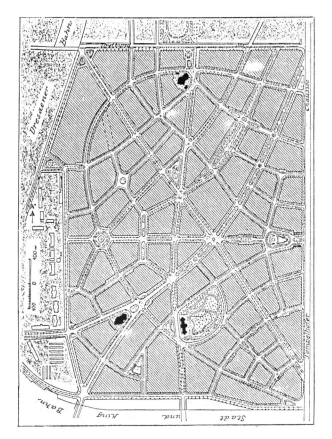

Entwurf Gerlach von 1909

Im Jahr 1910 - während der Verkaufsverhandlungen - beauftragt die Stadt Berlin Hermann Jansen mit einer städtebaulichen Planung für das Gesamtgelände. Dieser Plan verfügt über die von Jansen schon im Wettbewerb „Groß-Berlin" aufgezeigten Qualitäten, „werden hier doch, mit `Baublöcken ohne Seiten- und Querflügel` - also Blockrandbebauung - in vielfältigen Variationen, städtebauliche Lösungen für den Mietwohnungsbau aufgezeigt, die noch in den zwanziger und dreißiger Jahren verwendet wurden."[1] Eine Realisierung des für 70.000 Einwohner bestimmten Bebauungsplans hat aufgrund des Verkaufs an die Gemeinde Tempelhof nicht stattgefunden.

# Tempelhofer Feld

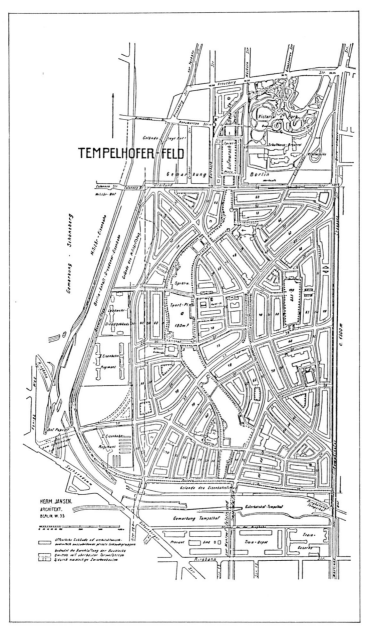

Entwurf Jansen von 1911

Die von der Gemeinde Tempelhof gegründete Aktiengesellschaft schreibt im gleichen Jahr einen Wettbewerb aus. In der Ausschreibung von 1911 heißt es: „In dem aufzuteilenden Gelände soll ein Parkgürtel entstehen, welcher sich in runder, ovaler oder sonst zweckentsprechender Form durch das Gelände zieht." Die Innen- und Außenseiten des Parkgürtels sollten mit zum Anbau bestimmten Straßen mäßiger Breite umgeben werden. In diesem Bereich soll ein bürgerliches Wohngebiet entstehen. Der von Gerlach eingereichte Beitrag wird zur Weiterbearbeitung vorgeschlagen.

Tempelhofer Feld

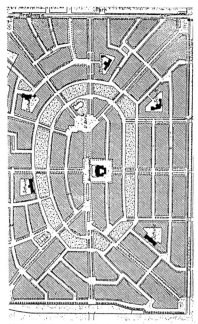
Entwurf Goecke, 1911

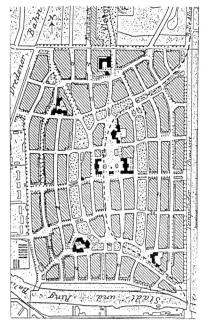
Entwurf Genzmer, 1911

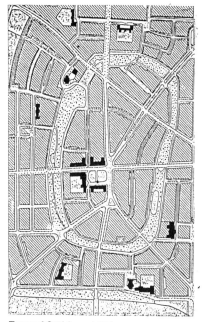
Entwurf Stübben, 1911

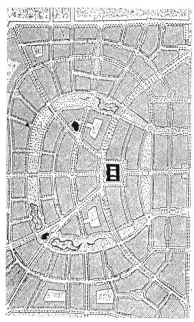
Entwurf Gerlach, 1911

Für die detaillierte Ausgestaltung des Parkgürtels wird ebenfalls 1911 ein Wettbewerb ausgeschrieben, den Bräuning gewinnt. Im Jahr 1912 beginnt man mit der großflächigen Erschließung des Geländes. Der Beginn des Ersten Weltkrieges unterbricht jedoch die Fertigstellung.

## Tempelhofer Feld

Veränderte Anschauungen in Siedlungsfragen führen 1919 zur Gründung der Gemeinnützige Tempelhofer-Feld-Heimstätten GmbH mit der Aufgabe, etwa 2.000 Einfamilienhäuser mit Garten für die Kriegsteilnehmer zu errichten. Die dem ursprünglichen Entwurf zugrundeliegende Linienführung des Erschließungsnetzes ist bereits soweit fortgeschritten, daß sie in wesentlichen Teilen bei der Neubearbeitung beibehalten wird. Jedoch werden die Straßenbreiten, zumal bei den Wohnstraßen, erheblich eingeschränkt.

1920 überarbeitet Bräuning den Wettbewerbsentwurf Gerlachs. Das nördliche Drittel und der Bereich am Tempelhofer Damm (Straße, die die Siedlung östlich begrenzt) soll für den Geschoßwohnungsbau bestimmt sein. „Der planmäßigen Entstehung der Siedlung und der regelmäßigen, fast quadratischen Form des ebenen Siedlungsgeländes entsprechend zeigen die Straßen eine klare, im wesentlichen symmetrische Linienführung. Der Gedanke eines einheitlichen Organismus, der dem Gesamtplan zugrunde liegt, wird durch die typenmäßige Gestaltung der Häuser und die weitgehende Verwendung genormter Bauteile unterstützt, wobei jedoch der Eindruck der Eintönigkeit glücklich vermieden ist."[2]

Diese positive Einschätzung Hegemanns wird später von Machule relativiert: „Die Bebauung war, durchaus großstädtisch, als bewohnte Grünzelle im Stadtorganismus, als ein erweiterter Innenhof gedacht, jedoch hat die zweigeschossige Siedlung eine viel zu große Ausdehnung, um als großer Innenhof einer fünfgeschossigen Randbebauung zu wirken. Sie bleibt Gartenstadt am falschen Ort, und aus dem westlichen Teil des Tempelhofer Feldes wurde folglich weder der ursprüngliche Stadtpark noch ein städtisches Wohngebiet."[3]

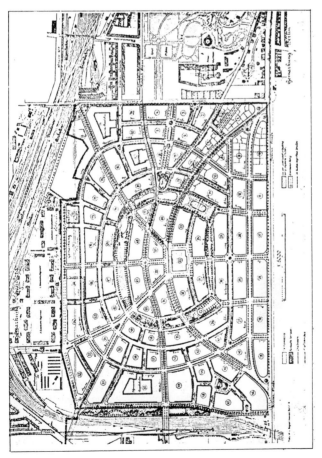

Entwurf Bräuning von 1920

## Die Wohnungen

In der Siedlung werden im wesentlichen zwei Haustypen verwendet: ein zweiachsiger von ca. 5 x 9 m Grundfläche mit Küche und drei Wohnräumen und ein dreiachsiger von ca. 7,5 x 9 m Grundfläche mit Küche und fünf Wohnräumen. Bei allen Gebäuden ist der nachträgliche Einbau einer Dachkammer vorgesehen.

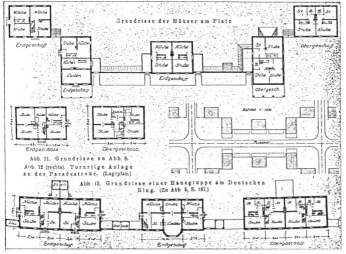

Grundrisse der Siedlungshäuser

## Die Siedlung - heute

Die städtebauliche Struktur der Siedlung konnte sich bis heute weitgehend erhalten. Bedingt durch die Organisation der inneren Erschließung verfügt die Siedlung über Wohnstraßen mit geringer Verkehrsbelastung, die eine hohe Aufenthaltsqualität aufweisen. Gestalterische Mängel entstehen durch Veränderungen an den Gebäuden, die wenig Rücksicht auf den einheitlichen Charakter der Siedlung nehmen.

Die wohlproportionierten Fassaden werden durch den Einbau neuer Fenster empfindlich gestört. Der Einbau industriell vorgefertigter Haustüren verstärkt diese negativen Eindrücke.

## 5.3 HUFEISENSIEDLUNG

**Ausgewählte städtebauliche Daten**

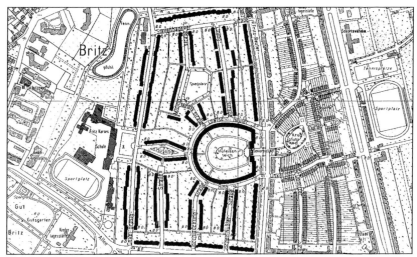

Hufeisensiedlung in Britz
M 1 : 10.000

| | |
|---|---|
| Lage: | Berlin-Neukölln (Britz) |
| Bauherr: | GEHAG (Gemeinnützige Heimstätten Spar- und Bau AG) |
| Architekten: | Bruno Taut, Martin Wagner |
| Bauzeit: | 1925 - 1927 |
| Gartenarchitekt: | Vageler |
| Grundflächenzahl: | 0,2 |
| Geschoßflächenzahl: | 0,4 |
| Geschosse: | 2 bis 3 |
| Wohneinheiten: | 1.027 |
| Wohnungsschlüssel: | 46 % Einfamilienhäuser, davon: 51 % mit 79 qm, 49 % mit 89 qm; 54 % Geschoßwohnungen, davon: 95 % 1- und 2-Zi (49 - 65 qm), 5 % 3- und 4-Zimmer-Wohnung (80 - 96 qm) |
| Wohnungsausstattung: | alle WE mit Bad und teilweise Zentralheizung |
| Einwohner 1987: | 1.901 |
| Einwohnerdichte 1987: | ca. 100 Ew/ha |
| ÖPNV-Anbindung: | U-Bahnhof Blaschkoallee (Linie 7) und Buslinie 141 auf der Buschkrugallee sowie Buslinie 174 auf der Parchimer Allee |

# Hufeisensiedlung

## Zur Planungsgeschichte

Das Gebiet, auf dem die Hufeisensiedlung errichtet wird, ist Bestandteil des Rittergutes Britz und wird dann 1925 durch die Stadt Berlin erworben. Im gleichen Jahr erarbeitet der Magistrat in Zusammenarbeit mit dem Bezirk Neukölln einen Generalbebauungsplan. Stadtbaurat von Berlin ist zu dieser Zeit Martin Wagner. Die städtebauliche Planung für das Gebiet nehmen Martin Wagner und Bruno Taut gemeinsam vor. Hauptmerkmal der Planung ist ein sogenannter Grüner Ring - die Fritz-Reuter-Allee -, der in Nord-Süd-Richtung das Gebiet in zwei Teilbereiche trennt. Die Bebauung der beiden Teile wird zwei Wohnungsbaugesellschaften übertragen (der DeGeWo mit den Architekten Fangmeyer und Engelmann sowie der GEHAG mit B. Taut).

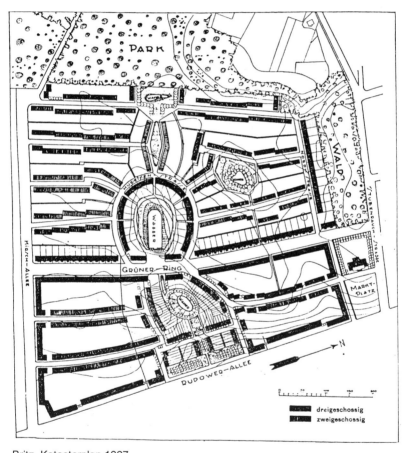

Britz, Katasterplan 1927

Entlang des Grünen Rings sollen Geschoßbauten entstehen, im Inneren der Siedlungsteile eine zweigeschossige Reihenhausbebauung. Die Siedlungsteile - mit einer Randbebauung an den Straßen, Fußgängerverbindungen und Mietergärten - weisen ein ähnliches Bebauungsschema auf. Die Unterschiede sind im städtebaulichen Detail (Stellung und Proportionierung der Gebäude) und in der architektonischen Gestaltung der Baukörper sichtbar. Die Formensprache des Siedlungsbereichs der DeGeWo ist romantisierend und entspricht der traditionalistischen Linie des Siedlungsbaus der 20er Jahre, während Taut das Programm der „neuen Sachlichkeit" dokumentiert (insbesondere „Hufeisenbau" und Bebauung entlang der Fritz-Reuter-Allee „Rote Front"). Die Hauszeilen entlang der Fritz-Reuter-Allee - provokativ rot gestrichen - enden in Kopfbauten, die die vorgezogenen Treppenhäuser aufnehmen und den Zugang zum großen hufeisenförmigen Innenraum öffnen.

# Hufeisensiedlung

Die Form des Hufeisens kann mit Vorstellungen von sozialer Architektur identifiziert werden: „Der Gedanke der Gemeinschaft hat hier in höchster baukünstlerischer Weise architektonische Form angenommen".[1] Die hufeisenförmige Bebauung umschließt einen eiszeitlichen Kolk, der als Teich in die Gesamtanlage der Siedlung integriert wird.

Das „Hufeisen", Architekt: Bruno Taut

**Die Wohnungen**
Insgesamt finden vier Grundrißtypen Anwendung. Beabsichtigt ist es, Massenwohnungsbau unter Berücksichtigung industrieller Fertigung mit Typisierung und Standardisierung zu realisieren. (Diese Absicht wird allerdings im Bauprozeß nur ansatzweise umgesetzt.) Die Beschränkung auf vier Grundrißtypen verlangt besondere Anforderungen an die äußere Gestaltung, um Monotonie zu vermeiden. Taut enwickelt ein abgestimmtes Konzept von Reihung und Vor- und Rücksprüngen der Baukörper, das durch eine farbliche Rhythmisierung unterstützt wird. Die Baudurchführung übernimmt die „Deutsche Bauhütte", die erstmalig für den Häuserbau Großmaschinen einsetzt.

Die Wohnungen werden mit Küche, Bad und Ofenheizungen ausgestattet. Es überwiegen Kleinraum-Wohnungen mit 2 bzw. 3 Zimmern. Allen Reihenhäusern und den Wohnungen der Geschoßbauten sind Mietergärten zugeordnet.

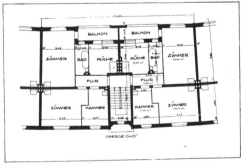

Grundriß 2 1/2-Zimmer-Wohnung im „Hufeisen" mit 65 qm

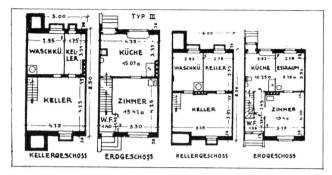

Grundriß eines 3 1/2-Zimmer-Hauses mit 79 qm

**Die Siedlung - heute**

Nicht so sehr in der wohnungswirtschaftlichen Leistung - die Wohnungen sind für den Massenarbeiter zur damaligen Zeit nicht bezahlbar - liegt die spezifische Qualität der Siedlung, sondern in der städtebaulichen Gestaltung bzw. in der Formulierung erlebbarer Raumkonzeptionen. Die erfaßbaren Platzabmessungen (Beispiel Hüsung: Verengung und Weitung etc.) werden durch den Einsatz von Farbe unterstrichen.

Der Straßenraum Hüsung

Die Siedlung ist wie beinahe alle Siedlungen dieser Zeit so konzipiert, daß dort nur gewohnt wird; Wohnfolgeeinrichtungen fehlen weitgehend. Die Erstbelegung der Wohnungen erfolgt zum überwiegenden Teil durch junge Mittelstandsfamilien. Auffällig ist die starke Gebietsbindung der Bewohner; so existiert ein großer Anteil langjähriger Mietverhältnisse. Charakteristisch ist auch hier - wie in anderen 20er-Jahre-Siedlungen - der überdurchschnittlich hohe Anteil älterer Menschen im Gebiet.

Seit einigen Jahren werden in der Siedlung denkmalpflegerische Aktivitäten bzw. die Förderung von Restaurierungsmaßnahmen zur Erhaltung der Qualität der Siedlung durchgeführt. Dies ist besonders augenfällig in der Wiederherstellung der Tautschen Farbigkeit der Häuser. Zum Zeitpunkt des Inkrafttretens des Denkmalschutzgesetzes (1978) ist das „Hufeisen" bereits als Baudenkmal geschützt (als Rechtsverordnung nach der Berliner Bauordnung).

## 5.4 SPLANEMANN-SIEDLUNG

**Ausgewählte städtebauliche Daten**

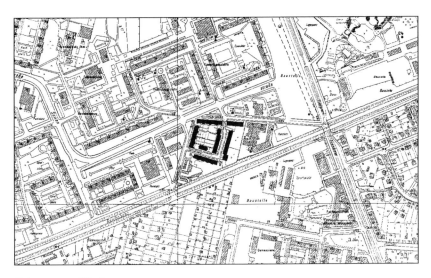

Splanemann-Siedlung
M. 1: 10.000

| | |
|---|---|
| Lage: | Berlin-Lichtenberg |
| Bauherr: | Reichsbund der Kriegsbeschädigten, Kriegsteilnehmer und Kriegshinterbliebenen GmbH, Berlin |
| Architekten: | Martin Wagner; Projektierung: Primke und Göttel |
| Bauzeit: | 1926-1930 |
| Grundflächenzahl: | 0,2 |
| Geschoßflächenzahl: | 0,5 |
| Geschosse: | 1 bis 3 |
| Wohneinheiten: | ursprünglich 138, nach Kriegszerstörung noch 118 |
| Wohnungsschlüssel: | 17 % 1 1/2-Zi.; 29 % 2 1/2-Zi.; 54 % 3 1/2-Zimmer-Wohnungen |
| Wohnungsausstattung: | alle Wohnungen mit Küche, Kammer, Bad und WC sowie Keller und Balkon oder Loggia und Kachelofenheizung (heute unterschiedlich modernisiert) |
| Einwohner 1992: | ca. 340 |
| Einwohnerdichte 1992: | ca. 150 Ew/ha |
| ÖPNV-Anbindung: | U-Bahnhof Tierpark (Linie U 5), Straßenbahn-Linien 26, 27 (auf der Straße Am Tierpark), Buslinien 294, 296 (auf der Sewanstr., eh. H.-Loch-Str.) |

## Zur Planungsgeschichte

Im Gebiet am Triftweg (seit den 60er Jahren Hans-Loch-Straße, heute Sewanstraße) in der Nähe der Treskowallee (heute Straße „Am Tierpark") in Berlin-Lichtenberg (Ortsteil Friedrichsfelde) hat zwar 1926 etwas verhalten die Verstädterung eingesetzt - es gibt hier im größeren Umkreis vereinzelt kleine Wohnhäuser, Verkaufsbuden und Geschäfte, Baracken, kleine Gewerbebetriebe und ein kleines Wasserwerk - im wesentlichen ist das Baugebiet jedoch von einem großen Laubengelände umgeben, das sich etwa bis zum Betriebsbahnhof Rummelsburg erstreckt und südlich durch einen Bahnkörper begrenzt wird. Das Laubengelände wird von Gräben durchzogen, der Mittelbruch-Graben befindet sich sogar direkt im Baugebiet[1].

Auf diesem Gelände wird 1926-1930 die erste deutsche Siedlung in Plattenbauweise errichtet. Träger ist der „Reichsbund der Kriegsgeschädigten, Kriegsteilnehmer und Kriegshinterbliebenen GmbH, Berlin", der Mitglied im „Gemeinnützigen Reichsbund-Kriegersiedlung GmbH" ist. Die Siedlung hatte nie einen offiziellen Namen, sondern

Bebauung in der Ontarioseestraße

Splanemannstraße

wird zunächst nach der Hauptschließungsstraße „Kriegerheimsiedlung" benannt. Die Kommunale Wohnungsverwaltung der DDR, die diese Siedlung langzeitig verwaltet, prägt inoffiziell den Namen „Splanemann-Siedlung", nachdem die Hauptschließungsstraße den Namen des 1945 hingerichteten Antifaschisten Herbert Splanemann bekommen hatte.

Martin Wagner, 1924-1926 Direktor der DEWOG und von 1926-1933 Stadtbaurat in Berlin, geht von der Vorstellung aus, die Bauindustrie in genossenschaftliches Eigentum zu überführen, um damit einen preiswerten rationellen Massenwohnungsbau realisieren und die Wohnungsnot mildern zu können[2]. Dabei bemüht er sich zum einen um Einführung von Methoden zur Vorfertigung und Montage von Wohngebäuden und zum anderen um Konzentrierung der Investitionsmittel auf große Siedlungskomplexe[3]. Nach gründlichen Analysen zu Vorfertigung und Montagebauweisen in den USA und in Holland erprobt Wagner an jener kleinen „Kriegerheimsiedlung" in Berlin-Friedrichsfelde die Einführung des Systems „Patent Bron"[4], das bereits 1921 anläßlich eines Wettbewerbs für neue industrialisierte Bautypen in Holland entwickelt wurde und mit dem der Architekt Dick Greiner 1923-1925 in Betondorp 151 Wohnungen baute .

In der „Kriegerheimsiedlung" werden die bereits von den Architekten Primke und Göttel für Ziegelbauweise projektierten Gebäude nach dem holländischen System in Großplatten umgesetzt. Jene Dreischicht-Platten mit Bewehrung sowie Fenster- und Türöffnungen, überwiegend 7,50 m x 3,00 m groß und bis 7 t schwer, werden auf der Baustelle auf großen Bretterböden gegossen und nach etwa 10-tägiger Härtung mit einem Portalkran von 20 m Spannweite montiert. Der Keller, die Geschoßdecken, das Dach und die Schornsteine werden allerdings in konventionellen Bauweisen hergestellt.

Der Wagnersche Anspruch, nämlich rationeller, schneller und vor allem wirtschaftlicher zu bauen, war nicht nachzuweisen. Sein großes Engagement für Montagebauweisen blieb schließlich ohne Erfolg. Vorfertigung und Montageprozeß waren inkonsequent, die Seriengrößen zu klein, die städtebauliche Lösung zu steif, der Portalkran zu unbeweglich und die Platten zu schwer. Auch später, unter den Bedingungen der vollständigen Industrialisierung des Bauwesens der DDR, konnte zumindest im Wohnungsbau nicht der Beweis erbracht worden, daß man mit Plattenbauweisen wirtschaftlicher bauen kann, ganz abgesehen von den gestalterischen Mängeln, die bei Wohngebieten und Baukörpern zu verzeichnen sind.

Noch im Entstehungsprozeß der Splanemann-Siedlung setzt eine ablehnende, meist auch polemische Kritik gegenüber der Plattenbauweise ein. U.a. kommentiert die „Bauwelt", daß „...die Gleichheit der Häuser unerträglich sei und daß darum dem industriellen Bauen Widerstand zu leisten sei"[5].

Die Siedlung wird 1930 fertiggestellt und besteht städtebaulich aus einer an den Ecken offenen Karreebebauung. An den Eingangsbereichen und Treppenhäusern sowie durch die Anordnung der Satteldächer und der Häuser zueinander werden einige expressionistische Akzente gesetzt. Die Grundfarbgebungen waren ursprünglich rotbraun, die Fenster dazu in weiß abgesetzt. Im 2. Weltkrieg wird ein Block mit 20 Wohnungen zerstört und nicht wiederaufgebaut.

**Die Wohnungen**

Mit 12,50 Meter einschließlich Balkon oder Loggia weisen die Gebäude eine relativ große Tiefe auf. Insofern fallen auch die zweispännig angeordneten Wohnungen in überwiegend zwei- und dreigeschossigen Gebäuden für die damalige Zeit relativ groß aus. Die 1 1/2-Zimmer-Wohnungen weisen eine Fläche von etwa 60 $m^2$ auf, 2 1/2-Zimmer-Wohnungen umfassen etwa 70 und 3 1/2-Zimmer-Wohnungen zwischen 83 und 97,5 $m^2$. Alle Wohnungen haben Küche, Kammer, Bad einschließlich WC, Keller und Balkon bzw. Loggia. Die ursprünglich vorhandenen Kachelofenheizungen sind heute z.T. durch verschiedene moderne Heizsysteme ersetzt. Das Gartenland ist gegenwärtig entsprechend den Bedürfnissen der Bewohner aufgeteilt.

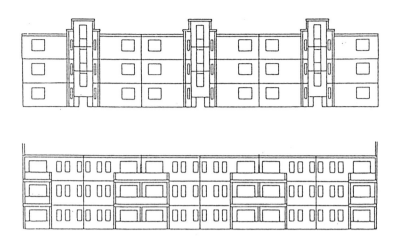
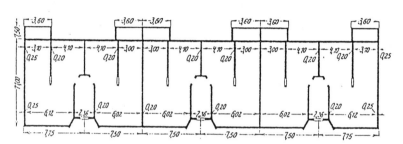

Grundriß und Ansichten in der Ontarioseestraße

### Die Siedlung - heute

Bei Bau und Erweiterung des Hans-Loch-Viertels in der DDR bleibt die Splanemann-Siedlung städtebaulich völlig unberücksichtigt, was sich auch auf die Beziehungen der Bewohner beider Siedlungen negativ auswirkt. Zwar steht die Siedlung seit 1981 unter Denkmalschutz, die Auswirkungen auf die Siedlung sind jedoch eher gering. Die z.T. unvorteilhaften Veränderungen an den Gebäuden (Verkleidung der Giebel mit Wärmedämmstoffen und Ekotal, entstellender Neuputz usw.) müßten im Zuge einer umfangreichen Sanierung und Verbesserung der Bausubstanz wieder so weit wie möglich rückgängig gemacht werden. Vorarbeiten für eine Sanierung sind im Gange.

Straßenraum der Splanemannstraße

## 5.5 ONKEL TOM SIEDLUNG

**Ausgewählte städtebauliche Daten**

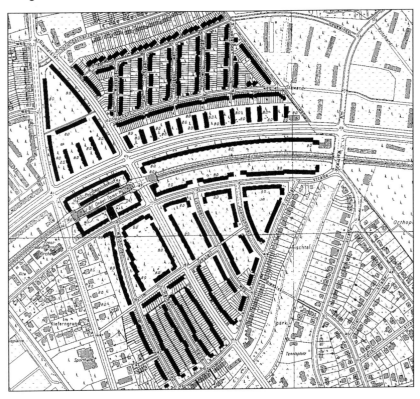

Onkel Tom Siedlung (Waldsiedlung Zehlendorf)
M 1 : 10.000

| | |
|---|---|
| Lage: | Berlin-Zehlendorf |
| Bauherr: | GEHAG (Gemeinnützige Heimstätten-, Spar- und Bau-Aktiengesellschaft) |
| Architekten: | Bruno Taut, Otto Rudolf Salvisberg, Hugo Häring |
| Gartenarchitekten: | Leberecht Migge und Martha Willings-Göhre |
| Bauzeit: | 1926 - 1928 und 1929 - 1932 (insgesamt 7 Bauabschnitte) |
| Grundflächenzahl: | 0,2 |
| Geschoßflächenzahl: | 0,4 - 0,6 |
| Geschosse: | 2- bis 3-geschossig |
| Wohneinheiten: | 1.105 Geschoßwohnungen und 810 Einfamilienreihenhäuser |
| Wohnungsschlüssel: | Geschoßwohnungen: 9 % 1 Zi (50 qm); 83 % 2 Zi (53-67 qm); 7 % 3 Zi (71-91 qm); 1 % 4 Zi (97 qm) |
| | Einfamilienhäuser: 79% 3 Zi (85 qm); 21% 4 Zi (102 qm) |
| Wohnungsausstattung: | Bad, Küche, Zentralheizung (zum Teil Ofenheizung) |
| Einwohner 1987: | 3.510 |
| Einwohnerdichte 1987: | ca. 100 EW/ha |
| ÖPNV-Anbindung: | U-Bahnhof Onkel-Toms-Hütte (Linie 2) und Buslinie 211 auf der Riemeisterstraße |

# Onkel Tom Siedlung

**Zur Planungsgeschichte**

Zehlendorf hat sich seit etwa 1900 zum beliebtesten Berliner Villenvorort entwickelt. A. Sommerfeld bzw. seine Firmengruppe, die „Terrain AG Botanischer Garten-Zehlendorf West", besaß am Rand des Grunewalds ein baureifes Gelände, dessen südlicher Teilbereich zwischen einer geplanten Verlängerung der U-Bahntrasse und dem Fischtal 1926 durch die GEHAG erworben wird.
Mit der Erarbeitung eines Bebauungsplanes für diesen Bereich werden B. Taut, O.R. Salvisberg und H. Häring beauftragt. Die Bezirksverwaltung Zehlendorf spricht sich anfänglich entschieden gegen den Bebauungsplan bzw. gegen das gesamte Projekt aus. Der ursprüngliche Plan wird überarbeitet und kommt dann mit geringfügigen Veränderungen zur Ausführung.

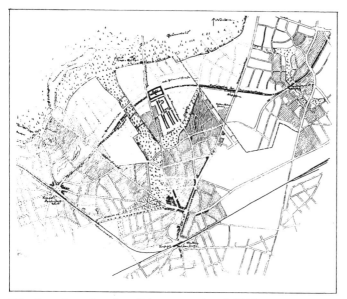

Situationsplan mit erstem Bebauungsentwurf, 1926

Die einzelnen Baugebiete werden unter den Architekten verlost; B. Taut plant den nördlichen, O.R. Salvisberg den südlichen und H. Häring den östlichen Teilbereich des ersten Bauabschnittes. Interessant ist in diesem Bauabschnitt die Bebauung um den Kiefernhof - als größte zusammenhängende Freifläche in dem Bauabschnitt - die Taut mit Rücksichtnahme auf einen dichten Kiefernbestand realisiert, und die sich durch eine besonders lebhafte Architektur auszeichnet.
Gleichzeitig mit dem 3. und 4. Bauabschnitt (Wilskistraße und Auerhahnbalz) genehmigt das Bezirksamt einen Antrag der GAGFAH, eine Versuchssiedlung entlang des Fischtalgrundes (Bauausstellung) zu errichten.[1] Am Verfahren werden unter der Leitung von H. Tessenow 16 Architekten beteiligt. Das steile Dach mit 45° Neigung ist vorgeschrieben. Die Häuser stehen in einem starken, bewußten Gegensatz zur seriellen Bauweise der GEHAG-Häuser. Der 5. Bauabschnitt der Großsiedlung Zehlendorf befindet sich nördlich der Argentinischen Allee und umfaßt im wesentlichen Einfamilienreihenhäuser in verhältnismäßig kurzen Reihen. Der Kiefernbestand ist in die städtebauliche Konzeption einbezogen (Arch. Taut). Kein anderer Siedlungsabschnitt weist eine so differenzierte, die Weiträumigkeit der Anlage unterstreichende Farbgebung auf. Die Nord-Süd-Reihen erhalten an der Westseite einen warmen, braunroten Ton, wohingegen die Ostseiten grau-grün gestrichen werden. Fenster und Türrahmen stehen in farbigem Wechselspiel mit der Fassade.

Onkel Tom Siedlung 136

Modellfoto des Entwurfs für den Bereich südlich der Argentinischen Allee, der mit geringfügigen Veränderungen realisiert wird.

Gleichzeitig zum 5. Bauabschnitt kommt die Verlängerung der U-Bahnlinie zur Ausführung. Das Aufsehen erregende Bahnhofsgebäude (1929) entwirft A. Grenander. 1931/32 erfolgt durch O.R. Salvisberg der Anbau der Ladenpassagen an beiden Längsseiten der U-Bahnstation Onkel-Toms-Hütte.

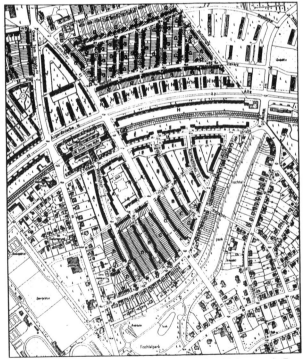

A = Bauabschnitt I
B. Taut
B = Bauabschnitt I
H. Häring
C = Bauabschnitt II
H. Häring
D = Bauabschnitt II
O. R. Salvisberg
E = Bauabschnitt III
B. Taut
F = Bauabschnitt IV
B. Taut
G = Bauabschnitt V
B. Taut
H = Bauabschnitt VI
B. Taut
J = Bauabschnitt VII
B. Taut

Ausschnitt aus dem amtlichen Lageplan (Verkleinerung), Bauabschnitte

Der 6. Bauabschnitt - beidseitig der Argentinischen Allee - wird durch eine 3-geschossige Randbebauung (450 m langer, konvex geschwungener Baukörper zwischen U-Bahn und Argentinischer Allee) - dem sogenannten Peitschenknall - und 3-geschossigen, senkrecht zur Straße stehenden Zeilen geprägt (Architekt B. Taut). Bei den Zeilenbauten werden diese spiegelbildlich zu Paaren zusammengefaßt (Wohnzimmerfronten stehen sich gegenüber). Taut lehnt den systematisierenden Zeilenbau, d.h. Wohnzimmer immer nach Westen und Schlafräume nach Osten orientiert, ab.

Der letzte Bauabschnitt befindet sich nördlich der Argentinischen Allee zwischen Onkel-Tom- und Riemeisterstraße. Durch die Gliederung der Baukörper und eine abgestimmte Farbgebung entstehen differenzierte Räume. Trotz Verwendung nur weniger Haustypen und deren Reihung kann so eine mögliche Monotonie vermieden werden.

Zeilenbauten an der Argentinischen Allee (Arch. Taut)

3-geschossige Einfamilienreihenhäuser (Arch. Taut)

## Die Wohnungen

Die ersten vier Siedlungsabschnitte umfassen drei Grundrißtypen, nämlich 2 1/2-Zimmer-Wohnungen im Geschoßwohnungsbau und 3 1/2- bzw. 4 1/2-Zimmer-Wohnungen in den Einzelhäusern. (Der hauptsächlich vertretene Reihenhaustyp hat ein Achsmaß von 5 m.)

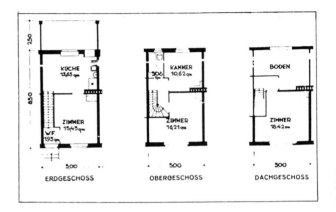

Grundriß 3 1/2-Zimmer-Haus mit 85 qm

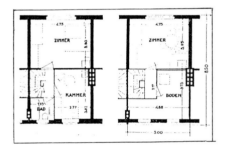

Grundriß 3 1/2-Zimmer-Haus mit 85 qm

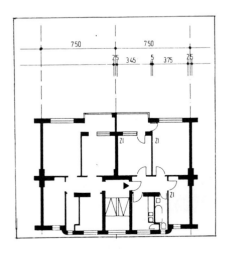

Grundriß 2 1/2-Zimmer-Wohnung mit 62 - 68 qm (im Peitschenknall)

Bedingt durch die hohen Grundstückskosten und die damaligen Förderkonditionen sind die Mieten der Wohnungen vergleichsweise hoch, so daß sie von Mittelstands-Familien bezogen werden. Bemerkenswert ist weiterhin, daß zu jedem Einfamilienhaus sowie zu jeder EG-Wohnung ein ca. 200 qm großer Garten gehört.

**Die Siedlung - heute**

Bauliche Veränderungen erfolgen insbesondere in den Reihenhausgebieten mit Einzeleigentum. In diesem Teil der Onkel Tom Siedlung werden vielfach die gartenseitigen, offenen Terrassen ausgebaut und dem 18 qm großen Wohnraum zugeschlagen. Bis 1978 sind 56 % aller Terrassen in dieser Form ausgebaut.[2] Darüber hinaus ist das Stellplatzproblem in diesen Siedlungsteilen sehr gravierend. Vielfach sind die Lücken der Reihenhausbebauung durch Garagenbauten „aufgefüllt" worden.

Das einheitliche, originelle Erscheinungsbild ging durch den Austausch von Holzfenstern mit Unterteilung gegen Ganzscheibenfenster mit Kunststoffrahmen vielfach verloren. Ebenso verändern Rauh- oder Kratzputze die Gestaltqualitäten der Siedlungsteile. Auch die Gebäude, die im Eigentum der Gesellschaft geblieben sind, werden durch nicht originalgetreue Instandsetzungen (beispielsweise Farbanstrich) verändert. Mit Beteiligung der Denkmalpflegebehörde werden sechs Reihenhäuser fehlerhaft instandgesetzt, was in der Fachwelt heftige Kritik auslöst. Daraufhin erarbeiten externe Gutachter im Auftrag des Denkmalpflegers eine Bestandsaufnahme, die den Originalzustand der Gebäude feststellt. Diese dient als Grundlage eines Instandsetzungskonzeptes (Farbigkeit, Material etc.).[3]

1982 werden die Siedlungsteile mit den privaten Reihenhäusern als geschützter Baubereich festgesetzt. Grundlage der Rechtsverordnung ist der ermittelte Originalzustand und das Erhaltungs- und Instandsetzungskonzept. An der Außenhaut der Gebäude sind keine Veränderungen mehr möglich.[4]

## 5.6 WOHNSTADT „CARL LEGIEN"

**Ausgewählte städtebauliche Daten**

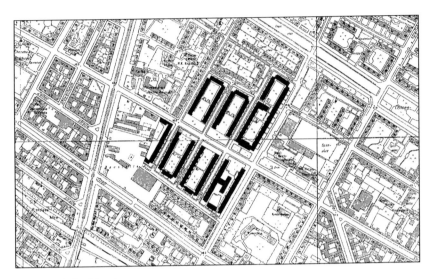

Wohnstadt Carl Legien
M. 1: 10.000

| | |
|---|---|
| Lage: | Berlin-Prenzlauer Berg |
| Bauherr: | GEHAG (Gemeinnützige Heimstätten-, Spar- und Bau-Aktiengesellschaft) |
| Architekten: | Bruno Taut, Franz Hillinger |
| Bauzeit:: | 1929-1930 |
| Grundflächenzahl: | 0,6 |
| Geschoßflächenzahl: | 2,6 |
| Geschosse: | 4 bis 5 |
| Wohneinheiten: | 1148 |
| Wohnungsschlüssel: | 26 % 1 1/2 Zi.; 56 % 2-Zi.; 7 % 2 1/2 Zi.;11 % 3-Zi., 3 1/2 Zi. und 4 1/2 Zimmer-Wohnungen |
| Wohnungsausstattung: | alle Wohnungen mit Bad und Zentralheizung |
| Einwohner 1992: | ca. 2380 |
| Einwohnerdichte 1992: | ca. 265 Ew/ha |
| ÖPNV-Anbindung: | S-Bahnhof Prenzlauer Allee (Linien S8, S10, S85, S86), Straßenbahnlinien 1, 13, 23 (auf der Prenzlauer Allee), Buslinien 156 (Umfahrung), 158 (auf der Ostseestraße) |

## Zur Planungsgeschichte

Jenes Gebiet, auf dem die Wohnstadt „Carl Legien" 1929 errichtet wird, gehört 1822 noch Ch. Fr. Boetzow[1], um 1870 wohl dem „Deutsch-Holländischen-Aktien-Bauverein"[2], der jedoch wegen Konkursanmeldung (1875) an diesem Ort nicht bauen kann. Das ehemalige Ackerland wird Anfang der 20er Jahre zur Anlage von Kleingärten parzelliert, bevor es 1929 von der GEHAG für den Bau von Arbeiterwohnungen, verkehrsgünstig in Ringbahnnähe gelegen, erworben wurde. Die GEHAG hatte bereits 1927-28 ganz in der Nähe entlang der Grellstraße (am S-Bahnhof Greifswalder Straße) Wohnungen gebaut. Jenes neu erworbene Gebiet an der Carmen-Sylva-Straße (in der DDR Erich-Weinert-Straße, heute Friedländer Straße), unterscheidet sich jedoch von dem Gebiet Grellstraße und von allen anderen seinerzeit durch die GEHAG bebauten Wohngebiete. In einem relativ dicht bebauten ehemaligen Mietskasernenviertel des Bezirks Prenzlauer Berg mit hohen Bodenpreisen gelegen, läßt die Berliner Bauordnung an dieser Stelle bis zu 5 Geschossen zu und verlangt insofern nach einer hohen Wohndichte. Bruno Taut und seinen Mitarbeitern gelingt es, trotz der komplizierten Bedingungen gut organisierte, sonnen- und freiraumorientierte Wohnungen mit hohem Wohnwert zu schaffen. Die Wohnsiedlung „Carl Legien" (nach dem Vorsitzenden des Allgemeinen Deutschen Gewerkschaftsbundes von 1920, der sich erfolgreich gegen Kapp-Putsch und Rechtsextremismus durchsetzen konnte) wird somit zur Anlage mit der höchsten Bebauungsdichte, die für die GEHAG bis dahin errichtet wurde.

Die städtebauliche Planung von Bruno Taut und Franz Hillinger liegt bereits 1925 vor[3], obwohl der Baugrund noch nicht zur Verfügung steht. Der Entwurf orientiert sich an der holländischen Siedlung Tusschendijken in Rotterdam von J.J. Oud (1919), weshalb das Gebiet auch „Flamensiedlung" genannt wurde. Tauts stadträumliche Lösung umfaßt jeweils 3 große, von viergeschossigen U-förmigen Wohnblocks dreiseitig umschlossene Wohnhöfe, die sich zu dem begrünten durchgehenden Hauptstraßenzug (Friedländer Straße) öffnen. Von charakteristischer Wirkung sind dabei die 5-geschossigen Kopfbauten an den geöffneten Hofseiten mit aneinandergereihten, kastenartigen Loggien bzw. gerundeten Balkonen. Die Gliederung der Gebäude und das Charakteristische der Wohnhöfe wird durch eine ausgewogene Farbgebung unterstrichen. Die sonnengelbe Grundfarbe der Gebäude wird an den Loggienrückwänden und am Drempel hofbezogen mit Blau, Grün und Rot variiert. Wohl die bedeutendste städtebauliche Neuerung an jener Wohnstadt war die Öffnung der Wohnhöfe zur Friedländer Straße. Später wurden hier im Erdgeschoß der Eck- und Zwischenbauten Gewerbe-

Die Wohnstadt nach der Fertigstellung, Nordseite der Friedländer Straße

räume für einen Bäcker, Fleischer, Lebensmittelhändler, Tabak- und Papierwarenhändler, für einen Schuhmacher, Friseur und Drogisten sowie eine Bibliothek und ein Restaurant eingerichtet. Besonderen Zuspruch finden zwei gemeinschaftlich zu nutzende Waschhäuser, die zur Erleichterung der Arbeit mit entsprechenden Einweichkammern und Waschmaschinen ausgestattet sind.

Die Bewohner müssen sich einem strengen Reglement unterwerfen. Auf Gardinen und Wäscheleinen soll verzichtet werden, die Blütenfarbe der Balkonblumen ist genehmigungspflichtig, um die Farbgestaltung der Loggienrückwände nicht zu stören und entlang der Rasenflächen dürfen nur niedrige Gewächse gepflanzt werden. Dennoch fühlen sich die Bewohner offenbar sehr wohl in ihrer neuen Umgebung. Ältere Leute berichten noch heute mit glänzenden Augen von „lauschigen Sommernächten und Nachbarschaftsfesten".

Trotz hoher Wohndichte gelingt Taut eine originelle, Licht und Luft geöffnete Bebauungsform. Er selbst hält die Anlage für „seine interessanteste, wichtigste Arbeit"[4]. Von den ursprünglich geplanten drei Bauabschnitten werden 1929-1930 nur zwei, mit insgesamt 1.148 Wohnungen, verwirklicht.

**Die Wohnungen**

Das Bauprogramm beinhaltet überwiegend Kleinwohnungen mit 1 1/2 bis 2 Zimmern in 4- bis 5-geschossiger Bauweise. Die Anzahl der Wohnungen und die Wohnflächen sind vorgegeben. Die Grundrisse entsprechen im wesentlichen den in den 20er Jahren üblichen funktionalen Typen. Die Ausstattung mit Balkon oder Loggia, mit Einbauküche, Badezimmer und WC sowie mit Zentralheizung bietet den seinerzeit modernsten Komfort.

Um größere Risiken zu vermeiden, wird die Siedlung von der GEHAG in konventioneller Ziegelbauweise (mit Putzflächen) errichtet. Die Erstbelegung der Wohnungen erfolgt zunächst überwiegend durch Arbeiter und etwa zu einem Drittel durch Angestellte. Aber bereits in der Zeit des Nationalsozialismus werden die Wohnungen überwiegend durch junge Mittelstandsfamilien belegt, der normale Arbeiter, für den die Wohnungen konzipiert waren, kann sich eine solche Wohnung nicht mehr leisten.

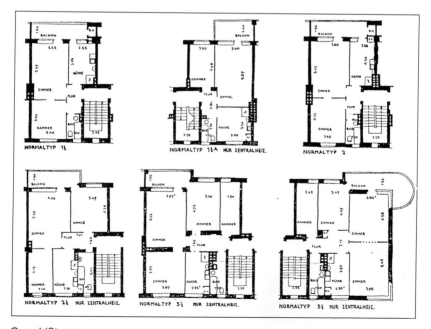

Grundrißtypen

## Die Siedlung - heute

Bereits zwei Jahre nach ihrer Fertigstellung gilt die Siedlung als Ausdruck vaterlandsloser Gesinnung, da nach der nationalsozialistischen Machtergreifung nicht funktionale sondern volkstümliche Formen die städtebauliche Gestaltung bestimmen. Kaninchenställe auf den Loggien und Kartoffelfelder als Freiflächen tragen später in der Kriegs- und Nachkriegszeit kaum zur Aufwertung der Gestaltungskonzeption bei. Auch

Nordseite der Friedländer Straße, gegenwärtiger Zustand

in der DDR entspricht die Wohnstadt zunächst nicht den gültigen Gestaltungsmaximen. Erst 1977 wird die Siedlung unter Denkmalschutz gestellt, jedoch hat man damit weder Möglichkeiten zur Sanierung noch Mittel gegen falsch verstandene bauliche Veränderungen. Sanierungsversuche nehmen sich eher bescheiden aus. Gegenwärtig bemüht sich die Deutsche Stiftung Denkmalpflege um eine Bestandsaufnahme und um die Ausarbeitung eines Restaurierungskonzepts.

Der Wert der Siedlung liegt heute weniger in der wohnungswirtschaftlichen Leistung, als vielmehr in der originellen, licht- und luftdurchfluteten städtebaulichen Konzeption mit relativ hoher Wohndichte, die durch den Einsatz von Farbe noch akzentuiert wird. Obwohl die Wohnfolgeeinrichtungen nur für eine einfache Grundversorgung ausreichen, hat Taut hier durch seine städtebauliche Lösung Grundlagen für den modernen Geschoßwohnungsbau entwickelt, die auch heute noch ihre Gültigkeit haben.

Rekonstruiertes Gebäude an der Elmstraße

## 5.7 WEISSE STADT

**Ausgewählte städtebauliche Daten**

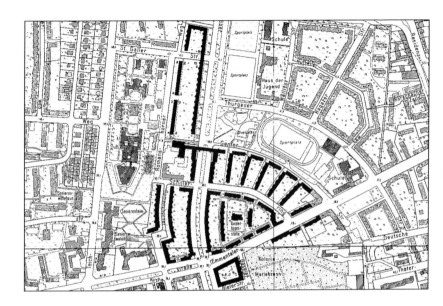

Weiße Stadt
M 1 : 10.000

| | |
|---|---|
| Lage: | Berlin-Reinickendorf |
| Bauherr: | Gemeinnützige Heimstättengesellschaft „Primus" mbH |
| Eigentümerin: | GSW Gemeinnützige Siedlungs- und Wohnungsgesellschaft Berlin mbH |
| Architekt: | Otto Rudolf Salvisberg, Wilhelm Büning, Bruno Ahrends |
| Gartenarchitekt: | Ludwig Lesser |
| Bauzeit: | 1929 - 1931 |
| Grundflächenzahl: | 0,3 |
| Geschoßflächenzahl: | 0,9 - 1,0 |
| Geschosse: | 3 bis 5 |
| Wohneinheiten: | 814 (1.286 in der gesamten Siedlung) |
| Wohnungsschlüssel: | ca. 95 % 1- bis 2 2/2-Zimmer-Wohnungen; durchschnittlich 50 qm Wohnfläche |
| Wohnungsausstattung: | Bad, WC, Loggia, 98 % Zentralheizung |
| Einwohner 1987: | 1.587 |
| Einwohnerdichte 1987: | ca. 200 Ew/ha |
| ÖPNV-Anbindung: | U-Bahnhof ParacelsusBad (Linie 8) und Buslinie 128 auf der Emmentalerstraße sowie Buslinie 120 auf der Aroser Allee |

# Weiße Stadt

**Zur Planungsgeschichte**

Das Gebiet, auf dem sich die Großsiedlung „Weiße Stadt" befindet, ist noch im 19. Jahrhundert Bestandteil der Reinickendorfer Feldmark. Die Bebauungsplanungen für das Gebiet beginnen 1906 mit einer Planung der selbständigen Gemeinde Reinickendorf (Planung einer parallel zur Residenzstraße verlaufenden Verbindungsstraße von Reinickendorf nach Berlin - Schillerpromenade). Die Straßenplanungen kommen noch vor dem Ersten Weltkrieg zur Ausführung.

1914 wird für den Bereich ein städtebaulicher Ideenwettbewerb ausgeschrieben. Den ersten Preis erlangt die Arbeit von T. Bulling und M. Israel, die eine Blockrandbebauung ohne Seitenflügel und Quergebäude vorsehen. Wegen des Ausbruchs des Ersten Weltkrieges wird die Planung jedoch - mit Ausnahme der Bepflanzung der vorhandenen Straßen mit Baumreihen - nicht realisiert.

Erst 1928 wird das erschlossene städtische Gelände an der Schillerpromenade - heute Aroser Allee - als Standort der zweiten Berliner Großsiedlung ausgewählt, die aus Mitteln des Sonderbauprogramms - wie auch die Siemensstadt - finanziert werden soll.[1] Die städtische Baugesellschaft „Primus" erhält den Auftrag, 1.050 Wohnungen zu errichten, und beauftragt ihrerseits die Architekten O.R. Salvisberg, W. Büning und B. Ahrends mit den Planungen für die Siedlung.

Die angestrebte Zeilenbauweise erfordert die Aufhebung einiger, aus der Vorkriegszeit stammender Straßen des ursprünglichen Straßensystems. Die Bebauungsstruktur ist charakterisiert durch eine Mischung aus Rand- und Zeilenbebauung, deren Ecklösungen gestalterisch besonders hervorzuheben sind. Städtebauliches „Rückgrat" der Siedlung ist die Aroser Allee (ehemalige Schillerpromenade), an der der südliche Eingang zur Siedlung durch 5-geschossige Kopfbauten definiert ist. Besonders markant ist die Straßenüberbauung (Laubenganghaus) mit großer Uhr von Salvisberg.

„Torbauten" an der Ecke Aroser Allee/Emmentaler Straße als Eingang zur Siedlung (Architekt: Ahrends)

Das Wohngebiet wurde von einem zentralen Heizwerk versorgt (heute Fernwärme). Interessant ist in diesem Zusammenhang auch, daß die damit einhergehende bessere Nutzbarkeit der Wohnung (Grundrißoptimierung: mehr Platz durch Wegfall des Ofens) als Argument deutlich herausgestellt wird.[2] Kaum eine andere Berliner Großsiedlung weist eine vergleichbar gute Ausstattung mit Wohnfolgeeinrichtungen auf. Eine Konzentration von Läden befindet sich an den städtebaulich dominanten Punkten (Torbauten).[3] Von den zwei geplanten Kinderheimen sowie einem Kino an der Ecke Emmentaler Straße wird nur ein Heim im Bauteil Ahrends realisiert.[4]

# Weiße Stadt

Die Außenanlagen sind nicht als aufgeteilte Einzelgärten konzipiert, sondern als große, zusammenhängende, gemeinschaftliche Grünflächen, die die Gebäude miteinander verbinden sollen. In den Bereichen der niedriggeschossigen Bebauung werden jedoch Mietergärten vorgesehen.

Gliederung durch Erker, Bauteil Ahrends

Die architektonische Gestaltung der Gebäude lebt durch das spannungsreiche Wechselspiel von Oberflächenweiß (weißer Glattputz, der der Siedlung den Namen verlieh) und farbig pointierten Architekturdetails (Fenster, Türen, Treppenhäuser etc).

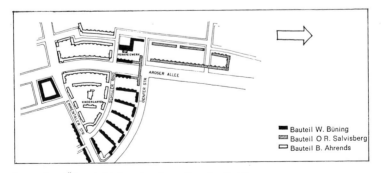

Lageplan: Übersicht der einzelnen Bauabschnitte

## Die Wohnungen

Die Gebäude werden mit Ausnahme des Brückenhauses von Salvisberg in Ziegelbauweise von mehreren kleinen Baufirmen errichtet. Eine Haustiefe von 9,40 m wird beinahe einheitlich eingehalten und ergibt sich aus dem Tiefenmaß zweier Zimmer mit zwei hintereinander aufgestellten Betten. Der vorgegebene Wohnungsschlüssel sah zum überwiegenden Teil etwa 50 qm große Wohnungen ausschließlich im Geschoßwohnungsbau vor.[5]

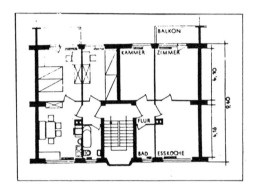

Bauteil Büning, 2 1/2 Zimmer-Wohnung mit 55 qm

## Die Siedlung - heute

Die Förderung von Restaurierungsmaßnahmen unter denkmalpflegerischen Gesichtspunkten ist - wie auch in anderen Siedlungen der Weimarer Republik - in den 80er Jahren der Schwerpunkt des Handlungsbedarfs in der Siedlung gewesen. Zum Zeitpunkt des Inkrafttretens des Denkmalschutzgesetzes Berlin (1978) war bereits die gesamte Weiße Stadt als Baudenkmal geschützt (durch Rechtsverordnung als Anlage zur Bauordnung).[6]

Es ist selbstverständlich, daß die jetzigen Maßnahmen zwar die Prägnanz bzw. Qualität der Architektur, die in der vergangenen Zeit z.T. verloren ging, wiederbeleben konnten, nicht jedoch die Aufbruchstimmung und die sozialen Ideen der 20er Jahre. Rationalisierung und Großtechnik sowie eine daran orientierte funktionalistische Architektur haben im allgemeinen Bewußtsein ihren visionären Charakter verloren. Insgesamt hat die Siedlung bis heute ihre Qualität bewahrt.

Seit 1980 kommt in der Weißen Stadt unter Beteiligung des Landeskonservators ein Instandsetzungsprogramm zur Anwendung, das sich im wesentlichen auf die Fassadenerneuerung unter denkmalpflegerischen Gesichtspunkten bezieht (Fassadenputzüberarbeitung und -erneuerung als Glattputz mit Mineralfarbanstrich). Im Rahmen der Instandsetzungen der Nachkriegszeit wurden nämlich häufig Rauhputze verwendet, die das Erscheinungsbild der Weißen Stadt veränderten.[7]

Wie in anderen Siedlungen der 20er Jahre ist der Anteil der älteren Menschen im Gebiet relativ hoch. Der große Umfang an 1 1/2- und 2-Zimmer-Wohnungen wird auch in der Zukunft einen hohen Anteil von Ein- und Zweipersonenhaushalten bedingen. Die Eigentümerin (GSW) der Siedlung geht davon aus, daß der gute Instandhaltungszustand der Gebäude sowie die architektonischen und städtebaulichen Qualitäten der Siedlung trotz der kleinen Wohnungsgrößen die Akzeptanz und die Vermietbarkeit der Wohnungen sichern werden.[8]

## 5.8 FRIEDRICH-EBERT-SIEDLUNG

**Ausgewählte städtebauliche Daten**

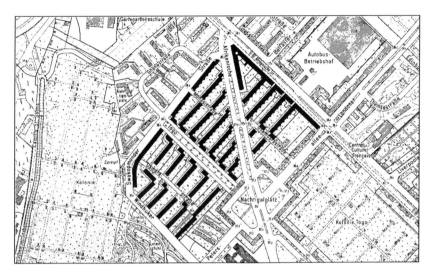

Friedrich-Ebert-Siedlung
M 1 : 10.000

| | |
|---|---|
| Lage: | Berlin-Wedding |
| Bauherr: | Eintracht Gemeinnützige Wohnungsbau AG |
| Architekten: | Paul Mebes, Paul Emmerich, Bruno Taut |
| Bauzeit: | 1929 - 1931 |
| Grundflächenzahl: | 0,3 |
| Geschoßflächenzahl: | 1,3 |
| Geschosse: | 3 bis 5 Geschosse (überwiegend 4) |
| Wohneinheiten: | 1.849 |
| Wohnungsschlüssel: | 3 % 1- bis 2-Zi, 62 % 3-Zi, 35 % 4- und mehr Zimmer-Wohnungen |
| Wohnungsausstattung: | Bad, Zentralheizung (teilweise Ofenheizung) |
| Einwohner 1987: | 1.944 |
| Einwohnerdichte 1987: | ca. 250 Ew/ha |
| ÖPNV-Anbindung: | U-Bahnhof Afrikanische Straße (Linie 6) |

## Zur Planungsgeschichte

Bis 1929 ist das Gelände, auf dem die Friedrich-Ebert-Siedlung errichtet wird, landwirtschaftlich genutzt. Schon 1895 legt eine behördliche Straßenfluchtlinienplanung die Hauptstraßen sowie den Nachtigalplatz fest.

Mitte der 20er Jahre kommt das Gelände in Besitz der „Terraingesellschaft Müllerstraße", die beabsichtigt, dort eine drei- bis fünfgeschossige Blockrandbebauung zu errichten. Nach Konkurs der Gesellschaft erwirbt 1928 der Spar- und Bauverein Eintracht das Acker- und Weideland und beauftragt die Architekten Mebes und Emmerich mit der Bebauungsplanung. Es sollen „Stockwerks-Kleinwohnungen in Zeilenbauweise"[1] entstehen.

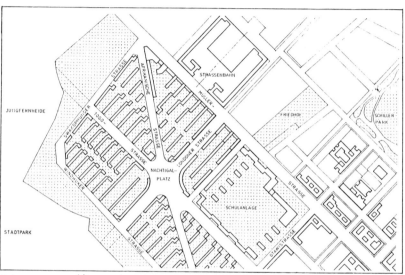

Bebauungsvorschlag von Mebes und Emmerich, 1929 (M 1 : 10.000)

Der Entwurf von Mebes und Emmerich sieht Zeilenbebauung in Nordost-Südwest-Richtung mit Kopfbauten an den Schmalseiten vor. Lediglich im Bereich der Schulanlage und in Teilen am Nachtigalplatz ist eine Randbebauung geplant. Die relativ dichte Zeilenbebauung erfordert eine Erhöhung der baulichen Ausnutzbarkeit, für die 1929 ein Dispens erteilt wird.[2]

Die Siedlung wird von Mebes und Emmerich (Bereich zwischen Togo- und Müllerstraße) und B. Taut (Bereich zwischen Togo- und Windhuker Straße) ausgeführt. Die Gesamtplanung - entsprechend des Bebauungsplanes von Mebes und Emmerich - kann nur in Teilen verwirklicht werden. Im Bauteil von Mebes und Emmerich bilden die verlängerten Zeilen durchgehende Hofräume. Taut verändert das von Mebes und Emmerich erarbeitete Bebauungsschema zugunsten größerer Zeilenabstände.

# Friedrich-Ebert-Siedlung

Fassadenansicht, Bauteil Mebes und Emmerich

In der Regel sind die Hofräume durch Fußwege miteinander verbunden und setzen sich optisch über querlaufende Straßen fort.

1938 wird der südlich an die Siedlung angrenzende Bereich bebaut. (Dadurch wird die Friedrich-Ebert-Siedlung hinter den neuen Torbauten „versteckt".) Die Art der Bebauung insbesondere um den Nachtigalplatz steht im bewußten Gegensatz zu den von Mebes und Emmerich entwickelten städtebaulichen Prinzipien. Der Nachtigalplatz ist ein von einer Hauptverkehrsachse durchschnittener rechteckiger Raum, dessen Randbebauung auch wegen der Größe des Platzes keine klare Raumbegrenzung darzustellen vermag.

Zeilenbauten an der Afrikanischen Straße

Nordwestlich der Swakopmunder Straße wird die Friedrich-Ebert-Siedlung in den 50er Jahren durch Zeilenbebauung erweitert. Insgesamt sind somit in dem Bereich städtebauliche Leitvorstellungen aus drei Zeitabschnitten exemplarisch ablesbar.

## Die Wohnungen

Die Wohnungen der Friedrich-Ebert-Siedlung sind überwiegend Kleinwohnungen. Die Grundrisse folgen im wesentlichen den in den 20er Jahren entwickelten funktionalen Typen.

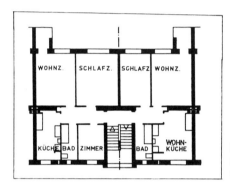

Bauteil von Mebes und Emmerich, Grundriß der 2- u. 2 1/2-Zimmer-Wohnungen

## Die Siedlung - heute

Durch den Wiederaufbau der zerstörten Teile in der Nachkriegszeit ist der Charakter der Siedlung stark verändert worden. Im Rahmen der ersten Instandsetzungsaktionen werden überwiegend graue Kies-Kratzputze angebracht, die das Erscheinungsbild mit der Klarheit der Baukörper und der Gliederung durch Farbakzente aufheben. Wenig Rücksicht wird bei baulichen Veränderungen auch auf die vertikale und horizontale Gliederung der Balkone genommen.

Bei künftigen Instandsetzungen sollte der Originalzustand wiederhergestellt werden. Es bleibt zu klären, inwieweit die städtebaulichen Qualitäten der Siedlung durch eine geeignete Unterschutzstellung (z.B. Denkmalschutz) oder durch eine Gestaltungssatzung gesichert werden können.

## 5.9 SIEMENSSTADT

**Ausgewählte städtebauliche Daten**

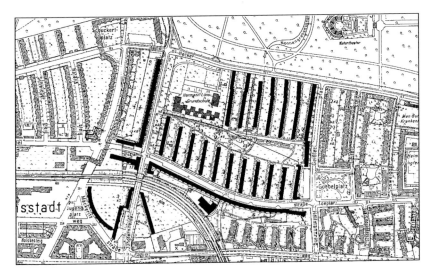

Siemensstadt
M 1 : 10.000

| | |
|---|---|
| Lage: | Berlin-Charlottenburg |
| Bauherr: | Gemeinnützige Baugesellschaft Berlin Heerstraße GmbH |
| Eigentümerin: | GSW Gemeinnützige Siedlungs- und Wohnungsbaugesellschaft Berlin mbH |
| Architekten: | Architektenvereinigung |
| | H. Scharoun, W. Gropius, H. Häring, O. Bartning, F. Forbat, P.R. Henning |
| Gartenarchitekt: | L. Migge |
| Bauzeit: | 1. Bauabschnitt 1929 - 1930 |
| | 2. Bauabschnitt 1930 - 1931 |
| Grundflächenzahl: | 0,2 |
| Geschoßflächenzahl: | 1,0 |
| Geschosse: | 3 bis 4 |
| Wohneinheiten: | 1.370 |
| Wohnungsschlüssel: | 30 % 1 1/2-Zi (48 qm); 50 % 2-Zi (54 qm); 10 % 2 1/2-Zi. (63 qm); 10 % 3- Zimmer-Wohnungen (70 qm) |
| Wohnungsausstattung: | Bad, Zentralheizung, Zentralwäscherei |
| Einwohner 1987: | 3.471 (einschließlich einiger nicht zur Siedlung gehörender Blockteile) |
| Einwohnerdichte 1987: | ca. 160 Ew/ha |
| ÖPNV-Anbindung: | U-Bahnhof Siemensdamm (Linie 7) und Buslinie 127 auf der Nonnendammallee |

## Zur Planungsgeschichte

Im Zuge der zweiten Randwanderung der Berliner Industrie erwirbt gegen Ende des 19. Jahrhunderts die Firma Siemens große Flächen zwischen dem Nonnendamm und der Spree. Dort entstehen im Laufe der Jahre umfangreiche Werksanlagen der Firma Siemens. In den 20er Jahren sind besonders der Wernerwerk-Hochbau (1929/30) und das Siemens-Schaltwerkhochhaus (1926-1928) des Architekten Hans Hertlein mit ihrer prägenden Klinkerverblendung hervorzuheben.

Das Gebiet, auf dem die Großsiedlung Siemensstadt errichtet wird, grenzt nordöstlich an und wird 1904 von der Stadt Charlottenburg erworben, in der Absicht, dort einen städtischen Park anzulegen. Das Planungsgebiet weist aber aufgrund des Anschlusses an das städtische Verkehrsnetz und der unmittelbaren Nähe zur Industrie gute Voraussetzungen als Standort einer Großsiedlung auf. Zudem grenzt das Gebiet an den Volkspark Jungfernheide im Norden direkt an. Umfangreiche Kapazitätserweiterungen des Siemenswerkes in den 20er Jahren machen es notwendig, weiteren Wohnraum zur Verfügung zu stellen, da der Werkwohnungsbau der Firma nur einem geringen Teil der Beschäftigten zur Verfügung steht.[1]

Zur Planung und Errichtung einer Großsiedlung in unmittelbarer Nähe der Werksanlagen der Firma Siemens werden 1928 der Gemeinnützigen Wohnungsbaugesellschaft Heerstraße mbH 7,5 Mio RM des Kleinstwohnungsbauprogramms (Sonderbauprogramm) zur Verfügung gestellt. Das vorgesehene Bauprogramm zielt darauf ab, durch möglichst rationalisierte Grundrißtypen die notwendige Wohnfläche - bei Einhaltung sozialer und hygienischer Anforderungen - auf ein Mindestmaß zu reduzieren.[2] Die durchschnittliche Wohnungsgröße beträgt 54 qm.

Die mit der Planung betraute Architektengruppe besteht aus Bartning, Forbat, Gropius, Häring, Henning und Scharoun. Tragende Idee ist der Zeilenbau (Nord-Süd-Zeilen). Fast ausschließlich durch Wohnwege (2,50 m breit) erschlossene Zeilen werden um einen großzügigen Grünraum gruppiert. Der erste Bebauungsentwurf (von Scharoun), der bereits alle städtebaulichen Grundgedanken der späteren Ausführung enthält, sieht eine „trichterförmige" Verbindung vom Siemensdamm zum Eingang der Hauptsiedlung (Bauteil Scharoun) vor. Als geschwungene Zeile schließt der Bauteil von Bartning das Siedlungsgelände zur Siemensbahn ab, nördlich davon sind weitere Zeilenbauten konzipiert.

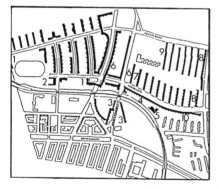

| 1 | Hans Hertlein | 6 | Walter Gropius |
| 2 | Hans Maurer | 7 | Hugo Häring |
| 3 | Hans Scharoun | 8 | Fred Forbat |
| 4 | Otto Bartning | 9 | Hans Henning |
| 5 | Otto Bartning | 10 | Hans Scharoun |

Die Bauteile 1 und 2 sind nicht Bestandteil der Siemensstadt

Lageplan der Siemensstadt

Die Zeilenbauten lassen die Mittelzone des Geländes für einen zusammenhängenden Grünraum frei. Räumlicher Abschluß ist im Westen die von W. Gropius (Jungfernheideweg) und im Osten die von F. Forbat (Geißlerpfad) gestaltete lange Gebäudezeile. Einfache Bebauungsformen - Zeile und Randbebauung - werden miteinander in Beziehung gesetzt.

Der geschwungene Baukörper an der Mäckeritzstraße (Arch. Scharoun) weist bei einer geringen Gebäudetiefe (8,40 m) als charakteristisches Merkmal eine stark rhythmisierte Fassade auf, was durch die seitlichen Balkonabschlüsse noch verstärkt wird. Demgegenüber nimmt der Baukörper entlang des Jungfernheideweges (Westseite) Formelemente des Schiffbaus auf („Panzerkreuzer").

# Siemensstadt 154

Bauteil Hans Scharoun, Jungfernheideweg

In der Gestaltung zurückhaltend ist der Baukörper östlich des Jungfernheideweges (schräg zur Bahn zulaufend). Gropius' Gebäude entlang des Jungfernheideweges weisen eine klare, einfache Gliederung auf. Östlich an Gropius' Bauteil schließen Zeilenbauten von Häring - mit den charakteristischen Balkonen - an. Den differenziert gestalteten Eingangsseiten der Zeilen steht jeweils eine sehr flächig wirkende Gebäudefront gegenüber. Die Eingangsseiten sind über drei Geschosse durch beidseitig der Treppenhäuser angeordnete, „birnenförmige" Balkone gegliedert und die Bebauung unterscheidet sich durch Material und Farbgebung deutlich von den anderen Baukörpern. Die Zeilen von Häring werden im Osten durch Forbats Wohnblock abgeschlossen.

Zeilenbauten von Häring an der Goebelstraße

Die Siedlung war früher mit einem zentralen Heizwerk ausgestattet (entworfen von Bartning und Mengeringhausen), heute wird sie mit Fernwärme versorgt. Einige Einzelhandelsgeschäfte befinden sich am Jungfernheideweg und am Goebelplatz.

## Die Wohnungen

Das Bauprogramm beinhaltet hauptsächlich Kleinstwohnungen; Anzahl und Flächen waren vorgegeben (vgl. Wohnungsschlüssel). Im Rahmen dieser Vorgaben können freie Grundrißformen entwickelt werden. Die Wohnungen werden alle mit Bad und Heizung (zentrales Heizwerk) ausgestattet.

Die Siedlung wird in konventioneller Ziegelbauweise errichtet, da die mit der Durchführung des Siedlungsvorhabens beauftragte städtische Wohnungsbaugesellschaft (Gemeinnützige Baugesellschaft Berlin Heerstraße) ein mögliches finanzielles Risiko bei der Anwendung neuer Bauverfahren befürchtet.

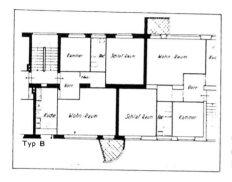

Grundriß 2 1/2-Zimmer-Wohnung, 63 qm, Jungfernheideweg (Arch. Scharoun)

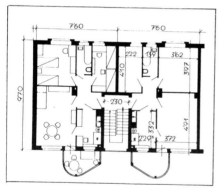

Grundriß 2 1/2-Zimmer-Wohnung, 58 qm, Goebelstraße (Arch. Häring)

## Die Siedlung - heute

Nach dem Zweiten Weltkrieg weist die Siemensstadt keine größeren Kriegsschäden auf. Im Bereich der Gropiuszeile ist eine Haushälfte nicht wiederaufgebaut worden, um eine gewerbliche Nutzung zu ermöglichen. Für 1990 ist der Wiederaufbau geplant. Durch Garagenbauten wird der zentrale Freiraum der Siedlung stark beeinträchtigt.

Inzwischen ist die gesamte Siedlung als Baudenkmal geschützt. Unter Beteiligung des Landeskonservators werden seit den letzten Jahren Instandsetzungsmaßnahmen - insbesondere Fassadenerneuerungen - durchgeführt. Besonders aufwendig ist die Wiederherstellung der Balkone - die Konstruktionsmängel aufwiesen - und der Mauerwerksflächen an den Zeilen Härings.

Der hohe Anteil an Klein- bzw. Kleinstwohnungen mit der Folge einer einseitigen Bevölkerungsstruktur (überwiegend Einpersonenhaushalte) kann nur bedingt durch Wohnungszusammenlegungen verringert werden.

# 6. WOHNUNGSBAU VON 1933 BIS 1945

## 6.1 GROSSE LEEGESTRASSE

**Ausgewählte städtebauliche Daten**

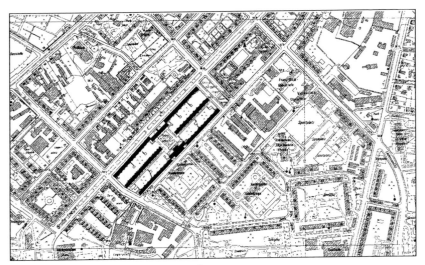

Wohngebiet an der Großen Leegestraße
M. 1: 10.000

| | |
|---|---|
| Lage: | Berlin-Hohenschönhausen |
| Bauherr: | Gemeinnützige Wohnungsbau AG Groß-Berlin |
| Architekten: | Paul Mebes, Paul Emmerich |
| Bauzeit: | 1935-1936 |
| Grundflächenzahl: | 0,3 |
| Geschoßflächenzahl: | 1,2 |
| Geschosse: | 4 und 5 |
| Wohneinheiten: | 604 |
| Wohnungsschlüssel: | 74 % 1-Zi.; 26 % 2-Zimmer-Wohnungen |
| Wohnungsausstattung: | alle Wohnungen mit Küche oder Kochnische, Bad, WC, Ofenheizung und Hauslaube (vorgestellter Balkon) |
| Einwohner 1992: | ca. 760 |
| Einwohnerdichte 1992: | ca. 185 Ew/ha |
| ÖPNV-Anbindung: | Straßenbahnlinien 5 u. 15 (auf der Konrad-Wolf-Straße), 6, 7, 17 (an der Landsberger Allee); Buslinie 156 (auf der Landsberger Allee), 192 und 294 (auf der Konrad-Wolf-Straße) |

# Große Leegestraße

**Zur Planungsgeschichte**

Der Bezirk Hohenschönhausen entsteht erst 1985 in Erwartung umfangreichen Wohnungsneubaus und Einwohnerzuwachses aus den vier Orten Wartenberg, Falkenberg, Malchow und Hohenschönhausen, die seit der Bildung von Groß-Berlin im Jahre 1920 zum Bezirk Weißensee zählten. Zu diesem Zeitpunkt haben die Orte im wesentlichen noch dörflichen Charakter. Lediglich Hohenschönhausen mit etwa 7.000 Einwohnern besitzt durch Ansiedlung einiger Industrie- und Handwerksbetriebe Vorstadtcharakter, obwohl der Ort bereits seit 1897 über die Berliner Straße (heute Konrad-Wolf-Straße) zunächst bis Orankestraße und später bis zur Dorfkirche[1] mit der „Elektrischen Kleinbahn Berlin-Hohenschönhausen" eine Verbindung zum Stadtzentrum von Berlin hat. Eigenart des Ortes und separate Versorgung, u.a. beim Trinkwasser, bleiben in Hohenschönhausen langzeitig erhalten.

Etwa um 1890 erwirbt der Aachener Bankier Henry Suermondt das ca. 400 Hektar große ehemalige Rittergut Hohenschönhausen, das mehr als 250 Jahre im Eigentum des märkischen Adelsgeschlechts v. Röbel war, um das neu parzellierte Gelände ab 1893 zum Verkauf anzubieten[2]. Nach der Besiedlung des Dorfkerns und der Kolonie Neu-Hohenschönhausen (Nähe Weißenseer Weg) entstehen seit 1893 auf Betreiben des Bankiers Suermondt und später der „Neuen Boden-Aktien-Gesellschaft" zwei Landhauskolonien rund um den Oranke- und den Obersee. Die seit der Jahrhundertwende verstärkt einsetzende Bebauung eines Teils des ehemaligen Gutsbezirks zwischen Berliner Straße und Großer Leegestraße (einstige Verbindung zum Dorfkern Lichtenberg), trägt mit den mehrgeschossigen Miethäusern und Gewerbebauten von vornherein deutlich städtischen Charakter. Die Bewohner können von hier aus mit der Straßenbahn die in den umliegenden Berliner Stadtteilen befindlichen Industrie- und Gewerbebetriebe gut erreichen.

Für die weitere Bebauung des Gebietes, insbesondere südöstlich der Großen Leegestraße, wird das Büro der Architekten P. Mebes/P. Emmerich in den 30er Jahren durch die Gemeinnützige Wohnungsbau AG beauftragt, einen Bebauungsplan auszuarbeiten. Von den ursprünglich 1.572 projektierten Wohnungen werden jedoch nur 604 Wohnungen zwischen Großer Leegestraße, Strausberger Platz, Goeckestraße und Quitzowstraße (heute Simon-Bolivar-Straße) 1935-1936 durch die Philipp Holzmann AG realisiert[3].

Eingangssituation mit Laubenganggebäude

# Große Leegestraße

Wohnhof, gegenwärtiger Zustand

Zusammen mit der Kriegsbeschädigtensiedlung in Potsdam (1933-1935), die gewissermaßen das Formenvokabular der ehemaligen SS-Kameradschaftssiedlung in Zehlendorf von H. Gerlach (1938-1940) vorwegnimmt, zählt die Wohnanlage in der Großen Leegestraße zu den ersten Siedlungen, die nach der Machtübernahme durch die Nationalsozialisten entsprechend den Entwürfen der Architekten P. Mebes/P. Emmerich gebaut werden. Ähnlich ihrer Friedrich-Ebert-Siedlung im Wedding (1928-1931), der Spreesiedlung in Niederschöneweide (1929-1930), der Forschungssiedlung Spandau-Haselhorst (1930-1932) und der „Feuer- und rauchlosen Siedlung" Steglitz (1930-1934)[4], wird von den Architekten auch in der Großen Leegestraße eine abgewandelte Zeilenbauweise mit Flachdach angewendet[5], die noch den Grundsätzen der „Neuen Sachlichkeit" entspricht. Die axiale Betonung der Anlage durch die zurückgesetzten Laubenganghäuser und die zentral gelegene „ehrenhofartige" Freifläche für Versammlungen bei festlichen Anlässen deuten jedoch auf nationalsozialistische Maximen hin, nach denen „keiner von der Gemeinschaft ausgeschlossen wird" und die Gemeinschaftseinrichtungen für jeden Bewohner gut zu erreichen sein sollen. Gestützt werden diese Grundsätze auch durch die zentrale Anlage des Spielplatzes mit Planschbecken und Monumentalplastiken sowie durch die an die zentrale Freifläche angelagerten Läden, mechanischen Waschküchen, Verwaltungsräume der Gesellschaft bis hin zum Regenraum für größere Kinder, zur Präsentation der Bildkunst[6] in den Durchfahrten und zur Anbringung der Gemeinschafts-Fahnenstange am Treppengebäude des Laubenganghauses an der Großen Leegestraße.

Die Auflage größter Sparsamkeit drückt sich in der relativ dichten Bebauung, in den vorgesetzten Balkonen (sogenannte Hauslauben) sowie in der Tendenz zum stehenden Fenster aus. Das stehende Fenster wird u.a. mit der Verringerung des Stahlverbrauchs durch kürzere Fenstersturzlängen begründet.

## Die Wohnungen

Die Forderungen erhöhter Sparsamkeit sind auch in der Wohnungsgröße und im Wohnungszuschnitt spürbar. Drei Viertel der Wohnungen, Einzimmerwohnungen (39 m$^2$) und Einzimmerwohnungen mit Kammer (49 m$^2$), haben eine Wohnküche, in der sich die Wohn- mit der Kochfunktion überlagert. Nur ein Viertel der Wohnungen, Zweizimmerwohnungen (42 m$^2$) sowie Zweizimmerwohnungen mit Kammer (53 m$^2$), weisen eine separate Küche auf. Darüber hinaus sind die Wohnungen mit Bad und WC, Ofenheizung sowie mit Laubengang oder sogenannter Hauslaube (vorgesetzter Balkon) ausgestattet.

# Große Leegestraße

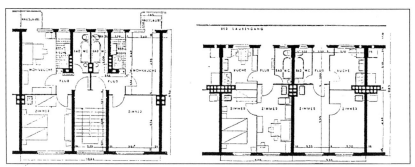

Wohnungsgrundrisse der Reihe 1 (rechts) und der Reihe 2 (links)

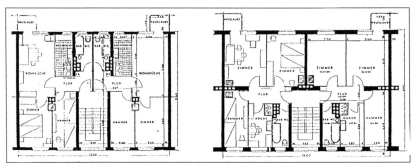

Wohnungsgrundrisse der Reihe 3 (links) und der Reihe 4 (rechts)

## Die Siedlung - heute

Die Siedlung steht heute unter Denkmalschutz. Offenbar durch die Verwendung minderwertiger Baumaterialien sowie durch die bisher ausgebliebene Sanierung der Bausubstanz sind sowohl die Wohnungen und Wohngebäude als auch das Wohnumfeld in einem sehr desolaten Zustand. Um einen zeitgemäßen Wohnstandard zu erreichen, müßten Installationen saniert und Wohnungsgrundrisse aufwendig verändert werden. Zur Aufhebung der strengen Zeilenbebauung und Verbesserung des Wohnumfelds könnten eine intensivere Begrünung der Innenhöfe, die Pflege der Spielplatzanlagen sowie die Wiederherstellung der Originalfarbigkeit bei den Fassaden wesentlich beitragen.

Spielplatz mit Plastik, gegenwärtiger Zustand

## 6.2 BERLINER STRASSE

**Ausgewählte städtebauliche Daten**

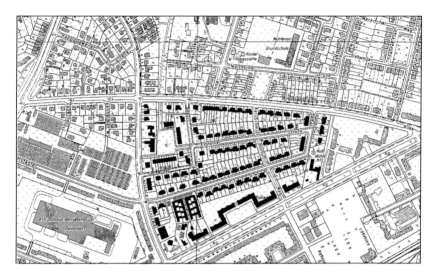

Berliner Straße
M 1 : 10.000

| | |
|---|---|
| Lage: | Berlin-Zehlendorf, Dahlem |
| Bauherr: | Holländische Mühle Bezirk Zehlendorf - Grundstücks GmbH für den Zeilenbau und Grundschuld GmbH für die Doppel-/Reihenhäuser |
| Architekt: | Harry Kreich |
| Bauzeit: | 1937 - 1938 |
| Grundflächenzahl: | durchschnittlich 0,2, z.T. bis 0,5 |
| Geschoßflächenzahl: | durchschnittlich 0,5 (zwischen 0,3 und 0,6) |
| Geschosse: | 2-geschossige Doppel- und Reihenhäuser im Einzeleigentum, 3-geschossiger Mietwohnungsbauriegel |
| Wohneinheiten: | 279 |
| Wohnungsschlüssel: | 10 % 1- und 2-Zi, 15 % 3-Zi, 35 % 4- und 5-Zi, 40 % 6-Zi |
| Wohnungsausstattung: | fast alle WE mit Bad und Zentralheizung (1968) |
| Einwohner 1987: | 707 |
| Einwohnerdichte 1987: | ca. 69 Ew/ha |
| ÖPNV-Anbindung: | S-Bahnhof Sundgauer Straße (S 2), Buslinien 101 und 148 auf der Berliner Straße |

## Zur Planungsgeschichte

Das Wohngebiet nördlich der Berliner Straße gehört zu einem bereits in den späten 20er Jahren begonnen Siedlungskomplex, an dem bis 1942 weitergebaut wurde. Der hier betrachtete Teil entsteht in der „Hochphase" nationalsozialistischer Bauproduktion in Berlin. Die Bauleistung erzielt 1937 in Berlin ihr Maximum, ohne das Niveau der späten zwanziger Jahre zu erreichen. Bereits im Jahr der Fertigstellung des Wohngebietes 1938 geht sie wegen der beginnenden Kriegsorientierung der Wirtschaft zurück.[1]

Wie eine Reihe anderer nationalsozialistischer Projekte (z.B. Anschlußbauten zur Friedrich-Ebert-Siedlung an der Müllerstraße, Ergänzung der Wohnbebauung am Alboinplatz) stellt das Wohngebiet eine Vervollständigung eines größeren Siedlungskomplexes dar, der bereits in der Zeit der Weimarer Republik begonnen wurde.

Lageplan Wohngebiet an der Berliner Straße, Maßstab ca. 1 : 5.000

Im Wohngebiet nördlich der Berliner Straße, das vom Architekten Harry Kreich entworfen wurde, finden sich typische Elemente nationalsozialistischer Architektur wieder. Der Zeilenbau direkt an der Berliner Straße mit seinem streng rechtwinkligen repräsentativen Ehrenhof und dem in funktionaler Hinsicht völlig überdimensionierten Durchgang steht für das Monumentale und die Vorliebe für Axialität in der Architektur dieser Zeit. Hier wird die semantische Funktion der Architektur zur „Demonstration staatlicher Macht" deutlich.

Durchgang am „Ehrenhof"-Zeilenbau an der Berliner Straße

Die nördlichen Siedlungsteile stehen demgegenüber eher für die Kleinsiedlungsideologie („Heimatschutzarchitektur") der Nationalsozialisten. Zweigeschossige Doppelhäuser und wenige Reihenhäuser mit Walmdächern deuten auf dörfliche Siedlungsarchetypen hin. Die Reihenhausgruppe um den grünen Platz nimmt das dörfliche Angermotiv auf, das eine große Rolle im nationalsozialistischen Städtebau spielt, wenngleich grüne Plätze oder ausgeweitete Wohnstraßen auch in früheren Siedlungen als „räumliche und ideele Mitte"[2] verwendet wurden. Der Anger steht im „Dritten Reich" allerdings für eine ausgeprägte Naturverherrlichung und ein idealisiertes Gemeinschaftsgefühl, wie folgendes Zitat eines Propagandisten der Ideologie belegt: „Das Wesen des Angers aber ist Abgeschlossenheit, Ruhe, Wohnlichkeit. Die Häuser der Nachbarn sind ihm zugewandt, keiner wird von der Gemeinschaft ausgeschlossen. (...) Die Natur hat Heimatrecht. Das Raumbild atmet Vertrauen und Gemeinschaft".[3]

Die Straßenplanung der Siedlung nimmt Bezug auf den heute unter Denkmalschutz stehenden Ziegelbau der (vom Mühlemeister Radlow errichteten) „Holländischen Mühle" von 1881, die in der Sichtachse der Schlettstadter Straße steht. Die von den Angern ausgehendem Grünzüge mit eingelagerten Wegen gliedern darüberhinaus das Wohngebiet und betonen seine „Naturverbundenheit". Während die Mietwohnungen im Zeilenbau entstehen, werden die Doppel- und Reihenhäuser der sogenannten Mühlenau-Siedlung auf Einzelgrundstücken errichtet und nach der Fertigstellung verkauft.

In den siebziger Jahren wird südlich der Schlettstadter Straße ein kleiner Cluster mit 16 Gartenhofhäusern auf einer frei gebliebenen Fläche errichtet. Diese eingeschossigen Häuser weisen im Vergleich zu den anderen Siedlungsteilen eine hohe Grundstücksüberbauung auf.

Südlich der Berliner Straße grenzt an das Gebiet ein bereits 1930 von der Heimstädten-Siedlung (Wilmerdorf) errichtetes Wohngebiet mit 1.000 Wohnungen an (Arch.: E. un G. Paulus) Die westlich angrenzende Umbauung des BVG-Depots mit gut 400 Wohnungen entstand etwa zeitgleich zu dem hier betrachteten Wohngebiet (Arch.: H. Ratzlow)

**Die Siedlung - heute**

Die Siedlung vermittelt heute noch immer einen einheitlich „geplanten" Eindruck. Allerdings haben die Hauseigentümer einige Anbauten und andere Veränderungen vorgenommen. An mehr als der Hälfte der Doppelhäuser werden im Laufe der Zeit im Bauwich (seitlicher Grenzabstand) Garagengebäude errichtet, so daß der ehemalige

Eindruck einer offenen Bebauung in Teilen aufgehoben ist. Insbesondere im Bereich der Farbgebung der Gebäude zeigt sich der individualisierte Besitz: Statt einheitlichen Erdfarben „zieren" die Putzbauten heute die verschiedensten Farben. Trotzdem dominieren die Gemeinsamkeiten: einheitliche Baukörper mit Walmdächern, gleiche Vorgartentiefen, Hecken und Zäune als Straßenraumbegrenzung u.a..

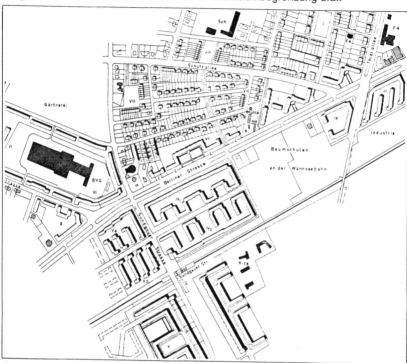

Übersichtsplan: Wohngebiete an der Berliner Straße, Maßstab 1 : 10.000

Die Versorgungssituation im Gebiet ist durch die erdgeschossigen Ladenlokale im Zeilenbau und durch weitere Versorgungseinrichtungen an der Berliner Straße in unmittelbarer Umgebung gut. In vorstädtischer Bauweise mit großen, gut nutzbaren Gärten gewährleistet die Lage zu den öffentlichen Verkehrsmitteln und die Versorgungssituation auch gegenwärtig attraktive Wohnbedingungen im Gebiet Berliner Straße.

Zeilenbau (in „U"-Form) mit Läden an der Berliner Straße

## 6.3 GRAZER DAMM

**Ausgewählte städtebauliche Daten**

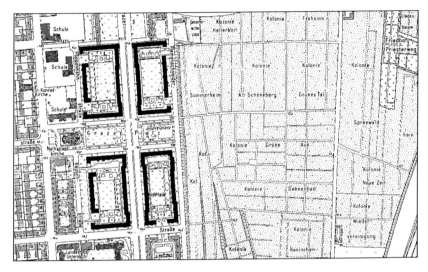

Grazer Damm (vier zentrale Blöcke um den Grazer Platz)
M 1 : 10.000

| | |
|---|---|
| Lage: | Berlin-Schöneberg |
| Bauherr: | GSW Gemeinnützige Siedlungs- und Wohnungsbaugesellschaft Berlin mbH |
| Architekten: | H. Virchow, R. Pardon, C. Cramer, E. Danneberg |
| Bauzeit: | 1938 - 1940 |
| Grundflächenzahl: | 0,25 |
| Geschoßflächenzahl: | 1,3 |
| Geschosse: | 5 |
| Wohneinheiten: | 1.202 (vier Blöcke um den Grazer Platz); gesamte Wohnanlage: 2.025 |
| Wohnungsschlüssel: | 31 % 1- und 2-Zi; 35 % 2 1/2-Zi; 34 % 3- und 4-Zimmer-Wohnungen |
| Wohnungsausstattung: | Bad, in der Regel ohne Zentralheizung |
| Einwohner 1987: | 2.841 |
| Einwohnerdichte 1987: | ca. 310 Ew/ha |
| ÖPNV-Anbindung: | Buslinie 174 auf dem Grazer Damm und Buslinie 187 auf der Rubensstraße |

## Zur Planungsgeschichte

Der Wohnungsbau nimmt trotz anhaltender akuter Wohnungsnot während der 12 Jahre nationalsozialistischer Herrschaft keinen besonderen Rang ein, wiewohl die Wohnungsbauzahlen in der Vorkriegszeit kaum niedriger ausfallen, als in der Zeit der Weimarer Republik. Beim Bauen und insbesondere bei den „großen Plänen" stehen die Repräsentationsbauten im Vordergrund, deren Ausführung aber in Berlin weitgehend durch den Zweiten Weltkrieg verhindert wird.

Die Nationalsozialisten verfügen über kein konsistentes städtebauliches Leitbild. Die Architekturtheorie setzt sich vielmehr als Konglomerat verschiedenster bestehender konservativer Städtebau- und Architekturvorstellungen zusammen.[1] Aus wirtschaftlichen Gründen kann beim Wohnungsbau nicht am zunächst propagierten Leitbild des Siedlungshauses festgehalten werden, und man rückt im Laufe der Zeit von den anfänglichen Forderungen des NS-Wohnungsbaus nach Eigenheimen mit eigenem Grund und Boden ab. Im mehrgeschossigen Mietwohnungsbau soll ein Mindeststandard (große Wohnküche, Bad, zweiseitige Orientierung) realisiert werden.

Das Baugelände, auf dem 1938 bis 1940 die Wohnanlage Grazer Damm errichtet wird, ist Teil des sogenannten Schöneberger Südgeländes, das vor dem Ersten Weltkrieg aufgrund der Bauordnung von 1910 für Landhausbebauung vorgesehen, teilweise im Besitz des Landes Berlin ist und deshalb von der Terrainspekulation verschont bleibt. Vor und nach dem Ersten Weltkrieg existieren verschiedene Bebauungspläne für das Gebiet. (Z.B. B. Möhring 1910, O. Bartning für Berlin-Schöneberger Grundstücks AG - "Chapman Projekt" 1927).

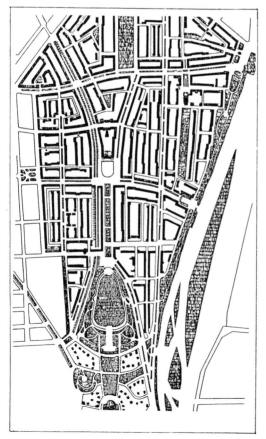

Bebauungsplan für das Schöneberger Südgelände, Arch.: Bruno Möhring 1910, Wettbewerbsentwurf

Grazer Damm

Interessant ist besonders das „Chapman Projekt" 1927, ein Angebot eines amerikanischen Konsortiums, gegen Vermietungsgarantie der Stadt Berlin über 14.000 Wohnungen auf dem Schöneberger Südgelände zu bauen. Nach langen Verhandlungen scheitert dieses Vorhaben an wirtschaftlichen und politischen Einwänden.[2] Auch weitere Vorhaben zur Bebauung des Südgeländes werden aufgrund unzureichender Finanzierungsgrundlagen Anfang der 30er Jahre zurückgestellt.

In den Jahren 1938/39 entsteht entlang des 40 m breiten Grazer Dammes eine große Anzahl von Wohnungen in fünfgeschossigen Putzbauten mit Walmdächern. Ursprünglich ist eine Tiefgarage im Blockinnenbereich geplant, die jedoch nicht realisiert wird. Eine Kirche und eine Schule bestehen bereits vor dem Neubau der Siedlung.[3]

Ähnlich wie die nationalsozialistische Planung für Charlottenburg-Nord (1937-1939) blieb das Projekt nicht zuletzt aufgrund der wirtschaftlichen und politischen Lage unausgeführt. Lediglich entlang des 40 m breiten Grazer Dammes wird 1938/39 eine größere Anzahl von Wohnungen in fünfgeschossigen Putzbauten geschaffen. Auf dem östlich angrenzenden Teil des Südgeländes wird im Anschluß an den Staatsbahnhof ein großer Postverschiebebahnhof geplant. Dieses Gelände ist bis heute durch Kleingärten genutzt.

Die Bebauung am Grazer Damm zeigt eine traditionelle Formensprache (Putzbauten mit Walmdächern, kleinsprossige Fenster, in Werkstein gefaßte Eingänge), die in monumentalisierender Weise überformt wird. Die Bebauung weist eine außerordentliche Strenge und Gleichförmigkeit auf.

Im Zweiten Weltkrieg werden Teile der Siedlung zerstört. Im Gegensatz zu anderen Siedlungen - etwa der Lindenhofsiedlung - wird die Wohnanlage am Grazer Damm originalgetreu wieder aufgebaut.

Bebauung am Grazer Damm

**Die Wohnungen**

Die Wohnungen am Grazer Damm sind im Vergleich zu den übrigen während des „Dritten Reichs" realisierten Bauprojekten größer und verfügen über ein Bad. Hinsichtlich des Ausstattungsstandards treten alle Wohnungen, die in dieser Zeit gebaut werden, hinter den Stand der 20er-Jahre-Siedlungen zurück: Die Wohnungen sind nicht zentralbeheizt und in der Siedlung Grazer Damm verfügen die Wohnungen über keinen Balkon. Lediglich vor den Treppenhausfenstern sind zur Gliederung der langgestreckten Fassaden Balkone - ohne jeden Gebrauchswert - „angebracht".

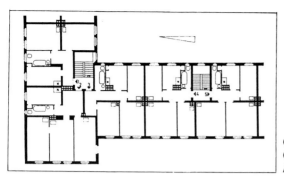

Grundriß Normalgeschoß,
Grazer Damm 127/129,
Arch.: Pardon

**Die Siedlung - heute**

In der zweiten Hälfte der 80er Jahre werden in dem Gebiet Instandsetzungen und Modernisierungen der Wohnungen und Gebäude durchgeführt. 1986 hat die Eigentümerin GSW ein Farbkonzept erarbeiten lassen, das bei den nachfolgenden Instandsetzungen zugrundegelegt wird. Während die Fassaden in der Regel entsprechend des Originalzustandes einen putzfarbenen Beigeton aufweisen, werden besondere städtebauliche Situationen (z.B. Wohnblock Ecke Voralberger Damm/Rubensstraße, Bebauung direkt am Grazer Damm) farblich akzentuiert (rostrot). Ebenso erhalten die vorspringenden Gebäudeteile und Balkone eine besondere farbliche Betonung.[4]

Großzügiger, wenig gegliederter Blockinnenbereich

Die Strenge und Monotonie der Bebauung („Kasernenarchitektur") sind kaum korrigierbare Merkmale. Problematisch ist zudem die einseitige Nutzungsstruktur sowie die starke Verkehrsbelastung des Grazer Dammes. Eine stärkere Beachtung sollte zukünftig der Gestaltung der Außenanlagen beigemessen werden.

## 6.4 EHEMALIGE „SS-KAMERADSCHAFTSSIEDLUNG"

**Ausgewählte städtebauliche Daten**

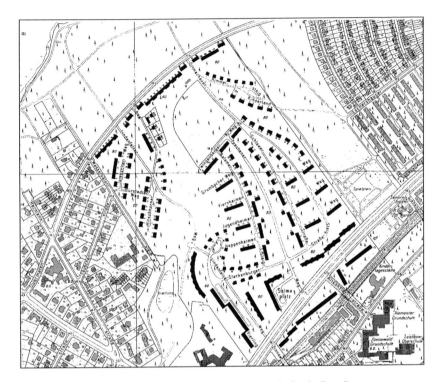

Waldsiedlung Zehlendorf, ehemalige „SS-Kameradschaftssiedlung"
M 1 : 10.000

| | |
|---|---|
| Lage: | Berlin-Zehlendorf |
| Bauherr: | Gemeinnützige Aktiengesellschaft für Angestellten-Heimstätten (GAGFAH) |
| Architekt: | H. Gerlach (GAGFAH) |
| Bauzeit: | 1938 - 1940 |
| Grundflächenzahl: | 0,1 - 0,2 |
| Geschoßflächenzahl: | 0,2 - 0,3 |
| Geschosse: | in der Regel 2 Geschosse |
| Wohneinheiten: | ca. 590 |
| Wohnungsschlüssel: | 32,5 % 2-Zi; 17 % 2 1/2-Zi; 0,5 % 3 1/2-Zi; 50 % 5-Zimmer-Wohnungen |
| Wohnungsausstattung: | alle Wohnungen mit Bad und WC, ca. 50 % zunächst ohne Sammelheizung |
| Einwohner 1987: | ca. 960 |
| Einwohnerdichte 1987: | ca. 45 EW/ha |
| ÖPNV-Anbindung: | U-Bahnhof Onkel-Toms-Hütte und Krumme Lanke und Buslinie 211 auf der Argentinischen Allee |

# Ehemalige „SS-Kameradschaftssiedlung"

## Zur Planungsgeschichte

Die in den Jahren 1938 - 1940 von der 1918 gegründeten Gemeinnützigen Aktiengesellschaft für Angestellten-Heimstätten (GAGFAH) erbaute ehemalige „SS-Kameradschaftssiedlung" unterscheidet sich grundlegend von der in direkter Nachbarschaft befindlichen Siedlung „Onkel-Toms-Hütte". Sie ist in Berlin das einzige Beispiel einer Siedlung der „Stuttgarter Schule", die u.a. wesentlich beeinflußt wurde durch Paul Schmitthenner und durch Heinz Wetzel, der nach der Machtübernahme durch die Nationalsozialisten zum Rektor der Technischen Hochschule ernannt wird.

Bereits 1935 erwirbt die GAGFAH das Baugelände von der Terraingesellschaft Botanischer Garten Zehlendorf-West. Die Planung wird mit der Ernennung des SS-Sturmbannführers Lekebusch zum Leiter der Hauptabteilung III des Siedlungsamtes forciert. Anfang 1937 liegt ein erster Entwurf vor, der von der Allgemeinen Häuserbau-Aktiengesellschaft (AHAG) erarbeitet wurde.

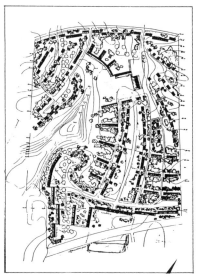

Ursprünglicher Bebauungsplan 1937 und überarbeiteter Entwurf 1937

Im Frühjahr 1937 stellt die GAGFAH den SS-Vertretern einen neuen Bebauungsplanentwurf vor. Dieser entspricht den Entwurfsgrundsätzen der „Stuttgarter Schule" beispielhaft. So folgt die Bebauung den Eigenschaften der Landschaft, „Ortseingänge" werden markiert, und einzelne Entwurfsteile führen zur „gestalterischen Dominante" der Ortsmitte hin, wo die Gemeinschaftsbauten im „Schwerpunkt des natürlichen Raums liegen."[1] Maßgeblich bearbeitet wird der Entwurf von dem Regierungsbaumeister a.D. Hans Gerlach, seit 1927 technischer Direktor der GAGFAH, und von dem Leiter der „Entwurfsgruppe SS-Siedlung" Engelberger. Der neue Bebauungsplanentwurf unterscheidet sich von seinem Vorgänger durch eine stärkere Anlehnung an die Gestaltungsprinzipien der Gartenstadt. Die vorgeschlagenen Grünflächen sind Teile einer Gesamtanlage, in die Gebäude und Gärten „eingebettet" sind. Die Freiflächengestaltung wird von dem Gartenarchitekten Somborn entworfen.

Bei der Realisierung der Siedlung zeichnen sich zunächst Finanzierungsschwierigkeiten ab. Weder die NSDAP noch die SS sind bereit, Geld zu investieren. Die Reichsversicherungsanstalt für Angestellte (RfA) und die GAGFAH erklären sich nach einer Intervention Himmlers bereit, den Siedlungsbau mit Ausnahme der SS-Gemeinschaftseinrichtungen zu realisieren. Die RfA finanziert den Siedlungsbau, und die GAGFAH ist die Erbbauberechtigte. Vertraglich wird ihnen von der SS zugesichert, daß ein Teil der Wohnungen nicht von der SS belegt werden darf. Diese Mieter, die ausschließlich in den kleinen Wohnungen der Geschoßbauten untergebracht werden, müssen aber „fördernde Mitglieder der SS" werden und dem „Verband der SS-Kameradschaftssiedlung" beitreten.

## Ehemalige „SS-Kameradschaftssiedlung"

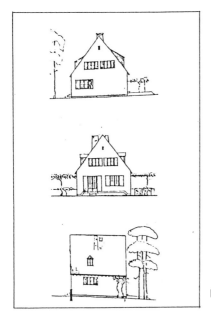

Einzelhaus-Ansichten

Die geplanten Gemeinschaftsanlagen - der Kinderhort, das SS-Mannschaftshaus, das Kasino, das Kameradschaftsheim und die Festhalle - werden trotz intensivster Bemühungen des SS-Beauftragten Lekebusch nicht finanziert. Da damit wesentliche Teile der Planung nicht ausgeführt werden und die zentrale Mittelstraße auf einer Wiese endet, verliert der Städtebau als ein „baulich gestalteter Gedanke der Gemeinschaft" - so der Völkische Beobachter - in der Realität viel von seinem ideologischen Gehalt. „Trotz geschickter Anpassung ans Gelände, trotz Angerform und Stadtmauermotiv wirken die Häuser im Walde wie aufgereiht, nebeneinander, nicht zueinander gestellt, als städtebaulicher Ausdruck einer Rangordnung".[2]

Blick auf eine Reihenhauszeile

Ehemalige „SS-Kameradschaftssiedlung"

**Die Wohnungen**

Der Gebäudetyp ist Ausdruck des SS-Ranges seiner Bewohner; die Palette reicht von der 2-Zimmer-Wohnung im Geschoßbau bis zum großzügig dimensionierten freistehenden Einfamilienhaus. Auffallend ist die Verteilung der Wohnungen zugunsten der Einzel- und Doppelhäuser. Die Wohnungen der „niederen Ränge" liegen im Geschoßbau entlang der Argentinischen Allee. Die Grundrisse entsprechen im wesentlichen den vielfach von der GAGFAH erprobten Heimstätten-Typen.

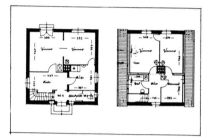

Reihenhaus

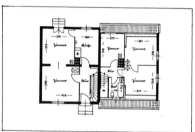

Doppelhaus

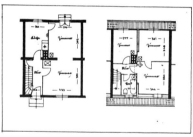

Einzelhaus

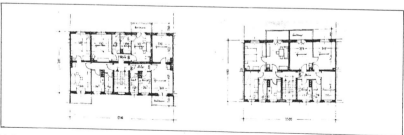

Mehrgeschossige Bauten, Grundriß

Ehemalige „SS-Kameradschaftssiedlung"

Blick in eine Wohnstraße

**Die Siedlung - heute**

Die Siedlung, ein Beispiel nationalsozialistischen Wohnungsbaus für die Elite des Regimes, verfügt über städtebauliche Qualitäten, die einem Vergleich mit zahlreichen Siedlungen neuerer Zeit durchaus standhalten können. Es bleibt natürlich dennoch ein ambivalentes Verhältnis zur Siedlung - sie läßt sich nicht losgelöst von den politischen Entstehungsbedingungen beurteilen. „In der heutigen Waldsiedlung Krumme Lanke tritt Doppelkodierung in Erscheinung. Berlins einzige reine Siedlung der `Stuttgarter Schule`, die eine in ihrer Art typische SS-Kameradschaftssiedlung abgab, ist ein in jeder Hinsicht bemerkenswerter Siedlungsentwurf deutscher Architekten im `Dritten Reich`."³

Diese Gebäude hätten auch 1950 errichtet werden können

Die Einzelbauten haben wenig mit dem oft als typisch nationalsozialistisch assoziierten monumentalen Bauen gemein. Hier präsentiert sich vielmehr eine bodenständige, traditionelle Bauweise. Der Entstehungs- und Nutzungskontext der Siedlung wirkt jedoch auch auf die Beurteilung des einzelnen Gebäudes zurück. So spiegelte sich die Hierachie der aufsteigenden Dienstgrade der SS in Lage und Ausstattung von Mietwohnungen, Reihenhäusern und Einzelhäusern wieder.⁴

# 7. DIE AUFBAUPHASE VON 1945 BIS 1960

## 7.1 KARL-MARX-ALLEE I (ehemalige STALINALLEE I)

Ausgewählte städtebauliche Daten

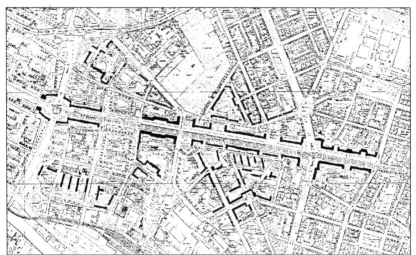

Baugebiet Stalinallee I (heute Karl-Marx-Allee I), bis 1960 realisierte Wohnungen
M 1 : 25.000

| | |
|---|---|
| Lage: | Berlin-Friedrichshain |
| Bauherr: | Staatlicher Wohnungsbau der DDR und Genossenschaft Heimstätte Berlin |
| Architekten: | Arbeitsgruppen unter Leitung von Hermann Henselmann, Egon Hartmann, Richard Paulick, Kurt W. Leucht, Hanns Hopp und Karl Souradny |
| | Laubenganghäuser nach Plänen von Hans Scharoun und der Arbeitsgruppe von Ludmilla Herzenstein |
| | Filmtheater Kosmos von den Arbeitsgruppen unter Leitung von Joseph Kaiser und Günter Kunert (1961-1962) |
| Bauzeit: | 1949, 1952-1958 (Gesamtgebiet entspr. Lageplan etwa 1949-1960) |
| Grundflächenzahl: | 0,2 bis 0,35 |
| Geschoßflächenzahl: | 1,5 bis 3,5 |
| Geschosse: | 5 bis 10 |
| Wohneinheiten: | 2569 |
| Wohnungsschlüssel: | 5 % 1-Zi.; 59 % 2-Zi.; 28 % 3-Zi.; 8 % 4- u. 5-Zimmer-Wohnungen |
| Wohnungsausstattung: | alle Wohnungen mit Bad/WC und Fernheizung, z.T. mit Loggia, Erker oder Balkon und Aufzug |
| Einwohner 1992: | ca. 6.140 |
| Einwohnerdichte 1992: | ca. 160 Ew/ha |
| ÖPNV-Anbindung: | U-Bahnhöfe Strausberger Platz, Weberwiese, Rathaus Friedrichshain und Samariterstraße (Linie 5), Straßenbahn-Linien 20, 21, 22 (auf der Petersburger und Warschauer Straße), Buslinien 140 (auf der Straße der Pariser Kommune), 142 (auf der Andreasstraße), 147 (auf der Hildegard-Jadamowitz-Straße), 240 (auf der Rüdersdorfer/Grünberger Straße) |

## Zur Planungsgeschichte

Die östlichen Teile des Stralauer Viertels, insbesondere an der Großen Frankfurter Straße (heutige Karl-Marx-Allee etwa zwischen Strausberger Platz und Frankfurter Tor), werden seit 1800, mit steigender Intensität in der zweiten Hälfte des 19. Jahrhunderts, bebaut. Anstelle des Strausberger Platzes befindet sich um 1865 eine fünfstrahlige Straßenkreuzung mit der Strausberger Straße als Verbindung zum Landsberger Platz (zeitweilig Leninplatz, heute: Platz der Vereinten Nationen). Das ursprüngliche Frankfurter Tor liegt zu dieser Zeit in der Großen Frankfurter Straße etwa in Höhe Fruchtstraße/Memeler Straße (heute: Straße der Pariser Kommune/ Marchlewskistraße am U-Bahnhof Weberwiese)[1]. Bis zum Ersten Weltkrieg wird das umliegende Gebiet mit Wohnungsbau und Gewerbestätten in starkem Maße verdichtet. Im Zweiten Weltkrieg werden in dem Bereich beidseitig der Karl-Marx-Allee weit mehr als 45 % aller Gebäude zerstört[2].

Der Wille zum Aufbau Berlins kommt bereits seit 1946 im Kollektivplan, im Zehlendorfer, Hermsdorfer und im Neuen Plan zum Ausdruck. Gefragt sind neue städtebauliche Leitbilder, da auf Grund des starken Zerstörungsgrades der Stadt niemand bereit ist, die alten dichtbebauten städtebaulichen Strukturen ohne Licht, Luft und Sonne wieder herzustellen. Verschärft wird die Situation dadurch, daß gerade in Berlin ideologische Welten aufeinanderstoßen. Wohl bei keinem der neuen Baugebiete in Berlin werden die Aufbaupläne in kurzer Zeit so radikal umgestellt, wie bei der Frankfurter Allee. Fast gleichzeitig mit dem Zehlendorfer Plan liegt bereits 1946 der so genannte Kollektivplan vor. Die Frankfurter Allee wird darin von dem ´Planungskollektiv´ mit Hans Scharoun, Wils Ebert, Reinhold Lingner, Luise Seitz, Peter Friedrich, Ludmilla Herzenstein, Selman Selmanagic und Herbert Weinberger[3] als Element in eine völlig neue funktionsbetonte städtebauliche Struktur des Berliner Innenstadtbereichs eingeordnet. Der vom ´Kollektiv´ erarbeitete Generalaufbauplan von Berlin wird im Juli 1949 vom Ostberliner Oberbürgermeister Friedrich Ebert zur öffentlichen Diskussion gestellt und allgemein ausdrücklich als fortschrittlich gelobt und prämiert. Aber bereits kurz nach Gründung der DDR, im Oktober 1949, und weiterer Zuspitzung der politischen Auseinandersetzung zwischen Ost und West ist in Ost-Berlin ein politischer Kampf zur ideologischen Ausrichtung der Planungsorgane im Gange[4], in dessen Folge sich die Architekten des ´Planungskollektivs´ zurückziehen. Der Generalaufbauplan wird in seiner ursprünglichen Form nicht weiterverfolgt. Es werden lediglich zwei Laubenganghäuser an der Karl-Marx-Allee (Scharoun/Herzenstein) und die an der Südseite angrenzenden Wohnzeilen zwischen Hildegard-Jadamowitz-Straße und Graudenzer Straße (Entwurfsgruppe Helmut Riedel)[5] der neu entworfenen „Wohnzelle Friedrichshain" verwirklicht, deren Bau nicht mehr gestoppt werden kann.

Nach der administrativen Teilung der Stadt 1948/49 ist die einst zentral gelegene City um den Alexanderplatz in eine periphere Lage gekommen. Für die neu gegründeten Planungsgruppen besteht nun die Hauptaufgabe, das auszubauende Zentrum mit den östlich gelegenen Arbeiterbezirken funktionell-gestalterisch zu verbinden. Prädestiniert dafür ist die einstige Frankfurter Allee, die neue Stalinallee (heute: Karl-Marx-Allee) zwischen Strausberger Platz und Frankfurter Tor. Dieser Straßenzug ist stark zerstört, die Trümmer sind fast weggeräumt und mit dem Aufbau eines solchen Straßenzuges kann die frisch an die Macht avancierte SED in ihrem neuen Staat DDR demonstrieren, wie die zerstörten Städte der DDR nach den „Bedürfnissen der Werktätigen" besser wie nie zuvor wiederaufgebaut werden sollten: „national, schön und großzügig"[6]. Maximen dazu bilden das Aufbaugesetz, das den Kommunen die freie Verfügbarkeit des Grund und Bodens zusichert, und die „Sechzehn Grundsätze des Städtebaus", gestalterische Richtlinien, die erarbeitet wurden, nachdem eine Delegation des Ministeriums für Aufbau in der Sowjetunion entsprechende Erfahrungen gesammelt hat.

Ein durch den Ost-Berliner Magistrat ausgelobter Wettbewerb zur stadträumlichen Gestaltung des Straßenzugs zwischen Strausberger Platz und Kreuzung Bersarinstraße (heute: Frankfurter Tor), in dem die neuen Leitbildgedanken zum tragen kommen sollen, zeigt bei den meisten der 34 eingereichten Arbeiten eine „aufdringlich moderne" Gestaltung, die jedoch wegen ideologischer Gründe aus der Sicht der

Block G-Süd, Straßenansicht Haus 2

Block G-Süd, Straßenansicht Haus 3

Karl-Marx-Allee, Block C-Nord

Auslober nicht akzeptiert werden kann. Deshalb wird mit den Wettbewerbsgewinnern Hanns Hopp, Richard Paulick, Egon Hartmann, Karl Souradny, Gerhard Strauß, Heinz Auspurg und Kurt W. Leucht eine Arbeitsgruppe gebildet, die in Kienbaum bei Erkner

## Strausberger Platz

den ersten verbindlichen Aufbauplan für Ost-Berlin, den sogenannten 'Kienbaumplan', ausarbeitet, der bereits recht konkret die künftige städtebauliche Gestaltung der Stalinallee zwischen Strausberger Platz und Frankfurter Tor ausdrückt. Die Grundsteinlegung für dieses erste zusammenhängende große Aufbaugebiet Berlins in der Nachkriegszeit wird am 3. Februar 1952 durch den DDR-Ministerpräsidenten Otto Grotewohl vorgenommen. Der Aufbauplan wird von der neu gegründeten Planungsgruppe Berlin und ab 1953 vom Institut des Chefarchitekten Hermann Henselmann insbesondere hinsichtlich der Gebiete nördlich und südlich der Stalinallee detailliert durchgearbeitet. (vgl. S. 9) Die Stalinallee in ihrer national-traditionalistischen Form ist vor allem auch deshalb prägend für die gesamte DDR-Architektur, weil nach Fertigstellung des Planes in der Modellwerkstatt der Bauakademie zehn Modelle davon gefertigt werden und als „Anregung" für die Architekten in die größten Städte der DDR verschickt werden[7].

In dem gesamten Baugebiet zwischen Strausberger Platz und Proskauer Straße, im Norden etwa durch die Friedenstraße/Auerstraße und im Süden durch die Eisenbahnlinie, den Hauptbahnhof und die Grünberger Straße begrenzt (siehe Lageplan), werden bis 1960 mehr als 5.500 Wohnungen errichtet. Der hier betrachtete Bereich der straßenbegleitenden und unmittelbar angrenzenden Bebauung entlang der Karl-Marx-Allee zwischen Strausberger Platz und Proskauer Straße umfaßt 2.569 WE.

Der etwa 1,9 km lange Straßenzug der Karl-Marx-Allee (eh. Stalinallee) wird auf 70 bis 90 Meter verbreitert und mit zwei Richtungsfahrbahnen, Baumallee und einem Grünstreifen auf der Nordseite versehen. Die Baublöcke mit Wohnungen, Läden und Dienstleistungseinrichtungen werden in ca. 250 m lange Abschnitte mit Vor- und Rücksprüngen sowie Höhensprüngen rhythmisch gegliedert. Die platzartigen Erweiterungen am Strausberger Platz und Frankfurter Tor mit ihren Dominanten präsentieren eine gewisse Torwirkung und sollen städtebauliche Höhepunkte ausdrücken. Die volkstümelnde ornamentreiche Gestaltung der Gebäude orientiert sich hauptsächlich an den Vorbildern Moskauer Wohnpaläste und wird in der DDR regional variiert. In Dresden gelten z. B. überwiegend barocke Traditionen, während in Berlin mehr klassizistische Traditionen, frei nach K. F. Schinkel, zum Vorbild deklariert werden.

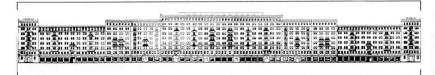

Block E-Nord, Fassade

# Karl-Marx-Allee I

Über die Einhaltung der verordneten Leitbilder wachen in Berlin eine Kommission 'Architekturkontrolle' und die Stadtplanungskommission, die sich z.T. aus Vertretern des Ministeriums für Aufbau und des Magistrats zusammensetzen und Entscheidungen nur in engem Kontakt zu Walter Ulbricht und der SED-Parteiführung fällen. Jene Bedingungen prägen die Realisierung des ersten Abschnitts der Stalinallee. Unter dem Einfluß Moskauer Bestrebungen nach dem Tode Stalins wird noch während der Bauzeit von den DDR-Architekturideologen ein neues städtebauliches Leitbild entworfen, das im Wohngebiet Karl-Marx-Allee II zum Tragen kommen sollte.

## Die Wohnungen

Sämtliche Gebäude werden in traditioneller Bauweise, prinzipiell als Mauerwerksbau, errichtet. In der Erdgeschoßzone, z.T. auch im ersten Obergeschoß, befinden sich Läden, Gaststätten, Dienstleistungs- u. ä. Einrichtungen. Die Wohnungen sind in den darüber liegenden Geschossen untergebracht. Für Nachkriegsverhältnisse sind die in Drei- und Vierspänner-Sektionen gebauten Einzimmerwohnungen mit 42 m², Zweizimmerwohnungen mit 67 m², Dreizimmerwohnungen mit 75 m² und Vierzimmerwohnungen mit 105 m² Nutzfläche relativ groß und geradezu luxuriös ausgestattet. Die Wohnungen werden „...vom Fernheizwerk versorgt und sind mit Zentralheizung, Warmwasserversorgung, Fahrstuhl, eingebautem Müllschlucker, ausgefliesten Bädern mit eingebauter Wanne und gefliester Objektwand in den Küchen ausgestattet. Die Anschlüsse für Gemeinschaftsantenne und Fernsehen, sowie Türsprechanlage mit automatischer Haustürsteuerung und Anschluß für Telefon ergänzen den Kom-

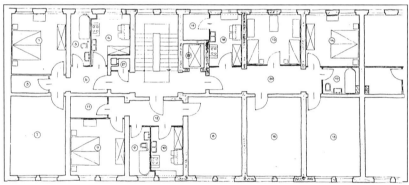

Zwei- und Vierzimmerwohnungen Block E-Süd

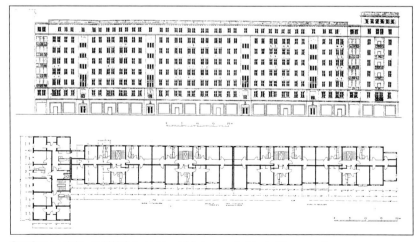

Straßenansicht und Wohnungsgrundrisse des 1. bis 4. Obergeschosses,
Block F-Süd

fort"[8]. Außerdem haben die Wohnungen meist eine Diele mit Stellmöglichkeiten für Sitzmöbel, einen Abstellraum sowie einen Balkon, Erker oder eine Loggia. Die Bäder sind teilweise mit direkter oder indirekter Belüftung versehen. In den größeren Wohnungen sind Bad und WC getrennt angeordnet.

## Das Wohngebiet - heute

Die städtebauliche und architektonische Qualität des ersten Bauabschnittes der Karl-Marx-Allee ist sehr umstritten. Einschätzungen, auch im Zusammenhang mit dem Formenvokabular, reichen vom abwertenden Klischee des „Zuckerbäckerstils", über eine Klassifizierung als „einmaliges und exponiertes Ensemble"[9] bis hin zur Deklarierung als erste postmoderne Ausdrucksform. Aldo Rossi bezeichnet die Stalinallee gar als „die letzte große Straße Europas"[10].

Unbestritten bleibt die Karl-Marx-Allee in ihrer Bedeutung für die Baugeschichte und Denkmalpflege. Als erstes großes, komplex aufgefaßtes und geplantes Aufbaugebiet Ost-Berlins entsteht der zentrumsnahe Boulevard nach einem neuen Leitbild im politischen Spannungsfeld der beiden großen Weltlager mit teilweise konträren Zielvorstellungen auch in Städtebau und Architektur. Die Karl-Marx-Allee bzw. Stalinallee wird somit zum baulichen Dokument architekturtheoretischer Auseinandersetzungen in der DDR, aber auch „propagandistisch zum Maßstab des westdeutschen und damit des gesamtdeutschen Wiederaufbaus"[11]. Beispielsweise entsteht das West-Berliner Hansaviertel 1956-58 auch als Gegenreaktion auf dieses Baugebiet.

In ihrer Funktion ist die Allee einstmals wie heute wichtigste Ausfallstraße von der City am Alexanderplatz in Richtung Osten mit starkem Durchgangsverkehr, flankiert von Wohnblöcken mit Läden im Erdgeschoß überwiegend für die lokale Versorgung. Sie ist auch heute noch ein wichtiger und beliebter Wohnstandort. Von der Lage, Funktion, Komposition und Gestaltung bietet sie eine potentielle Chance für die Aufwertung zu einem repräsentativen Boulevard, zumal sich inzwischen die Bodenpreise stark verändert haben und Urbanität in der Nähe der „City Ost" gefragt ist. Da das Ensemble unter Denkmalschutz steht, sollte die Aufgabe der Urbanisierung mit Feingefühl und der nötigen Zurückhaltung angegangen werden. Eine dringend notwendige Sanierung des etwa 40jährigen Gebäudebestands könnte mit einer „behutsamen Stadterneuerung" einhergehen, die u.a. eine Bewahrung des städtebaulichen Hauptraums sowie die Bauvorstellungen des einstigen Planungskonzepts für heute noch im gesamten Planungsgebiet vorhandene Freiflächen einschließen sollten. In diesem Zusammenhang wäre auch eine Modifizierung der nachträglich eingefügten Plattenbauten anstelle der ehemaligen Sporthalle und des Stalindenkmals wünschenswert[12].

Frankfurter Tor

## 7.2 HANSAVIERTEL

Ausgewählte städtebauliche Daten

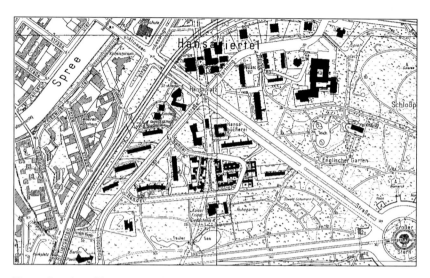

Hansaviertel am Tiergartenrand
M 1 : 10.000

| | |
|---|---|
| Lage: | Berlin-Tiergarten |
| Bauherr: | Aktiengesellschaft für den Aufbau des Hansaviertels (Hansa-Bau AG) |
| Architekten: | städtebauliche Planung von 1953: G. Jobst und W. Kreuer, spätere Planänderung auf Vorschlag von Bakema; Einzelgebäude: verschiedene internationale Architekten |
| Bauzeit: | 1956 - 1958 |
| Grundflächenzahl: | 0,2 |
| Geschoßflächenzahl: | 0,4 - 1,8 |
| Geschosse: | bis zu 17 Geschossen |
| Wohneinheiten: | 1.300 |
| Wohnungsschlüssel: | 10 % 1-Zi; 25 % 2-Zi; 63 % 3- bis 4-Zi; 2 % 5- und mehr Zimmer-Wohnungen Neben Wohnungen in Hochhäusern auch eine beschränkte Anzahl von Einfamilienhäusern bzw. Mehrfamilienhäusern unterschiedlicher Typen. |
| Wohnungsausstattung: | alle WE mit Bad/WC und Zentralheizung |
| Einwohner 1958: | ca. 3.500 im Hansaviertel |
| Einwohner 1987: | ca. 1.900 (Blöcke 602 - 606 und 609) |
| Einwohnerdichte 1987: | ca. 120 Ew/ha |
| ÖPNV-Anbindung: | S-Bahnhof Bellevue (Linien 3,6,7 und 9), U-Bahnhof Hansaplatz (Linie 9), Buslinien 341 und 123 auf der Altonaer Straße |

# Hansaviertel

## Zur Planungsgeschichte

Bereits zu Beginn der 50er Jahre wird in Erwägung gezogen, in Berlin nach den Jahren 1910 („Wettbewerb Groß-Berlin"), 1928 (Siedlung Fischtalgrund) und 1931 (Produkt- und Leistungsschau der Bauindustrie auf dem Messegelände) eine neue Bauausstellung durchzuführen. Die Ergebnisse sollen die Leitvorstellungen des Städtebaus der 50er Jahre in der noch jungen Bundesrepublik demonstrieren und eine „freiheitliche" Alternative zur Planung der „ersten sozialistischen Straße" in Ost-Berlin, der Stalinallee (heute: Karl-Marx-Allee), darstellen.

Im Juni 1953 erfolgt die Ausschreibung eines städtebaulichen Wettbewerbs. Darin wird noch betont, daß es neben einem wirtschaftlichen Bebauungsplan auf eine realisierbare Bodenordnung ankomme, wobei eine Stadtstruktur entstehen soll, die den Leitbildern des „neuen" Städtebaus entspricht. Das Preisgericht - unter Vorsitz von Senatsdirektor Lemmer - zeichnet den Entwurf Jobst/Kreuer/Schliesser mit dem 1. Preis aus, dessen Realisierung eine völlige städtebauliche Neuordnung bedeuten würde.

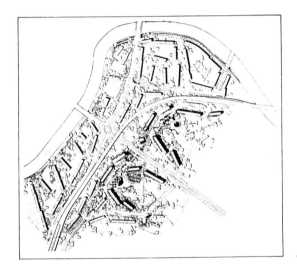

Der preisgekrönte Entwurf der Architekten Jobst/ Kreuer/Schliesser

Damit ist die Entscheidung festgeschrieben, historisch vorgegebene Stadtstrukturen „großzügig" zu überplanen. Völlig zerstört - wie oft berichtet - ist das alte Hansaviertel nicht. Wenn auch nur gut 10 % der vorhandenen Gebäudesubstanz erhalten ist, so sind die Kellerfundamente aller Gebäude, die alten Straßen und vor allem die Leitungssysteme unter den Straßen weitgehend erhalten; auch das private kleinteilige Grundeigentum - ein wesentliches Element der Stadtstruktur des 19. Jahrhunderts - existiert noch.[1]

Aber gerade diese Strukturen gilt es in der Ideologie des Städtebaus der 50er Jahre mit der Zielsetzung einer „gegliederten und aufgelockerten" Stadt zu vernichten. So schreibt der damalige Bausenator Mahler: „So soll die Ausstellung keine Baumasse sein, sondern ein klares Bekenntnis der Architektur zur westlichen Welt. Sie soll zeigen, was wir unter modernem Städtebau und anständigem Wohnbau verstehen im Gegensatz zu dem falschen Prunk der Stalinallee".[2]

In einem vom Bausenator eingesetzten sog. „Leitenden Ausschuß" unter Vorsitz von Otto Bartning, der die Aufgabe hat, den Bausenator in Fragen der Planentwicklung und Gestaltung zu beraten, werden zunächst internationale Architekten ausgewählt, die zur Teilnahme an der Interbau eingeladen werden sollen. Nur Mies van der Rohe und Saarinen lehnen ab.

# Hansaviertel

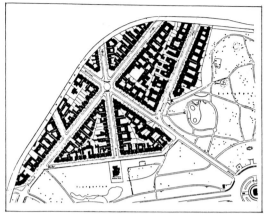

Bebauung des Hansaviertels bis zur Zerstörung 1943

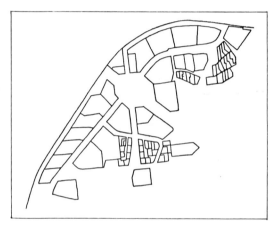

Neue Grundstücksgrenzen (1957)

Rohbau der St.-Ansgar-Kirche

In der ersten gemeinsamen Sitzung aller eingeladenen Architekten und des Leitenden Ausschusses wird die Arbeit des ersten Preisträgers revidiert. Das dem Entwurf Jobst/Kreuer/Schliesser zugrundeliegende städtebauliche Konzept ermöglicht nicht, in gebührender Weise die „Individualitäten" von „namhaften Architekten des In- und Auslandes" zu realisieren. Die Gebäude werden auf Vorschlag des Holländers Bakema in eine orthogonale Ordnung „zurechtgerückt". Der Lageplan erfährt weitere Änderungen u.a. durch ein Konzept der Architektengruppe „Der Ring" um Scharoun, das auf einer Mischung kleinmaßstäblicher Flachbauten mit Hochhäusern beruht.

In dem Ende 1955 vom Abgeordnetenhaus beschlossenen Richtplan werden zwei Hauptstraßenzüge (die erweiterte Altonaer Straße und eine neue Nord-Süd-Schnellverkehrsstraße) vorgesehen, die vorhandenen Straßen im Interesse einer Kostenreduzierung jedoch berücksichtigt. Die Bebauung soll aufgelockert, die Grünflächen sollen vergrößert und die Gebäudehöhen differenziert werden. 1938 leben ca. 7.000 Einwohner (Ew) in dem Gebiet, 1958 sollen es ca. 3.500 Ew sein.

Ende 1954 wird die „Aktiengesellschaft für den Aufbau des Hansaviertels" (Hansa AG) gegründet, da es wegen der Notwendigkeit der Erhaltung des privaten Eigentums nicht geraten scheint, die öffentliche Hand zum Träger der Maßnahme zu machen. Ihre Aufgaben sind u.a. der Grunderwerb, die Neuvermessung, die Errichtung der Wohnbauten und die Reprivatisierung. Die Gesellschaft besteht neben zwei prominenten Grundstückseigentümern im Hansaviertel (Beteiligung je 1.000 DM) aus der Deutschen Gesellschaft zur Förderung des Wohnungswesens (DeGeWo), der Gemeinnützigen Deutschen Wohnungsbaugesellschaft mbH Berlin-Hamburg-Frankfurt (DEUTSCHBAU) und dem „Sozialwerk für Wohnung Hausrat Gemeinnützige GmbH", Baden-Baden (Beteiligung insgesamt ca. 3 Mio DM).

Eines der Punkthäuser, im Vordergrund ein dreigeschossiges Wohnhaus von Max Taut

Der „Modernismus", der sich in den Gebäuden der Interbau darstellt, dokumentiert die Reduzierung des architektonischen Anspruchs, nicht mehr zu wollen, als mit dem internationalen Standard in Technik und Design gleichzuziehen. Die Interbau 1957 stellt den Versuch dar, mit der Sammlung von Einzelobjekten der Frage aus dem Weg zu gehen, wie auf der Grundlage städtebaulicher Konzepte neue Stadtviertel zu entwickeln sind.

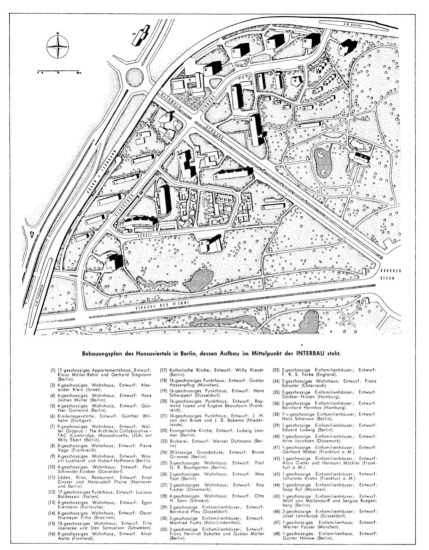

Lageplan des Hansaviertels mit Angaben zu den Architekten

## Die Wohnungen

Mit Ausnahme der Einfamilienhäuser werden alle Wohnungen im Programm des sozialen Wohnungsbaus finanziert. Der gesetzliche Rahmen zunächst des Ersten Wohnungsbaugesetzes und nach 1957 des Zweiten Wohnungsbaugesetzes darf nicht überschritten werden. Aufgrund des vergleichsweise hohen Anteils an Hochhäusern liegen die durchschnittlichen Baukosten je m³ umbauten Raumes mit 94 DM ca. 35% über dem „Normalen". Die Herstellungskosten dieses sozialen Wohnungsbaus liegen damit weit über den durchschnittlichen Erstellungskosten von Geschoßwohnungen, was sich auch auf die Bewohnerstruktur auswirkt.

„Der (folgende d.V.) Entwurf ist ein interessanter Beitrag zum Problem, ein Punkthaus wirtschaftlich zu nutzen und gleichzeitig möglichst viele Wohnungen von zwei Seiten Licht sowie Querlüftung zu geben."[3]

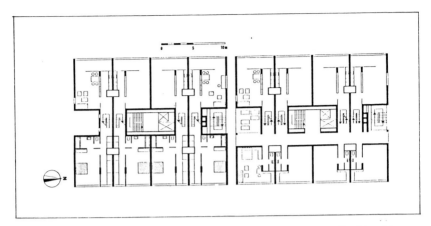

Grundriß von zwei zusammengehörigen Normalgeschossen eines Punkthochhauses, Entwurf: J.H. van der Broek, J.B. Bakema

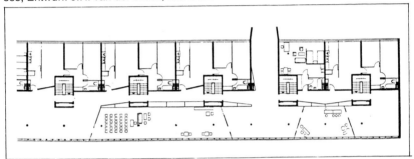

Grundriß, Normalgeschoß eines sieben- bis zehngeschossigen freistehenden Zeilenbaus, Entwurf: O. Niemeyer, S. Filho, Brasilien

„Die Westseite dieses Stockwerkes (5. Geschoß, d.V.) ist Gemeinschaftsräumen vorbehalten, die durch Glaswände unterteilt, den Bewohnern verschiedenste Erholungs- und Kontaktmöglichkeiten bieten. Hier wird besonders das Streben deutlich, die in einem Gebäude zusammengefügten Wohnzellen zu einem Gemeinwesen werden zu lassen."[4] Dieses Konzept hat sich in der Realität jedoch nie durchsetzen können.

## Die Siedlung - heute

Das Hansaviertel erfreut sich nach wie vor einer hohen Beliebtheit bei den Bewohnern. Die Lage am Rande des Tiergartens, die Qualität des Wohnens, die fußläufig erreichbaren Infrastrukturangebote und die zentrale Lage sind mit Sicherheit positiv zu bewerten.

Trotzdem ist Kritik geboten, da das Hansaviertel keine Lösung zur Entwicklung der Städte während der Wiederaufbauphase darstellt, da wesentliche städtische Qualitäten in dem Quartier fehlen. Als herausragende Mängel erscheinen heute - neben der beziehungslosen Aneinanderreihung verschiedener Gebäudetypen - der Verlust der Nutzungsvielfalt und der Verlust der Integration der Straßen und Plätze in die Bebauungsform. Das Hansaviertel - der Versuch, die Prinzipien der gegliederten und aufgelockerten Stadt städtebaulich umzusetzen - ist heute ein innerstädtisches Wohngebiet mit vergleichsweise hohem Wohnwert, gleichzeitig jedoch auch Fremdkörper ohne städtische Qualitäten.

Das Hansaviertel hat gezeigt, wie die Alternative zur Mietskasernenstadt produziert werden kann:[5] durch eine Trägergesellschaft, in der die gemeinnützige Wohnungswirtschaft eine bedeutende Rolle spielt, durch eine Abqualifizierung des historischen Baubestandes, durch eine Bodenordnung, die kleinteiligen Besitz abschafft, durch eine Tilgung möglichst aller materieller historischer Spuren und durch einen aufwendigen Einsatz öffentlicher Mittel.

## 7.3 OTTO-SUHR-SIEDLUNG

**Ausgewählte städtebauliche Daten**

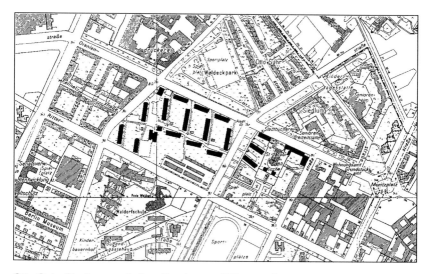

Otto-Suhr-Siedlung, zwischen Oranien- und Ritterstraße
M 1 : 10.000

| | |
|---|---|
| Lage: | Berlin-Kreuzberg, Luisenstadt |
| Bauherr: | BEWOGE (Berliner Wohn- und Geschäftshaus GmbH) |
| Architekten: | Städtebauliche Planung: Stadtplanungsamt Kreuzberg (Teil I u. II), Senator für Bau- und Wohnungswesen (Teil III); Bauplanung: Max Rudolf; St. Jacobi-Kirche: Friedrich-August Stüler, Pfarrhäuser: Frowein/Spangenberg |
| Bauzeit: | Teil I: 1956 - 1958 (spätere Ergänzungsbauten: 1967), Teil II: 1959 - 1961, Teil III, 1962 - 1963; St. Jacobi 1835, Pfarrhäuser 1983, 2 neuere Geschoßbauten 1979 |
| Grundflächenzahl: | 0,2 - 0,3 (in kleinen Teilbereichen 0,4) |
| Geschoßflächenzahl: | 1,2 - 1,8, durchschnittlich: 1,5 |
| Geschosse: | 3- u. 4-geschossig um die Jacobi-Kirche, 6- u. 8-geschossige Zeilenbauten sowie 15-geschosiges Punkthochhaus |
| Wohneinheiten: | 2.300 (Teilgebiet ca. 1.200) |
| Wohnungsschlüssel: | 30 % 1- und 2-Zi, 70 % 3-und 4-Zimmer-Wohnungen (wenige größere Wohnungen) |
| Wohnungsausstattung: | überdurchschnittlich mit: Zentralheizung, Bad, Aufzug, Müllschlucker und Balkon |
| Einwohner 1987: | ca. 3.200; (1.976 im Teilgebiet) |
| Einwohnerdichte 1987: | ca. 230 Ew/ha |
| ÖPNV-Anbindung: | U-Bahnhof Kochstraße (Linie 6) und U-Bahnhof Moritzplatz (Linie 8) sowie Buslinien 129 und 240 auf der Oranienstraße |

# Otto-Suhr-Siedlung

## Zur Planungsgeschichte

1840 entwirft der königliche Gartenbaudirektor Peter J. Lenné im Auftrag des preußischen Königs den Plan der „Schmuck- und Grenzzüge von Berlin mit nächster Umgebung". Der Standort der heutigen Otto-Suhr-Siedlung ist ein Teil der auf die Lennésche Planung zurückgehende Luisenstadt, die durch den Luisenstädtischen Kanal, die „Achsen, Schmuckplätze und points de vues"[1] geprägt ist.

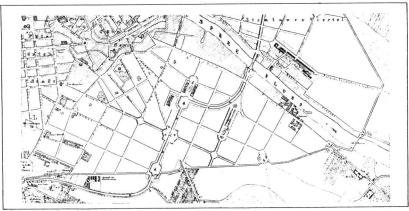

Bebauungsplan von Peter J. Lenné für das „Cöpenicker Feld" (Plan von 1841)

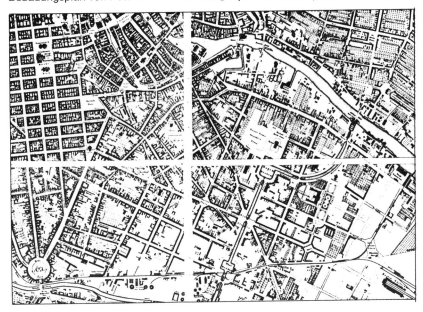

Luisenstadt um 1867, Plan von Liebonow (Ausschnitt)

Der Plan von Liebenow von 1867 zeigt, daß die um 1860 entstandene Bebauung sich im wesentlichen auf Blockrandbebauung mit nur teilweise vorhandenen Quer- und Hintergebäuden beschränkt. Erst später wird der große Block total, meist mit Gewerbegebäuden überbaut.

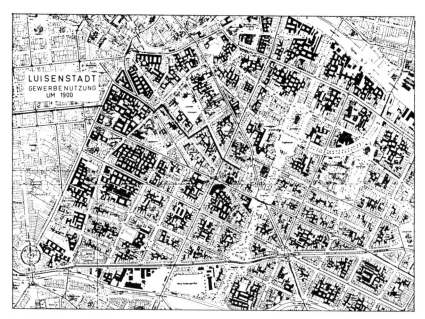

Luisenstadt um 1900

Diese Baustruktur geht in den Bombennächten des Zweiten Weltkrieges weitgehend unter. Die Reste werden abgerissen, um für die Otto-Suhr-Siedlung, eines der ersten großen Wiederaufbauprojekte in der westlichen Hälfte Berlins, Platz zu machen.

Diese Wohnsiedlung, ein Demonstrationsobjekt der Bundesregierung, folgt exemplarisch der in den 50er Jahren vorherrschenden Städtebauauffassung. Die organische, gegliederte und aufgelockerte Stadt war das Leitbild dieser Zeit. Die Bebauungsdichte ist im Vergleich zur Vorkriegszeit halbiert, die bebaute Fläche ebenfalls.[2] Dadurch wird Raum für einen Grünzug mit Sportanlagen und Schulflächen geschaffen. Die Siedlungsgröße des reinen Wohngebietes entspricht bei der damaligen Belegungsdichte der „idealen Nachbarschaftsgröße" von 4.000 bis 5.000 Einwohnern. Eine weitere Nachbarschaft stellt die südlich angrenzende Neubausiedlung „Springprojekt" mit ihren etwa 1.700 Wohnungen dar. Entsprechend der Prinzipien der Funktionstrennung und Gliederung ist Wohnen und Arbeiten strikt getrennt.

Die Verkehrserschließung orientiert sich am Konzept des hierarchischen Straßensystems, was in der geplanten und erst in den 70er Jahren aufgegebenen Autobahn (Südtangente) exemplarisch dokumentiert wird. Die Straßen verlieren ihre raumbildende Eigenschaft, die Häuser haben nur noch teilweise einen Straßenbezug. Ihre Orientierung wird aus den Grundrißtypen und den Hausformen abgeleitet. Allerdings läßt die Otto-Suhr-Siedlung noch den Versuch zur baulichen Raumbildung erkennen: Durch quergestellte Zeilen werden halbgeschlossene Wohnhöfe geschaffen. In Verbindung mit Punkthochhaus und Zeilenbau stellen die „Wohnhöfe" die Grundelemente der Baustruktur der 50er und frühen 60er Jahre dar. Darüber hinaus sollen die drei Punkthochhäuser der Otto-Suhr-Siedlung und des Springprojektes eine optische „Verbindungsklammer" für die Luisenstadt bilden.

Otto-Suhr-Siedlung

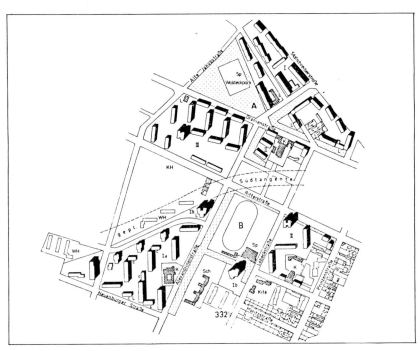

Übersichtsplan Luisenstadt heute: A: Otto-Suhr-Siedlung, B: Springprojekt

Punkthochhaus und Zeilenbau in der Otto-Suhr-Siedlung

Im Bereich um die St. Jacobi-Kirche paßt sich die Neubebauung an die Altbausubstanz an. Zwei Wohngebäude aus den späten 70er Jahren und die 1983 entstandenen Pfarrhäuser ergänzen eher behutsam die städtebauliche Situation. Die Pfarrhäuser der Architekten Dieter Frowein und Gerhard Spangenberg stellen eine gelungene Synthese von städtebaulichen Anforderungen und baulicher Gestaltung dar.

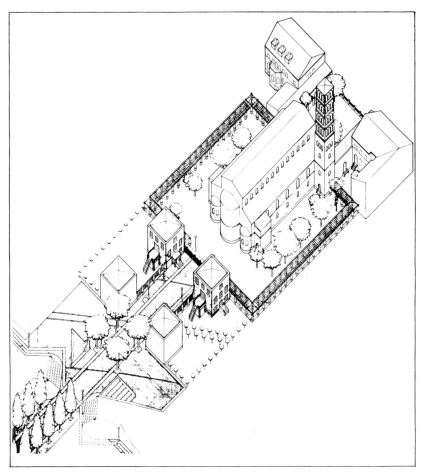

Isometrie der Pfarrhäuser an der St. Jacobi Kirche

**Die Wohnungen**

Die Wohnungen der Otto-Suhr-Siedlung sind überwiegend Kleinwohnungen, jedoch mit hohem Ausstattungsstandard. Der Anteil der Kleinwohnungen ist höher als im Durchschnitt West-Berlins. Die Grundrisse folgen im wesentlichen den in den 20er Jahren entwickelten Typen und Anordnungen. Auf optimale Besonnung und Belichtung wird besonderer Wert gelegt, so daß die Häuser grundsätzlich von Norden oder Osten erschlossen sind.

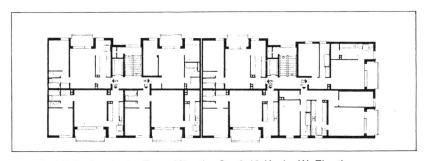

Nord-Süd-Zeilenbau in der Franz-Künstler-Str. 9-13 (Arch.: W. Ebert)

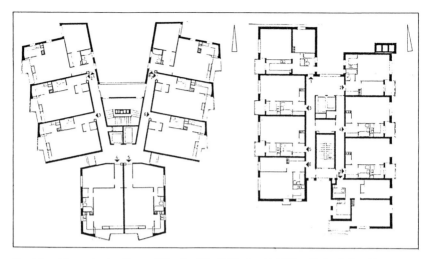

Punkthochhaus in der Franz-Künstler-Str. 2 (Arch.: K. Müller-Rehm), Punkthochhaus in der Alexandrinenstr. 100 (Arch.: M. Rudolph)

**Die Siedlung - heute**

Die Siedlung weist die bekannten Probleme vieler 50er-Jahre-Siedlungen auf: Überalterung der Bevölkerung, für heutige Standards zu kleine Wohnungen, unbrauchbare, wenn auch großzügige Freiflächen, keine Durchmischung mit anderen Nutzungen (z.B. Arbeitsplätze). Andererseits hat diese Kreuzberger Siedlung bei aufgelockerter aber trotzdem dichter Bebauung Qualitäten, die sich insbesondere aus dem großzügigen, mit wohnungsnahen Einrichtungen und Freiflächen versorgten Wohnumfeld ergeben. Dieses Potential und die wegen der damaligen günstigen Finanzierungsbedingungen niedrigen Mieten stellen gute Voraussetzungen dar, um die Siedlung zum „Gegenstand der qualitativen Neudefinition des `Sozial-Wohnens` werden"[3] zu lassen. Durch die Verbesserung der Nutzungsmöglichkeiten der Freiflächen, die Veränderung des Wohnungsgemenges und durch Grundrißänderungen mit Wohnungserweiterungen sowie Mietermodernisierung etc. lassen sich neue Qualitäten in die Siedlung tragen und dadurch die langfristige Gebrauchsfähigkeit sicherstellen. In diesem Kontext kann auch über Möglichkeiten der Nachverdichtung nachgedacht werden. Will man das Leitbild der Innenentwicklung realisieren, so stellen gerade Siedlungen der 50er Jahre erhebliche Potentiale zur weiteren Aufnahme von Bebauung im bereits besiedelten Bereich dar.[4] Darüber hinaus besteht in diesen Siedlungen ein erheblicher Verbesserungsbedarf im energetischen Bereich.

Zeilenbauten in der Otto-Suhr-Siedlung

## 7.4 CHARLOTTENBURG NORD

**Ausgewählte städtebauliche Daten**

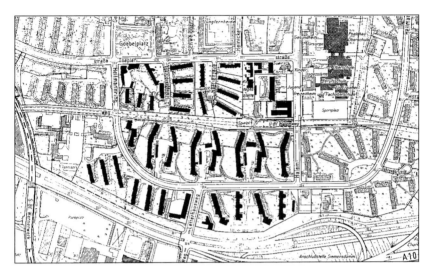

Charlottenburg Nord (Heilmannring)
M 1 : 10.000

| | |
|---|---|
| Lage: | Berlin-Charlottenburg |
| Bauherr: | GSW Gemeinnützige Siedlungs- und Wohnungsbaugesellschaft Berlin mbH |
| Architekt: | Hans Scharoun |
| Bauzeit: | 1958 - 1960 |
| GRZ: | 0,2 |
| GFZ: | 0,8 bis 1,0 |
| Geschosse: | 3 bis 8 |
| Wohneinheiten: | 1.294 (ohne die Siedlungsteile südwestlich des Heilmannringes) |
| Wohnungsschlüssel: | 30 % 1-2 Zi; 21 % 3 Zi; 49 % 4 u.mehr Zi |
| Wohnungsausstattung: | Bad, Zentralheizung |
| Einwohner 1987: | 2.227 |
| Einwohnerdichte 1987: | ca. 175 Ew/ha |
| ÖPNV-Anbindung: | U-Bahnhof Halemweg (Linie 7) und Buslinie 123 auf der Toeplerstraße |

## Zur Planungsgeschichte

Ab 1960 entsteht unter dem Arbeitstitel „Charlottenburg Nord" im Bereich um den Heilmannring quasi eine dritte Erweiterung der Siemensstadt, nachdem um 1900 eine erste Bebauung - angelehnt an die Siemenswerke - und in den zwanziger Jahren die Siemensstadt errichtet worden war. Das Gelände westlich der Großsiedlung Siemensstadt - entlang des Westhafenkanals - war ursprünglich als Standort der größten Berliner Wohnsiedlung des „Dritten Reiches" vorgesehen.[1] Ein Bebauungsplan dazu hatten 1937 bis 1939 W. Binder und A. Speer erarbeitet.

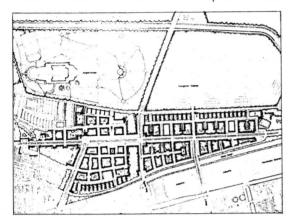

Wolfgang Binder 1937: Gesamtplan der Siedlung Charlottenburg Nord

Die Planung der späten 30er Jahre wird nicht ausgeführt, ist jedoch in ihren Grundzügen (Straßenführung) Grundlage für die in den Jahren 1954/1955 vom Stadtplanungsamt Charlottenburg durchgeführte Voruntersuchung über Standorte, Erschließung, Grünflächen etc. eines zu errichtenden Wohngebietes.

Hans Scharoun entwickelte im Auftrag der GSW einen Bebauungsentwurf, der auf der Nachbarschaftsidee basierte und als Grundzelle „Wohnhöfe" mit 650 Einwohnern vorschlägt. Scharoun stellt bei seiner Planung den Bandstadt-Gedanken vor, den er auch in seinem Beitrag zum Wettbewerb „Hauptstadt Berlin" 1958 wieder aufgegriffen hat.[2]

Einzelhaus (Architekt: Scharoun)

Scharouns Entwurf wird nicht konsequent realisiert, da die bereits aus der Speerplanung vorhandene Straßenführung und Kanalisation als Planungsbindung von der Verwaltung angesehen wird.[3] Auf der Grundlage der zu übernehmenden Straßenführung kann das Konzept von Scharoun - durch den Heilmannring zerschnitten - nur in einem (westlichen) Teilbereich verwirklicht werden.

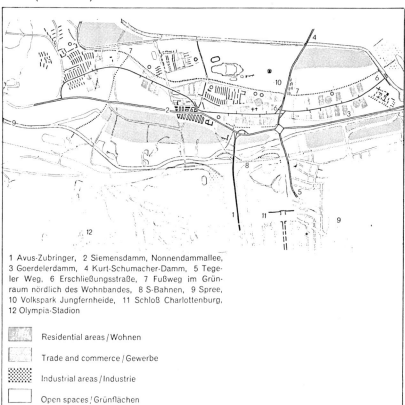

1 Avus-Zubringer, 2 Siemensdamm, Nonnendammallee, 3 Goerdelerdamm, 4 Kurt-Schumacher-Damm, 5 Tegeler Weg, 6 Erschließungsstraße, 7 Fußweg im Grünraum nördlich des Wohnbandes, 8 S-Bahnen, 9 Spree, 10 Volkspark Jungfernheide, 11 Schloß Charlottenburg, 12 Olympia-Stadion

Residential areas / Wohnen

Trade and commerce / Gewerbe

Industrial areas / Industrie

Open spaces / Grünflächen

Rahmenplan von Scharoun (1955)

Baugruppe am Halemweg (Architekt. Scharoun)

## Charlottenburg Nord

Kernstück und Besonderheit der Siedlung sind die Wohnhöfe von Scharoun, die im Rahmen der 50er Jahre Siedlungen einen der wenigen Versuche des „raumbildenden Städtebaus" darstellen. Die 3- bis 8-geschossigen Baukörper sind stark gegliedert, zum Teil mit Laubengängen und zu den Wohnhöfen orientierten Balkonen ausgestattet.

Die Erschließung erfolgt durch eine an das Straßennetz der Siemensstadt und an den Heckerdamm eingehängte Ringstraße sowie Stichstraßen. Zum übergeordneten, anbaufreien Erschließungssystem ist das Gebiet nur durch zwei Verbindungen im Süden angeschlossen.

### Die Wohnungen

Auf der Grundlage von soziologischen Annahmen, die von einer Mischung der Bevölkerung in einem Wohngehöft ausgehen, entwickelt Scharoun unterschiedliche Wohnungstypen (Mischung der Wohnformen). Im weiteren Planungsverlauf muß Scharoun die Typenaufschlüsselung weitgehend dem in Berlin üblichen Nachkriegswohnungsbaustandard anpassen.[4] Die Vielfalt der Grundrißtypen (36 pro Wohngehöft) kann dennoch erreicht werden.

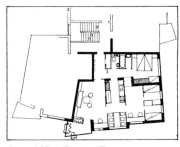

Grundriß 4-Betten-Typ

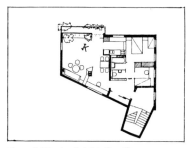

Grundrißbeispiel Atelier-Typ

### Die Siedlung - heute

Das ausgewählte Gebiet repräsentiert städtebauliche Leitbildvorstellungen der „50er Jahre-Wohngebiete", die sich wie folgt zusammenfassen lassen: Verminderung der baulichen Dichte (Halbierung der GFZ im Vergleich zur Mietshausbebauung), Aufgabe einer straßenbegleitenden Bebauung, Mischung unterschiedlicher Wohnformen, hierarchisch aufgebautes Erschließungssystem und Einbeziehung von KFZ-Stellplätzen, Gliederung in Nachbarschaftseinheiten und Durchgrünung.

Die in diesen Siedlungen feststellbaren Defizite (einseitige Nutzungsstruktur, unklare sozialräumliche Differenzierung) kennzeichnen auch dieses Gebiet. Insbesondere der gärtnerischen Gestaltung der Außenräume sollte hier größere Bedeutung beigemessen werden. Bedingt durch das damalige Fördersystems im sozialen Wohnungsbau sind die Wohnungen - bei guten Grundrißlösungen - heute mietpreisgünstig.

Ende der 80er Jahre gerät die Siedlung Charlottenburg Nord, wie andere Siedlungen aus dieser Zeit, aufgrund zunehmender Flächen- und Wohnungsengpässe in West-Berlin ins Fadenkreuz von Nachverdichtungsabsichten. Nachdem die beabsichtigte Aufstockung der benachbarten Paul-Hertz-Siedlung aufgrund lautstarker Proteste der Bewohner und der Fachwelt zunächst auf ein kleines „Modellprojekt" reduziert wird, scheint ein behutsamerer Umgang mit den Nachkriegssiedlungen möglich. Die in diesen Siedlungen vorhandenen städtebaulichen Qualitäten sind genauso wie die berechtigten Interessen der Bewohner mit den gesamtstädtischen Erfordernissen im Sinne einer Bestandsentwicklungspolitik[5] abzustimmen

# 8. WOHNUNGSBAU IN DEN SECHZIGER UND SIEBZIGER JAHREN

## 8.1 KARL-MARX-ALLEE II
(ehemalige STALINALLEE II)

**Ausgewählte städtebauliche Daten**

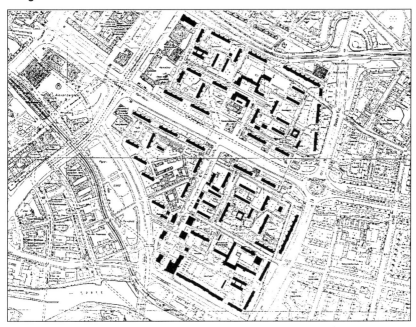

Wohngebiet Karl-Marx-Allee II
M. 1 : 15.000

| | |
|---|---|
| Lage: | Berlin-Mitte |
| Bauherr: | Staatlicher Wohnungsbau der DDR |
| Architekten: | Städtebauliche Planung: Kollektiv unter Leitung von Edmund Collein und Werner Dutschke; Hochbauten: Josef Kaiser, Klaus Deutschmann und Mitarbeiter |
| Bauzeit: | 1959-1965 |
| Grundflächenzahl: | 0,12 bis 0,18 |
| Geschoßflächenzahl: | 0,8 bis 2,2 |
| Geschosse: | Wohnbauten i.d.R. 5, 8 u. 10; andere Bauten 1 bis 13 |
| Wohneinheiten: | 4.674 Wohnungen |
| Wohnungsschlüssel: | 23 % 1-Zi.; 44 % 2-Zi.; 14 % 2,5-Zi.; 19 % 3- und 4-Zimmer-Wohnungen |
| Wohnungsausstattung: | alle Wohnungen mit Bad/WC, Fernheizung, z.T. Loggia oder Balkon |
| Einwohner 1992: | ca. 9.930 |
| Einwohnerdichte 1992: | ca. 175 Ew/ha |
| ÖPNV-Anbindung: | S-Bahnhöfe Alexanderplatz und Jannowitzbrücke (Linien S3, S5, S6, S7, S9), U-Bahnhöfe Alexanderplatz (Linien U2, U5, U8), Schillingstraße, Strausberger Platz (Linie U5), Straßenbahn-Linien 5, 6, 8, 15 (auf der Mollstraße), Linien 2, 3, 4 (auf der Hans-Beimler-Straße), Buslinien 100 (auf dem Alexanderplatz), 140 (auf der Mollstraße), 142 (Platz der Vereinten Nationen, 142, 257 (auf der Hans-Beimler-Straße), 240 (auf der Holzmarktstraße) |

# Karl-Marx-Allee II

**Zur Planungsgeschichte**

Bereits Mitte des 18. Jhs. sind die an den Berliner Stadtkern angelagerten Teile des Stralauer Viertels, in dem sich das Baugebiet befindet, relativ dicht bebaut. Gegenüber der regelmäßig angelegten Friedrichstadt, die zur gleichen Zeit weitgehend bebaut ist, weist das Straßensystem des Stralauer Viertels eher die organisch gewachsene Struktur einer typischen Vorstadterweiterung auf. In unmittelbarer Nähe zum Verkehrsknotenpunkt Alexanderplatz und zur Berliner City wird jenes Gebiet bis ins 20. Jh. hinein immer intensiver baulich verdichtet. Im Zweiten Weltkrieg werden in dem Bereich beidseitig der Karl-Marx-Allee weit mehr als 50 % aller Gebäude zerstört[1].

Nach der Trümmerbeseitigung und dem, mit großem Propagandaaufwand unterstützten, Aufbau eines Teils der sogenannten Ost-West-Magistrale, der Stalinallee I (heute Karl-Marx-Allee I) zwischen Strausberger Platz und Proskauer Straße von 1952-1958, stellt sich Ende der fünfziger Jahre für Ost-Berlin die Aufgabe, eine neue bauliche Verbindung zwischen Strausberger Platz und Alexanderplatz herzustellen. Damit sollte der Wiederaufbau des Zentrums der deutschen Hauptstadt eingeleitet und auch eine städtebauliche Antwort auf das gerade erst fertiggestellte Hansa-Viertel in West-Berlin gegeben werden.

Bei der zu bebauenden Fläche sind relativ wenig Festpunkte gegeben: wegen des in der DDR gültigen Aufbaugesetzes können Grundstücksgrenzen vernachlässigt werden, noch vorhandene Wohnbebauung und Gewerbebetriebe sollen zunächst zwar erhalten, in der Perspektive aber schrittweise abgerissen werden. Das gleiche gilt sinngemäß für das alte Straßensystem mit Versorgungsleitungen und z.T. noch mit Straßenbahngleisen.

Bereits im August 1958 stellt der Architekt und Miterbauer der Stalinallee zwischen Strausberger Platz und Proskauer Straße, Hermann Henselmann, ein Projekt für die Weiterführung der Bebauung bis zum Alexanderplatz vor[2], das eine offene Bauweise aufweist und an der Stalinallee Punkthausakzente setzt. Die Gebäude sollen in Plattenbauweise hergestellt werden. Da dieser Entwurf Henselmanns ohne Genehmigung durch die SED-Bezirksleitung und ohne Wissen des Politbüros des ZK der SED in

Luftbild des Wohngebiets

Blick zum Kino International und Hotel Berolina

einer Tageszeitung veröffentlicht und vor allem als „Hansaviertel Ost-Berlins" deklariert wird, ist seine Ablehnung durch die Parteispitze um Walter Ulbricht vorprogrammiert. Henselmann wird dem Stadtbaudirektor Gißke unterstellt und muß später seinen Posten als Chefarchitekt von Ost-Berlin an Hans Gericke abtreten[3].

Für die weitere Ideenfindung zur Bebauung des Gebietes wird eine Reihe von Architektenkollektiven in den Hochschulen, Forschungsinstituten und Entwurfsbüros dazu aufgefordert (eine Art interner Wettbewerb), neue Vorschläge auszuarbeiten[4]. Dazu werden u.a. folgende Entwurfsgrundsätze für wesentlich gehalten: „Bei der Gestaltung dieses Abschnittes ist zu berücksichtigen, daß der städtebauliche Höhepunkt am Marx-Engels-Platz liegt. Deshalb sollte dieser Abschnitt der Stalinallee eine gewisse Zurückhaltung bewahren, um eine städtebauliche Steigerung über den Alexanderplatz hinaus bis zum Marx-Engels-Platz zu gewährleisten. In der städtebaulichen Gesamthaltung darf kein Bruch mit der Gestaltung der bestehenden Stalinallee entstehen, wobei jedoch von der industriellen Bauweise auszugehen ist"[5].

Nach gründlicher Prüfung von zehn Entwürfen erweisen sich nach Meinung der Jury die Arbeiten der Entwurfsgruppen von Werner Dutschke (Entwurfsbüro Hochbau I Groß-Berlin) mit 0 % und von Edmund Collein (Institut für Gebiets-, Stadt- und Dorfplanung der Deutschen Bauakademie) mit nur 25 % Überbauung der Hauptversorgungsleitungen als die wirtschaftlichsten[6] und gestalterisch interessantesten Lösungen. Aus der heutigen Sicht werden jedoch bei allen Wettbewerbsarbeiten gegenüber dem Henselmannschen Entwurf keine wesentlichen städtebaulichen Verbesserungen erreicht. Gestaltungsqualität, funktionelle Struktur und Urbanität bleiben eher hinter jenem Entwurf zurück, was die Vorstellung unterstreicht, daß Henselmann von der SED die o.g. ideologischen Entgleisungen zur Last gelegt werden. Trotz mittelmäßiger Qualität sollen wesentliche Inhalte der beiden besten Wettbewerbsarbeiten miteinander verbunden werden. Über zwei Varianten gelangt so ein gemeinsamer Entwurf zur Vorlage und wird vom Rat des Stadtbezirks Mitte sowie vom Magistrat von Groß-Berlin bestätigt und entsprechend realisiert[7].

Das Wohngebiet wird prinzipiell nach den neuen Leitbildvorstellungen des industrialisierten Wohnungsneubaus errichtet, die 1955 auf der ersten Baukonferenz der DDR beschlossen und sukzessive über ein System von Richtlinien, Bestimmungen und Kennziffern landesweit durchgesetzt werden. Augenfälliges Kriterium dafür ist die durch die Kranbahn bedingte offene Zeilenbauweise, die in Ost-Berlin damit auch erstmalig in Nähe der ehemaligen City am Alexanderplatz angewandt wird. In einem Gebiet, in dem vor dem Krieg 40.000 Einwohner lebten, werden jetzt nur noch knapp 10.000 Einwohner untergebracht. Trotz der strengen Gestaltung entsteht auf Grund der offenen Bauweise und des Mangels an Einkaufs-, Gewerbe- und anderen Einrichtungen der Eindruck, daß man sich in einer Siedlung am Rande der Stadt befindet. Der Abstand der Baufluchten für die Wohnbauten im 2. Abschnitt der Karl-Marx-Allee beträgt 120 m (gegenüber 70 bis 90 m im ersten Bauabschnitt) auf einer Länge von nur 750 m, eine sehr ungünstige Proportion, die aus städtebaulichen Gestaltungsmaximen und durch die Verkehrsentwicklung nicht begründet werden kann, zumal dadurch auch die Platzwirkung des Alexanderplatzes entwertet wird. Daran kann auch der 75 m- Fluchtabstand der Ladenpavillons nichts ändern. Als gut geeignet erwies sich jener Straßenraum jedoch für den Aufbau von Tribünen zu Propagandaveranstaltungen, Kundgebungen, Militärparaden und sogenannten „Fließ"demonstrationen.

Schillingstraße mit Blick zum Kino International und Hotel Berolina

Eine zurückhaltende städtebauliche Gliederung erhält der neue Straßenzug in Höhe Schillingstraße mit der Querachse zum S- und U- Bahnhof Jannowitzbrücke mit Kaufeinrichtungen, Ambulatorium, Gaststätten sowie dem Kino und Hotel am Achsenende.

Bemerkenswert ist, daß für den Neubau von 4.674 Wohnungen immerhin 2.339 alte Wohnungen (50 %) und 195 Gewerbebetriebe mit 53.664 m$^2$ Fläche abgebrochen werden müssen, eine frühe Form der teilweisen „Kahlschlagsanierung", die in West-Berlin etwa seit Mitte der 60er Jahre beginnen sollte. In der DDR und in Ost-Berlin gewinnt der sogenannte „Ersatzneubau" mit Montagetechnologien, der sich mit der „Kahlschlagsanierung" vergleichen läßt, erst ab Mitte der 70er Jahre eine größere Bedeutung.

Blick zum Alexanderplatz

## Die Wohnungen

Sämtliche Wohnungen werden einheitlich in Großplattenbauweise errichtet. Da diese Bauweise in Berlin erstmalig im großen Stil angewandt wird, macht es sich erforderlich, an der Prenzlauer Allee für die Schulung der Bauarbeiter im Produktions- und Montageprozeß sowie für die Vervollkommnung der Projektierung eine Nullserie in fünfgeschossiger Großplattenbauweise zu errichten[8].

Die acht- und zehngeschossigen Wohngebäude haben eine Gebäudetiefe von 11,50 m und sind mit Fahrstuhl, Müllschlucker, Fernheizung, Warmwasserbereitung und einem Lüftungssystem ausgestattet. Die Zwangslüftung ist erforderlich, da Bad und WC, innenliegend, ohne Fenster ausgestattet sind. Die Einheit Küche-Bad ist aus dem 3,60 m-Raster entwickelt und gruppiert sich um eine Installationszelle[9]. Bei einer durchschnittlichen Wohnungsgröße von 55 m² sind die Wohnräume in einer Dreispänner-Sektion 14 und 18 m² groß. Die Flächengrößen sind nach Typengrundlagen vorgegeben und vom Architekt nur geringfügig zu beeinflussen. Die Außenwände der Großplattenbauweise in 5-t-Laststufe sind 26 cm stark mit Hüttenbims hergestellt. Die Keramikverkleidung wird bereits im Betonwerk auf die Platte aufgebracht[10].

Die fünfgeschossigen Wohngebäude werden nach gleichen Konstruktionsprinzipien errichtet. Sie enthalten jedoch keine Aufzüge.

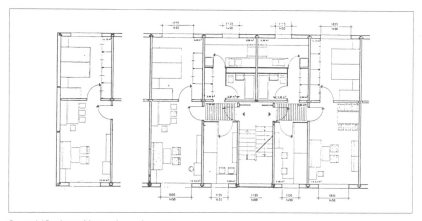

Grundriß eines Normalgeschosses

## Das Wohngebiet - heute

Heute hat die Karl-Marx-Allee zwischen Strausberger Platz und Alexanderplatz ihre Funktion als Aufmarschstrecke staatlich befohlener Großdemonstrationen verloren. Auf Grund der zentralen Lage und guten Erschließung ist das Gebiet trotz manch fehlender Einrichtung noch ein beliebter Wohnstandort.
Nach dem ersten Bauabschnitt der Karl-Marx-Allee zwischen Strausberger Platz und Proskauer Straße, der mit traditionellen Bautechnologien errichtet wird, dessen Baukosten aber viel zu hoch sind, ist das Gebiet Karl-Marx-Allee II der Prototyp für die in der DDR im großen Stil neu durchzusetzenden Plattenbauweisen. Die Kranbahnen diktieren die offene Bauweise.

Angesichts der Nähe des einstmals stark belebten Alexanderplatzes wird heute besonders deutlich, daß das sozialistische Städtebauleitbild hier eine Wohnsiedlung

# Karl-Marx-Allee II

erzeugt hat, die an jedem Ort einer Stadt, auch am Stadtrand, stehen könnte. Die fehlende Urbanität fällt wegen seiner Citynähe bei diesem Gebiet wesentlich mehr ins Gewicht, als beim 1. Bauabschnitt der Karl-Marx-Allee[11].

Die Wohngebäude und z.T. auch die Einrichtungen (Hotel, Kino, Gaststätten, Kaufeinrichtungen usw.) sind nach 30jährigem Bestehen sanierungsbedürftig. Mit der Durchführung von Sanierungsmaßnahmen sollte eine Verdichtung der wertvollen citynahen Flächen mit Kaufeinrichtungen, Gaststätten, Gewerbe- und Kultureinrichtungen insbesondere auch an den Hauptachsen (Karl-Marx-Allee, Schillingstraße) einhergehen, um dem Gebiet mehr Urbanität zu verleihen.

## 8.2 FISCHERINSEL

Ausgewählte städtebauliche Daten

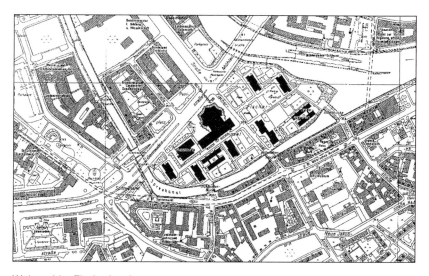

Wohngebiet Fischerinsel
M. 1: 10.000

| | |
|---|---|
| Lage: | Berlin-Mitte |
| Bauherr: | Staatlicher Wohnungsbau der DDR |
| Architekten: | Städtebau: Joachim Näther, Peter Schweizer, Manfred Zache und Kollektiv; Mittelganghäuser: Hans-Peter Schmiedel, Manfred Zumpe in Zusammenarbeit mit Wolfgang Radke, Günter Piesker und Kollektiv; Doppelpunkthaus und Kindereinrichtung: Herbert Jünger, Wolfgang Radke, Egon Kreißl, Gerhard Hoelke; Gaststätte „Ahornblatt" und Gewerbeeinrichtungen: Helmut Stingl, Gerhard Lehmann, Rüdiger Plaethe und Kollektiv; Schwimmhalle: Karl-Ernst Swora, Gunther Derdau und Kollektiv |
| Bauzeit: | 1967-1973; 1980-1981 (Schwimmhalle) |
| Grundflächenzahl: | 0,14 |
| Geschoßflächenzahl: | 2,2 |
| Geschosse: | 21 bei Wohngebäuden, 1-2 bei übrigen Gebäuden |
| Wohneinheiten: | 1469 |
| Wohnungsschlüssel: | 33 % 1-Zi.; 17 % 2-Zi.; 33 % 3-Zi. u. 17 % 4-Zimmer-Wohnungen |
| Wohnungsausstattung: | alle Wohnungen mit Küche, Bad, WC, Müllschlucker, Fernheizung |
| Einwohner 1992: | ca. 3.440 |
| Einwohnerdichte 1992: | ca. 350 Ew/ha |
| ÖPNV-Anbindung: | U-Bahnhöfe Märkisches Museum und Spittelmarkt (Linie U 2), Buslinien 147, 265 auf der Straße Fischerinsel, Neue Roßstraße sowie Buslinien 142 und 257 auf der Breiten Straße, Gertraudenstraße und auf dem Mühlendamm |

## Zur Planungsgeschichte

Die Stadt Cölln auf der Spreeinsel ist eine der beiden Ansiedlungen der Doppelstadt Berlin-Cölln, die Ende des 12. Jahrhunderts an einem Flußübergang der Spree gegründet werden und aus denen sich das heutige Berlin zu entwickeln begann. Während sich auf dem nordwestlichen Teil der Insel der Schloßbereich und seit dem 19. Jahrhundert auch Museen ausdehnen, wird der südöstliche Teil ursprünglich durch Wohngebiete eingenommen, in deren angerartigen Mitte zwischen Gertrauden- und Scharrenstraße die Petrikirche und das Cöllnische Rathaus ihren Standort haben. Nach Norden findet die Gertraudenstraße im Mühlendamm ihre Fortsetzung, dem wichtigsten Spreeübergang nach Berlin[1].

Starke Überbauung des Fischerkietzes vor der Zerstörung im Zweiten Weltkrieg

Der südöstlich der Gertraudenstraße gelegene Teil der Spreeinsel zählt zu den ältesten Siedlungsgebieten von Cölln. Bis zum 15. Jahrhundert wohnen hier angesehene Kaufleute, Handwerker sowie wohlhabende Bürger der Fischer- und Schiffergilden[2]. Zwar führen die Spreeregulierungen im 17. und 19. Jahrhundert und die Ansiedlung von Ausländern mit maritimen Kenntnissen[3] zunächst zu einer wirtschaftlichen Entwicklung und Verdichtung des Gebietes, die Verlagerung der politischen, wirtschaftlichen und vor allem auch bauwirtschaftlichen Prioritäten auf expansive Veränderungen in der Stadt Berlin lassen das Gebiet des sogenannten Fischerkiezes etwa seit Mitte des 19. Jahrhunderts stagnieren und zum „Arme-Leute-Viertel" werden, wodurch die Bausubstanz zunehmend dem Verfall preisgegeben ist. Bis zum Zweiten Weltkrieg bleibt hier noch ein Stück mittelalterliches Altstadtmilieu mit verwinkelten Gassen, Altberliner Höfen, Kolonnaden, Kaufgewölben, Plastiken, Reliefs, Gewerkzeichen erhalten. Die älteste Straße des Fischerdorfes Cölln war die Fischerstraße[4], mit dem „Gasthaus zum Nußbaum" aus dem Jahre 1571, das u.a. um die Jahrhundertwende durch Heinrich Zille bekannt wurde. Sanierungen, die vor 1945 in der Gertrauden-, Roß- und Grünstraße durchgeführt werden, beziehen sich im wesentlichen auf die Errichtung neuer Geschäfts- und Lagerhäuser, die übrige Bausubstanz bleibt wie sie ist[5].

Im Gegensatz zu flächenmäßigen Zerstörungen in den Bezirken Mitte, Friedrichshain und Kreuzberg bleiben die im Fischerkiez durch den Zweiten Weltkrieg verursachten Gebäudeschäden überwiegend punktuell. Etwa 40-50 % der Gebäude wären nach der Schadenskarte von 1945[6] wiederaufbaufähig gewesen.

Bei den städtebaulichen Wettbewerben, die nach 1945 für den Aufbau Berlins ausgeschrieben werden, insbesondere auch beim West-Berliner (1957) und beim Ost-

Berliner (1958) Hauptstadtwettbewerb, ist der Bereich des Fischerkiezes in Randlage des Wettbewerbsgebietes zwar einbezogen, die vorgesehene Bebauung bewegt sich jedoch in der Regel im Rahmen der großräumigen Überplanung des gesamten Gebietes, ohne Berücksichtigung historischer Strukturen. Nur im Ausnahmefall wird im Fischerkiez bei Entwürfen Rücksicht auf die Altbebauung genommen[7]. Überraschend ist deshalb, daß der bestätigte Bebauungsplan des Zentrums der Hauptstadt der DDR von 1961, der allerdings nur in geringen Teilen realisiert wird, auf diesem Areal, neben großflächigen Einzelbauten, insbesondere für den Bereich der Fischerstraße eine annähernd geschlossene Blockbebauung vorsieht[8].

Nächste Planungen für dieses Gebiet werden durch die „Grundkonzeption für den weiteren konzentrierten Aufbau des Stadtzentrums bis 1971" ausgelöst, die 1966 vom Politbüro der SED und Ministerrat der DDR beschlossen wird[9] und besonders auch den Wohnungsneubau als Bestandteil der Zentrumsplanungen deklariert. Der Generalbebauungsplan, der nach einer neuen Direktive des Ministerrats von 1966 in engem Zusammenhang mit der Zentrumsplanung für Ost-Berlin vom Büro für Städtebau in Kooperation mit dem Projektierungsbetrieb des Wohnungsbaukombinates ausgearbeitet wird, sieht 1968 - als Ausdruck neuer Leitbildgedanken für eine sozialistische Stadt und ein Zentrum - einen Ring von Wohnhochhäusern um das Stadtzentrum vor (u.a. im Fischerkiez und in der Leipziger Straße), um möglichst viele Bewohner „unmittelbar am gesellschaftlichen und kulturellen Leben"[10] teilnehmen zu lassen.

In der Vorbereitung zur Bebauungsplanung des Fischerkiezes werden zwar die Varianten der Rekonstruktion oder eines historisierenden Aufbaus des gesamten Gebietes[11] in die Überlegungen einbezogen, jedoch aus Gründen der Wirtschaftlichkeit und der Gefahr einer „historischen Verfälschung" der Bausubstanz nicht ernsthaft weiterverfolgt, Argumente, die mehr als 15 Jahre später beim Bau des Nikolaiviertels nicht mehr gelten sollten. Im Grunde genommen geht es in der zweiten Hälfte der 60er Jahre im Fischerkiez nur um eine Neugestaltung des Gebietes[12] im Rahmen des konzentrierten Aufbaus eines sozialistischen Stadtzentrums, in dem die „Kleinteiligkeit und Enge der kapitalistischen City" keinen Platz mehr haben sollten. Es geht außerdem um die Durchsetzung der Plattenbauweise im großen Stil, erstmalig in der DDR auch beim Bau von Wohnhochhäusern mit mehr als zehn Geschossen, die die Leistungsfähigkeit der sozialistischen Bauforschung und Bauwirtschaft demonstrieren sowie Zeichen für die künftige sozialistische Lebensweise setzen sollen. Dieser Prozeß wird in jener Zeit

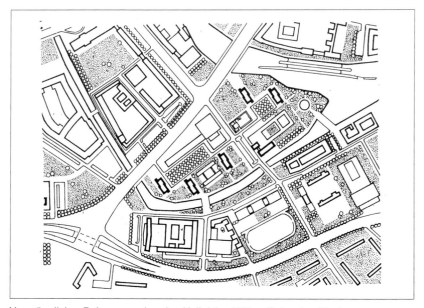

Ursprünglicher Bebauungsplan des Kollektivs Näther/Schweizer/Zache

Fischerinsel 204

Wohngebäude und Gaststätte „Ahornblatt" von der Gertraudenstraße

der DDR mit Bezug auf internationale Entwicklungslinien auch publizistisch unterstützt[13]. Der Bau der Wohntürme „Marina City" (1963-64) und des „John Hancock Center" (1965-70) in Chicago wird von den DDR-Architekten besonders rezipiert[14]. Mit Wirtschaftlichkeitsberechnungen für eine fünf-, zehn- oder 21geschossige Neubebauung des Berliner Fischerkiezes wird nachgewiesen, daß eine Ausführung mit 21 Geschossen auf die Wohnung bezogen am kostengünstigsten ist[15]. Mehr als 21 Geschosse werden nicht in Ansatz gebracht, damit die Gebäude aus der Blickrichtung vom Marx-Engels-Platz nicht das Staatsratsgebäude überragen.

Bei der Neuplanung des Berliner Fischerkiezes scheint die sogenannte „Kahlschlagsanierung" ab 1967 auch aus Zeitgründen vorprogrammiert zu sein, denn nach der öffentlichen Vorstellung der aktuellen Planungsvorstellungen sollen zum 20. Jahrestag der DDR 1969 bereits „erste Zeichen der großen Leistungsfähigkeit des sozialistischen Bauwesens" sichtbar werden. Eine öffentliche Ausschreibung findet jedoch nicht statt. Von den historisch wichtigen Gebäuden des Kiezes werden nur zwei Kopien an anderer Stelle neu errichtet: der Gasthof Zum Nußbaum im Nikolaiviertel und das Rokokohaus Friedrichsgracht Nr. 15 am Märkischen Ufer Nr. 12.

Mit der großräumigen städtebaulichen Neuordnung der Spreeinsel geht gleichzeitig der Ausbau und die unmaßstäbliche Verbreiterung der Verkehrsstrasse Grunerstraße und Mühlendamm sowie der Gertraudenstraße bis zur Leipziger Straße einher.

**Die Wohnungen**

Die eingesetzten Wohnhochhäuser in Großplattenbauweise werden für Berlin bereits seit 1963, zunächst in der Deutschen Bauakademie, später in Zusammenarbeit mit dem VEB Berlin-Projekt sowie im Betrieb Projektierung des Wohnungsbaukombinats, entwickelt[16], zu einer Zeit, als die Bebauung des Fischerkiezes noch nicht zur Disposition steht. Dabei wird von der Vorstellung ausgegangen, daß das Wohnhochhaus künftig keine Sonderwohnform für eine bestimmte Bevölkerungsgruppe darstellt, sondern im Zuge der Verdichtung „im sozialistischen Städtebau zu einer typischen Wohnform wird und deshalb mit familiengerechten Wohnungen ausgestattet werden muß"[17]. Als Plattenbau-Prototypen für Ost-Berlin und die DDR kommen die Wohnhochhäuser Fischerkiez im Vergleich zu anderen Plattenbautypen mit nur 81 Plattengrundelementen (einschließlich leichter Trennwände) aus und lassen sich vom Prinzip her relativ variabel gestalten, was aber von den Architekten wohl nicht so stark ausgenutzt wird[18].

Da ein Tragwerk in Großtafelbauweise ein hochgradig statisch unbestimmtes Faltwerk darstellt, ist die genaue Ermittlung der auftretenden Schnittkräfte mit außergewöhnlich hohem Rechenaufwand verbunden. Zur Sicherung der Gebäudestabilität wird deshalb ein neues Konstruktionssystem für Hochhäuser in Großtafelbauweise bis 25 Geschossen einschließlich neuer Berechnungsgrundlagen entwickelt. Grund-

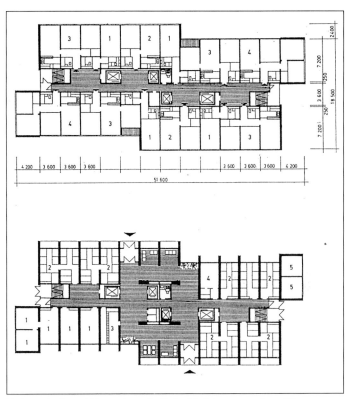

Erdgeschoß und Normalgeschoß des Twinhauses mit zwölf
Wohnungen pro Geschoß

lage dafür sind u.a modellstatische Untersuchungen des Tragsystems im Bereich der tragenden Mittellängswände und bestimmter Knotenpunktverbindungen. Bedingung ist dabei, die verbindenden Ecken und Kanten der Platten so zusammenzufügen, daß die Wirkung eines homogenen Tragwerkes entsteht[19].
Die Erschließung der Wohnungen erfolgt bei fünf Hochhausscheiben über einen Mittelgang und bei dem Doppelhaus punktförmig. In jedem Scheibenhochhaus sind 240 Wohnungen untergebracht, je 80 Ein- und Dreiraumwohnungen sowie je 40 Zwei- und Vierraumwohnungen. Mit 29 bis 33 m² bei Einraum-, 47 m² bei Zweiraum-, 62 bis 65 m² bei Dreiraum- und 75 m² bei Vierraumwohnungen sind die Wohnungsgrößen bescheiden, entsprechen aber DDR-Standard. Grundsätzlich sind die Hauptfunktionsräume der Außenfront und die Nebenfunktionsräume, wie Küchen, Bäder, Vorräume und Abstellräume dem Kernbereich zugeordnet, um nach „Hotelzimmerprinzip" eine Lärmabschirmung der Wohnräume zum Mittelgang zu erreichen[20]. Dadurch sind Küche und Eßplatz innenliegend und ohne Fenster.

## Das Wohngebiet - heute

Nach Abschluß der Bauarbeiten 1973 hat der sogenannte Fischerkiez eine neue Gestalt angenommen, fortan wird für das Wohngebiet der Begriff „Fischerinsel" verordnet.

Obwohl das Wohngebiet mit Einkaufs- und Dienstleistungseinrichtungen sowie einer Betriebsgaststätte mit eigentümlicher Dachausbildung („Ahornblatt") für die umliegenden Verwaltungen und noch in den 80er Jahren mit einer Schwimmhalle ausgestattet wird, präsentiert sich heute das zentrumsnahe Gebiet als unpersönliche „Schlafstadt" und als maßstabsloser Fremdkörper im Stadtorganismus, woran auch die autobahnähnliche Verkehrstrasse der Gertraudenstraße ihren Anteil hat. Verfallserscheinungen und Vandalismus breiten sich aus, obwohl die Fischerinsel noch immer als beliebtes Wohngebiet gilt.

Nach dem Fall der Mauer hat sich das städtebauliche Leitbild für die östliche Innenstadt völlig gewandelt. Die einst angestrebte Baumasse als Kranz von Wohnhochhäusern um das Ost-Berliner Zentrum sowie strukturzerstörende breite Verkehrstrassen in der Innenstadt haben ihre Leitbildfunktion verloren. Gelegen auf historisch belastetem Boden Cöllns und in unmittelbarer Nähe zum künftigen Regierungsschwerpunkt im Bereich des heutigen Marx-Engels-Platzes bedarf eine Umgestaltung des Wohngebietes Fischerinsel besonderer Sensibilität. Heute bestehen in der Senatsverwaltung langfristige Planungsvorstellungen, bei „Orientierung an den historischen Baufluchten und den differenzierten Überbauungen - eingedenk der entwicklungsfähigen Nachkriegsbauten - wieder geschlossene Blockstrukturen anzustreben"[21] und damit den räumlichen Maßstab Alt-Cöllns erlebbar zu machen. Dazu gehören die stadträumliche und funktionale Zusammenfügung der Spreeinsel durch Rückbau der Gertraudenstraße auf ein Raumprofil von 30-36 Metern sowie die Herstellung der einst prägnanten nord-süd-gerichteten räumlichen Ordnung im Bereich der ehemaligen Fischer-, Roß-, Petri- und Grünstraße durch schrittweisen Umbau und ergänzenden Neubau ebenso wie die urbane Aufwertung der neuen Blockstrukturen und Geschäftsstraßen durch vielfältige attraktive Nutzungen[22].

Bebauung der Fischerinsel mit Spreegabelung

## 8.3 MEHRINGPLATZ

**Ausgewählte städtebauliche Daten**

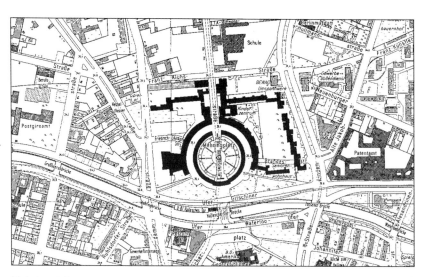

Mehringplatz
M 1 : 10.000

| | |
|---|---|
| Lage: | Berlin-Kreuzberg, Südliche Friedrichstadt |
| Bauherren: | Neue Heimat und Mosch KG |
| Architekten: | Städtebauliches Konzept: Hans Scharoun; Architekt: Werner Düttmann mit J. Burtin, C.-A. v. Halle, R. Scheper, S. Hein und E. Grassow; AOK-Hochhaus: H. Scharoun und B. Fleischer |
| Bauzeit: | 1967 - 1975 |
| Grundflächenzahl: | 0,2 |
| Geschoßflächenzahl: | 2,0 |
| Geschosse: | 4 bis 6 Geschosse bei der Wohnbebauung in den „Ringen", 13 bis 17 Geschosse bei der Wohnbebauung am „Rand", AOK-Hochhaus: 16 Geschosse |
| Wohneinheiten: | 1.500 |
| Wohnungsgrößen: | 1 Zi ca. 35 - 42 qm, 1 1/2-Zi: 40 - 48 qm, 2-Zi: 59 qm, 2 1/2 Zi: 71 - 80 qm, 3-Zi: 72 - 85 qm, 3 2/2 Zi: 106 qm |
| Wohnungsausstattung: | Bad, Einbauküchen, Gemeinschaftsantenne, Zentralheizung (Heizwerk), Waschküchen und Müllschlucker |
| Einwohner 1987: | 2.938 |
| Einwohnerdichte 1987: | ca. 230 Ew/ha |
| ÖPNV-Anbindung: | U-Bahnhof Hallesches Tor (Linie 1 und Linie 6) und Buslinie 341 auf der Stresemannstraße sowie 141 und 240 auf der Lindenstraße |

Mehringplatz

## Zur Planungsgeschichte

Die kreisförmige Platzanlage des Mehringplatzes wird von Philipp Gerlach, dem Stadtplaner des Soldatenkönigs Friedrich-Wilhelm I, um 1730 angelegt. Er läßt die drei wesentlichen Nord-Süd-Verbindungen der erweiterten Friedrichstadt in einem runden Platz, dem „Rondell", zusammenlaufen. Dieser zunächst „Rondell", später bis 1947 „Belle-Alliance-Platz" und heute Mehringplatz genannte Platz ist einer von den drei Platzräumen, die bei der Erweiterung der Friedrichstadt hinter den Stadttoren als Exerzier- und Marktplätze angelegt werden.[1] Schon bald wird das Rondell umbaut, wenn auch nicht in der einheitlichen Form, wie es ein bekanntes altes Berliner Ölgemälde zeigt. Diese erste geschlossene wiewohl uneinheitliche Platzumbauung wird zwar nochmals überformt, bleibt aber bis in die Bombennächte des Zweiten Weltkrieges erhalten. 1902 wird durch den Neubau der U-Bahnlinie 1 - entlang des Kanals als Hochbahn geführt - der Belle-Allianz-Platz vom südlich angrenzenden Blücherplatz optisch abgetrennt.

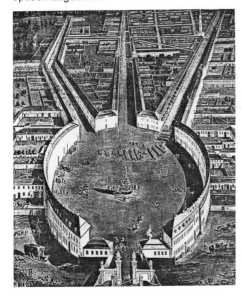

Idealisierendes Gemälde zur möglichen Bebauung des Rondells

Belle-Alliance-Platz, Luftaufnahme um 1892

Nach Beendigung des Krieges stehen am Mehringplatz nur noch wenige Gebäude - fast alles um die Friedenssäule herum liegt in Trümmern.

Friedenssäule inmitten des Mehringplatzes mit heutiger Randbebauung

Neue Entwicklungsbedingung wird die Teilung der Stadt, da nunmehr die südliche Friedrichstadt ihre zentralen Funktionen verliert und mit ihr der Mehringplatz von Berlin-Mitte abgeschnitten wird. Zunächst können die Planer allerdings diese Bedingung noch ignorieren. Die frühen Nachkriegsplanungen sehen nördlich des Mehringplatzes die sog. „Südtangente" als Teil des um Berlin-Mitte konzipierten Autobahnringes vor. Die Wilhelm- und die Lindenstraße werden abgeknickt und beiderseits am Platz vorbeigeführt. Diese Planungsvorstellungen finden sich wieder im „Zehlendorf Plan" von W. Moest u.a. 1947 und im „Plan Berlin 1948" von K. Bonatz u.a. und werden im „Hauptstadtwettbewerb" 1958 und im Flächennutzungsplan 1965 fortgeführt.

Einen ersten Entwurf für den Wiederaufbau des Mehringplatzes liefert W. Kreuer 1952 mit seinem Ansatz, „die starre, geometrische Form des Mehringplatzes zu lockern oder gar zu sprengen, um einer durch den neuen Inhalt bedingten eigenen Gestaltung Raum zu geben".[2]

Relativ konkret wird die Neubauplanung dann 1955, als die GEHAG W. Gropius's The Architects Collaborative einen Entwurfsauftrag erteilt. Gropius sieht auf einem 22 ha großen Gelände mehr als 2.000 Wohnungen und ein etwa 20 Geschosse hohes Geschäftshaus - als Gegenpol zur Amerika-Gedenkbibliothek - vor. Das Projekt kommt wegen der Verlegung der Schnellstraße und der ungesicherten Finanzierung des Vorhabens ebenfalls nicht zur Ausführung.

1962/63 tritt die Neuplanung in die entscheidende Phase: Der Entwurf von H. Scharoun wird ausgewählt. Dieser zeichnet sich durch die Beibehaltung der charakteristischen Kreisform der den Platz umgebenden Bebauung und der Neuordnung des historischen Straßennetzes aus. Die Platzbebauung ist als Doppelring mit einer Fußgängerstraße konzipiert. Das durch die Neuordnung der Verkehrsführung entstehende Gelände von 12,5 ha, mit seinem 15.000 qm großen grünen Platz, bleibt ausschließlich den Fußgängern vorbehalten. Lediglich Lieferverkehr ist gestattet.

Der „endgültige Bebauungsplan"[3] wird im Mai 1966 von Scharoun fertiggestellt. Der erste Bauabschnitt, das 16 geschossige AOK-Hochhaus von Scharoun und Fleischer, wird 1968 begonnen. Während die Platzbebauung im Wesentlichen den Scharounschen Vorstellungen folgt, wird die hohe Randbebauung von Düttmann, den die Neue Heimat als Architekten beauftragt hat, als Abschirmung gegenüber der geplanten autobahnartigen Südtangente neu entworfen.

# Mehringplatz

„Diese 13- bis 20-geschossige Bebauung bildet gleichsam die Kulisse für den zentralen Platz einerseits und weist andererseits schon aus der weiten Ferne auf die Bedeutung dieser städtebaulichen Konzentration im Berliner Stadtbild hin."[4] Die Bebauung des Stadtquartiers am Mehringplatz wird 1975 abgeschlossen.

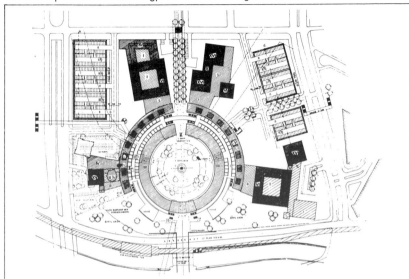

Scharoun-Plan von 1962 zur Neubebauung des Mehringplatzes

Luftaufnahme vom Mehringplatz 1984

**Die Wohnungen**

Die Neue Heimat baut etwa 1.200 der rund 1.550 Wohnungen im Gebiet. Die Durchführung erfolgt in drei Bauabschnitten. Im ersten Teil werden entlang der neu trassierten Lindenstraße 600 1- bis 2 1/2 Zimmer-Wohnungen und eine Tiefgarage gebaut. In diesem 1970 begonnen Teil liegen die Wohnungsgrößen für eine 1-Zimmer-Wohnung bei rund 40 qm und für eine 2 1/2 Zimmer-Wohnung zwischen 74 und 80 qm.

# Mehringplatz

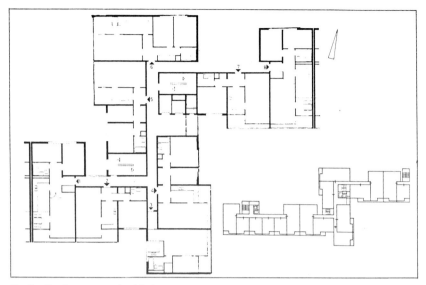

Großzeilenbauten an der Lindenstraße

In den folgenden Jahren entsteht der Innenkreis mit 100 großen Wohnungen, wobei die 3 2/2 Zimmer-Wohnungen 106 qm groß sind. Der 6-geschossige Außenkreis enthält 140 1- und 3-Zimmer-Wohnungen (3-Spänner) und rund 3.000 qm Gewerbefläche.

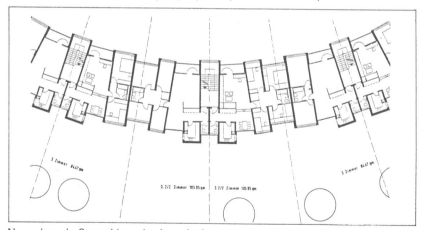

Normalgeschoßgrundrisse des Innenkreises

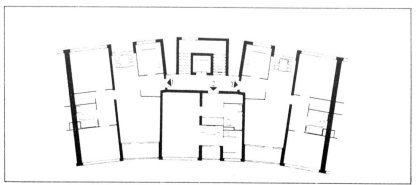

Grundrißbeispiel Außenkreis

Der Bauteil Mosch an der Wilhelmstraße/Franz-Klühs-Straße enthält 250 Wohnungen (als 4-8 Spänner-Typen) von 1 1/2 Zimmern und 48 qm bis zu 3 Zimmern und 75 qm Größe.

**Das Wohnquartier - heute**

Die Mehringplatzbebauung steht in der Tradition der städtebaulichen Großformen (60er/70er Jahre). Binnen weniger Jahre fertiggestellt, bestimmen die Viertelmillion Quadratmeter aufeinander getürmter Geschoßflächen dieses Stadtquartier bis weit ins nächste Jahrhundert hinein - es sei denn, Betonschäden bereiteten diesem Koloß ein früheres Ende.

Der weite Mehringplatz ist heute nicht mehr der pulsierende Stadtplatz der Zwischenkriegszeit, sondern ein ruhiger, nunmehr riesengroß, da leer, erscheinender Rasenplatz für Fußgänger und Anwohner. Er wirkt „abgekapselt vom eigentlichen Stadtleben, ... hier herrscht beinahe feierliche Ruhe."[5] Diese „Leblosigkeit" wird verstärkt durch die vom Platz abgewandte Lage der Einkaufsstraße zwischen den beiden kreisförmigen Gebäuderingen. Trotzdem stellt der grüne Platz, der weniger den Charakter einer öffentlichen Grünfläche, sondern den einer wohnungsbezogenen Freifläche hat, den angenehmsten Teil der städtebaulichen Anlage dar. Hier wurde ein Raum geschaffen, wenn auch ein wenig urbaner Ort. Die Restflächen zwischen der Ringbebauung und den Scheibenhochhäusern können nur als „Unräume" bezeichnet werden.

Scheibenhochhäuser am Rand des Wohnquartiers

Die aufgeständerte Innenzeile bildet beinahe die einzige Veränderungsmöglichkeit im Gebiet. Hier wären neue Nutzungen in geringem Umfang denkbar.

Ende der 80er Jahre wird bereits über „Nachbesserung" der Bebauung um den Mehringplatz diskutiert. Insbesondere die als Stellplatzzone genutzten häßlichen und unwirtlichen Freiflächen zwischen dem 6-geschossigen Außenring und den nördlich angrenzenden Scheibenhochhäusern gilt mittlerweile als dringend verbeserungsbedürftig. Auch soziale Probleme bleiben nicht aus. Im als „sozialer Brennpunkt" eingestuften Gebiet werden heute besondere Angebote zur Kinder- und Jugendarbeit gemacht.

## 8.4 LEIPZIGER STRASSE

Ausgewählte städtebauliche Daten

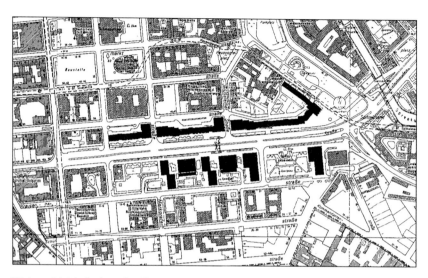

Wohngebiet Leipziger Straße
M. 1: 10.000

| | |
|---|---|
| Lage: | Berlin-Mitte |
| Bauherr: | Staatlicher Wohnungsbau der DDR |
| Architekten: | Städtebau: Joachim Näther, Peter Schweizer, Dorothea Tscheschner, Dieter Schulze, Werner Strassenmeier und Kollektiv |
| | Wohnungsbau: Johannes Gitschel, Wolfgang Ortmann und Kollektiv; Günther Wernitz, Arno Weber und Kollektiv |
| | Freiflächen: Eberhard Horn |
| Bauzeit: | 1972-1977, Ergänzung 1978-1981 |
| Grundflächenzahl: | 0,5 |
| Geschoßflächenzahl: | 4,2 |
| Geschosse: | 12-14 und 22-25 |
| Wohneinheiten: | 2.059 |
| Wohnungsschlüssel: | 4 % 1-Zi.; 25 % 2-Zi.; 44 % 3-Zi.; 23 % 4-Zi.; 4 % 5- u. Mehrzimmer-Wohnungen |
| Wohnungsausstattung: | alle Wohnungen mit Küche, Bad, WC, Müllschlucker, Fernheizung |
| Einwohner 1992: | ca. 6.140 |
| Einwohnerdichte 1992: | ca. 530 Ew/ha |
| ÖPNV-Anbindung: | U-Bahnhöfe Spittelmarkt, Hausvogteiplatz, Stadtmitte (Linie U2), U-Bahnhof Stadtmitte (Linie U6); Buslinien 129 (Kochstraße), 142 (Leipziger Straße), 147 (Französische Straße) |

## Zur Planungsgeschichte

Auf Betreiben des Kurfürsten Friedrich III., ab 1701 König Friedrich I., beginnt seit 1688 südlich der Dorotheenstadt der Ausbau der nach dem König benannten Friedrichstadt, die 1710 auf königlichen Erlaß mit den vier bis dahin bestehenden Städten zur Gesamtstadt Berlin vereinigt wird. Mit der Stadterweiterung Friedrichstadt entsteht auch die Leipziger Straße, die 1706 nach dem alten Handelsweg Richtung Leipzig ihren Namen erhält. Die westliche Begrenzung bildet der achteckige Leipziger Platz. Der Spittelmarkt am östlichen Ende der Leipziger Straße stellte ursprünglich die Verbindung zum Werder und nach Cölln her und erhält nach Abtragung der Wallanlagen 1730-1736 eine polygonale Gestalt in Form einer ehemaligen Bastion. Auf der Brücke über dem ehemaligen Festungsgraben westlich des Spittelmarktes errichtet C.v.Gontard 1776 die Spittelkolonnaden. In westlicher Nähe der Kolonnaden befindet sich auf der Südseite der Leipziger Straße der Dönhoffplatz, seit 1730 mit einem großen Obelisk in der Mitte, der als Bezugspunkt für die Entfernungsangaben der Postmeilensäulen des Landes nach Berlin dient[1].

Ursprünglich eine normale Wohnstraße, entwickelt sich die Leipziger Straße nach dem Neubau des Potsdamer (1868-1871) und des Anhalter Bahnhofs (1876-1880) sowie mit dem forcierten Ausbau der westlich und südwestlich von Berlin gelegenen Ortschaften, u.a. Charlottenburg, Wilmersdorf, Schöneberg, Steglitz, etwa seit dem letzten Viertel des 19. Jahrhunderts zu einem der verkehrsreichsten Geschäftszentren, der Spittelmarkt wird zu einem der wichtigsten Verkehrsknotenpunkte der Reichshauptstadt. Auf der nördlichen Seite des Leipziger Platzes entsteht 1897-1904 das Warenhaus Wertheim, mit dem Alfred Messel einen lange Zeit gültigen Standardtyp „Warenhaus" schuf. 1900 wird am Dönhoffplatz das Warenhaus Tietz erbaut. Etwa gegenüber vom Warenhaus Wertheim wird 1904 das Herrenhaus errichtet, zusammen mit dem ehemaligen Preußischen Landtag ein ausgedehnter Verwaltungskomplex. Darüber hinaus befinden sich in dessen Nähe zahlreiche Ministerien und Verwaltungsgebäude. 1935-1936 entsteht an der Ecke Wilhelmstraße der große Gebäudekomplex des ehemaligen Reichsluftfahrtministeriums, der in der DDR als Haus der Ministerien[2] diente und gegenwärtig von der Treuhandanstalt genutzt wird.

Während des II. Weltkrieges wird die Leipziger Straße zum Teil schwer zerstört. Bemerkenswert ist, daß bei nahezu sämtlichen Nachkriegsplanungen der Bereich der Leipziger Straße wegen seiner zentralen Lage als wichtiges zentrales Strukturelement beibehalten wird. Obwohl Berlin 1946 in der ersten Planung vom Planungskollektiv um Hans Scharoun einer radikalen Neuordnung unterliegt, liegt die Leipziger Straße dabei in einer zentralen bandartigen „Arbeitsstadt", die sich etwa zwischen den S-Bahnhöfen Treptow und Westkreuz entwickeln soll[3]. Auch im Zehlendorfer Plan von Walter Moest und Willy Goergen und im „Neuen Plan" von Karl Bonatz nimmt die Leipziger Straße eine wichtige Stellung innerhalb des geplanten zentralen Gebietes ein[4].

Beim West-Berliner Hauptstadtwettbewerb von 1957 gehört die Leipziger Straße zusammen mit der Friedrichstraße, Kochstraße und dem Bereich zwischen Brandenburger Tor und Alexanderplatz (einschließlich Unter den Linden) zu den wichtigsten zu planenden Strukturelementen. Relativ wenig Bedeutung hat die Leipziger Straße bei den ersten Preisträgern dieses Wettbewerbs Spengelin/Eggeling/Pempelfort. Sie erfüllten den Wunsch der Jury, die Friedrichstraße wieder zum Geschäfts- und Handelszentrum zu machen[5]. Als städtebaulicher Höhepunkt erscheint die Kreuzung Friedrichstraße/Unter den Linden. Ebenso wie bei dem Entwurf des zweiten Preises von Scharoun/Ebert wird die Leipziger Straße bei vielen Wettbewerbsarbeiten als Einkaufszentrum in völlig neuer Gestalt vorgesehen. Obwohl nicht danach realisiert, kommt der Entwurf von Hartmann/Nickerl (ebenfalls ein zweiter Preisträger) in seiner Gestalt der heutigen Lösung am nächsten. Die Leipziger Straße wird hier zu einer zwölfspurigen tiefliegenden Hauptverkehrsstraße mit einer parallel dazu verlaufenden Fußgängerzone umfunktioniert, die durch sechs scheibenförmige gereihte Hochhäuser flankiert werden[6].

Beim Ost-Berliner Hauptstadtwettbewerb von 1958 gehört die Leipziger Straße nicht zum unmittelbaren Wettbewerbsgebiet, weshalb nur einige Wettbewerbsteilnehmer Lösungsvorschläge dazu anbieten. Erwähnenswert ist der Entwurf des Dresdner

Kollektivs Schneider/Hunger/Röthig/Konrad/Berndt/Grunicke/Neumann (ein dritter Preis), in dem die Leipziger Straße als Hauptverkehrstrasse vorgesehen wird und die korridorartige Bebauung Bürohäuser des staatlichen und genossenschaftlichen Handels, Verkaufsstellen, Ausstellungsräume, Restaurants und Appartements enthält[7]. Sämtliche Entwürfe werden nicht realisiert.

Nach dem Bau der Mauer und der totalen Trennung der Stadt ab 1961 gerät die Leipziger Straße aus Ost-Berliner Sicht in eine Randlage. Wichtige Planungs- und Bebauungsgebiete sind zunächst die Karl-Marx-Allee II, der Alexanderplatz, der Bereich zwischen Alexanderplatz und Brandenburger Tor sowie die Fischerinsel. Der nach dem Wettbewerb 1958 ausgearbeitete und bestätigte Bebauungsplan des Zentrums der Hauptstadt der DDR von 1961 enthält nur im Kreuzungsbereich Friedrichstraße einen fragmentarischen Lösungsvorschlag[8]. Erst in den Planungsunterlagen für das Stadtzentrum im Rahmen des Generalbebauungsplanes von 1968 wird vom Chefarchitekten von Groß-Berlin (Ost-Berlin), Joachim Näther, der Hochhauskranz vorgestellt, der auf der Fischerinsel und in der Leipziger Straße das Stadtzentrum rahmen soll[9]. Gleichzeitig wird insbesondere für den Teil der Leipziger Straße etwa zwischen Spittelmarkt und Friedrichstraße eine Neubebauung vorgesehen. Diese

Entwurf aus dem Jahre 1969

Konzeption wird Grundlage für den Bebauungsplan, der von einem Autorenkollektiv des Bezirksbauamtes[10] (Bereich Städtebau und Architektur) beim Magistrat von Ost-Berlin und des VE Wohnungsbaukombinats Berlin in sogenannter „sozialistischer Gemeinschaftsarbeit" ausgearbeitet, 1969 der Öffentlichkeit vorgestellt und 1972-1977 annähernd realisiert wird[11].

Dieser Abschnitt der Leipziger Straße besteht hauptsächlich aus Wohngebäuden mit Läden, Dienstleistungs- und Gewerbeeinrichtungen gesamtstädtischer und örtlicher Bedeutung in den Erdgeschossen und ersten Obergeschossen sowie in zweigeschossigen Zwischenbauten. Nicht verwirklicht wird ein etwa 30geschossiges Hochhaus am Spittelmarkt. In diesem Zusammenhang werden die für die Rekonstruktion vorgesehenen Spittelkolonnaden und eine Postmeilensäule, die ursprünglich zwischen dem 30-geschossigen Hochhaus und dem ersten Scheibenhochhaus der Leipziger errichtet werden sollten, in westliche Richtung zwischen die ersten beiden Scheibenhochhäuser verschoben.

Nicht ohne Einfluß auf die Hochhausbebauung der Leipziger Straße ist das 19-geschossige Hochhaus im Gebäudekomplex des Springerverlages (1961-1966) an der West-Berliner Kochstraße. Dieses Hochhaus, das in der Zeit des kalten Krieges in Grenznähe gebaut wird, stellt eine Provokation für die Ost-Berliner Regierenden dar. Mit 68 Metern Höhe ist es in jener Zeit weit und breit das einzige weithin sichtbare Gebäude auf den nach der Trümmerberäumung angelegten Rasenflächen, steht genau in der Achse der neuen Verkehrsschneise Gertraudenstraße/Mühlendamm/Grunerstraße, auf der die Ost-Berliner Regierenden von ihrem Wohnort Wandlitz zu ihren Ministerien und Einrichtungen fahren. Eine am Gebäude befestigte überdimensionale laufende Schriftfläche strahlt permanent aktuelle Nachrichtenmeldungen der freien Welt nach Ost-Berlin ab. Mit dem Bau der Scheibenhochhäuser in der Leipziger Straße wird der für die Ost-Berliner Regierenden „penetrante" Anblick des Springer-Hochhauses, zumindest städtebaulich, eliminiert. Das ursprünglich vorgesehene 30geschossige Hochhaus am Spittelmarkt hätte das Springer-Hochhaus aus Ost-Berliner Sicht völlig verdeckt.

Die Neubebauung der Leipziger Straße wird 1978-1981 um die Nordwestseite des Spittelmarktes durch die Gebäude an der Niederwallstraße, 1983-1985 durch die Wohnbebauung zwischen Seydel- und Wallstraße mit 295 Wohnungen (Entwurf E. Schmidt und Kollektiv)) und bis 1987 mit historisierenden Plattenbauten zwischen Friedrichstraße, Charlottenstraße, Krausen- und Leipziger Straße (Entwurf E. Schmidt und Kollektiv) ergänzt[12].

## Die Wohnungen

Während die Hochhäuser auf der Fischerinsel allein ein Drittel Einraumwohnungen und insgesamt vor allem kleine Wohnungen enthalten, werden in der Leipziger Straße etwa 70 % große Drei- und Mehrraumwohnungen errichtet, die z.T. an Diplomaten und Botschaftspersonal vergeben werden. Die mehr als 2.000 Neubauwohnungen sind mit Küchen, Bädern, Loggien, Vorräumen und Abstellräumen ausgestattet und werden fernbeheizt. Durch die erhöhten Anforderungen sind zahlreiche Wohnungen mit individuellen Badlösungen ausgestattet, so u.a. mit einem zweiten WC, mit Bidet, Fußbodeneinlauf, Fliesen und besonderen Armaturen. Weitere Besonderheiten bestanden im Einbau von Schiebetüren, Garderobenschränken oder Parkettfußböden. Bei dem hohen Verflechtungsgrad zwischen Wohnungen und Läden, Gewerbe-, Dienstleistungs- und anderen Einrichtungen war es notwendig, die Bauweise SK-Berlin (Skelettmontagebauweise) weiterzuentwickeln und diese mit der Großtafelbauweise zu verbinden, um monolithische Betonarbeiten weitgehend auszuschließen. Trotz Einsatz der Montagebauweise wird eine individuelle Lösung der Gebäudegestalt angestrebt, die jedoch wieder dadurch entwertet wird, daß in anderen Ost-Berliner Bezirken ähnliche Gebäude nachgebaut werden.

Die 20 und 23 Wohngeschosse eines Doppelscheibenhauses südlich der Leipziger Straße enthalten 344 Zwei-, Drei- und Vierraumwohnungen[13].

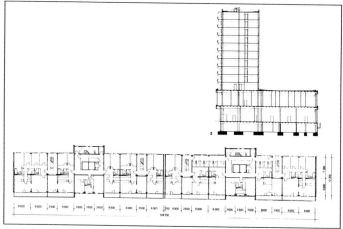

Grundrisse und Schnitt der Gebäude auf der nördlichen Straßenseite

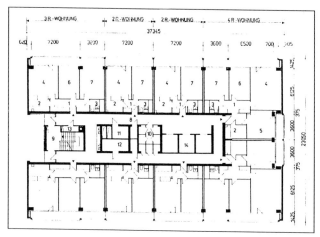

Wohngeschoß
Wohnhochhaus

**Das Gebiet - heute**

Bereits kurz nach Fertigstellung des ersten Abschnitts 1977 wird die Leipziger Straße trotz der überdimensionierten, unmaßstäblichen Hochhäuser und trotz seiner Randlage eine beliebte Wohn-, Einkaufs- und Bummelgegend, insbesondere auch wegen der für DDR-Verhältnisse relativ hohen Konzentration von Läden und Einrichtungen.

Seit Öffnung der Grenzen im November 1989 ist die Leipziger Straße plötzlich wieder in eine zentrale Lage gerückt. Sie war eine der ersten zusätzlichen Ost-West-Verbindungen, die geöffnet wurden und muß heute einen sehr starken Fahrzeugstrom als Durchgangsverkehr zwischen Ost- und West-Berlin aufnehmen. Folgen sind u.a. eine Verschlechterung der Wohnqualität, fehlende Parkplätze u.v.a.m. Mit der plötzlichen „Verschiebung" der Leipziger Straße in die City der Gesamtstadt Berlin und den bedeutenden Baumaßnahmen in den westlichen Abschnitten der Straße, am Potsdamer Platz, im Regierungsviertel und auf der Spreeinsel wird sich ihre Funktion und Gestalt in den nächsten Jahren radikal verändern. Das Treuhandgebäude soll u.a. künftig vom Bundeswirtschaftsministerium, der sogenannte Postblock (Postmuseum) vom Bundesfinanzministerium genutzt werden.

# Leipziger Straße

Fußgängerzone auf der nördlichen Straßenseite der Leipziger Straße

Gefragt sind gute und zukunftsträchtige Lösungen. Erste Veränderungen an den Einrichtungen sowie an den 12- bis 14-geschossigen Wohngebäuden nördlich der Leipziger Straße durch Sanierung, Umbauten, Ausbauten sind bereits sichtbar. Vom Senat beschlossen ist die Wiederherstellung des historischen Straßenprofils zwischen Leipziger Platz und Charlottenstraße mit einer sechs Meter tiefen Arkadisierung auf der nördlichen Straßenseite. Für den östlichen Teil der Leipziger Straße zwischen Charlottenstraße und Spittelmarkt wurde ein Gutachterverfahren mit dem Architekten H. Kollhoff als erstem Preisträger durchgeführt.

Konzeptionelle Vorstellungen für diesen Teil der Leipziger Straße gehen von einer Restitution der historischen Straßenbreite aus. Jene Breite des Straßenraumes soll durch Bau eines vier- bis fünfgeschossigen Gebäuderiegels vor der nördlichen Straßenfront oder durch Rückbau und Begrünungsmaßnahmen erreicht werden. Eine tragfähige Konzeption muß vom Senat noch bestätigt werden.

Straßenraum Leipziger Straße, Blickrichtung Potsdamer Platz

## 8.5 BÖCKLERPARK

**Ausgewählte städtebauliche Daten**

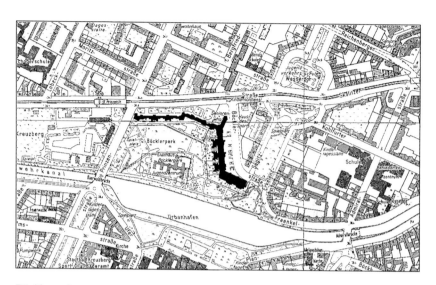

Böcklerpark
M 1 : 10.000

| | |
|---|---|
| Lage: | Berlin-Kreuzberg, Luisenstadt |
| Bauherr: | GSW Gemeinnützige Siedlungs- und Wohnungsbaugesellschaft Berlin mbH |
| Architekten: | Städtebaulicher Entwurf: Planungsgruppe SKS (K.-H. Ernst, B. Fleischer, G. Hänska, H. Stranz, H. Wolff-Grohmann) |
| | Bauplanung: Abschnitt I (Gitschiner Straße): Hans Wolff-Grohmann, Abschnitt IIa (Senioren-Wohnhaus): Bodo Fleischer; IIb (Böcklerstraße): Bodo Fleischer, Gerd Hänska |
| | Landschaftsplanung: Helmut Bournot |
| Bauzeit: | 1974 - 1978 |
| Grundflächenzahl: | 0,2 |
| Geschoßflächenzahl: | 1,9 (Bauteil IIa: 2,6) |
| Geschosse: | 5 bis 13 |
| Wohneinheiten: | 570 (I: 166, IIa: 147, IIb: 257) |
| Wohnungsschlüssel: | Insgesamt: 40 % 1-Zi, 25 % 2-Zi, 25 % 3-Zi, 5 % 4-Zi; Abschnitt I: 30 % 1-Zi, 25 % 2-Zi, 40 % 3-Zi, 5 % 4/5-Zi; Abschnitt IIa: 85 % 1-Zi, 15 % 2-Zi (u. Gemeinschaftsräume); Abschnitt IIb: 25 % 1-Zi, 40 % 2-Zi, 30 % 3-Zi, 5 % 4-Zimmer-Wohnungen |
| Wohnungsausstattung: | Standards des sozialen Wohnungsbaus |
| Einwohner 1987: | 1.116 |
| Einwohnerdichte 1987: | ca. 400 Ew/ha |
| ÖPNV-Anbindung: | U-Bahnhof Prinzenstraße (Linie 1) und Buslinie 140 auf der Prinzenstraße |

Böcklerpark

## Zur Planungsgeschichte

Für das Sanierungsgebiet Kreuzberg-Süd - Teilgebiet des Sanierungsgebiets Kottbusser Tor - werden im Jahr 1969 fünf Architekten mit der Erstellung von Gutachten beauftragt. (Vorher waren Wohnwert und Prestige des Quartiers durch die seit Anfang der 60er Jahre beabsichtigte Sanierung erheblich gesunken, hinzu kam ein stark steigender Ausländeranteil). Im Gegensatz zum normalerweise üblichen Verfahren - individuelle Bearbeitung in Konkurrenz zueinander - arbeiten die Architektenplaner zusammen. Sie stellen programmatische Forderungen auf (z.B.: Erhaltung der Kreuzberger Mischstruktur) und erreichen, daß vom Bausenator neben dem Strukturplan des Senats für die zukünftige Entwicklung Kreuzbergs (Basis der sog. Varianten) auch ein „Gegenplan der Gruppe SKS" mit „integrierter Stadtautobahn" (Basis der sog. Alternativen) zur Entwurfsgrundlage für die Planungseinheit VI herangezogen werden kann.

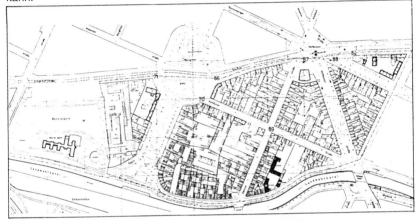

Zustand 1970 in der „Planungseinheit VI", Maßstab 1 : 10.000

Die Obergutachterkommission verwirft Ende 1969 die Alternativen zur Senatsplanung mit der Begründung: „Die Bedenken der Arbeitsgruppe wegen der Trassenführung der Osttangente in der Platzfolge des ehemaligen Luisenstädtischen Kanals werden anerkannt. Die vorgeschlagene Verlegung nach Osten stellt jedoch keine Lösung dar, sondern wirft neue Probleme auf...".[1] Sie empfiehlt stattdessen auf der Grundlage von zwei Varianten - Totalabriß und neue gleichmäßige Rand- und Hofbebauung oder Totalabriß und Entwicklung einer neuen freien Großstruktur mit City-Maßstab - weiterzuarbeiten.

Nachdem in einer Zwischenphase weitere Planungsgrundlagen zusammengetragen worden sind, wird Ende 1971 ein neuer städtebaulicher Entwurf erstellt, der die zwei Jahre alte Empfehlung der Obergutachter verändert. Das städtebauliche Konzept basiert auf Großformen (Hochhausbänder) unter Aufgabe der diesen Stadtbereich bisher prägenden Maßstäbe. Die Autobahn wird in Tieflage geführt und ihre Realisierung bzw. ein späterer Fortfall ist unabhängig vom Gesamtkonzept. Das Gebiet des Böcklerparks wird ins Sanierungsgebiet einbezogen, da an dieser Stelle ohne Umsetzung von Bewohnern (nach dem 2. Weltkrieg war nur noch eine Teilfläche gewerblich genutzt) in bester Wohnlage (Park- und Kanalnähe, Südlage) mit dem Bauen begonnen werden kann.[2] Die planerisch unvertretbare Inanspruchnahme öffentlicher Grünanlagen für Bauzwecke wird durch den Hinweis auf die künftigen Freiflächen im Ergebnis der Kahlschlagsanierung am Landwehrkanal gerechtfertigt.

Diese Planung entspricht schon damals „in keiner Weise den Erwartungen der kritischen Fachöffentlichkeit und der inzwischen wach gewordenen Mieter Kreuzbergs", zudem steht sie „im totalen Gegensatz zu den Erklärungen"[3] der Architekten, mit denen diese 1969 angetreten waren.

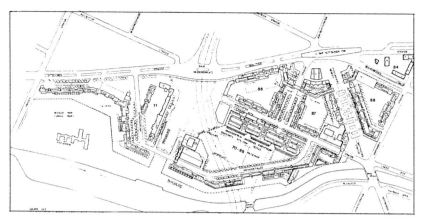

Städtebaulicher Entwurf 1973 der SKS im Maßstab 1 : 10.000

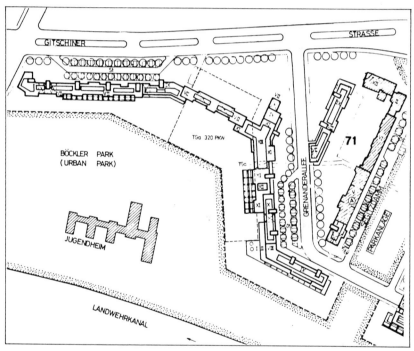

Städtebaulicher Entwurf der SKS (Architekten: Ernst/Fleischer/Hänska/Stanz/Wolff-Grohlmann/Johae/Roemer) für den Böcklerpark, Maßstab ca. 1 : 4.000

Ende 1974 wird mit dem Neubau des Wohnkomplexes am Böcklerpark mit 570 Wohnungen begonnen. Der bis zu 13 Geschossen hohe Baukörper wird in seiner Mittelzone zur optischen Wiederaufnahme der Traufhöhe der Altbebauung durch Einschnitte und durch Material- und Farbwahl gegliedert.

Die Wohnungen sollen im Rahmen der „Kahlschlagsanierung" als Umsetz- und Ersatzwohnungen genutzt werden. Nach Fertigstellung der Großwohnanlage im Jahr 1978 ändern sich die Rahmenbedingungen der Sanierung schrittweise: Die Erhaltung und Modernisierung der Bausubstanz rückt nach langen Kämpfen in den Vordergrund. Zudem wird die Stadtautobahn Osttangente endgültig aufgegeben.[4] Allerdings entfällt damit auch die Ersatzgrünanlage.

Böcklerpark 222

„Wiederaufnahme" der
Traufhöhe in der Baugestalt

**Die Wohnungen**

Die Hausbereiche südlich der Gitschiner Straße sind als 3- bis 5-Spänner mit geringer Gebäudetiefe und Orientierung der „Funktionsräume" und des Treppenhauses zu den nördlichen Gebäudeseiten ausgeführt. Bedingt durch die „Vielspännigkeit" waren Befreiungen vom Bauordnungsrecht für innenliegende Bäder und nicht vorhandene Querlüftung bei den kleineren Wohnungen erforderlich. Die Wohnungen sind bis auf Sonderformen am Zeilenende und den „Knickstellen" sehr konventionell nach funktionalen Mustern konzipiert; die Grundrisse und Raumgrößen entsprechen den Standards des Sozialen Wohnungsbaus. Die typische Familienwohnung weist folgende Raumgrößen auf: Wohnen ca. 22 - 28 qm, Schlafen ca. 15 qm, Kinder 9 - 12 qm, Küche 8 qm, z.t. Eßplatz 7 qm, Bad 5 qm.

Der Mietwohnungsteil entlang der Böcklerstraße hat eine Mittelgangerschließung mit 3 bis 7 Wohnungen an einem Aufgang. Ohne Vor- und Rücksprünge beträgt die Gebäudetiefe etwa 15 m. Kleinere Wohnungen sind einseitig, größere zweiseitig orientiert. Innenliegende Bäder und Trennung des Wohn- und Schlafteils der Wohnungen zu unterschiedlichen Himmelsrichtungen (bis auf kleine Wohnungen) sind die Regel.

# Böcklerpark

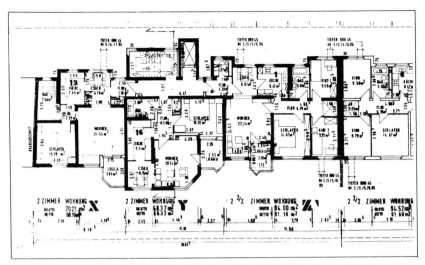

Wohnungsgrundrisse des Bauteil I (Gitschiner Straße), Maßstab ca. 1 : 400

Der Y-förmige Seniorenwohnheimbereich verfügt hauptsächlich über Einzimmerwohnungen mit Wohnschlafraum, abgetrennter Küche, innenliegendem Bad und kleinem Vorraum. Die Erschließung der Wohnungen erfolgt im zweihüftigen Teil über Mittelgang und in den anderen Teilen über Außengänge, die von einem zentralen Treppenhaus und Aufzugbereich ausgehen.

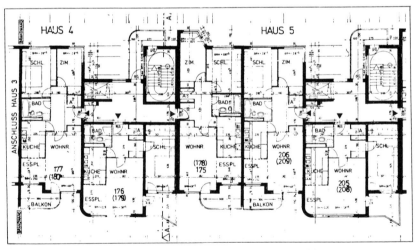

Wohnungsgrundrisse an der Böcklerstraße, Maßstab ca. 1 : 400

### Das Wohnquartier - heute

Das Umdenken in der Sanierungspraxis, katalysiert durch die Altbau-IBA und die Hausbesetzerbewegung in Kreuzberg, beendete Ende der 70er Jahre das „gründliche Häusermassaker"[5]. Westlich des Böcklerparks wurden die „Reste" der alten Bebauung in beispielhaften Projekten modernisiert (z.B. Häuser am Wassertorplatz) und durch Neubauten ergänzt (z.B. Baller-Bauten am Fraenkelufer). So blieb von der Sanierungsplanung der SKS „nur" das Wohnband Böcklerpark und die Neubauten am und südlich des Kottbusser Tors übrig.

Der Wohnkomplex am Böcklerpark selbst wirkt zumindest zur Skalitzer Straße hin „sehr kalt, fast brutal". Die Gebäudeteile sind nur „durch unterschiedliche Höhen und kleine Äußerlichkeiten, wie geringe Formvariationen der Balkone und der Fensterfronten, sowie der ebenerdigen Fußgängerdurchgänge, voneinander zu trennen. Diese Gleichartigkeit zeigt Phantasie- und Gefühlsmangel, der Bau wirkt mammutartig."[6] Neben der Kritik an Bauform und Architektur der Bebauung ist auch die aus heutiger Sicht schematische Außenraumgestaltung anzuführen. Immerhin erfüllt das Gebäudeband zumindest teilweise die Funktion, die Grünanlage Böcklerpark von der mit über 75 dB(A) „lärmenden" Gitschiner Straße abzuschirmen.

Fassadendetail der Großzeile am Böcklerpark

Man kann das Wohngebäude am Böcklerpark nicht losgelöst von der gesamten Sanierungspraxis am Kottbusser Tor beurteilen. Deren Effekte wurden 1974 von Ilse Balg, die mit Werner March schon 1967 auf den städtebaulichen und volkswirtschaftlichen Unsinn der Abrißsanierung hinwies, deutlich beschrieben: „Von 195 Spezialbetrieben (...) sind nach der ersten Sanierungsstufe (noch!) 12 am Leben." Und: „Nicht anders das Schicksal der zugleich am Ort Wohnenden: (...) so werden die Sanierungsbetroffenen (...) zu ihrem „Glück" gezwungen, der Exmission und Umsetzung in die 20 - 25 km entfernten Mammutsiedlungen Märkisches Viertel oder Falkenhagener Feld."[7] Dabei setzen die städtischen Wohnungsbaugesellschaften die politischen „Abriß"-Vorgaben des Berliner Senates bereitwillig um. Als dann 1978 die Bebauung am Böcklerpark fertiggestellt ist, sind die meisten Sanierungsbetroffenen schon in alle Winde zerstreut.

## 8.6 VINETAPLATZ

### Ausgewählte städtebauliche Daten

Vinetaplatz in Wedding
M 1 : 10.000

| | |
|---|---|
| Lage: | Berlin-Wedding |
| Bauherr: | DeGeWo (Deutsche Gesellschaft zur Förderung des Wohnungsbaus) |
| Architekten: | Block 257: Jahn und Suhr, Stranz, Weber, Greth; Block 258: DeGeWo-Entwufsbüro; Block 259: Heinrichs; Block 266: Weber und Greth; Block 269 Koch; Block 270: Kleihues |
| Platzgestaltung: | Flechner, Jacobshagen, Klingebeil und Bünz (Vinetaplatz) |
| Bauzeit: | 1975 - 1982 |
| Grundflächenzahl: | 0,5 |
| Geschoßflächenzahl: | 1,5 |
| Geschosse: | überwiegend 5 bis 6 Geschosse |
| Wohneinheiten: | 871 |
| Wohnungsschlüssel: | 1 % 1 Zi.; 48 % 2 Zi.; 37 % 3 Zi.; 11 % 4 Zi.; 3 % 5 und mehr Zimmer-Wohnungen |
| Wohnungsausstattung: | 80 % mit Bad, WC |
| Einwohner 1960: | 4.034 |
| Einwohner 1987: | 2.246 |
| Einwohnerdichte 1987: | ca. 425 Ew/ha |
| ÖPNV-Anbindung: | U-Bahnhof Voltastraße (Linie 8) und Buslinien 328 auf der Wolliner Straße sowie 120 auf der Bernauer Straße |

Vinetaplatz

## Zur Planungsgeschichte

Bis 1850 ist das Gebiet unbesiedelt und wird land- und forstwirtschaftlich genutzt. Nach 1870 setzt auf der Grundlage des Hobrecht-Plans die Bebauung infolge der rasch fortschreitenden Industrialisierung ein. Die Wohnverhältnisse in der Mietskasernenbebauung sind aufgrund mangelhafter Sanitärausstattung und Überbelegung der Wohnungen katastrophal.

Bebauungsstruktur um den Vinetaplatz 1939

Nach dem Ende des Zweiten Weltkrieges sind im Gebiet um die Brunnenstraße 30 % der Wohnungen zerstört bzw. beschädigt.[1] Mit dem „Wiederaufbau" des kriegszerstörten Berlins beginnt zugleich auch die Veränderung der Stadtteile. Der Bau der Mauer 1961 und die dadurch bedingte Stadtrandlage (an drei Seiten von Ost-Berlin umschlossen und verhältnismäßig abgeschieden von der westlichen City) bringt gravierende funktionale Veränderungen. 1963 wird mit dem ersten Stadterneuerungsprogramm für Berlin eine bis dahin nicht gekannte flächenmäßige Sanierung eingeleitet, die 56.000 Wohnungen mit 140.000 Einwohnern betrifft. Das Gebiet um die Brunnenstraße - als Teil dieses Programms - mit ca. 14.700 Wohnungen, 40.000 Einwohnern und 1.760 Betrieben (Stand 1961) wird zum größten Sanierungsvorhaben der Bundesrepublik.[2]

Ideengutachten von Prof. Eggeling (TU Berlin) für das Sanierungsgebiet Brunnenstraße

# Vinetaplatz

Einige Grundstücke an der Brunnenstraße sind zum Teil schon in den 50er Jahren im sozialen Wohnungsbau bebaut worden. 1963 entwickeln die elf Städtebau-Lehrstühle der Bundesrepublik und West-Berlins im Rahmen eines Ideen-Gutachtens für das Sanierungsgebiet Brunnenstraße (das vorgestellte Quartier ist Teil dieses Sanierungsgebietes) städtebauliche Konzepte, wobei die „große Konzeption, die Absage an jedes Klein-Klein gefragt war".[3]

Lediglich das Gutachten von Prof. Koller (TU Berlin) lehnt die angestrebte Kahlschlagsanierung aus ökonomischen Gründen ab. Auf der Grundlage der prämierten Arbeit von Prof. Eggeling (TU Berlin) entwickelt die Arbeitsgruppe für Stadtplanung (AGS) an der Technischen Universität ein Sanierungskonzept.

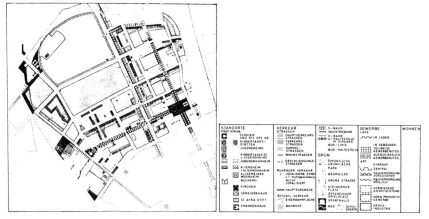

Nutzungskonzept für das Weddinger Sanierungsgebiet Brunnenstraße der AGS von 1965

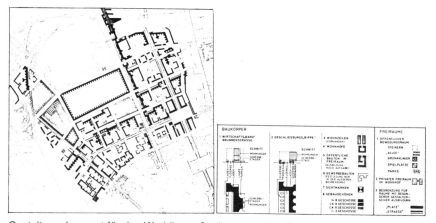

Gestaltungskonzept für das Weddinger Sanierungsgebiet Brunnenstraße der AGS von 1965

Das Nutzungs- und Gestaltungskonzept sieht vor, daß die Brunnenstraße (als städtische Verbindung zwischen Alexanderplatz und Gesundbrunnen) „Rückgrat des Gebietes" ist, von der nach Westen vier und nach Osten zwei „Rippen intensiver Nutzung" ausgehen. An die „Rippen" lagern sich als innerstädtische Wohnform sogenannte Wohnhöfe an. Die dargestellte Neubebauung sollte nur als eine der möglichen Erscheinungsformen eines anpassungsfähigen Ordnungskonzeptes gelten. Auf Hochhäuser mit mehr als acht Geschossen wird verzichtet.[4] Die Neubebauung des Gebietes erfolgt ohne Änderung des historischen Stadtgrundrisses, d.h. des historischen Verlaufs der Straßen.

# Vinetaplatz

Als Instrumente zur Umsetzung des Generalkonzeptes werden gewählt: der Strukturplan, der Rahmenplan „Bauliche Gestaltung" und die Planung der Neugestaltung auf der Ebene der Planungseinheiten (mehrere Blöcke umfassend). Zur planungsrechtlichen Absicherung werden seit Ende der 60er Jahre Bebauungsplanverfahren durchgeführt (1983 liegen 31 Bebauungspläne vor).[5]

Besondere Aufmerksamkeit haben in der Fachwelt die Blöcke 259 und 270 erfahren. Sie dokumentieren eine konsequente Bezugnahme auf den Baublock als stadträumliches Gliederungselement. Auf Basis der städtebaulichen Planung von J.P. Kleihues realisieren der Architekt Kleihues 1975 - 1977 den Block 270, und die Architekten Heinrichs und Partner 1980 - 1982 den Block 259.

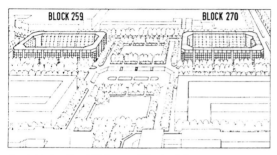

Ansicht der Baublöcke am Vinetaplatz

Das Sanierungskonzept Prof. Eggelings (1963) sieht eine Grünverbindung Stralsunder Straße - Vinetaplatz - Schwinemünder Straße vor. Der Vinetaplatz - als zentrales Element - war ursprünglich als Schmuckplatz geplant und liegt mit dem Arkona- und Zionsplatz (beide in Ost-Berlin) in einer stadträumlichen Achse. Schon zu Beginn des 20. Jahrhunderts wurde auf dem Platz ein Kinderspielplatz angelegt. Die intensive Nutzung des Platzes in dem dichtbebauten Gebiet machte 1930 die Erneuerung der Platzanlagen erforerlich.[6]

Die heutige Platzgestaltung geht auf einen Ideenwettbewerb im Jahre 1972 zurück, den die Landschaftsplaner Flechner, Jacobshagen, Klingebeil und Bünz gewonnen haben. Es handelt sich bei der Neugestaltung des Vinetaplatzes um eine der bedeutensten Platzerneuerungen im Rahmen von Sanierungsverfahren, und sie ist kennzeichnend für die 70er Jahre. Die den Platz kreuzenden Straßen (Stralsunder und Schwinemünder Straße) sind seit Ende der 80er Jahre verkehrsberuhigt.

Die Sanierungsdurchführung, d.h. der Abriß und Neubau von Wohngebäuden beginnt zunächst nur schleppend. Die eingesetzten Sanierungsträger kaufen mit Sanierungsförderungsmitteln die Grundstücke auf, die zum überwiegenden Teil im Besitz von Kleineigentümern sind. Größter Träger ist die DeGeWo, die 1979 im Besitz von 94 % der Grundstücke im gesamten Sanierungsgebiet ist. Insgesamt werden im Tätigkeitsbereich der DeGeWo 9.000 Wohnungen „freigemacht".[7] Die sukzessive Zerstörung des Gebietes mit dem Nebeneinander von leerstehenden und verwahrlosten Gebäuden, in denen jede Instandhaltung unterbleibt, und den schon abgeräumten Grundstücken kennzeichnet über Jahre das Gebiet, da blockbezogene oder blockübergreifende Planungen eine Erneuerung in kleinen Schritten nicht vorsehen. Durch den baulichen Verfall beschleunigt sich der Prozeß der Entleerung des Gebietes; die mobileren Bevölkerungsteile wandern ab. In den Jahren 1961 - 1981 ist die Bevölkerung um ein Drittel zurückgegangen, obwohl in den 70er Jahren 8.000 Ausländer zugezogen sind. Auch der Gewerbebestand wird deutlich reduziert: 1965 existierten 840 Gewerbebetriebe, 1978 nur noch 300.[8]

# Vinetaplatz

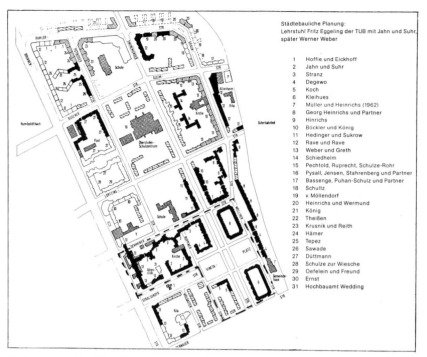

Sanierungsgebiet Wedding Brunnenstraße - östlicher Teilbereich

Städtebauliche Planung:
Lehrstuhl Fritz Eggeling der TUB mit Jahn und Suhr, später Werner Weber

1 Hoffie und Eickhoff
2 Jahn und Suhr
3 Stranz
4 Degewo
5 Koch
6 Kleihues
7 Müller und Heinrichs (1962)
8 Georg Heinrichs und Partner
9 Hinrichs
10 Böckler und König
11 Hedinger und Sukrow
12 Rave und Rave
13 Weber und Greth
14 Schiedhelm
15 Pechtold, Ruprecht, Schulze-Rohr
16 Pysall, Jensen, Stahrenberg und Partner
17 Bassenge, Puhan-Schulz und Partner
18 Schultz
19 v. Möllendorf
20 Heinrichs und Wermund
21 König
22 Theißen
23 Krusnik und Reith
24 Hämer
25 Tepez
26 Sawade
27 Düttmann
28 Schulze zur Wiesche
29 Oefelein und Freund
30 Ernst
31 Hochbauamt Wedding

**Die Wohnungen**

Die realisierten Wohnungstypen entsprechen den Standardanforderungen des sozialen Wohnungsbaus mit den wesentlichen Ausstattungsmerkmalen Bad und Zentralheizung.

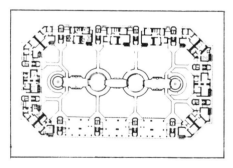

Grundriß Normalgeschoß, Block 257, Stralsunder Str. 1-5, Arch. Jahn und Suhr

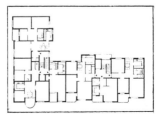

Grundriß Normalgeschoß, Block 259, Arch. Heinrichs und Partner

## Das Sanierungsgebiet - heute

„Die Zerstörung der traditionellen Arbeits-, Wohn- und Lebensverhältnisse im Quartier geht bis zur Unkenntlichkeit. An die Stelle der kleinteiligen Mischung von Wohnen, Gewerbe und Läden tritt die Separierung in Komplexe reiner Wohnnutzung, Schulen, Kitas und Altenheime. Das Gewerbe ist nahezu verschwunden."[9]

Die Architektur dokumentiert Leitbildvorstellungen der vergangenen 20 Jahre, ebenso der Städtebau: von der Auflösung der Blockstruktur (Deminer Straße / Ruppiner Straße) zur bewußten Wiederaufnahme der Blockrandbebauung (Vinetaplatz).

Ansicht des Blockes 259 von der Wolliner Straße

Innenhof Block 270 (Arch.: Kleihues)

Im Rahmen des Bundeswettbewerbs 1983/84 „Bürger, es geht um Deine Gemeinde, Bauen und Wohnen in alter Umgebung" erhält der Wedding für städtebauliche Leistungen in dem größten Experimentierfeld der Kahlschlagsanierung - dem Sanierungsgebiet Brunnenstraße - eine Goldplakette (!).

## 8.7 ROLLBERG-VIERTEL

**Ausgewählte städtebauliche Daten**

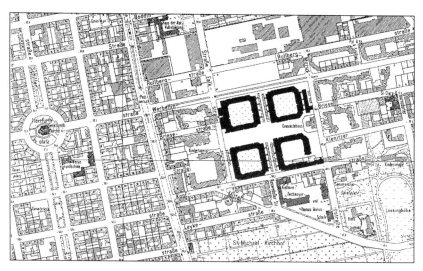

Rollberg-Viertel an der Werbellinstraße
M 1 : 10.000

| | |
|---|---|
| Lage: | Berlin-Neukölln (östlich des Flughafens Tempelhof, zwischen Hermann- und Karl-Marx-Straße) |
| Bauherr: | Stadt und Land GmbH |
| Architekten: | Oefelein, Freund, Schmock |
| Bauzeit: | 1976 - 1982 (westliches Teilgebiet mit Wohnkarrees); 1966 - 1974 (östliches Teilgebiet mit mäanderförmigen Häuserzeilen) |
| Grundflächenzahl: | 0,3 |
| Geschoßflächenzahl: | 1,5; vor der Sanierung: 2,6 |
| Geschosse: | 6 (westliches Teilgebiet); 4 - 9 (östliches Teilgebiet) |
| Wohneinheiten: | 1970 (vor Sanierung): 5.200 und 1986 (nach Realisierung der Planung): 2.300 (Gebiet zwischen Hermann- und Morusstraße sowie Rollberg- und Kopfstraße); in den 4 Karrees: ca. 700 Wohnungen |
| Wohnungsschlüssel: | überwiegend 2- und 3-Zimmer-Wohnungen |
| Wohnungsausstattung: | Standard des sozialen Wohnungsbaus |
| Einwohner 1963: | ca. 12.400 (vor Sanierung) |
| Einwohner 1987: | ca 5.100 (2.020 in den vier neuen Blöcken) |
| Einwohnerdichte 1987: | ca. 250 Ew/ha |
| ÖPNV-Anbindung: | U-Bahnhof Boddinstraße (Linie 8) und U-Bahnhof Karl-Marx-Straße (Linie 7) sowie Buslinie 104 auf der Werbellinstraße |

# Rollberg-Viertel

**Zur Planungsgeschichte**

Rollberge nannte man die Hügelkette in Neukölln, auf der 14 Windmühlen das weithin sichtbare Symbol der früheren landwirtschaftlichen Nutzung waren. Nach der Reichsgründung und der wirtschaftlichen Aufschwungphase der Gründerjahre wird im Gebiet der Rollberge die erste zusammenhängende Arbeitervorstadt Berlins geplant. Noch vor Beginn des Wohnungsbaus gründet die Berliner Kindl Brauerei am Rande der Rollberge ihre heute noch bestehende Brauerei.

Das spätere Sanierungsgebiet wird im wesentlichen vor der Jahrhundertwende bebaut. Die ersten Gebäude entstehen - außerhalb des Hobrechtplans - bereits in 70er Jahren des vorigen Jahrhunderts nicht weit vom schon besiedelten Dorf Rixdorf entfernt. In der Zeit zwischen 1882 und 1895 werden die schmalen Blöcke weitgehend bebaut. 1908 sind dann nahezu alle Parzellen baulich genutzt. Neukölln, so nennt sich Rixdorf seit 1912, wird damit zur „Schlafstube der Berliner Arbeiter". Hier gibt es Tausende kleiner Wohnungen mit Küche und Stube; hier wohnen viele Menschen auf engstem Raum. Dabei sind 80 % der Wohnungen nur mit Podest- oder Hoftoilette ausgestattet, und 90 % haben kein Badezimmer.

Wegen der geringen Blocktiefen - zwischen weniger als 40 m bis 60 m - können die Blöcke nur teilweise mit den typischen Berliner Mietshäusern (mit Seitenflügel und Hinterhaus) bebaut werden. Sind die Grundstücke auch noch so klein, so wird doch fast immer versucht, auch im hinteren Grundstücksteil Gebäudeteile unterzubringen. So entsteht ein sehr dicht überbauter Bereich, der erhebliche Belichtungs- und Belüftungsmängel bei teilweise winzigen Höfen aufweist. Zudem beeinträchtigen Lärm und Gerüche der Gewerbebetriebe in den Höfen das Wohnen erheblich, und nach 1930 kommt noch der Fluglärm des nahegelegenen Flughafens Tempelhof hinzu.[1]

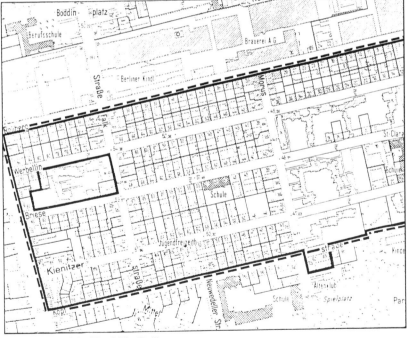

Sanierungsgebiet Neukölln-Rollberge

Zur Verbesserung der Lebensqualität und zur Beseitigung städtebaulicher Mißstände wird das Gebiet zwischen Rollberg- und Kopfstraße (sowie Karl-Marx- und Hermannstraße) 1963 als Sanierungsgebiet ausgewiesen. Die förmliche Festlegung erfolgt nach Erlaß des StBauFG 1972. Neben neuen besseren Wohnungen sollen Grünflächen als Erholungsgebiete für die Bewohner, Spiel- und Tummelplätze für Kinder, Altenwohnungen und Begegnungsstätten und Einkaufsmöglichkeiten geschaffen werden.[2]

Im ersten Abschnitt der Sanierung werden ab Mitte der 60er Jahre im Ostteil des Gebietes zwischen Werbellin-, Kopf-, Morus- und Bornsdorfer Straße über 800 Wohnungen neu erstellt. Es enstehen mäanderförmige Häuserzeilen in halboffener Bauweise mit eingefügten Grün- und Spielflächen, Stellplätzen und einem Parkhaus.

1971 führt der Senat für den westliche Abschnitt des Sanierungsgebietes einen beschränkten städtebaulichen Wettbewerb unter sechs verschiedenen Architektengruppen durch. Ziel war die Beseitigung der „aus der Stadtentwicklung Berlins Ende des 19. Jahrhunderts und der damaligen Bauweise resultierenden Mißstände".[3] Auf der Basis eines formalisierten Bewertungsverfahrens wird die Arbeit von Oefelein, Freund und Schmock Anfang 1972 ausgewählt. „Grundidee des Entwurfs ist der Totalabriß der Altsubstanz und eine völlige Neubebauung mit eindeutigem Angebot unterschiedlicher Kommunikationsmöglichkeiten, klar definiert als von Nord nach Süd und von Ost nach West durchgehende breite Bänder mit daran anschließenden beruhigten Großhöfen."[4] Weiter wird die bewußte Zonierung in Privatheit und Öffentlichkeit und die Grundrißgestaltung hervorgehoben. Bemängelt wird, daß der Entwurf das alte Straßenraster verläßt, was für die Neubauphase höhere Erschließungskosten und einen erschwerten Planungsablauf bedeutet.

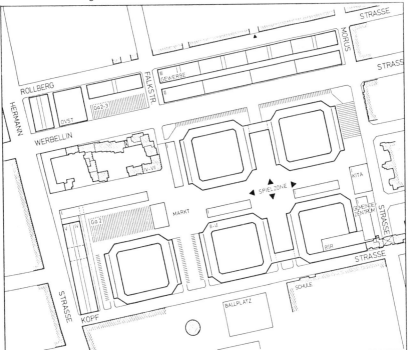

Städtebaulicher Entwurf für das Sanierungsgebiet von Oefelein, Freund und Schmock 1972 (1. Rang).

Als einzige Arbeit weicht die der Architekten Barzantny und Buhe vom Konzept der Kahlschlagsanierung ab. Sie sehen eine teilweise Substanzerhaltung (30 % des Bestandes) mit Entkernung der Blockinnenflächen vor. Dieser zukunftsweisende Entwurf landet abgeschlagen auf dem vorletzten Rang. Er findet in den Augen des Preisgerichts damals keine Gnade: „Die auf Zeit modernisierten Altbauten haben eine vergleichsweise kurze Restnutzungsdauer gegenüber der Neubebauung. Das bedeutet, daß in absehbarer Zeit wiederum kleinteilige Einheiten zur Sanierung anstehen, deren Folge eine permanente Belästigung der Anwohner ist. Das städtebauliche Leitbild orientiert sich an schrittweiser Umwandlung alter in neue Bausubstanz, unter dem Aspekt, den Eingriff in die bauliche und soziale Umwelt der Betroffenen so gering wie möglich zu halten (!, d.V.). Damit werden bei diesem Entwurf grundlegende städtebauliche Neuerungen verhindert... ."[5]

# Rollberg-Viertel

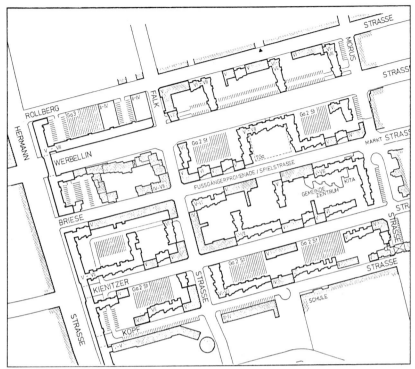

Städtebaulicher Entwurf für das Sanierungsgebiet von Barzantny / Buhe 1972 (5. Rang)

Die Neubauplanung von Oefelein, Freund und Schmock sieht etwa eine Halbierung der Geschoßflächenzahl auf 1,5 vor. Ihr städtebauliches Konzept mit den 6-geschossigen großen Wohnkarrees wird, nachdem der Totalabriß vollzogen ist, in der zweiten Hälfte der siebziger Jahre umgesetzt. 1982 sind die Wohnkarrees zwischen Werbellin- und Kopfstraße fertiggestellt. Jeder Block mit begrüntem Innenhof von 60 x 60 m enthält etwa 180 Wohneinheiten. Zusätzlich entstehen im Sanierungsgebiet eine große Kindertagesstätte, ein evangelisches Gemeindehaus, ein Servicehaus für alleinstehende Mütter und Väter und eine Gesundheitsfürsorgestation.

**Die Wohnungen**

Das städtebauliche Konzept der sechsgeschossigen Bebauung in Viereckform (Ring) erlaubt eine Orientierung aller Wohnungen sowohl zum ruhigen Innenhof als auch zum mehr oder weniger belebten Außenbereich.

Die Grundrisse in den Wohnkarrees sind auf variablen Großformen mit einer durchschnittlichen Nettogeschoßfläche von 72 qm aufgebaut. Teilweise sind die Wohnungen als Maisonettetypen ausgebildet. Die 180 Wohnungen eines jeden der quadratischen Blöcke mit 85 m Kantenlänge enthalten 28 unterschiedliche Wohnungstypen, u.a. auch Atelierwohnungen, Studentenwohnungen und Altenwohnungen. Nutzungsangebote für Büros und Praxen sind ebenfalls eingeplant. „Im Erdgeschoß am Gang liegen Wohnfolgeeinrichtungen wie Hobby-, Bastel-, Feten-, Eltern-Kinder-Gruppenräume. Die Nutzungsbestimmung soll durch die Mieter erfolgen."[6]

# Rollberg-Viertel

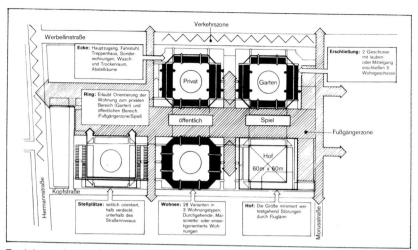

Funktionsschema der Wohnkarrees

Neu an dem Blocksystem gegenüber dem traditionellen Berliner Block ist die Lage der Haupterschließungskerne mit Aufzügen in den Ecken der Gebäude und ein umlaufendes Gangsystem im 1. und 4. Obergeschoß.

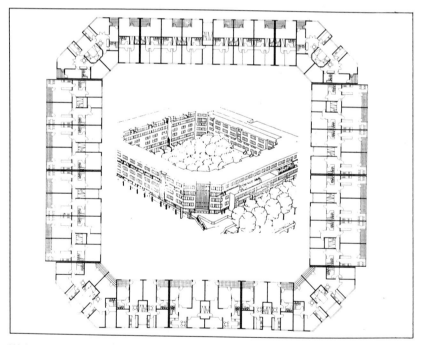

Wohnungsgrundrisse in den Wohnkarrees

## Das Sanierungsgebiet - heute

Während die östlichen Teile des Sanierungsgebietes noch die „Handschrift der sechziger Jahre tragen" mit Bauten, deren Baukörperformen und -höhen variiert und deren Höfe nach Süden zur Straße geöffnet sind, knüpft die städtebauliche Figur im westlichen Gebiet an den geschlossenen Baublock an. Der historische Stadtgrundriß wird demgegenüber rücksichtslos negiert, so daß lediglich eine formale Übernahme von Blockfiguren verbleibt. Dies mag man als Fortschritt betrachten, wiewohl die Wohnkarrees mit dem Typus des „Berliner Baublocks" so gut wie nichts gemein haben. Grundsätzlich bleibt der Entwurf klar der Abriß- und Entdichtungsideologie der sechziger Jahre verhaftet.

Werbellinstraße 1963 und 1973

Die Innenhöfe der blockartigen „Wohnkarres" werden entgegen den Intentionen der Planer nur wenig genutzt. Da sie von außen nicht zugänglich sind und auch nur wenige Anwohner einen Schlüssel haben, ist der Innenhof quasi exklusiv nur von den Terrassen der Erdgeschoßwohnungen erreichbar. Statt eines gemeinschaftlichen Hofes entsteht ein kaum betretener „Schmuckhof", auf dem die Bewohner von ihren nach innen orientierten Balkonen schauen dürfen. Das Interesse der Wohnungsbaugesellschaft Stadt und Land ist eher an „Pflegeleichtigkeit" als an Aneignung durch die Bewohner orientiert. Aber auch die Grünflächen zwischen den Karrees laden nicht gerade zum Verweilen ein. Zum öffentlichen Raum sind aufgrund der Innenorientierung der Wohnungen wenig optische Bezüge ermöglicht und zudem die Erdgeschoßzonen eher abweisend gestaltet.

Die geringe Aufenthaltsqualität des Außenraumes hat mit zu den auftretenden Vandalismusproblemen im Gebiet beigetragen. Hinzu kommt: „Was für den Besucher zumindest als gut geplant erscheinen mag, kann für manche Anwohner zum Alptraum werden, denn die hohe Fluktuation (wegen der hohen Mieten), der hohe Ausländeranteil (Polen und Türken) sowie die Anonymität der Bewohner untereinander erzeugen kein Gefühl der sozialen Eingebundenheit. (...) Aus den Planquadraten des ehemals überwiegend kommunistischen `Kiezes` sind Wohnungen mit internationaler Mischung geworden."[7] Heute ist das Neubaugebiet - noch nicht als „Sanierungsgebiet" förmlich entlassen - bereits wieder nachbesserungsbedürftig. Bauliche und soziale Probleme erfordern die erneute Sanierung der Sanierungsprodukte.

Abweisende Fassaden der Wohnkarrees

## 8.8 GROPIUSSTADT

Ausgewählte städtebauliche Daten

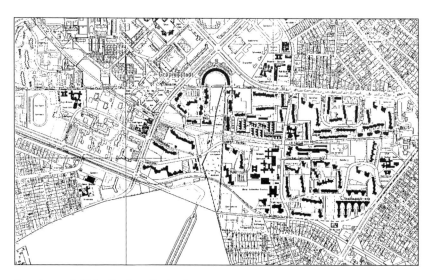

Gropiusstadt (Britz-Buckow-Rudow)
M 1 : 20.000

| | |
|---|---|
| Lage: | Berlin-Neukölln |
| Bauherren: | Gropius-Haus Dr. Peters KG, GEHAG (Gemeinnützige Heimstätten AG), Baugenossenschaft IDEAL, Petruswerk, Bezirksamt Neukölln (Kita) |
| Architekten: | Walter Gropius and The Architects Collaborative mit GEHAG-Planungsabteilung, Heinz Vierig, Dr. Erich Böckler |
| Koordination: | Wils Ebert, Hans Bandel |
| Bauzeit: | 1962 - 1975 |
| Grundflächenzahl: | 0,1 - 0,4 |
| Geschoßflächenzahl: | 0,2 - 1,9; durchschnittlich: 0,95 |
| Geschosse: | überwiegend 9 bis 12 Geschosse |
| Wohneinheiten: | 1.857 (im betrachteten Bereich) insgesamt ca. 17.000 Wohnungen |
| Wohnungsschlüssel: | 14 % 1- und 2-Zi, 33 % 3-Zi, 53 % 4- und mehr Zimmer-Wohnungen |
| Wohnungsausstattung: | Zentralheizung, Bad/WC, Aufzug, Balkon |
| Einwohner 1987: | 4.160 (im betrachteten Bereich) insgesamt: ca. 45.000 Einwohner |
| Einwohnerdichte 1987: | ca. 225 Ew/ha |
| ÖPNV-Anbindung: | U-Bahnhof Lipschitzallee und Wutzkyallee (Linie 7) und mehrere Buslinien |

# Gropiusstadt

## Zur Planungsgeschichte

Auf 265 ha ehemals landwirtschaftlich genutzter Fläche wird nach 15-jähriger Bauzeit 1974/75 die Gropiusstadt als Demonstrativprogramm im sozialen Wohnungsbau fertiggestellt. Als Planungsträger und als Bauherr fungiert zunächst die GEHAG, die Walter Gropius (The Architects Collaborative - TAC) mit der städtebaulichen Gesamtplanung beauftragt. Eine städtebauliche Analyse wird zuvor von Wils Ebert erarbeitet. Der erste städtebauliche Gesamtplan zeigt wenige, sparsame Gestaltungsmerkmale: dreigeschossige Zeilen, rechteckige oder kreisförmige Hofbebauungen und achtgeschossige Hochhäuser entlang eines zentralen Grünzuges mit U-Bahntrasse. Er greift die Idee der Bandstadt auf. Geprägt ist der Entwurf vom Leitbild der gegliederten, aufgelockerten, durchgrünten Stadt, die, die Enge und Finsternis der Stadt des 19. Jahrhunderts überwindend, sich zur Stadt im Park entwickeln soll.

Das hierarchisch aufgebaute Erschließungssystem ist losgelöst von der Bebauungsstruktur, d.h. das Prinzip der Identität von Raumbildung und Erschließung wird aufgegeben.

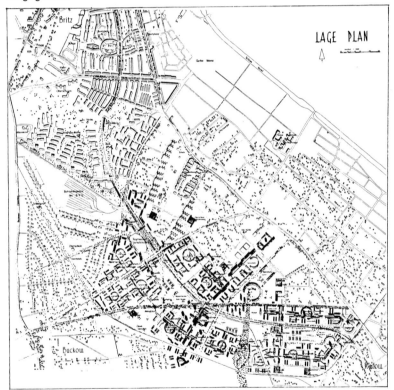

Der erste Bebauungsplan von W. Gropius and The Architects Collaborative von 1960

Dieser erste Plan ist von Gropius überarbeitet worden, da Bauträger und Senat zur besseren wirtschaftlichen Ausnutzbarkeit eine Erhöhung der Geschoßflächenzahl (GFZ) fordern. Im Verlauf dieser Überarbeitungen werden die zentralen Erschließungsstraßen in Form von Tangentialstraßen an die Ränder des Gebiets verlegt. Im Zuge der Realisierung, die W. Ebert begleitet, erfährt das Grundkonzept des zweiten TAC-Planes von 1961 zugunsten einer weiteren erhöhten baulichen Verdichtung eine starke Veränderung. Während im zweiten TAC-Plan noch ca. 60 % der Wohnungen in zwei- bis dreigeschossigen Gebäuden und 40 % in acht- bis vierzehngeschossigen vorgesehen sind, werden tatsächlich nur 12 % der Wohnungen in ein- bis viergeschossigen Gebäuden und 80 % in vier- bis 31-geschossigen Gebäuden untergebracht.[2] Die Mißachtung seines städtebaulichen Konzeptes und die Erhöhung der baulichen Verdichtung werden von Gropius bereits 1963 kritisiert.[3]

Eine weitere zentrale Änderung der ursprünglichen Konzeption im Planungsverlauf ist die Entscheidung, daß mehrere Berliner Baugesellschaften mit ihren Architekten am Verfahren zu beteiligen seien. Das geplante, einheitliche stadträumliche Gefüge wird aufgelöst in einzelne Baugruppen. Dies führt in weiten Teilen der Gropiusstadt zu einer Ansammlung von solitären Hochhäusern ohne architektonische Qualität, denen eine erlebbare Raumbildung fehlt. Die Erhöhung der baulichen Dichte und die damit einhergehend zusätzlich notwendig werdenden Infrastruktureinrichtungen und Stellplatzanlagen werden zu Lasten der Grün- und Freiräume realisiert.

Das ursprüngliche Konzept von Gropius - der Gegensatz zwischen der breiten inneren Grünzone mit den eingebetteten Zentren und den privaten Grünflächen in Form von Spielhöfen - geht verloren. Die größeren Abstandsflächen zwischen den Hochhäusern sind lediglich als pflegeleichtes Restgrün zu bezeichnen. Auch der zentrale Grünzug wird geringer als ursprünglich geplant dimensioniert. Durch die Lage der U-Bahntrasse unter dem Grünzug sind Baumbepflanzungen nicht möglich.

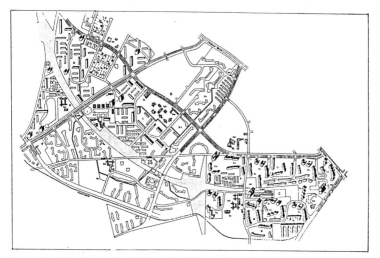

Lageplan Gropiusstadt mit Bauabschnitten Nord (A), Mitte (B) und Ost (C)

Der ausgewählte Abschnitt „C" (Britz-Buckow-Rudow-Ost) soll hier exemplarisch erläutert werden. Die Haupterschließung erfolgt durch die tangierenden Straßen (Wutzkyallee, Zwickauer Damm). Der zentrale Grünzug bildet die Mittelachse in Ost-West-Richtung. An den U-Bahnhöfen befinden sich Ladenzentren. Die beidseitige Bebauung einer die Ladenzentren verbindenden Fußgängerstraße (Horst-Caspar-Steig) stellt die einzige konsequente Weiterentwicklung des Gropiusplanes dar. Die Hauseingänge der dreigeschossigen, stark gegliederten Ostwestzeilen und die Punkthochhäuser sind zur Fußgängerstraße hin orientiert. Die Garagen befinden sich im Kellergeschoß der nördlichen Zeile.

Städtebauliche Dominanten stellen die zwei 28-geschossigen Punkthochhäuser an den Ladenzentren U-Bahnhof Wutzkyallee und Zwickauer Damm (Arch.: J.M. Hinrichs) und das 30-geschossige Hochhaus - als „Auftakt" zum Halbkreis nördlich des Wildmeisterdammes - dar (Arch.: W. Gropius).

Den bauwirtschaftlich dominierten, architektonischen Zeitgeist der 60er Jahre repräsentieren insbesondere die gestaffelten, achtgeschossigen Nord-Süd- und Ost-West-Zeilen in Großtafelbauweise mit Waschbetonflächen und fensterlosen Giebeln im Bereich Erler Allee / Käthe-Dorsch-Ring (Arch.: DeGeWo-Entwurfsbüro). Die kammförmigen vier- bis neungeschossigen Baukörper am Südrand der Siedlung (Theodor-Loos-Weg) sind von J.P. Kleihues und H. Moldenschardt entworfen.

Gropiusstadt

Wohnhochhäuser - genannt „Jorinde, Joringel" - im Bereich Fritz-Erler-Allee/Käthe-Dorsch-Ring (Arch. Gutbrod)

## Die Wohnungen

Die Wohnungen entsprechen den Standardanforderungen des sozialen Wohnungsbaus (Bad, Zentralheizung).

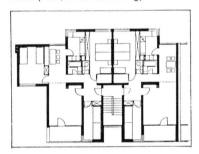 

Grundriß Zeilenende, Bebauung an einer Fußgängerstraße: Horst-Caspar-Steig 1-34 (Arch.: Kleihues, Moldenschardt) und Grundriß Normalgeschoß „Jorinde" an der Fritz-Erler-Allee (Arch.: Gutbrod)

## Die Siedlung - heute

Die in den Siedlungen heute offenkundigen Probleme hängen mit den „Realisierungsprinzipien" der Großsiedlungen zusammen. Es sind die mangelnde städtebauliche Einbindung, die unübersehbaren Strukturen sowie die bautechnischen Mängel, die für die enormen Instandsetzungskosten verantwortlich sind. Angesichts zeitweise drohender Vermietungsschwierigkeiten findet eine breite Diskussion über Image- und Wohnumfeldverbesserungen, über Umbau und Rückbau statt. Insbesondere die Mietpreisentwicklung wird als korrekturbedürftig angesehen.

Im Rahmen des Modellvorhabens zur Nachbesserung von Großsiedlungen werden auch für die Gropiusstadt Verbesserungsmöglichkeiten des Wohnumfeldes entwickelt. Die Maßnahmen stellen insbesondere auf eine Verbesserung der Freiraumqualität ab. Anfang 1986 wird ein Beiratsverfahren zur Beteiligung der betroffenen Gruppen und Institutionen am Planungsprozeß für die Gropiusstadt eingeleitet. Neben mietenpolitischen Maßnahmen zielen Strategien zur Aufwertung über die siedlungsinterne Weiterentwicklung hinaus. Die Einbeziehung der Umgebung bzw. Gesamtstadt soll z.B. durch Erweiterung und Attraktivierung des Einzugsbereichs der lokalen Zentren (Ansiedlung öffentlicher Verwaltung, Gestaltung der Ladenzonen) erfolgen. „Der Prozeß, der für die Stadterneuerungsgebiete der Innenstadt gelaufen ist, nämlich städtebauliche Geschichte zu akzeptieren, und das, was da ist, zu erhalten, zu verbessern und weiter zu entwickeln, dieser Prozeß steht für die Großsiedlungen noch aus."[4]

## 8.9 MÄRKISCHES VIERTEL

Ausgewählte städtebauliche Daten

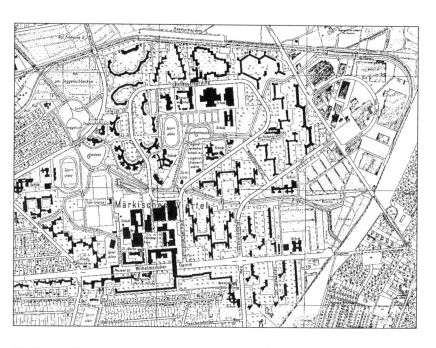

Märkisches Viertel
M 1 : 10.000

| | |
|---|---|
| Lage: | Berlin-Reinickendorf |
| Bauherren: | I. DeGeWo; II. GeSoBau; III. Debausie[1] |
| Architekten: | I. Entwurfsbüro DeGeWo; II. a: Fleig; b: Leo, c: Gagès mit Theißen, d: Ungers, e: Plarre, f: Stranz, g: Gisel, h: Müller u. Heinrichs, i: Zarina, j: Juckel, k: Woods, l: Zimmermann, m: Pfannkuch, n: Schudnagies, o: Ginelli, p: Lee u.a.; III. Düttmann |
| Bauzeit: | 1963 - 1974 |
| Geschoßflächenzahl: | 1,1 |
| Geschosse: | gestaffelte Baukörper zwischen 5 und 18 Geschossen |
| Wohneinheiten: | ca. 16.000 |
| Wohnungsschlüssel: | ca. 47 % 1- und 2-Zi; ca. 32 % 3-Zi, ca. 21 % 4-und mehr Zimmer-Wohnungen |
| Wohnungsausstattung: | Bad, Zentralheizung, Aufzug, Balkon |
| Einwohner 1987: | ca. 38.000 |
| Einwohnerdichte 1987: | ca. 120 Ew/ha |
| ÖPNV-Anbindung: | S-Bahnhof Wittenau (Linie S 2) und Buslinien 121, 122, 124 und 221 |

Märkisches Viertel

## Zur Planungsgeschichte

Bei dem ca. 370 ha großen Gelände, auf dem das Märkische Viertel errichtet wird, handelt es sich im Unterschied zu anderen Stadtrandsiedlungen, die in der Regel auf ehemals landwirtschaftlich genutzter Fläche errichtet werden, um besiedeltes Gebiet. Das Wilhelmsruher Gelände mit etwa 12.000 Einwohnern - vorwiegend in Wohnlauben - ist insbesondere in den Nachkriegsjahren Notunterkunft für Tausende von obdachlosen Familien. Für dieses „ungeordnete bzw. wild besiedelte" Laubengebiet mit den Problemen der Versorgung, Erschließung, Kanalisation und Wohnungsqualität werden als „kommunalpolitische Aufgabe" Sanierungsziele im ersten Stadterneuerungsbericht Anfang der 60er Jahre formuliert. Das Projekt Märkisches Viertel (MV) steht auch in Zusammenhang mit den großen innerstädtischen Sanierungsvorhaben, die mit einer Reduzierung der vorhandenen Wohnfläche einhergehen. Weiteres Argument der offiziellen Stadtpolitik für ein derartiges Großprojekt ist die mangelnde Baulandreserve in Berlin (West).

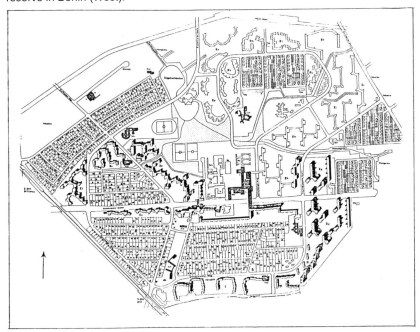

Übersichtsplan Märkisches Viertel

Nach einigen Voruntersuchungen hinsichtlich Bodenbeschaffenheit, Bebauungs- und Bewohnerbestand und vorausgegangenen Planungen des Bezirkes werden zu Beginn der 60er Jahre die Architekten Müller/Heinrichs und Düttmann mit der städtebaulichen Planung beauftragt. Die Gesellschaft für sozialen Wohnungsbau (GeSoBau) wird Sanierungsträger und Bauherr, während die Deutsche Gesellschaft zur Förderung des Wohnungsbaus (DeGeWo) die Baubetreuung übernimmt.

Als Grundidee des 1962 entwickelten städtebaulichen Leitentwurfs wird im Erläuterungsbericht von Düttmann/Heinrichs und Müller formuliert: „Es wird der Versuch unternommen, die zu erhaltenden und neu zu planenden Einfamilienhäuser, die als Grüngebiete aufgefaßt werden, durch große umfassende Bewegungen mit Geschoßwohnungsbau zu umschließen; im Mittelteil des Wilhelmsruher Damms werden sie zu einem Zentrum zusammengefügt."[2] Angestrebt wird eine neue strukturelle Ordnung mit klarer Orientierung einer großen städtebaulichen Einheit auf eine eigene Mitte.

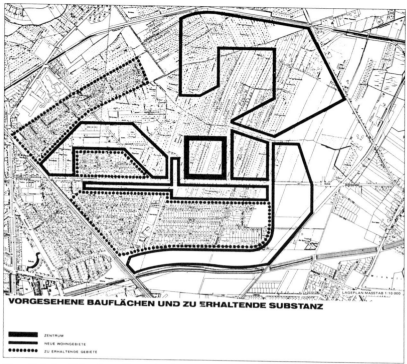

**VORGESEHENE BAUFLÄCHEN UND ZU ERHALTENDE SUBSTANZ**

▬ ZENTRUM
▬ NEUE WOHNGEBIETE
••••••• ZU ERHALTENDE GEBIETE

Die städtebauliche Grundfigur des Märkischen Viertels als große städtebauliche Geste - nach dem Entwurf von Düttmann / Heinrichs / Müller

Zusammenhängende gestaffelte Großwohnbauten sollen den bisherigen Zeilenbau mit der Mißachtung des Außenraumes ablösen, indem die Bebauungsformen in großer Geste weite Grünräume umschließen.[3] Die in Höhe und Form wechselnde Bebauungsstruktur (6-, 8-, 14-geschossig) verdichtet sich im Randbereich und im Bereich des Zentrums (18-geschossig). Höhere Dichte erscheint entsprechend dem neuen städtebaulichen Leitbild ein vielfältiges, aktiveres Leben, mehr Kommunikation, mehr Urbanität zu verheißen. Urbanität durch Dichte avancierte in der damaligen allgemeinen Städtebaudiskussion zum Schlagwort. An die Stelle der Begeisterung für die gegliederte und aufgelockerte Stadt tritt die Faszination durch intensives, vielgestaltiges, städtisches Leben. Am Wilhelmsruher Damm, der als „Magistrale" des Gebietes gelten kann, liegt das kommunale und kommerzielle Zentrum. Die innerhalb der „Bebauungsarme" angesiedelten Nahversorgungszentren sollen mit in die Kontinuität der Baumassen aufgenommen werden - Verflechtung statt Desintegration der Funktionen.

Die Bebauungsstruktur ist von dem Verkehrserschließungssystem losgelöst, so daß dem Erschließungssystem jede raumbildende Eigenschaft fehlt. Die Erschließung baut auf eine organische Verästelung unter Vermeidung von Kreuzungen mit geschwungener Linienführung auf. Die Stellplätze sind mit einem Baumraster von 6 x 6 m „überzogen" und werden mit den weiteren Freiflächen als Grünflächen zusammengeführt.

Der „Lange Jammer" von Gagès - nach der Fassadenerneuerung 1987 in „Champagnerburg" umbenannt (Blick vom Senftenberger Ring - im Übersichtsplan IIc)

Baugruppe Ungers - Blick vom Wilhelmsruher Damm

Die Endphase der Bauarbeiten im Märkischen Viertel wird von der Entstehung einer „breiten Protestwelle gegen die herrschende Planungspolitik von Senat und gemeinnütziger Wohnungswirtschaft"[4] begleitet. Eklatante Planungsfehler (fehlende Infrastruktur u.a.) und die durch das Fördersystem bedingten Mietsteigerungen sind die Grundlage für das Entstehen einer Protestbewegung. Den spektakulären Auftakt zur Kritik am Märkischen Viertel bildet eine Ausstellung der TU Berlin, in der aus der Optik der betroffenen Bewohner Mängel und Planungsfehler aufgezeigt werden. Mit gewissem Recht kann das Märkische Viertel in der Zeit von 1968 bis 1972 als Geburtsort der Stadtteilbewegungen in West-Berlin gelten.

## Die Wohnungen

Durch die Mischung der Wohnungstypen in den unterschiedlichen Baugruppen sollte eine Vielschichtigkeit und Abwechslung erreicht werden. Auffällig ist jedoch der hohe Anteil an Kleinwohnungen, der auf eine Plankorrektur (infolge der fehlenden sozialen Infrastruktur) Ende der 60er Jahre zurückgeht. Der Standard entspricht den Normen des öffentlich geförderten sozialen Wohnungsbaus.

Grundriß Normalgeschoß, Wilhelmsruher Damm 315-329, Architekt: Fleig

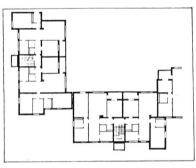

Grundriß Ecklösung Eichhorster Weg, Finsterwalder Straße, Architekt: Plarre

## Die Siedlung - heute

In der öffentlichen Meinung steht das Märkische Viertel nach wie vor stellvertretend für das Schlagwort der „Unwirtlichkeit" des Städtebaus und der Architektur der Nachkriegszeit. Nachdem in der ersten Zeit nach der Fertigstellung insbesondere die unzureichende infrastrukturelle Ausstattung eines der größten Probleme war, geraten nunmehr nach einer nur teilweisen Konsolidierung die Großsiedlungen der 60er und 70er Jahre wieder in die öffentliche Diskussion, und die problematischen Entwicklungen machen es notwendig, mit Gegensteuerungsmaßnahmen einzugreifen. Die wesentlichen Probleme sind

- das Sichtbarwerden von baukonstruktiven Mängeln durch Bauschäden[5], die aufgrund der Größe der Siedlung massenhaft auftreten;

- die Mietenentwicklung im öffentlich geförderten sozialen Wohnungsbau dieser Jahrgänge (degressives Fördersystem mit programmierten Mietsteigerungen);

- Mangel an tatsächlichen Zuständigkeiten und Verfügungskompetenzen auf Seiten der Bewohner durch bauliche Gegebenheiten und organisatorische Strukturen (die Bewohner sind für die Bereiche außerhalb der Wohnungen nicht zuständig);

- Unüberschaubarkeiten aufgrund der sozialen und baulichen Massierung sowohl bei Bewohnern wie Verwaltung;

- fehlende Nutzungsqualitäten des Wohnumfeldes.

# Märkisches Viertel

Viele der inzwischen aufgetretenen negativen Erscheinungen sind leitbildgeprägt, d.h. die heutige Problemsituation läßt sich aus den Grundmustern der den randstädtischen Großsiedlungen zugrundeliegenden Konzepte erklären. Ein heute kaum noch korrigierbares Merkmal der Siedlungen ist ihre Größe und punktuell hohe Dichte - zurückzuführen auf das Leitbild „Urbanität durch Dichte".

Die aktuell in der Diskussion und teilweise in der Realisierung befindlichen Verbesserungsmaßnahmen und Lösungsansätze für das Märkische Viertel lassen sich wie folgt zusammenfassen:

- Mietenkorrekturen (Nachsubventionierung, Mietenverzichte - im Märkischen Viertel noch nicht durchgeführt);
- Umgestaltungen des engeren und weiteren Wohnumfeldes, z.B. Verschönerungen der Fassaden, Farbkonzepte, Fassadenbegrünung, Anlage von Vor- und Mietergärten, Umgestaltung der Hauseingangsbereiche;
- Veränderungen im Mieter/Vermieter-Verhältnis (Reform der inneren Struktur der Wohnungsbaugesellschaft);
- Ausbau des Einkaufszentrums,
- Anbindung an das U-Bahnnetz, d.h. Verlängerung der Linie U 8 bis ins Märkische Viertel
- Verbesserung des Angebots an kulturellen Einrichtungen
- kollektive Nutzungsangebote.

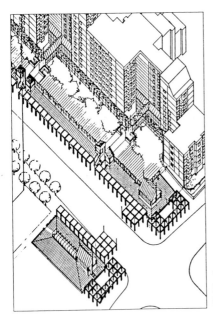

Vorschlag zur Wohnumfeldgestaltung am Baukomplex Ludwig Leos, Entwurf von Schmidt-Thomsen 1985

## 8.10 THERMOMETERSIEDLUNG

**Ausgewählte städtebauliche Daten**

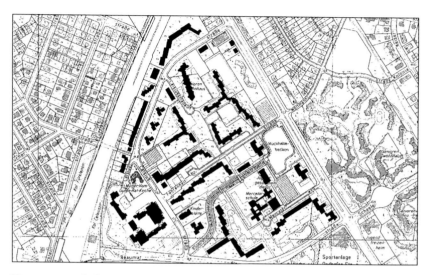

Thermometersiedlung in Lichterfelde
M 1 : 10.000

| | |
|---|---|
| Lage: | Berlin-Steglitz (Lichterfelde) |
| Bauherren: | Südlich der Fahrenheitstraße, westlich der Celsiusstraße: GSW Gemeinnützige Siedlungs- und Wohnungsbaugesellschaft Berlin mbH, zwischen Celsiusstraße und Fahrenheitstraße: Gemeinnützige Aktiengesellschaft für Angestellten Heimstätten (GAGFAH); Einzelgrundstücke: Mosch KG, Heinz, Handels- und Grundstücksgesellschaft |
| Architekten: | GSW, GAGFAH, H. Staur, H. Schudnagies u.a. |
| Bauzeit: | 1968 - 1974 |
| Grundflächenzahl: | 0,17 |
| Geschoßflächenzahl: | 1,25 |
| Geschosse: | bis zu 22 Geschossen, überwiegend 6 - 16 Geschosse |
| Wohneinheiten: | 2.700, davon GSW: 1.150 |
| Wohnungsschlüssel: | GSW-Teil: 20 % 1-Zi; 50 % 2-Zi; 30 % 3- und 4-Zimmer-Wohnungen |
| Wohnungsausstattung: | Standard des sozialen Wohnungsbaus |
| Einwohner 1975: | ca. 6.000 (nach Fertigstellung) |
| Einwohner 1987: | ca. 4.900 |
| Einwohnerdichte 1987: | ca. 190 Ew/ha |
| ÖPNV-Anbindung: | Buslinie 180 in der Celsiusstraße und Buslinie 186 in der Réaumurstraße |

Thermometersiedlung 248

## Zur Planungsgeschichte

Die Initiative zur Bebauung des etwa 27 ha großen, zu erheblichen Teilen im Eigentum des Landes Berlin stehenden Geländes in Lichterfelde-Süd geht von der Gemeinnützigen Aktiengesellschaft für Angestellten Heimstätten (GAGFAH) und der GSW Gemeinnützigen Siedlungs- und Wohnungsbaugesellschaft Berlin aus. Da der Baunutzungsplan von 1960 dieses Gebiet nur als Baulandreserve darstellt - eine Gebietskategorie, die nach 173 BBauG nicht überleitbar ist -, muß ein Bebauungsplan aufgestellt werden (Beschluß 1962). Im selben Jahr legen GAGFAH und GSW erste Bebauungsvorschläge vor. Die GAGFAH beabsichtigte zunächst 4-geschossige, öffentlich geförderte Eigentumswohnungen und Atriumhäuser zu errichten, während die GSW „Sozialwohnungen in einem dem Corbusier-Haus in Berlin-Charlottenburg ähnelnden Hochhaus"[1] plante. Im Zuge der weiteren Planungen änderte sich aufgrund des Wohnungsbedarfs für Sanierungsbetroffene und der aufkommenden Urbanitätsdiskussion, die im unreflektierten Leitbild „Urbanität durch Dichte" mündete, die städtebauliche Konzeption. Die Bebauungsdichte wurde erheblich erhöht. Nunmehr sollen bis 7000 Menschen im Gebiet angesiedelt werden. Vorgaben des Bezirksamtes hinsichtlich des Erschließungsnetzes, der Erhaltung des Stangenpfuhlgrabens und der Regenrückhaltung sowie der Standorte der Infrastruktur und des Ladenzentrums legen dann 1964 den Rahmen für neue städtebauliche Entwürfe fest.

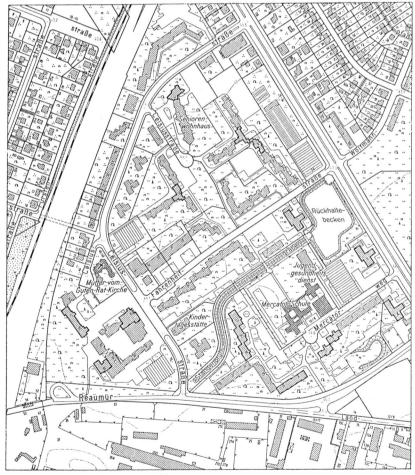

Lageplan - Maßstab ca. 1 : 6.000

Die Architekten der GAGFAH erarbeiten einen Bebauungsvorschlag, der auf 6- bis 12-geschossigen Wohnhausbändern basiert. Der Entwurf versucht, bei einer Gebäudeorientierung nach Südwesten oder Südosten durch rechtwinklig angeordnete, teilweise „abgeknickte" Anordnung der Großzeilen („Gebäudeschlangen") eine gewisse raumbildende Wirkung zu erzielen. Die GSW-eigene Planungsabteilung knüpft an der Fahrenheitstraße in ihrem Entwurf an die Baukörperanordnung der GAGFAH an, so daß man die Fahrenheitstraße sogar als baulich halbwegs gefaßten Straßenraum bezeichnen könnte. Die weiteren GSW-Bauten (13- bis 18-geschossige Punkthochhäuser, 6- bis 14-geschossige Großzeilen und 8- bis 22-geschossige Punkthochhäuser mit „Anbauten") folgen keinem klar ablesbaren städtebaulichen Konzept, sondern orientieren sich eher an den Grundstückszuschnitten. Die Zufälligkeit des GSW-Konzeptes wird noch dadurch unterstrichen, daß „nach eigentlicher Fertigstellung des Bebauungskonzeptes auf bestimmten Grundstücken fast willkürlich noch Geschoßzahlen erhöht und zusätzliche Wohnungen vorgesehen wurden."[2] Die Geschoßflächenzahl liegt deshalb im GSW-Teil über dem Durchschnitt der Siedlung.

GAGFAH-Teil der Siedlung (nördlich der Fahrenheitstraße)

Die Freiflächen haben bis auf einen gliedernden „Nord-Süd-Grünzug" im GAGFAH-Teil eher zufälligen Charakter, da ein erkennbarer Außenraumbezug bei der Gebäudeplanung fehlt (keine wohnungsbezogenen Freiflächen). Die weitgehende Loslösung der Gebäude von der Straße führt zur Aufhebung der für die Freiflächennutzbarkeit wichtigen Unterscheidung zwischen Vorder- und Hinterzone und hebt den räumlich geprägten Charakter der Straße auf. Das Konzept der Siedlung wird von baulichen Solitären bestimmt, die ein diffuser „Allraum" umfließt.

Das Erschließungskonzept der Siedlung folgt ebenfalls den damals gültigen Leitvorstellungen: Eine tangentiale Anbindung an die Hauptverkehrsstraße und interne Schleifen- bzw. Stichstraßenerschließung halten den Durchgangsverkehr fern. Konsequent von Fahrstraßen getrennte Fußwegerschließung und die Konzentration der Stellplätze komplettieren das Bild. Die Straßennamen - Fahrenheitstraße, Celsiusstraße, Reaumurstraße - geben der Siedlung ihren Namen.

# Thermometersiedlung

Ladenzentrum an der Fahrenheitstraße

**Die Wohnungen**

In der Thermometersiedlung dominieren die 1- und 2-Zimmer-Wohnungen. Die größten Wohnungen verfügen über 3 1/2 Zimmer.[3] Die Ausstattung ist, den Standards des sozialen Wohnungsbaus entsprechend, gut. Alle Wohnungen verfügen „über ein Bad/WC (3 1/2 Zimmer-Wohnungen 2 WC), eine Einbauküche, Warmwasser und Loggia/Balkon. Zudem gehört zu den GSW-Häusern ein Waschhaus."[4] Heute ist die Beheizung der Siedlung auf Fernwärme umgestellt, während die Wärmeversorgung zunächst über ein zentrales Heizwerk erfolgte.

Die Wohnungen zeigen Mängel, wie zu kleine Kinderzimmer (GAGFAH-Kinderzimmer im Durchschnitt 10 qm klein), schlechte Schalldämmung der Wohnungen und schon früh auftretende Bauschäden. Da wegen des hohen Schichtenwasserstandes und des schlechten Baugrundes Keller nicht gebaut werden konnten, sind die Nebenräume im Erdgeschoßbereich der Häuser untergebracht. Dies führt zu „uniforme(n), düstere(n) und überall sichtbare(n) Sockelzonen mit 'Schießscharten'-Kellerfenstern".[5]

Wohnhaus Celsiusstraße 23, Baujahr 1969 (GAGFAH-Teil)

# Thermometersiedlung

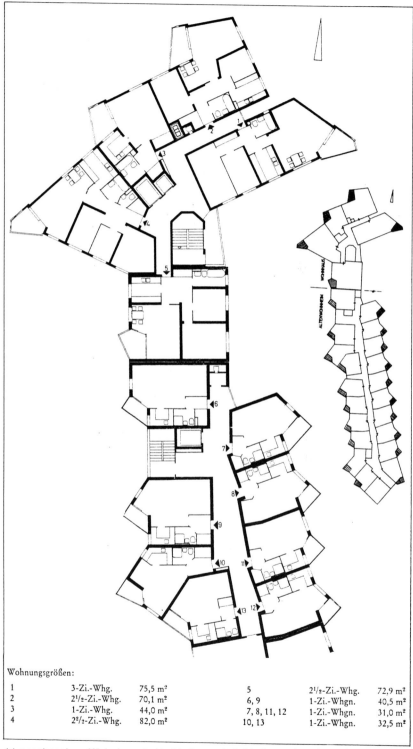

Wohnungsgrößen:

| | | | | | | |
|---|---|---|---|---|---|---|
| 1 | 3-Zi.-Whg. | 75,5 m² | | 5 | 2½-Zi.-Whg. | 72,9 m² |
| 2 | 2½-Zi.-Whg. | 70,1 m² | | 6, 9 | 1-Zi.-Whgn. | 40,5 m² |
| 3 | 1-Zi.-Whg. | 44,0 m² | | 7, 8, 11, 12 | 1-Zi.-Whgn. | 31,0 m² |
| 4 | 2²/₂-Zi.-Whg. | 82,0 m² | | 10, 13 | 1-Zi.-Whgn. | 32,5 m² |

14-geschossiges Wohnhaus in Verbindung mit 6- bis 8-geschossigem Altenheim
Celsiusstraße 9, 11, 13 (Bauzeit: 1970 - 1974)

## Die Siedlung - heute

Die Siedlung kann als ein „Normalfall" einer Stadtrandsiedlung der 60er/70er Jahre gelten und ist mit den typischen Mängeln behaftet:

- seit Schließung der S-Bahn schlechte Verkehrsanbindung an die Innenstadt mit ihren Arbeitsplätzen, Ausbildungsstätten und Einkaufsmöglichkeiten;
- öffentliche und private Freiräume ohne Aufenthaltsqualität;
- Hochhaus- und Großhausbebauung in schematisierter Bauweise ohne gestalterische Qualität und mit vielen funktionellen und baukonstruktiven Mängeln; mit unterdimensionierten Eingängen und nicht ausreichenden Nebenräumen für Briefkästen, Kinderwagen, Fahrräder etc.; mit zwar gutgeschnittenen Wohnungen hoher Ausstattungsqualität, aber hohem Bedarf an Heizenergie und technischer Ausstattung;
- fehlende oder nicht ausreichende Ergänzungsnutzungen für Aktivitäten kleiner Bewohnergruppen (Mutter-Kind-Gruppen, Jugendliche, Selbsthilfewerkstatt etc.); unzureichende Einzelhandels- und Dienstleistungsangebote; keine Arbeitsplätze.

Zur Behebung dieser Mängel werden seitens der GSW seit 1987 wohnumfeldverbessernde Maßnahmen durchgeführt. Im Bereich des Ladenzentrums sind bereits Anfang der achtziger Jahre erste, bescheidene Umbauten im Straßenraum zur Unterbindung durchfließenden Verkehrs und zur Erhöhung der Aufenthaltsqualität vorgenommen worden. Diese Straßenumgestaltungsmaßnahmen werden einige Jahre später intensiviert. Ein zentraler Aspekt der Wohnumfeldverbesserung ist die Einbeziehung des Regenrückhaltebeckens als Freizeitanlage in den Siedlungsfreiraum. Weiterhin kommt der Thermometersiedlung nach 1990 das „Programm zur naturnahen Gestaltung von Gräben und Teichen (...) in Berlin" zugute, da der Stangenpfuhlgraben naturnah ausgebaut werden soll.

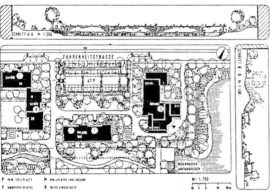

Im Zuge der Wohnumfeldverbesserung geplanter Umbau des Hochhauseinganges Celsiusstraße 56 (GSW)

Für die Freiflächenverbesserung in der Thermometersiedlung werden u.a. folgende Ziele aufgestellt: „Generelle Reduzierung der gepflasterten und asphaltierten Flächen und ihre Umwandlung in Vegetationsflächen" und „Schaffung rückwärtiger Hauseingänge zur besseren Erreichbarkeit von Grünanlagen und Kinderspielplätzen, Ausweisung von Garten- und Grabeland, Begrünungsmaßnahmen an Sockelgeschossen, Fassaden und den Dächern, Umwandlung und Individualisierung der Hauseingänge".[6] Ob durch solche wohnumfeldverbessernden Maßnahmen die grundlegenden Probleme der Großsiedlungen in Stadtrandlage gelöst werden können, muß fraglich bleiben.

Gegenüber der Thermometersiedlung - östlich der Ostdorfer Straße - liegt das Sanierungsgebiet Steglitz-Woltmannweg. Dort entstehen nach Abriß einer Kleinraumsiedlung, die 1953 in Schlichtbauweise errichtet worden war, in den 80er Jahren etwa 850 neue Wohnungen. War 1975 die Kleinraumsiedlung noch die Heimat der „Deklassierten" und die Thermometersiedlung die der „Aufsteiger", so kehren sich zehn Jahre später die Verhältnisse um.

## 8.11 WOHNKOMPLEX FENNPFUHL

**Ausgewählte städtebauliche Daten**

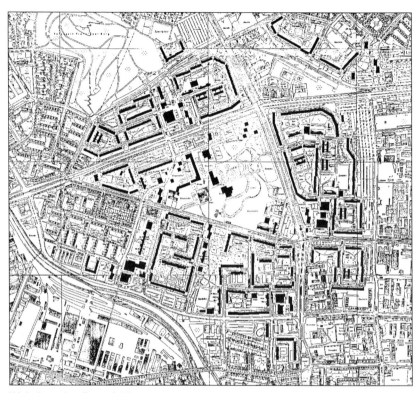

Wohnkomplex Fennpfuhl
M. 1: 20.000

| | |
|---|---|
| Lage: | Berlin-Lichtenberg |
| Bauherr: | Staatlicher Wohnungsbau der DDR |
| Architekten: | Gesamtleitung: Joachim Näther, Heinz Graffunder, Roland Korn; Entwürfe: Peter Schweizer, Thorleif Neuer, Lothar Köhler; Wohngebiet 1: Dieter Rühle (1972-1975); Wohngebiet 2: Jörg Piesel (1973-1975); Wohngebiet 3: Walter Wenzel, Herbert Knopf (1974-1986) |
| Bauzeit: | 1972-1986 |
| Grundflächenzahl: | 0,1 bis 0,2 |
| Geschoßflächenzahl: | 1,1 bis 1,4 |
| Geschosse: | 5 bis 6, 10, 11, 12, 14, 24 |
| Wohneinheiten: | 15.518 |
| Wohnungsschlüssel: | 20% 1-Zi.; 31% 2-Zi.; 34% 3-Zi.; 14% 4-Zi.; 1% 5- u. 6-Zimmer-Wohnungen |
| Wohnungsausstattung: | Standard des komplexen Wohnungsbaus der DDR, Fernheizung |
| Einwohner 1992: | ca. 38.000 |
| Einwohnerdichte 1992: | ca. 270 Ew/ha |
| ÖPNV-Anbindung: | S-Bahnhöfe Landsberger Allee und Storkower Straße (Linien S8, S10, S85, S86); Straßenbahnlinien 8, 27 (Karl-Lade-Straße), 8, 22, 27 (Herzbergstraße), 5, 6, 7, 15 (Hohenschönhauser Straße), 17, 23 (Weißenseer Weg), 17, 22, 23 (Möllendorffstraße); Buslinien 156 (Umfahrung), 240 (Storkower und Josef-Orlopp-Straße), 257 (Landsberger Allee, Storkower Straße, Franz-Jacob-Straße, Karl-Lade-Straße) |

# Wohnkomplex Fennpfuhl

**Zur Planungsgeschichte**

Zwar enthält der Hobrechtsche Bebauungsplan von 1862[1] bereits ein Straßenraster für das o.g. Gebiet nördlich des Lichtenberger Dorfkerns am Fennpfuhl und am Langpfuhl, jenes Areal wird jedoch noch über 100 Jahre zunächst als Ackerland, später als Garten- und Kleingartenland genutzt und bleibt weitestgehend unbebaut[2], obwohl es inzwischen mit öffentlichen Verkehrsmitteln ausgesprochen gut erschlossen ist (2 S-Bahnhöfe, zahlreiche Straßenbahn- und Buslinien) und nur vier Kilometer vom Stadtzentrum entfernt liegt. Nach Gründung der DDR wird zwar die Bodenspekulation durch Gesetze ausgeschlossen, für eine Bebauung ist jene Fläche jedoch auch für den staatlichen Wohnungsbau aus wirtschaftlichen Gründen attraktiv, da sie verkehrlich und stadttechnisch gut erschlossen ist und große Arbeitsstättengebiete in unmittelbarer Nähe vorhanden sind. Nicht zufällig wird deshalb bereits 1956 vom Ost-Berliner Magistrat ein gesamtdeutscher Architekturwettbewerb ausgeschrieben, zu dem 16 Teilnehmer aus der DDR, aus Hamburg und West-Berlin aufgefordert werden[3] und bei dem sich auch die Jury aus westlichen und östlichen Architekten zusammensetzt. Laut Planungsaufgabe soll der Wettbewerbsentwurf „innerhalb der prinzipiellen städtebaulichen Lösung die architektonische Gestaltung der wichtigsten Elemente im Zusammenhang mit dem Massenaufbau sowie der Führung und Verteilung des Grüns aufweisen"[4]. Gefordert sind außerdem eine gute Besonnung und Belichtung der Wohnungen und eine verkehrsberuhigte Lage, der Einsatz von Typeneinrichtungen bei einer guten Versorgung der Bevölkerung, eine viergeschossige Bauweise der Wohnbauten mit einer Wohndichte von 400 Ew/ha und eine Wohnungsgrößenverteilung von 35 % 3- u. 4-Zi., 55 % 2-Zi. und 10 % Einzimmerwohnungen[5].

Erster Preisträger ist Ernst May aus Hamburg. In der Preisgerichtsbegründung heißt es dazu: „ Dieser Entwurf zeigt eine überlegene Lösung ...Der städtebauliche Aufbau des gesamten Gebietes überzeugt durch die klare räumliche Gliederung mit wenigen Elementen. Es ist dabei nicht zu einem Schematismus gekommen"[6]. May hat offensichtlich die Probleme des „sozialistischen Städtebaus"[7] am besten lösen können, in der Zeit des kalten Krieges und der Abgrenzung eine völlig undenkbare Begebenheit. Nach etwa zehnjähriger Vorbereitungszeit und langem Hin und Her zwischen Ost und West wurde fast zeitgleich zum Wettbewerb „Fennpfuhl" im März 1957 vom Westberliner Senat und vom Bundesbauministerium der Wettbewerb „Hauptstadt Berlin"[8] ausgeschrieben. Die Einbeziehung des Ostberliner Zentrumsgebietes in den Wettbe-

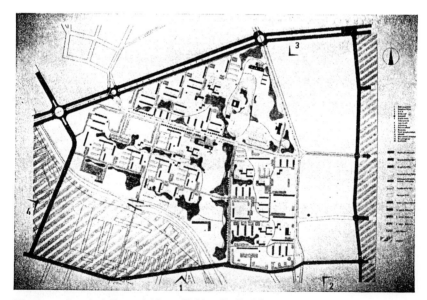

Wettbewerbsarbeit Fennpfuhl von E. May (1. Preis)

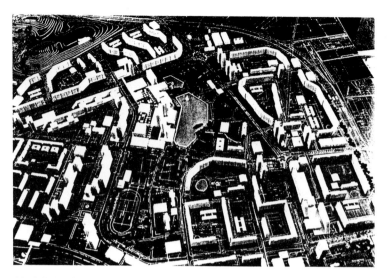

Modell der Studie 1970

werb rief scharfe Reaktionen bei der sowjetischen Besatzungsmacht und der DDR-Regierung hervor: Ost-Berlin schreibt daraufhin einen eigenen „Hauptstadtwettbewerb"[9] mit internationaler Beteiligung aus, der eben erst verliehene 1. Preis im Fennpfuhl-Wettbewerb wird korrigiert und der Entwurf von Ernst May aus ideologischen Gründen abgelehnt[10]. Die Realisierung des Wohngebietes Fennpfuhl wird aber nicht nur deshalb auf unbestimmte Zeit verschoben, sondern auch weil die DDR-Bauindustrie in jener Zeit überfordert ist, solche umfangreichen Aufgaben zu übernehmen. Im übrigen sollen zunächst die immer noch sichtbaren Kriegsschäden in den Zentren der Städte beseitigt werden.

Bereits vor dem Beschluß des Wohnungsbauprogramms durch den VIII. SED-Parteitag[11] ist der Wohnungsmangel, insbesondere auch in Ost-Berlin, zum Politikum geworden, weshalb Anfang 1970 eine Arbeitsgruppe beim Chefarchitekten von Ost-Berlin, Joachim Näther, Variantenuntersuchungen zu zentralen, peripheren oder zwischengelagerten Wohnungsbaustandorten durchführt, die vom „komplexen Wohnungsbau" bis 1975 in Anspruch genommen werden können. Wegen der günstigen Verkehrserschließung, der geringen Kosten zur Baulandaufschließung und der Mitnutzung stadttechnischer Ver- und Entsorgungsanlagen des neuen Industriegebietes Lichtenberg Nord-Ost[12] sowie einer ganzen Reihe anderer wichtiger Faktoren wird das Gebiet rund um den Fennpfuhl favorisiert. Nach Vorstellung der SED sollen bis

Wohnhof an der Möllendorffstraße (Wohngebiet 1)

Fußgängerzone im Hauptzentrum

1975 in Ost-Berlin 30.000 Wohnungen, ein erheblicher Teil davon am Fennpfuhl, fertiggestellt werden. Entsprechend anderer Gestaltungs-Maximen (u.a. hohe Wohndichte, Verwendung von Hochhäusern mit zehn, elf und mehr Geschossen) werden die Wettbewerbsergebnisse des Jahres 1957 ignoriert. Eine erste Studie für die Bebauung des gesamten Gebietes wird vom Bereich Forschung und Projektierung des Wohnungsbaukombinats Berlin bis Mai 1970 fertiggestellt. Infolge des mangelhaften Planungsvorlaufs müssen Planungsphase und Bauarbeiten parallel zueinander verlaufen. Es bleibt deshalb keine andere Wahl, als alle Beteiligten, die des Auftraggebers, der Projektierung und Bauausführung sowie der Kooperationsbetriebe, unter einem „Kommando" in einer sehr großen, nur bedingt arbeitsfähigen, Arbeitsgruppe[13] zusammenzufassen.

Der Wohnkomplex Fennpfuhl, größenmäßig etwa vergleichbar mit den West-Berliner Gebieten Gropiusstadt oder Märkisches Viertel, wird zwischen 1972 und 1986 verwirklicht und ist das erste komplex geplante Wohngebiet großer Dimension in Ost-Berlin, gewissermaßen die „Generalprobe" für den Bau der noch größeren Gebiete in Marzahn, Hohenschönhausen oder Hellersdorf.

Der Wohnkomplex gliedert sich in drei Wohngebiete[14] mit 5.269 WE (WG 1), 3.363 WE (WG 2) und 6.886 WE (WG 3). Jedes Wohngebiet erhält entsprechend seiner Größe ein eigenes Nebenzentrum für die Grundversorgung. Etwas Charakteristisches bekommt der Wohnkomplex durch die Einbeziehung der landschaftlichen Gegebenheiten des Fennpfuhls und des Volksparks Prenzlauer Berg (eh. Oderbruchkippe). Erstmals in dieser Größe wird ein sogenannter „gesellschaftlicher Hauptbereich" - ein Hauptzentrum - verwirklicht. Für jenes Zentrum, in welchem u.a. ein Kulturhaus, ein Warenhaus und zahlreiche Gewerbe- und andere Einrichtungen vorgesehen sind, wird 1973 vom Berliner Magistrat ein Architekturwettbewerb ausgeschrieben, den eine Architektengruppe des Instituts für Städtebau und Architektur der Bauakademie (R. Wagner, A. Felz, P. Skujin, U. Hugk) gewinnt[15] und dessen Ergebnisse, nach Entwurf unterschiedlicher Architekten, in den 80er Jahren schrittweise realisiert werden.

**Die Wohnungen**

Entsprechend dem Bauprogramm werden 1- bis 5-Zimmerwohnungen in 5- bis 24-geschossiger Plattenbauweise hergestellt. Unterschiedliche, ursprünglich nicht aufeinander abgestimmte Gebäudetypen der sogenannten „Wohnungs- und Gesellschaftsbauerzeugnisse[16] (Serien QP, P2, WHH, teilweise WBS 70) unterschiedlichen Reifegrads werden eingesetzt. Sowohl die Wohnungsgrößen (durchschnittliche Größe 58 m$^2$) als auch die Ausstattung der Wohnungen mit Bad/WC, Einbauküche und Fernheizung, teilweise mit Balkon oder Loggia, entspricht dem Standard des komplexen Wohnungsbaus der DDR.

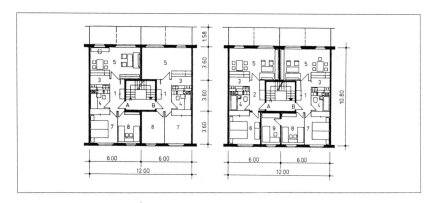

Grundrißvarianten der Typenserie P2
links Sektion I (Zweispänner mit zwei Dreiraumwohnungen)
rechts Sektion II (Zweispänner mit einer Zwei- und einer Vierraumwohnung)

**Die Siedlung - heute**

Nach Abschluß umweltverbessernder Maßnahmen bei angrenzenden Betrieben ist die Meinung der Bewohner über ihr Wohngebiet nicht zu schlecht, zumal die Erschließung durch öffentliche Verkehrsmittel und die Entfernung zum Stadtzentrum sowie zu den Arbeitsstätten günstig und die Ausstattung mit Gemeinschaftseinrichtungen ausreichend ist.

Durch die Verwendung vieler gleicher oder sich ähnelnder Typenbauten wirkt das Gebiet eher trist. Das besondere im Gebiet ist die außergewöhnliche graphische Farbgestaltung[17] der Gebäudeflächen, die jedoch inzwischen durch Wärmedämm-Maßnahmen insbesondere an den Giebeln weitgehend unwirksam ist. In den 80er Jahren ergänzte Wohnblöcke wurden jener Farbgestaltung nicht mehr angepaßt.

Die den Hauptverkehrsstraßen zugeordneten großen Parkplätze am Rande des Gebietes werden von den Bewohnern in der Regel nicht akzeptiert. Die Autos werden in der Nähe der Wohnung geparkt, wo die Abstellflächen fehlen, dafür aber Freiflächen in Anspruch genommen werden. Da der Wohnungsgrößenstandard nur mit hohem Aufwand verbessert werden kann, werden die künftigen Aufgaben vor allem in der bautechnischen Sanierung der Gebäude, in gestalterischen Verbesserungen und in einer Aufwertung des Wohnumfeldes liegen.

258

## 8.12 WOHNGEBIET MARZAHN

**Ausgewählte städtebauliche Daten**

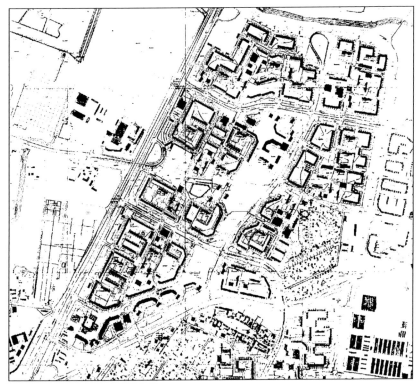

Wohngebiet 3 mit Hauptzentrum
M. 1: 20.000

| | |
|---|---|
| Lage: | Berlin-Marzahn[1] |
| Bauherr: | Staatlicher Wohnungsbau der DDR |
| Architekten: | Städtebau Wohngebiet: Heinz Graffunder, Dieter Schulze, Frank Richter, Jörg Piesel, Thorleif Neuer und Renate Strandt; Projekte Wohngebiet: Edith Diehl, Herbert Boos und Mitarbeiter; Gesellschaftlicher Hauptbereich: Wolf-Rüdiger Eisentraut und Mitarbeiter zusammen mit Heinz Graffunder; Marzahner Tor: Wolf-Rüdiger Eisentraut, Michael Kny, Thomas Weber und Mitarbeiter, Frank Buck; Promenade: Helmut Stingl und Mitarbeiter; Freizeitforum und Ringkolonnaden: Wolf-Rüdiger Eisentraut und Mitarbeiter; Park: Wolf-Rüdiger Eisentraut, Andreas Sommerer, Frank Buck, Heidi Günther und Mitarbeiter |
| Bauzeit: | 1980-1985 (Wohngebiet), 1984-1987, einzelne Teile bis 1992 (gesellschaftlicher Hauptbereich) |
| Grundflächenzahl: | 0,1 bis 0,2 |
| Geschoßflächenzahl: | 0,4 bis 1,3 |
| Geschosse: | überwiegend 5, 6, 11, 18 u. 21 (Wohngebäude); 1 bis 5 (Gewerbe-, Kultur-, Gemeinschafts- u.a. Einrichtungen) |
| Wohneinheiten: | 21.398 |
| Wohnungsschlüssel: | 19 % 1-Zi.; 20 % 2-Zi.; 36 % 3-Zi.; 21 % 4-Zi.; 4 % 5-Zimmerwohnungen |

# Wohngebiet Marzahn

| | |
|---|---|
| Wohnungsausstattung: | alle Wohnungen mit Küche, Bad, WC und Fernheizung, teilweise mit Balkon, Loggia, Keller und Müllschlucker |
| Einwohner 1992: | ca. 58.000 |
| Einwohnerdichte 1992: | ca. 250 Ew/ha |
| ÖPNV-Anbindung: | S-Bahnhöfe Marzahn, Raoul-Wallenberg-Straße, Mehrower Allee (Linien S 7 und R 7); Straßenbahnlinien 7, 8, 17 (Mitte des Gebietes auf eigenem Gleiskörper); Buslinien 154, 191, 192, 197, 292 (auf der Märkischen Allee), 190, 194, 195, 292, 295 (Busbahnhof Marzahn); 154, 192, 194 (auf der Landsberger Allee), 292 (auf der Raoul-Wallenberg-Straße), 191, 197 (auf der Mehrower Allee und auf dem Blumberger Damm), 197 (auf der Wuhletalstraße) |

## Zur Planungsgeschichte

Marzahn ist die erste von drei Bezirksneugründungen in Ost-Berlin während der Spaltung der Stadt in Erwartung eines gewaltigen Einwohnerzuwachses. Ursprünglich im Bezirk Lichtenberg gelegen, wird der Bezirk Marzahn 1979 aus den Ortsteilen Marzahn, Friedrichsfelde-Ost, Biesdorf, Kaulsdorf, Hellersdorf, Mahlsdorf sowie aus Teilen des Bezirks Weißensee gebildet. Die Ortsteile Hellersdorf, Kaulsdorf und Mahlsdorf werden davon 1986 zur dritten Bezirksgründung, Bezirk Hellersdorf, abgetrennt[2].

Bei der Eingemeindung nach Groß-Berlin im Jahre 1920 hat das Dorf Marzahn erst etwa 750 Einwohner. Obwohl in der Nähe von Marzahn bereits seit 1898 ein Haltepunkt der Eisenbahn besteht, geht eine weitere Besiedlung nur sehr schleppend voran. Eine wichtige Ursache dafür sind vermutlich die den Ort im Westen (Hohenschönhausen), Norden (Falkenberg) und Osten (Hellersdorf) umgebenden Rieselfelder, die erst mit dem Bau der Kläranlage Falkenberg (1. Baustufe 1965-1968) im Norden des Bezirks schrittweise abgebaut werden. Der ländliche Charakter des Ortes bleibt dennoch bis in die 70er Jahre weitgehend erhalten. Auch der südlich von Marzahn gelegene Ort Biesdorf besteht zu dieser Zeit im wesentlichen aus Einfamilienhaussiedlungen.

Vor Beschluß des DDR-Wohnungsbauprogramms orientiert der Ost-Berliner Generalbebauungsplan, der den Zeitraum von 1968 bis 1980 umfaßt, zunächst noch auf die Entwicklung des kompakten Stadtgebietes und die Bebauung kleinerer Standorte: „Die Umgestaltung und der Neubau der Wohngebiete sind auf das kompakte Stadtgebiet zu konzentrieren und dem Stadtzentrum sowie den Industrieschwerpunkten Lichtenberg NO (Gebiet Rhinstraße, d. Verf.), Weißensee und Schöneweide-Johannisthal zuzuordnen. Es sind in zunehmendem Maße vielgeschossige Gebäude zu errichten ..."[3] Der Flächennutzungsplan als Teil des Generalbebauungsplanes weist auf der Fläche des heutigen Wohngebietes Marzahn 1968 „Ertrags- und Grünflächen" aus. Investitionsschwerpunkte sind in Marzahn für den Planungszeitraum nicht vorgesehen.

Ausgelöst durch den Beschluß des Wohnungsbauprogramms (1973) beginnt der Magistrat von Ost-Berlin unter Leitung der Staatlichen Plankommission mit der Ausarbeitung einer langfristigen Entwicklungskonzeption für den Ost-Teil der Stadt, die u.a. einen neuen Generalbebauungsplan, einen Generalverkehrsplan sowie einen „Komplexplan Stadttechnik" enthält. Außerdem werden die „materiell-technischen Voraussetzungen" für die Realisierung neuer großer Wohngebiete geprüft, d.h. Bau von Plattenwerken, Organisation der Zulieferindustrie usw.[4]. Angesichts der noch vorherrschenden Wohnungsnot sollen deutliche Zeichen zur Lösung der Wohnungsfrage gesetzt werden[5]. Deshalb wird bewußt auf die Bebauung vieler kleiner Standorte zugunsten eines sehr großen Gebietes am Stadtrand verzichtet. Aus Sicht der SED-Führung kann mit einem Großprojekt, politisch-propagandistisch aufbereitet, die Ernsthaftigkeit des Wohnungsbauprogrammes besser unterstrichen und der „Vorteil" schnellen Bauens mit industriellen Plattenbauweisen konzentriert gezeigt werden.

Zusammenhängendes Bauland großen Ausmaßes findet sich in jener Zeit prinzipiell nur noch am Stadtrand von Ost-Berlin, wobei in Marzahn die Standortbedingungen wohl als besonders günstig erscheinen. Die Entfernung zum Alexanderplatz beträgt durchschnittlich nur etwa zwölf Kilometer, eine Eisenbahntrasse ist vorhanden, das

# Wohngebiet Marzahn

Industriegebiet Lichtenberg NO sowie andere Gewerbestättengebiete sind gut zu erreichen, das Heizkraftwerk in der Rhinstraße ist seit 1970, die Müllverbrennungsanlage seit 1973 im Bau, das Wasserwerk Kaulsdorf ist in der Nähe, die Kläranlage Falkenberg wird 1965-1968 errichtet (Erweiterung 1979-1984), seit 1976 arbeitet die große Kläranlage Münchehofe bei Dahlwitz-Hoppegarten[6].

Am 25. Februar 1975 beschließt das Politbüro des ZK der SED den Aufbau Marzahns. Damit wird in der üblichen Form eine Reihe weiterer Beschlüsse in Regierungs-, Bezirks- und Kommunalebenen ausgelöst und die Realisierungsphase für den Aufbau eines neuen Berliner Stadtbezirks mit mehr als 100.000 Einwohnern eingeleitet. 1975 werden vom Magistrat in Ost-Berlin vier Architektenkollektive in Erfurt (Ltg. E. Henn), Rostock (Ltg. R. Lasch), Leipzig (Ltg. H. Siegel) und Berlin (Ltg. durch Chefarchitekt der Hauptstadt R. Korn) zu einem internen städtebaulichen Ideenwettbewerb aufgefordert. Da man auf Erfahrungswerte und Beispiele nicht zurückgreifen kann, liegt der Sinn des Wettbewerbs hauptsächlich darin, in relativ kurzer Zeit für einen Stadtteil in der Dimension einer Großstadt neue Gestaltungsmöglichkeiten zu finden[7]. Die gemeinsame Auswertung der eingereichten Arbeiten ergibt zahlreiche neue und interessante Lösungsansätze. Die Bebauungskonzeption für den 9. Stadtbezirk (wie er fortan genannt wird) entsteht unter Leitung von Roland Korn und Peter Schweizer in „sozialistischer Gemeinschaftsarbeit" einer interdisziplinär zusammengesetzten Arbeitsgruppe von Mitarbeitern des Büros für Städtebau, der Bauakademie, des Ingenieurhochbaus Berlin, des Wohnungsbaukombinats und des Tiefbaukombinats Berlin sowie zahlreicher anderer Institutionen. Die Unterlagen werden 1976 in einer Ausstellung im Alten Museum der Öffentlichkeit vorgestellt und heftig diskutiert. 1976 wird Heinz Graffunder zum Chefarchitekten der Aufbauleitung Berlin-Marzahn (später Hauptarchitekt Marzahn/Lichtenberg im Büro für Städtebau) berufen, unter dessen Leitung die Arbeiten fortgeführt werden.

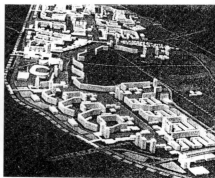

Wettbewerbsbeitrag Kollektiv R. Korn       Wettbewerbsbeitrag Kollektiv H. Siegel

Mitte 1977 wird in der Marchwitzastraße die erste Platte für ein zehngeschossiges Wohngebäude gesetzt[8]. Bis Ende 1982 sind bereits 30.083 Wohnungen gebaut, in denen rund 70.000 Einwohner wohnen. Von 1976 bis 1990 werden in Marzahn insgesamt 62.000 Neubauwohnungen für etwa 165.000 Einwohner mit den dazugehörigen Einrichtungen errichtet. Damit ist Marzahn nicht nur die größte Siedlung der ehemaligen DDR, sondern ganz Deutschlands. Hier werden etwa doppel soviel Wohnungen gebaut, wie in den West-Berliner Großsiedlungen „Märkisches Viertel" und „Gropiusstadt" zusammengenommen. Es wohnen hier etwa so viel Einwohner, wie in Ulm und Bamberg zusammen.

Die Ausdehnung des gesamten Neubaugebietes erstreckt sich über eine Länge von fast sieben Kilometern und über eine durchschnittliche Breite von zwei Kilometern, teilweise bis zu drei Kilometern. Das Neubaugebiet gliedert sich in sechs Teile: die Wohngebiete 1, 2 und 3 sowie die späteren Gebiete Marzahn-Ost, Marzahn-West und Marzahn-Nord. Die Haupterschließung erfolgt über eine westliche Tangente (Märkische Allee), die parallel zur S-Bahnstrecke nach Ahrensfelde verläuft, und über eine östliche Tangente (Blumberger Damm), die durch mehrere Spangen (u.a. Wuhletalstraße, Mehrower Allee, Landsberger Allee, Poelchaustraße/ Elisabethstraße) leiterartig miteinander verbunden sind. Zur besseren inneren Erschließung des Gesamtgebietes dienen der Straßenzug Allee der Kosmonauten/Raoul-Wallenberg-Straße sowie die Straßenbahnlinien in zentraler Lage.

Die Bebauung weicht von der reinen Zeilenbebauung früherer Gebiete stark ab. Meist werden mäanderförmige, quartierartige, z.T. drei- oder vierseitig geschlossene Bebauungsformen (annähernd Blockbebauung) gewählt, denen die Wohnstraßen (oft Stichstraßen) und Parkplätze direkt zugeordnet sind. Die Bebauungsdichte und Geschlossenheit der Blockumbauung nehmen im Zuge des Baufortgangs von Süden nach Norden zu. Auf Grund öffentlicher Sparmaßnahmen werden in diesem Zusammenhang Einschränkungen bei Parkplätzen und bei Einrichtungen vorgenommen.

Wichtige Versorgungsaufgaben werden vom „gesellschaftlichen Hauptbereich" (Bezirkszentrum) im dritten Wohngebiet mit zahlreichen Gewerbe-, Kultur- und anderen Einrichtungen übernommen, der sich, zentral gelegen, über 2 km vom Bahnhof Marzahn über Promenade und Wohngebietspark bis zu den Ringkolonnaden an der Mehrower Allee erstreckt. Ein wichtiges Nebenzentrum mit dem Marzahner Rathaus sowie vielen Einrichtungen besteht am Springpfuhl. Die Einrichtungen der „täglichen Versorgung und Betreuung" (Kaufhallen, Dienstleistungseinrichtungen, Gaststätten, Schulen, Kindergärten und -krippen, Jugendklubs usw.) sind in geringer Entfernung den Wohnungen zugeordnet. Dominanten in Form von Punkthochhäusern bis zu 21 Geschossen markieren den gesellschaftlichen Hauptbereich, das Nebenzentrum Springpfuhl sowie einige wichtige Räume. Die übrige Wohnbebauung besteht im wesentlichen aus 5- bis 11-geschossigen Plattenbauten mit relativ eintönigen Waschbetonfassaden.

Das betrachtete Wohngebiet 3 im mittleren Bereich des Neubaugebietes Marzahn wird durch die Landsberger Allee (früher Leninallee), Märkische Allee (früher Heinrich-Rau-Straße), Wuhletalstraße (früher Henneckestraße) und den Blumberger Damm (früher Otto-Buchwitz-Straße) begrenzt und weist prinzipiell sämtliche Gestaltungsvarianten der übrigen Gebiete auf. Allein in diesem Wohngebiet mit den Abmessungen 2,5 x 1,6 km wohnen in 21.398 Wohnungen rund 58.000 Einwohner. Der „gesellschaftliche Hauptbereich" mit den Teilen Marzahner Tor, Promenade, Freizeitforum, Wohngebietspark und Ringkolonnaden erstreckt sich vom südlichen Rand des Gebietes in zentraler Lage in nördliche Richtung bis zur Mehrower Allee und ist ein wichtiges städtebauliches Strukturelement.

Da der gesellschaftliche Hauptbereich einen großen, über die Stadtbezirksgrenzen hinausgehenden, Einzugsbereich haben wird und auch städtebaulich-räumlich und gestalterisch eine dominierende Stellung einnehmen soll, wird in der Planungsphase vom Kombinat Ingenieurhochbau 1978 ein „kombinatsinterner" Wettbewerb ausge-

Wohngebietspark und Ringkolonnaden

schrieben. Ziel ist es, „mit der Ausarbeitung von Studien für die gesellschaftlichen Bereiche des komplexen Wohnungsbaus in Berlin-Marzahn ... einen spürbaren Beitrag zur Gestaltung neuer Wohngebiete zu leisten..."[9]. Dabei sollte bei der notwendigen Komplexität der Bearbeitung ein „hoher Grad der Wiederverwendbarkeit der konzipierten Lösungen in anderen Wohngebieten der Hauptstadt" erreicht werden. Den ersten Preis gewinnt ein Entwurfskollektiv unter Leitung von Wolf-Rüdiger Eisentraut. Nach Vorlage der Ergebnisse beim Magistrat wird zwar das Kollektiv Eisentraut vom Ingenieurhochbau weitgehend mit der Projektierung und Bauausführung beauftragt, verwirklicht wird jedoch kein Wettbewerbsentwurf, sondern eine neue Gestaltungsvariante, in der einzelne Elemente aus mehreren Wettbewerbsentwürfen verwendet werden.

## Die Wohnungen

Etwa 40 % der Wohnungen haben ein und zwei Zimmer, 60 % sind mit drei und mehr Zimmern ausgestattet. Die durchschnittliche Größe einer Wohnung beträgt rund 61 m². Sowohl der Wohnungsschlüssel, die Wohnungsgrößen als auch die Ausstattung der Wohnungen mit Bad, WC, Fernheizung sowie z.T. mit Balkon oder Loggia, Keller und Müllschlucker entspricht dem DDR-Standard jener Zeit. Der Wohnungsbau erfolgt mit den Typen WHH 18/21, (13 %), WBS 70, 11gesch. (45 %), QP 71, 10gesch. (16 %) und WBS 70, 5 u.6gesch. (26 %).

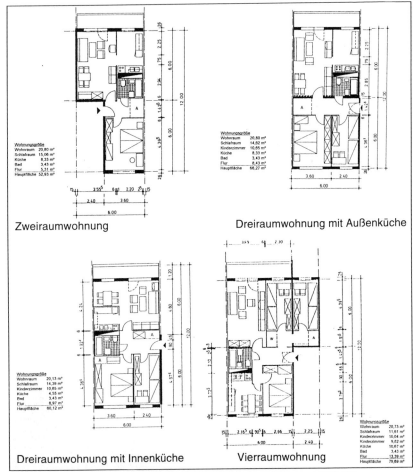

Typische Grundrisse der verwendeten Wohnungsbauserie 70 (WBS 70)

## Das Wohngebiet - heute

Das Neubauwohngebiet Marzahn ist nicht nur das größte zusammenhängende Siedlungsgebiet Deutschlands, sondern auch das Gebiet mit großen und kostspieligen Problemen, obwohl sich die Bewohner bei Befragungen über den Wohnwert meist zufrieden äußern. Die eintönigen Plattenbauten in dieser Größenordnung mit den wenig differenzierten Fassaden erzeugen bereits während der Bauzeit Unmut insbesondere bei den Bewohnern, auch wenn man hier seine langersehnte, neue Wohnung bekommt.

Nach Antritt des „Plattenbauerbes" besteht bei der Senatsbauverwaltung heute „die Einsicht, daß es weder wünschenswert noch möglich wäre, diese in Beton gegossene Hinterlassenschaft der DDR abzureißen und durch Neubauten zu ersetzen. Dies wäre weder sozial noch wirtschaftlich vertretbar"[10]. Um Abwanderungen der Bevölkerung zu verhindern, eher Zuwanderungsprozesse zu provozieren, müssen die Lebensverhältnisse vergleichbaren West-Berliner Gebieten angenähert werden. Dies erfolgt auf verschiedenen Ebenen. Für ein breit angelegtes Programm zur Verbesserung des Wohnumfelds hat der Senat bisher 320 Mio. DM bereitgestellt. Darüber hinaus geht es um Beseitigung technologischer Mängel an Heizungen, an der sanitärtechnischen Ausstattung der Gebäude, um Fugensanierung u.v.a.m. Der Um-, Aus- oder Neubau von Schulen, Gewerbestätten, Büros, Werkstätten, Handelseinrichtungen soll städtebauliche Defizite bewältigen helfen. Dazu hat der Senat Investorenwettbewerbe durchgeführt. Ein Architekturwettbewerb zur Neugestaltung des Hauptzentrums „Marzahner Promenade" wurde gerade abgeschlossen. Möglichkeiten der Bürgerbeteiligung bietet die von der Bundesregierung unterstützte „Plattform Marzahn". Bei all den unterschiedlichsten Aktivitäten besteht die Gefahr, daß Marzahn zum Experimentierfeld für Investoren, Architekten, Stadt- und Landschaftsplaner wird und viel Geld investiert wird, ohne entsprechende Effekte zu erzielen. Dringend notwendig ist deshalb die Ausarbeitung „strategischer Leitlinien". In der „Ideenwerkstatt Marzahn" wird seit Frühjahr 1993 versucht, „...aus dem Stückwerk diverser Einzelmaßnahmen eine integrierte, städtebauliche, soziale und wirtschaftliche Strategie zu entwickeln"[11].

Punkthochhäuser an der Marzahner Promenade/Landsberger Allee

# 9. TENDENZEN DES WOHNUNGSBAUS IN DEN ACHTZIGER JAHREN

## 9.1 HEINRICH-ZILLE-SIEDLUNG

**Ausgewählte städtebauliche Daten**

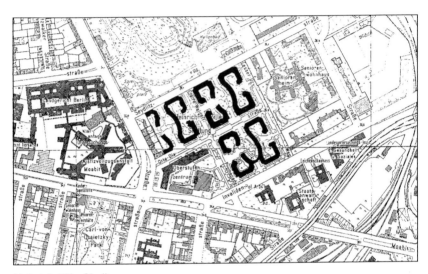

Heinrich-Zille-Siedlung
M 1 : 10.000

| | |
|---|---|
| Lage: | Berlin-Tiergarten |
| Bauherren: | Neue Heimat, BEWOGE, DEUTSCHBAU, BGG, D.I.I., Franke |
| Architekten: | Städtebauliches Konzept: Theissen mit Schuhpisser |
| | Gebäude: Benze, Fleischer und Hübscher, K.H. und M. Hanebutt, Heinrichs und Partner, Theissen, Windeck |
| | Landschaftsplanung: Becher, Bournot und Slopianka, Vogel |
| Bauzeit: | 1976 - 1981 |
| Grundflächenzahl: | 0,4 |
| Geschoßflächenzahl: | bis 1,9 |
| Geschosse: | i.d.R. 5 Geschosse |
| Wohneinheiten: | ca. 890 Wohnungen |
| Wohnungsschlüssel: | 23% 1- und 1 1/2-Zi; 17 % 2-Zi; 52 % 3-Zi; 8% 2 2/2-Zimmer-Wohnungen (Angaben aus der Auslobung) |
| Wohnungsausstattung: | Standard des sozialen Wohnungsbaus |
| Einwohner 1987: | ca. 2.400 |
| Einwohnerdichte 1987: | ca. 300 Ew/ha |
| ÖPNV-Anbindung: | S-Bahnhof Lehrter Stadtbahnhof (Linien 3, 5, 6, 7 und 9) Buslinien 227 und 187 auf der Rathenower Straße sowie 245 auf der Invalidenstraße |

## Zur Planungsgeschichte

Das Gelände gehört zu den Flächen Moabits, die in der Mitte des 19. Jahrhunderts ihre stadträumliche Ausprägung durch die Verlagerung des Exerzierplatzes vom nördlichen Tiergartenrand (heute Platz der Republik) nach Moabit erhalten. K.F. Schinkel wird 1840 unter Friedrich Wihelm IV beauftragt, eine großräumige städtebauliche Gestaltung der Flächen zwischen dem Invalidenhaus, der Charité und den Gartengrundstücken an der Straße „Alt-Moabit" zu erarbeiten. Schinkel legt eine repräsentative, durch Platzfolgen charakterisierte Planung vor, die in den Grundzügen den kurz zuvor von J.P. Lenné erarbeiteten Plänen entspricht.

Bebauungsplan für Moabit von K.F. Schinkel, 1840

Die Nutzung des Gebiets beidseitig der Invalidenstraße ist gekennzeichnet durch den neuen „Großen Exerzier-Platz" - östlich vom fredericianischen Invalidenhaus und westlich vom Zellen-Gefängnis (heute Untersuchungshaftanstalt) begrenzt - und durch gutbürgerlichen Wohnungsbau, der zwischen den Flächen für militärische Einrichtungen und der Spree Platz finden sollte.

Als Folge der funktionalen Ansprüche der prosperierenden Industriestadt des 19. Jahrhunderts entstehen anstelle der gutbürgerlichen Wohnquartiere zwei bedeutende Fernbahnhöfe, der Hamburger und der Lehrter Bahnhof. Die Planungen von Lenné bzw. Schinkel werden nicht realisiert, und das Gebiet wird entsprechend der Hobrechtschen Planung erschlossen.

Mit der Entwicklung des „Industriegürtels" beidseitig der Heidestraße parallel zum Verlauf der Eisenbahngleise entstehen Mietskasernen östlich der Lehrter Straße.

Das Gelände, auf dem sich heute die Zille-Siedlung befindet, wird bis 1945 militärisch genutzt. Es ist Bestandteil des Interessengebietes des „Generalbauinspektors" A. Speer. In der 1942 erarbeiteten letzten Fassung der Planung der Nord-Süd-Achse ist es Teil des Blockes für die Wehrmacht, östlich begrenzt durch das Polizeipräsidium.

# Heinrich-Zille-Siedlung

Situationsplan der Haupt- und Residenzstadt Berlin u. Umgebung von W. Liebenow, 1888 (Ausschnitt)

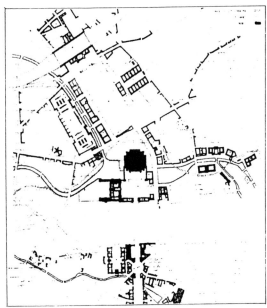

Entwurf der Generalbauinspektion unter A. Speer der geplanten Nord-Süd-Achse (Ausschnitt)

Die 1845 von W. Drewitz entworfene Kaserne der Garde-Ulanen, die sich auf dem Gelände befindet, wird erst Ende der 60er Jahre dieses Jahrhunderts abgerissen. Das Gelände wird nach dem Zweiten Weltkrieg als städtischer Bauhof genutzt.

Im Flächennutzungsplan von 1965 ist das Gebiet als eine Wohn- bzw. Gemeinbedarfsfläche dargestellt. Zunächst als Standort für eine Polizeikaserne vorgesehen, fällt Mitte der 70er Jahre die Entscheidung zugunsten des Wohnungsbaus.

Diese Konzeption bildet die stadtplanerische Grundlage für die Ausschreibung eines zweistufigen städtebaulichen Gutachtens Mitte der 70er Jahre. In der Ausschreibung heißt es, daß das vom Krieg stark zerstörte Stadtgebiet zwischen Seydlitz- und Invalidenstraße eine herausragende Bedeutung für die zukünftige städtebauliche Entwicklung in diesem Bereich hat, die bereits vorhandenen Neubauten dem Gebiet jedoch nicht zu einer baulichen Geschlossenheit verhelfen können. Die neu zu entwickelnde Wohnbebauung soll die städtebauliche Voraussetzung zur Schaffung einer stadträumlichen Identität bilden. Sie soll primär dem Wohnbedarf der Mieter aus dem angrenzenden Sanierungsgebiet dienen.

Am Gutachterverfahren werden sechs Architekten beteiligt (Benze, Fleischer und Hübscher, Hanebutt, Heinrichs und Partner, Theissen, Windeck), wobei in der ersten Stufe des Gutachtens die Arbeiten Theissen und Windeck zur Weiterbearbeitunmg empfohlen werden. Außer Konkurrenz wird eine Arbeit des IWOS der TU Berlin eingereicht. In der zweiten Stufe des Gutachtens wird die Entscheidung zugunsten des Konzeptes Theissen getroffen.

Theissens Arbeit knüpft an die Traditionen der Berliner Blockrandbebauung an. Das Konzept greift auf Lennesche bzw. Schinkelsche Erschließungsmuster zurück, wobei die klassische Berliner Blockstruktur zugunsten von verschieden dimensionierten Außenräumen und sich damit kontinuierlich verändernden Raumeindrücken fortentwickelt wird. Es werden verschiedene miteinander in Beziehung gesetzte Freiräume vorgeschlagen: elliptische Gartenhöfe, Kinderspielbereiche, Wohnhöfe und (zum großen Teil private) Straßenräume.

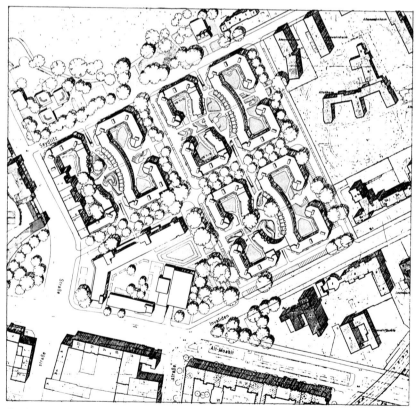

Städtebaulicher Entwurf von Theissen mit dem bereits überarbeiteten Schulstandort

# Heinrich-Zille-Siedlung

Kinderspielplatz in einem Wohnhof

Die Identität der Bebauungsstruktur mit der inneren Wegeführung und die unterschiedliche Qualität der Außenräume garantiert eine gute Orientierung bei gleichzeitig interessantem Wechsel der Raumtypen.

Isometrie des Bauabschnitts Theissen

Sechs verschiedene Bauträgergesellschaften haben mit den sechs zum Gutachten aufgeforderten Architekten und drei Gartenarchitekten - koordiniert durch den Preisträger des Gutachtens - die Bebauung realisiert.

Im Interesse einer notwendigen Projektsteuerung hätte sich ein besonderes Koordinationsinstrumentarium mit entsprechender Kompetenz angeboten. Es wird, wie so oft in entsprechenden Fällen, nicht eingerichtet. Die Durchsetzung des Konzeptes obliegt der Initiative der Architekten und deren Beharrlichkeit gegenüber den an Renditeüberlegungen orientierten Argumenten der Bauträger.

# Heinrich-Zille-Siedlung

## Die Wohnungen

Die Wohnungen entsprechen den Standards des sozialen Wohnungsbaus. Hervorzuheben sind die Maisonettewohnungen, die die elliptischen Innenhöfe im Erdgeschoß (EG) bzw. Obergeschoß (OG) begrenzen. Sie sind für kinderreiche Familien vorgesehen. Den Wohnungen sind hofseitig private Gärten zugeordnet.

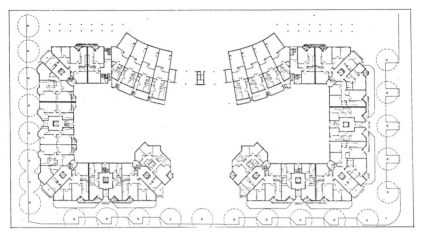

EG Grundriß mit privatem Garten, Bauabschnitt Theissen

## Die Siedlung - heute

Die Siedlung erfreut sich einer hohen Akzeptanz durch die Bewohner. Die Gebäude wie auch die Außenräume lassen aufgrund ihres guten Zustands einen vergleichbar hohen Identifikationsgrad der Nutzer vermuten.

Der Außenraumgestaltung wird besondere Aufmerksamkeit gewidmet, indem in den verschiedenen „Wohnhöfen" kleinere für den Nutzer überschaubare Bereiche entstehen, die durch Bepflanzungen voneinander getrennt sind.

Die fünf- bis sechsgeschossige Bebauung begrenzt gut proportionierte Innenräume.

Bedauerlich ist die Gestaltung des Oberstufenzentrum, das sowohl in der Architektur wie auch im städtebaulichen Kontext sensibler in die Nutzungsstruktur einzugliedern gewesen wäre. Vorstellungen dazu wurden vom Preisträger des Gutachtens vorgelegt, fanden aber bei der Realisierung der Schule keine Berücksichtigung.

## 9.2 ADMIRALSTRASSE

**Ausgewählte städtebauliche Daten**

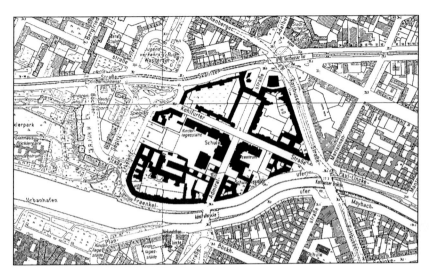

Wohnquartier an der Admiralstraße
M 1 : 10.000

| | |
|---|---|
| Lage: | Berlin-Kreuzberg |
| Bauherren: | verschiedene Einzelbauherren |
| Architekten: | H. u. I. Baller (Blockkonzept) |
| Bauzeit: | vor 1900, Bebauung der 50er Jahre, Sanierungsbauten: 1976 - 1985 |
| Grundflächenzahl: | ca. 0,4 |
| Geschoßflächenzahl: | ca. 2,0 |
| Geschosse: | 5 bis 6 Geschosse |
| Wohnungsschlüssel: | überwiegend 2- bis 3-Zimmer-Wohnungen |
| Wohnungsausstattung: | ca. 30 % ohne Bad, 10 % ohne Heizung |
| Einwohner 1987: | ca. 3.300 (Blöcke 70,86,87,89) |
| Einwohnerdichte 1987: | ca. 300 Ew/ha |
| ÖPNV-Anbindung: | U-Bahnhof Kottbusser Tor (Linie 1 und 8) und Buslinie 141 auf der Kottbusser Straße |

## Zur Planungsgeschichte

Im Jahr 1861 wird das Gebiet südlich der Stadtmauer (Akzisemauer) zur Bebauung freigegeben. Der Luisenstädtische Kanal und der Landwehrgraben sind nach Plänen Lennés bereits 1847 fertiggestellt worden. Die Bebauung des neuen Stadtviertels geht zunächst zögernd voran, da die Luisenstadt noch über ausreichende Baulandreserven verfügt. Die ersten Mieter sind überwiegend Handwerksgesellen, Meister und Fabrikarbeiter; es entsteht ein für die Zeit typisches Arbeiterquartier. Abgeschlossene Wohnungen bilden die Ausnahme; vielmehr wird eine Aneinanderreihung von Stuben in einer Etage mit jeweils zwei Küchen gebaut.

Mit dem Abriß der Stadtmauer 1867 beschleunigt sich die Bautätigkeit. 1886 wird im Block 89 eine Schule errichtet, und 1896 entsteht im Block 79 der Elisabeth-Gewerbehof. Metallverarbeitende Betriebe aus der Luisenstadt und holzverarbeitende Industrie siedeln sich an.

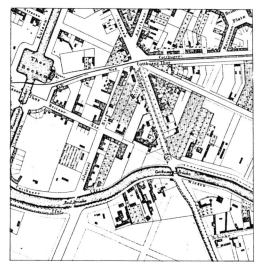

Ausschnitt aus dem Liebenow-Plan von 1867

Ausschnitt aus dem Straube-Plan von 1902

Admiralstraße 272

In Höhe der historischen Stadtmauer wird 1902 die Hochbahntrasse gebaut. Zwischen 1927 und 1929 die U-Bahn in Nord-Süd-Richtung.

Den Zweiten Weltkrieg übersteht das Gebiet vergleichsweise schadlos; erst die Nachkriegsplanungen bringen die Zerstörung. An den Blöcken läßt sich - in Ansätzen - die Sanierungspolitik der letzten 30 Jahre beispielhaft beschreiben. Der Flächennutzungsplan sieht in den 50er Jahren Stadtautobahnen (Tangentenplanung) vor. Die Trasse der Osttangente durchschneidet das Gebiet. Von der Hasenheide kommend, soll sie über den Wassertorplatz hinweg den Oranienplatz erreichen.

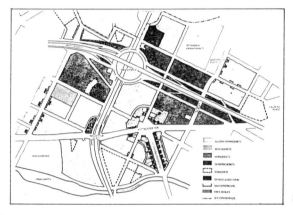

Strukturplan des Senats

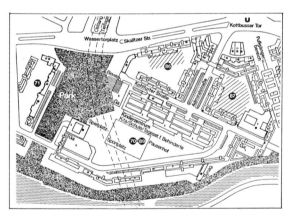

Bebauungskonzept 1974

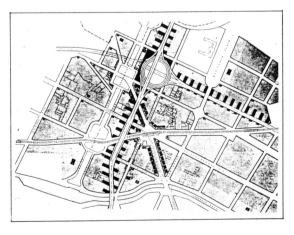

Studie zur Integration der Stadtautobahn

Im ersten Berliner Stadterneuerungsprogramms wird das Gebiet 1963 als Sanierungsgebiet festgelegt. Die Planungen sehen die vollständige städtebauliche Umstrukturierung des Gebiets vor. Bis Mitte der 70er Jahre wird die zerstörerische Autobahnplanung weiterverfolgt. Im Rahmen der Konzeptentwicklung werden Studien zur möglichen Integration der geplanten Stadtautobahn erarbeitet.

Im Jahr 1976 erfolgt der Abriß im Nordteil der Admiralstraße. Die Neubebauung wird in Form von Blockrandbebauung in den Blöcken 86 und 87 realisiert. Im gleichen Jahr wird auf die Autobahnplanung verzichtet; dies bedeutet aber nicht, daß man mit einem historisch gewachsenen Viertel und mit den Bewohnern behutsamer umgeht.

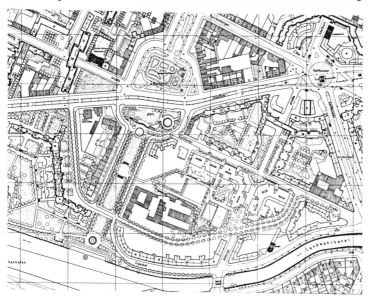

Bebauungsentwurf von 1975 - 1978

Die Planung der Blöcke 70 und 89 wird bis 1979 durch eine innere Erschließungsstraße bestimmt; damit wäre der Umbau des Fraenkelufers zur Grünzone und der vollständige Abriß der Altbausubstanz verbunden gewesen. Demgegenüber erarbeitet die Internationale Bauausstellung 1979 eine alternative Planung (Gesamtkonzeption Hinrich und Inken Baller). Die behutsame Auseinandersetzung mit der bestehenden Stadtstruktur steht dabei im Vordergrund.

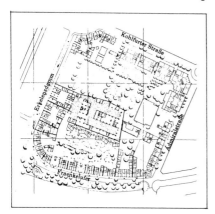 

Blockkonzepte von 1980 für die Blöcke 70 und 89

1980 wird die in den vorausgegangenen Konzepten vorgesehene Schule und das Behindertenzentrum gebaut. Nicht nur die Baumaterialien und die Gestaltung erscheinen aus heutiger Sicht verfehlt, sondern auch der funktionale Zentralismus muß als problematisch gelten. Städtebaulich besonders störend ist die Erhöhung und Verengung des Straßenraumes durch die Bebauung: Die Admiralstraße ist nicht mehr als Einheit erkennbar und die Bebauung versperrt die Sichtbeziehung zum Kanal.

Die Schule und das Behindertenzentrum

Im Block 70 bleibt die restliche Altbausubstanz erhalten; die Baulücken Fraenkelufer 38, 44, 26 sowie die Brandwand werden bebaut. Es entsteht so ein halböffentlicher Raum zwischen dem Ufer und der Brandwandbebauung. Auch im Block 89 kann die verbleibende Altbausubstanz vor dem Abriß gerettet werden, nicht zuletzt aufgrund der Hausbesetzungen Anfang der 80er Jahre. Augenfällig ist heute der hohe Selbsthilfeanteil im Rahmen der Gebäudemodernisierung.

Am Fraenkelufer die Torhäuser, dahinter der Wohnhof mit der Brandwandbebauung des Elisabeth-Hofes von H. u. I. Baller

## Die Wohnungen

Die Wohnungstypen im Gebiet sind sehr heterogen. Neben den klassischen Grundrißtypen der gründerzeitlichen Bebauung finden sich unterschiedliche Formen, deren interne Organisation und Größe durch die jeweils gültigen Wohnungsbaurichtlinien des sozialen Wohnungsbaus bestimmt sind. Hervorzuheben sind die Wohnungen des Projektes Fraenkelufer (H. u. I. Baller), die trotz Finanzierung durch Mittel des sozialen Wohnungsbaus über Grundrißtypen hoher Wohnattraktivität verfügen.

In der Admiralstraße werden im Zuge des Konzeptes der behutsamen Stadterneuerung mehrere Selbsthilfeprojekte durchgeführt. Hierfür kann das Gebäude Fraenkelufer 20 als exemplarisch gelten. Mit Hilfe des Sozialpädagogischen Instituts (SPI) konnten Mieter ihre Wohnungen und das Gebäude in Selbsthilfe erneuern. Die durchgeführten Arbeiten sind von hoher Qualität.

Hervorzuheben ist darüberhinaus das „Wohnregal" (Arch. Nylund, Puttfarken, Stürzebecher). Hier gründet sich eine Selbstbaugenossenschaft, die unter Anleitung der Architekten einen Neubau in Selbsthilfe erstellt. Die erbrachten Eigenleistungen von 30.000 DM führen zu vergleichsweise niedrigen Mieten von z.Zt. 340 DM Kaltmiete je Wohnung, bei einer Kostenmiete von ca. 2.700 DM.

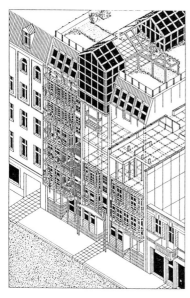

Selbstbauprojekt „Wohnregal",
Admiralstraße 16

## Das Wohnquartier - heute

Das Gebiet - ein Spiegel der sich wandelnden Zielsetzung der Sanierungspolitik und deren räumlicher Ausformung - scheint durch die Erneuerungsmaßnahmen in den 80er Jahren in Ansätzen stabilisiert. Es ist heute gekennzeichnet durch das Nebeneinander verschiedener sozialer Gruppen: im Kern des Quartiers die Arbeiterwohnungen, am Kanalufer der privilegierte Mittelstand und in der Admiralstraße ehemalige Hausbesetzer, heute organisiert in Selbsthilfegruppen. Dieses Nebeneinander darf nicht darüber hinwegtäuschen, daß die quartiersinterne Verteilung unterschiedlicher Nutzergruppen vorbestimmt ist. Auch die Sanierungsstrategien der frühen 80er Jahre vermögen die sozialen Spannungen nicht zu beseitigen. So ist es nicht verwunderlich, daß die Bemühungen zur Attraktivitätssteigerung des Kanalufers dazu führen, diesen Bereich privilegierten Nutzergruppen zur Verfügung zu stellen.

Eine Perspektive des Quartiers liegt nicht in der Nivellierung der verschiedenen sozialen Gruppen in Richtung einer Angleichung an mittelständische Wohnungsstandards, sondern in der Mischung und dem konstruktiven Nebeneinander unterschiedlicher Lebens- und Wohnformen.

## 9.3 RITTERSTRASSE NORD/SÜD

**Ausgewählte städtebauliche Daten**

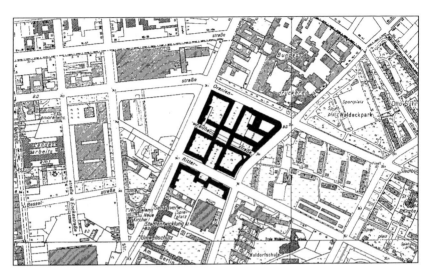

Ritterstraße Nord und Süd
M 1 : 10.000

| | |
|---|---|
| Lage: | Berlin-Kreuzberg |
| Bauherren: | Ritterstraße-Nord: Klingbeil-Gruppe, |
| | Ritterstraße-Süd: Unternehmensgruppe H. Buschmann |
| Architekten: | städtebauliches Konzept: R. Krier; Garten- und Landschaftsplanung Ritterstraße-Nord: Halfmann-Zillich; Ritterstraße-Süd: Halfmann-Zillich, Müller-Heinze u. Partner; Hochbau: verschiedene Architekten (vgl. unten) |
| Bauzeit: | Ritterstraße-Nord[1] 1982 - 1989, Ritterstraße-Süd 1978 - 1980 |
| Grundflächenzahl: | 0,4 |
| Geschoßflächenzahl: | 1,7 |
| Geschosse: | 3 bis 5 |
| Wohneinheiten: | Ritterstraße-Nord: 315; Ritterstraße-Süd: 125 |
| Wohnungsschlüssel: | Ritterstraße-Nord[2]: 2 % 1- und 1 1/2-Zi; 20 % 2-Zi.; 23 % 3-Zi.; 40 % 4- und 4 1/2-Zi; 14 % 5-Zi; 1 % 6-Zimmer-Wohnungen |
| | Ritterstraße-Süd: 30 % 2-Zi.; 36 % 3-Zi.; 23 % 4-Zi.; 7 % 5-Zi.; 4 % 6-Zimmer-Wohnungen |
| Wohnungsausstattung: | Mietwohnungsbau im 1. Förderungsweg; Förderung durch den Bund mit 50.000 DM/Wohnung (Ritterstraße-Nord) bzw. 30.000 DM/Wohnung (Ritterstraße-Süd) |
| Einwohner 1987: | 539 (Ritterstraße-Nord, 1. Bauabschnitt) |
| Einwohnerdichte 1987 | 115 Ew/ha |
| ÖPNV-Anbindung: | U-Bahnhof Kochstraße (Linie 6) und Buslinien 129 auf der Oranienstraße sowie 141 auf der Lindenstraße |

## Zur Planungsgeschichte

Am Beispiel des neuen Wohnquartiers an der Ritterstraße läßt sich die Auseinandersetzung um die Rekonstruktion des historischen Stadtgrundrisses im Rahmen des Konzeptes der Internationalen Bauausstellung Berlin (Neubau-IBA) beispielhaft aufzeigen.

Im ausgehenden 17. Jahrhundert wird von dem Brandenburgischen Oberbaudirektor Johann Nering (1659-1695) unter Friedrich I., König in Preußen, das schachbrettartige Straßennetz der unbefestigten Friedrichstadt angelegt, die durch die von Süden nach Norden verlaufende Friedrichstraße mit der seit 1674 bebauten Dorotheenstadt verbunden wird. Die Friedrichstadt dient den aus Frankreich einwandernden Hugenotten als Wohn- und Arbeitsort.

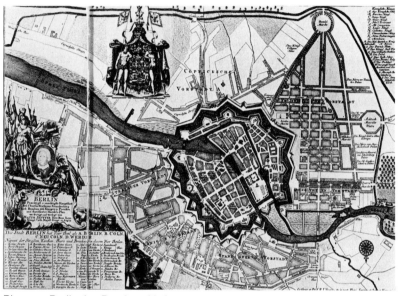

Plan von Berlin des Druckers M. Seutter, um 1740 (gesüdet)

1732 wird die Friedrichstadt auf der Grundlage eines Entwurfs von Philipp Gerlach unter Friedrich Wilhelm I., dem Soldatenkönig, vervollständigt. Es entsteht ein typisches barockes Stadtmuster, gekennzeichnet durch eine Abfolge von Plätzen und eine städtebauliche Akzentuierung von Sichtachsen. Die südliche Friedrichstadt entwickelt sich zu Beginn des 19. Jahrhunderts zu einem „gutbürgerlichen" Wohnviertel. Die Bebauung wird dichter, und das Straßennetz wird komplettiert.

Ein außergewöhnlich starker Entwicklungsdruck wird in der Friedrichstadt durch die Gründung des Kaiserreiches 1871 ausgelöst. Der Charakter des Gebietes verändert sich im nördlichen Teil von einer mit Gewerbe durchsetzten bürgerlichen Wohngegend zur City. Im südlichen Teil entsteht ein erweiterter Citybereich mit zentralen Infrastruktureinrichtungen. Die Nutzungsdichte steigt auf eine Geschoßflächenzahl (GFZ) von 3,0 und höher. Zwischen den Weltkriegen treten stadtstrukturell unwesentliche, wenngleich politisch eklatante Veränderungen ein. Im Prinz-Albrecht-Palais und in der Prinz-Albrecht-Straße 8 und 9 wird das „Verwaltungszentrum" faschistischer Gewaltherrschaft etabliert. Gegen Ende des Zweiten Weltkrieges ist die Friedrichstadt nahezu vollständig zerstört.

Die „Wiederaufbauplaner" der 50er und 60er Jahre versuchen mit der Umsetzung ihrer städtebaulichen Leitbilder die noch verbliebenen historischen Strukturen weitgehend „auszuradieren". So ignoriert beispielsweise der Beitrag zum Wettbewerb „Hauptstadt Berlin" 1958 von Hans Scharoun nahezu jeglichen historischen Bezug, indem er die

Vorstellungen einer funktionsgetrennten Stadt als „Stadtlandschaft" vorschlägt. Der Plan wird nie realisiert, doch bestimmen Einzelelemente dieses Planes die weitere städtebauliche Entwicklung der Friedrichstadt.
Mit dem Bau der Mauer am 13. August 1961 verliert die südliche Friedrichstadt endgültig ihre zentrale Lage. Die verbliebenen Verwaltungsbauten der Vorkriegszeit[3] sind historische Zeugen der Bedeutung dieses Stadtteils. Sie waren in das städtebauliche Gefüge integriert. Die neuen Verwaltungsbauten (Springer, GSW und Postscheckamt) sind Beispiele für „städtebauliche Dominanten" in einer „innerstädtischen Stadtlandschaft". Sie entstehen vor dem Hintergrund der Leitidee des Citybandes (Flächennutzungsplan 1965) zwischen Bahnhof Zoo und Alexanderplatz, die in Verbindung mit ursprünglich geplanten Hauptverkehrstraßen und Autobahnen den Stadtteil charakterisieren sollten.[4]

Ende der 70er Jahre werden die planerischen Vorstellungen der Wiederaufbauphase in einer städtebaulichen Rahmenplanung 1976/77 bzw. der Bereichsentwicklungsplanung 1979/80 revidiert. Die vorsichtige Abkehr vom City-Band wird planerisch eingeleitet. Die Nutzungskonzeptionen sehen mehr Wohnungsbau mit den erforderlichen Folgeeinrichtungen vor. In Konkretisierung der städtebaulich-architektonischen Zielsetzung der Planungen werden drei sich grundsätzlich voneinander unterscheidende städtebauliche Studien erarbeitet. 1976 ist dies die von AGP, Böhm, Düttmann und Rave entwickelte Studie, die im wesentlichen ein Bebauungskonzept auf der Grundlage des 1976/77 erarbeiteten Rahmenplans darstellt.

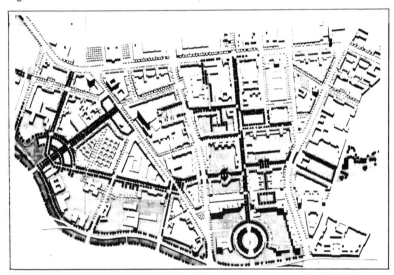

Städtebauliches Konzept AGP, Böhm, Düttmann und Rave 1976/1977

1977 wird von Rob Krier eine städtebauliche Studie vorgelegt, die die Rekonstruktion bzw. Neudefinition des Blocksystems zum Gegenstand hat. In Anlehnung an den historischen Stadtgrundriß werden zusätzliche Wege und Plätze mit dem Ziel der Wiederherstellung des barocken Stadtgrundrisses vorgeschlagen. Die städtebauliche Realität - vorgegeben durch die Umsetzung der Leitvorstellungen der „Wiederaufbauphase" - läßt eine Umsetzung der Krierschen Vorstellungen nur in Teilen zu.

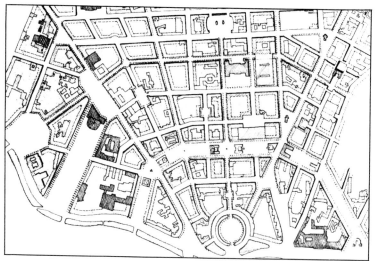

Städtebauliches Konzept Rob Krier, 1977

Ebenfalls 1977/78 entstehen zwei von O.M. Ungers in Zusammenarbeit mit A. Ovaska bzw. im Rahmen einer Sommerakademie in Berlin erarbeitete Studien. Die Verfasser wollen im Gegensatz zum Krierschen Ansatz nicht harmonisieren, sondern aus den jeweiligen Bedingungen bzw. Anforderungen des Ortes unverwechselbare Einzelsituationen schaffen. Der Städtebau versteht sich als Collage.

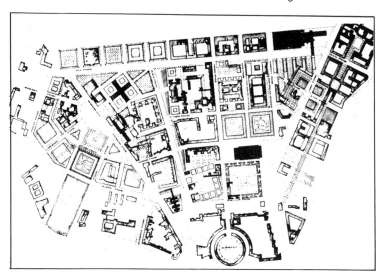

Planstudien von O.M. Ungers und A. Ovaska, 1977

Auch die Arbeiten der Sommerakademie 1978 reihen sich in die Entwürfe ein, auf deren Grundlage bzw. in Auseinandersetzung mit ihnen die Internationale Bauausstellung Berlin seit 1979 das städtebauliche Leitbild für die südliche Friedrichstadt fortzuentwickeln versucht.

Ritterstraße Nord/Süd

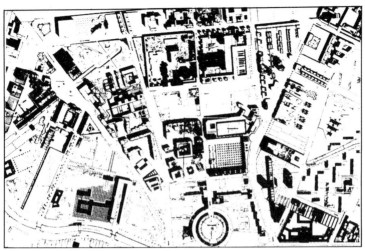

Studentenarbeit Sommerakademie, 1978

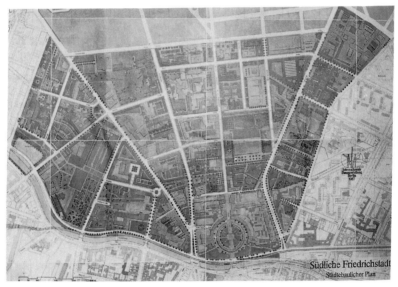

IBA - Städtebauliches Konzept, 1987

Der Bereich Ritterstraße und der südlich angrenzende Wohnpark am Berlin-Museum sind die gegenwärtig umfassendsten blockübergreifenden Maßnahmen, die bislang im Vorfeld bzw. im Rahmen der Internationalen Bauausstellung 1987 in der südlichen Friedrichstadt realisiert wurden.

**Ritterstraße-Süd (Konzepta)**

Anlaß des Verfahrens ist 1976 die Initiative des Bauträgers „Konzepta Geschäftsbesorgungs- und Treuhand GmbH & Co. Baubetreuungs KG", ein Wohnungsbauprojekt und ein Ärztehaus zu bauen. Die vorgelegten Entwürfe werden abgelehnt, und auch eine Überarbeitung bringt nicht die an diesem Ort gewünschte Qualität. Auf Veranlassung des Senatsbaudirektors H. C. Müller wird in Abstimmung mit dem Bezirk Kreuzberg ein Wettbewerb ausgeschrieben. Der programmatische Anspruch ist, im Rahmen einer nutzungsgemischten funktionsfähigen Stadtstruktur Alternativen zur herkömmlichen Architektur des sozialen Wohnungsbaus zu entwickeln. Es werden variable und neue Wohnformen - vor allem kindergerechte Wohnungen - angestrebt.

Das Besondere am Beispiel Ritterstraße-Süd ist die Verfahrensbetreuung. Auf der Grundlage eines „städtebaulichen Konsenses", der abgeleitet wurde aus der städtebaulichen Rahmenplanung von 1976/77 und der Krierschen Studie, beteiligen sich vier Architektengruppen an der Realisierung. In zeitaufwendigen Abstimmungsgesprächen wird der individuell vorstellbare Rahmen der einzelnen Gruppen „abgesteckt". Beteiligte Architekten sind: Gruppe 67 (Berlin), Hielscher/Mügge (Berlin), R. Krier (Wien) und Planungskollektiv Nr. 1 (Berlin). Koordinatoren waren für Stadtplanung: H. Machleidt (Freie Planungsgruppe Berlin), für Stadtgestaltung: J. Uhl und für Bautechnik: W. Hötzel.

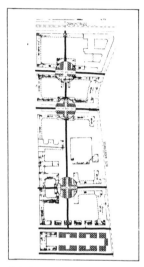

„Städtebaulicher Konsens", 1977

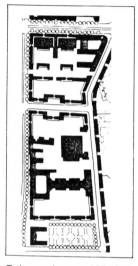

Rahmenplanung 1976/77
AGP, Böhm, Düttmann, Rave

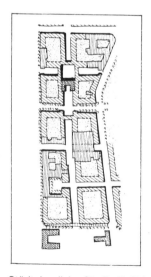

Städtebauliche Studie R. Krier, 1977

Ritterstraße Nord/Süd

Ritterstraße-Süd: Bauteil Krier (1987)

**Ritterstraße-Nord**

Im Dezember 1978 - vor Installierung der IBA - wird ein aufgeforderter Wettbewerb mit 14 Teilnehmern ausgelobt. Grundlage des stadträumlichen Gesamtkonzeptes ist die Studie von R. Krier. Von den 14 Teilnehmern wurden sechs Architektengruppen im Rahmen eines kooperativen Verfahrens mit der gemeinsamen Erarbeitung eines Bebauungskonzeptes beauftragt. Mitte 1979 beginnen die Abstimmungsgespräche zur städtebaulichen Gestaltung der Anlage zwischen den Architekten. R. Krier wird zusätzlich aufgefordert.

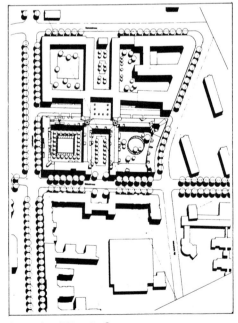

Lageplan Ritterstraße

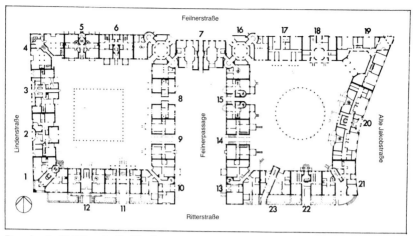

## Bauabschnitt Ritterstraße-Nord

[Haus 1,5,8,11: Bangert/Jansen/Scholz/Schultes, Berlin, Mitarbeiter: J. Gurt; Haus 6,10,13,15: Benzmüller/Wörner, Berlin; Haus 9,12,14,21: Brandt/Heiß/Liepe/Steiglmann, Berlin; Haus 2,3,23: Feddersen/v. Herder/Weydemann, Berlin; Haus 4,18,20: Ganz + Rolfes, Berlin, Mitarbeiter: Klingspron, Langenfeld; Haus 7,16: Krier, Wien u. Mitarbeiter, Kammann, Kontaktarchitekt, Berlin; Haus 17, 19, 22: Müller/Rhode, Berlin und Mitarbeiter]

Das Jahr 1980 ist gekennzeichnet durch Abstimmungsverfahren mit den Fachverwaltungen, insbesondere der Wohnungsbaukreditanstalt (WBK) und der Bauaufsicht. Umfangreiche Änderungen erfolgen. Ende 1981 wird mit dem Bau begonnen. 1982 veranlaßt die IBA eine erneute Überarbeitung, indem sie eine Verklinkerung der Gebäude in der Alten Jakobstraße und der Lindenstraße verlangt.

### Die Wohnungen

Der Anteil der großen Wohnungen für kinderreiche Familien liegt bei über einem Drittel. Darüberhinaus liegen fast alle Wohnflächen mit etwa 10 % über der zulässigen Obergrenze und dies bei Kostenmieten von über 30 DM/qm und heruntersubventionierten „Realmieten" auf 5,80 DM/qm.[5] Insgesamt kostet in der Ritterstraße Nord eine Wohnung - nach Aussagen der WBK - ca. 77.000,- DM mehr als eine durchschnittliche Sozialwohnung. Diese Summe wird zum Teil vom Bund unter dem Titel „Versuchs- und Vergleichsvorhaben" finanziert: in der Ritterstraße Nord 50.000 DM/Wohnung und im Konzepta-Block 30.000 DM/Wohnung.

Die Breite und die Qualität des Wohnungsangebots ist bestechend. Sie reicht von relativ konventionellen Zweispännern über um einen Zentralraum gruppierte Wohnungen von Krier bis zu Großwohnungen mit nutzungsneutralen Räumen von Ganz und Rolfes.

Erdgeschoß

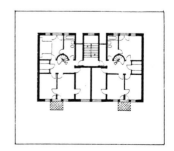

1. Obergeschoß

Zweispänner mit Maisonette - Brandt/Heiß/Liepe/Steiglmann

Ritterstraße Nord/Süd

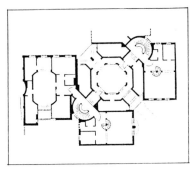
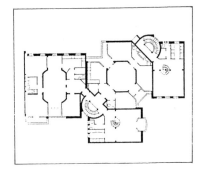

Erdgeschoß  Obergeschoß
Wohnung mit Zentralraum - R. Krier „Feilner-Haus"

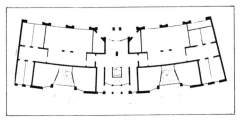

1. Wohngeschoß der „nutzungsneutralen Wohnungen" - Ganz und Rolfes

**Das Wohnquartier- heute**

Die Bebauung an der Ritterstraße markiert in der Städtebaupolitik der Stadt einen wichtigen Wendepunkt. Sie ist - nach der Bebauung am Vinetaplatz im Wedding von J.P. Kleihues - ein wichtiges Beispiel für die geschlossene Blockrandbebauung. Damit wird eindrucksvoll die Renaissance dieser innerstädtischen Bauform dokumentiert.

Vergleicht man den Bereich Konzepta mit der Ritterstraße-Nord, so heben sich die „ruhigen" Fassaden des letzten Bereichs angenehm ab. Die Terrassen und Balkone sind in den Baukörper integriert, so daß sich die Außenkontur des Blocks sehr streng und klar, formal reduziert, darstellt.

Das Gebäude von Ganz und Rolfes

Die Wohnungsgrundrisse werden wegen ihrer hohen Qualität von den Bewohnern positiv bewertet. Hierin unterscheidet sich die Ritterstraße Nord nicht vom Konzeptablock.

Blick in den Innenhof

Die Außenanlagen - sieht man von der gegenwärtigen Gestaltung der zentralen „Mittelachse" ab - verfügen über eine hohe Akzeptanz. In beispielhafter Weise scheint hier eine Übereinstimmung zwischen Grundrissen, Fassade und Außenraumkonzeption erreicht zu sein. Dies kann nicht darüber hinwegtäuschen, daß im Bereich der Infrastruktur (Läden, Kino, etc.) hohe Defizite, trotz innerstädtischer Lage, bestehen. In den hohen Gewerbemieten dürfte ein Grund für diese Situation liegen.

Zu erwähnen ist der Schinkelplatz mit dem Feilner Haus. Das ursprüngliche Feilner Haus war ein Backsteinbau, der - so vermuten Bauhistoriker - als Prototyp für eine klassizistische Haustypologie gelten kann. Dieses Gebäude kann sich nicht der Kritik des Eklektizismus entziehen. Am Drempel hat der Architekt seine Freunde und Eltern „abformen" lassen.

Das Feilner Haus von R. Krier

## 9.4 NIKOLAIVIERTEL

**Ausgewählte städtebauliche Daten**

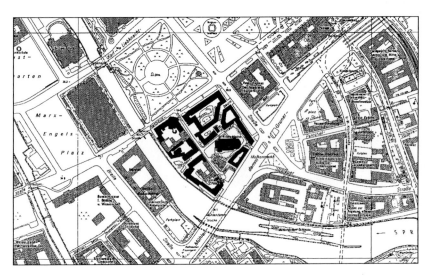

Nikolaiviertel
M. 1: 10.000

| | |
|---|---|
| Lage: | Berlin-Mitte |
| Bauherr: | Staatlicher Wohnungsbau der DDR |
| Architekten: | Günter Stahn, Wolfgang Woigk, Reiner Rauer |
| Bauzeit: | 1980-1987 |
| Grundflächenzahl: | 0,5 |
| Geschoßflächenzahl: | 2,6 |
| Geschosse: | 2 bis 7 |
| Wohneinheiten: | 782 |
| Wohnungsschlüssel: | 54 % 1-Zi.; 15 % 2-Zi.; 20 % 3-Zi.; 10 % 4-Zi.; 1 % 5-Zimmer-Wohnungen |
| Wohnungsausstattung: | Bad/WC, Zentralheizung, z.T. Aufzug, Loggia (Balkon) |
| Einwohner 1992: | ca. 1.480 |
| Einwohnerdichte 1992: | ca. 250 Ew/ha |
| ÖPNV-Anbindung: | S-Bahnhof Alexanderplatz (Linien S3, S5, S6, S7, S9); U-Bahnhof Alexanderplatz (Linien U2, U5, U8) U-Bahnhof Klosterstraße (Linie U2); Buslinien 142, 257 (Mühlendamm), 100 und 157 (Karl-Liebknecht-Straße), 147 (Breite Straße), 348 (Spandauer Straße) |

# Nikolaiviertel

## Zur Planungsgeschichte

Das Nikolaiviertel zählt neben Spandau und Köpenick zu den am ältesten besiedelten Flecken in Berlin sowie als eigentlicher Ursprung der Stadt. Die Gründung durch die askanischen Markgrafen Johann und Otto lag zwischen 1225 und 1232. Nach Kaeber[1] handelt es sich um zwei Ortsgründungen: Berlin mit dem heutigen Nikolaiviertel als Kernbereich, das zum Barnim[2] gehörte und das südlich davon gelegene Cölln, das zum Teltow zählte. Der älteste Stadtplan Berlins von Johann Gregor Memhardt[3] (um 1650) zeigt den an der nördlichen Spreeseite gelegenen Alten Markt (später Molkenmarkt) mit der Nikolaikirche, umgeben von einer ringförmigen Siedlungsanlage und erschlossen durch radial auf die Kirche zuführende Straßen. Die Stadterweiterung der Neustadt in westlicher Richtung mit Neuem Markt und Marienkirche erfolgte möglicherweise um 1230.

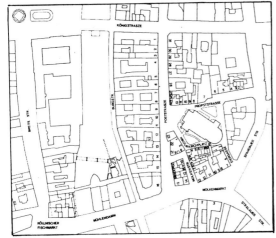

Bebauung des Nikolaiviertels um 1900

Die Grundstücksgrenzen und Straßenführungen bleiben über Jahrhunderte hinweg im wesentlichen identisch[4]. Bedingt durch eine 1935 geplante neue Verkehrsführung am Molkenmarkt sowie eine Verbreiterung des Mühlendamms einschließlich der Mühlendammbrücke werden die baulichen Begrenzungen auf der Ostseite des Gebietes verändert, womit der Abriß des Ephraim-Palais verbunden ist[5]. Wichtige Bauteile jenes Gebäudes werden deponiert. Im 2. Weltkrieg wird die Bebauung auf der Fläche des heutigen Nikolaiviertels nahezu völlig zerstört.

Bis in die 60er Jahre hinein wird das Nikolaiviertel als städtebauliches Element und als Baugebiet mit besonderem Status nicht erkannt, sondern stellt ein zerstörtes Gebiet unter vielen dar. In dieser Zeit legen Wiederaufbauplanungen städtebauliche Leitbilder zugrunde, in denen historische Strukturen keinen Platz finden können. Die Planungen beziehen sich auf die gesamte Fläche des Stadtzentrums, auf der das Gebiet des Nikolaiviertels nur einen Bruchteil ausmacht. Im Kollektivplan z.B., der unter der Leitung von Hans Scharoun, dem ersten Berliner Stadtbaurat nach dem Krieg, ausgearbeitet wird[6], ist die historische Struktur nicht wieder aufgenommen.

Der in West-Berlin 1957 ausgelobte Wettbewerb „Hauptstadt Berlin"[7] bezieht den gesamten ehemaligen Citybereich zwischen Tiergarten und Alexanderplatz ein und soll Gestaltungsvorschläge zur Unterbringung der für die City Berlin erforderlichen zentralen Einrichtungen bringen. „Das Zentrum von Berlin, als Hauptstadt eines demokratischen Staates und als Weltstadt, sollte nach den Kriterien des modernen Städtebaus als aufgelockerte Stadt mit einer geordneten City im menschlichen Maßstab neu aufgebaut werden"[8]. Eine Rekonstruktion alter Strukturen wird abgelehnt.

Entsprechend aufgelockert in der Bebauung, durchzogen von viel Grün, sind die Ergebnisse der 151 eingereichten Wettbewerbsarbeiten. Die mit dem Flächennutzungsplan von 1957 vorgegebene Verkehrsplanung trägt wesentlich zur grundlegenden Umstrukturierung der gesamten Innenstadt bei[9].

Wie das Nikolaiviertel im allgemeinen von den Wettbewerbsteilnehmern behandelt wird, kommt bei den Arbeiten von Spengelin/Eggeling/Pempelfort (1. Preis), Hartmann/Nickerl (erster 2. Preis) und Scharoun/Ebert (zweiter 2. Preis) zum Ausdruck[10]. Der für den Wiederaufbau vorgesehene historische Bezugspunkt, die Nikolaikirche, wird von Einzelbauten, z.T. in Zeilenbebauung, umrahmt, das Spreeufer erhält eine weiträumige Freiflächengestaltung. Die Wiederherstellung des historischen Stadtgrundrisses wird abgelehnt.

Bei dem Ost-Berliner „Ideenwettbewerb zur sozialistischen Umgestaltung des Zentrums der Hauptstadt der Deutschen Demokratischen Republik, Berlin"[11] von 1958 für das Gebiet zwischen Brandenburger Tor und Alexanderplatz ist es erklärtes Ziel, Ideen zur sozialistischen Umgestaltung des Zentrums der Hauptstadt der DDR, Berlin, zu finden. Insbesondere der Marx-Engels-Platz sollte den neuen gesellschaftlichen Inhalt wiederspiegeln und eine Stätte sein für „die großen politischen Demonstrationen, die Aufmärsche von Formationen der Nationalen Streitkräfte, der Kampfgruppen und Sportler, die Kundgebungen und Feiern des Volkes"[12]. Im Vorfeld zu diesem Wettbewerb gibt es bereits einen Entwurf der Architektengruppe Kosel/Hopp/Mertens, in dem entsprechende Ideen enthalten sind[13]. Das Nikolaiviertel besteht in jenem Entwurf aus einem von der Spree aus gefluteten See ohne Bebauung. Die Wettbewerbsergebnisse zeigen gegenüber dem Westberliner Wettbewerb fast durchgängig konservative Bebauungsstrukturen, z. T. angedeutete Quartiere, am Marx-Engels-Platz allerdings insbesondere bei den Hochbauten, einen übertriebenen Gigantomanismus. Diese Tendenz zeigt sich auch für das Nikolaiviertel besonders bei den Preisträgern Kröber/Gebhardt/Jungblut/ Plahnert (2. Preis, ein 1. Preis wird nicht vergeben!) sowie bei der Arbeit von Tonev/ Stoitschkov/ Sugarev/ Sidarov/ Losanow/ Stainow (3. Preis)[14].

Aus der heutigen Sicht dienen beide Wettbewerbe im wesentlichen propagandistischen Zwecken, verwirklicht werden nur Fragmente der Wettbewerbsergebnisse. Das Nikolaiviertel bleibt bis Ende der 70er Jahre in ruinösem Zustand, z.T. ist es mit Baracken bebaut. Erst nach der Bebauung der Liebknechtstraße und Rathausstraße in den 60er und 70er Jahren stellt sich mit Blick auf die 750. Wiederkehr der ersten urkundlichen Erwähnung der Stadt Ende der 70er Jahre die Frage nach dem Ursprung Berlins und nach einer Neubebauung des Viertels rund um die Nikolaikirche. 1979 wird deshalb vom Ost-Berliner Magistrat ein Wettbewerb zur Gestaltung jenes Gebietes

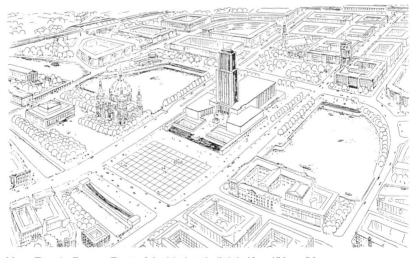

Marx-Engels-Forum, Entwurf Architektenkollektiv Kosel/Hopp/Mertens

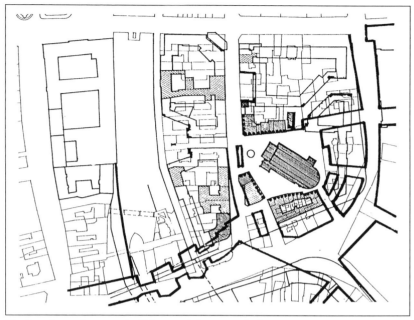

Straßenräume der ursprünglichen und der neuen Bebauung

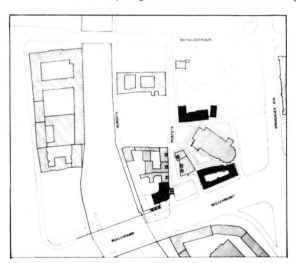

Konzeption für den Wiederaufbau historischer Gebäude um die Nikolaikirche

ausgeschrieben, dessen erste Preisträger das Architektenteam Günter Stahn, Wolfgang Woigk und Reiner Rauer werden[15]. Der Wettbewerbsentwurf wird modifiziert und stellt die Grundlage für die weitere Planung dar. Dabei geht man im wesentlichen von folgenden Überlegungen aus: Die historische Gliederung des Gebietes mit den ursprünglichen Straßen und Plätzen soll weitgehend wiederhergestellt werden. Neu konzipiert wird eine Gasse zum Spreeufer (Verlängerung Probststraße) und die Gasse Am Nußbaum. Die Bebauungskonzeption geht von einer Erhaltung aller denkmalwerten und modernisierungsfähigen Gebäude aus. An der Rückfront der Nikolaikirche wird die ehemals maßstäbliche Bebauung wiederhergestellt. Als historisch wichtige Bauten werden zusätzlich das Ephraim-Palais (bis 1935 in der Nähe des Standortes, beim Wiederaufbau Verwendung historisch erhaltener Teile), die Gerichtslaube des ehemaligen Rathauses und die Gaststätte „Zum Nußbaum" (vormals auf der Fischer-

# Nikolaiviertel

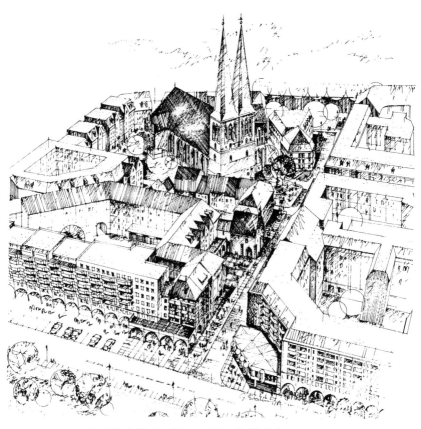

Bebauung um die Nikolaikirche (Perspektive G. Stahn)

Straßenfront an der Probststraße

Probststraße

insel) eingefügt. Historische Adaptionen (Giebel, Gauben, Arkaden, Erker, Rundbögen u.ä., auch in Montagebauweise), die jedoch an jenem Ort niemals vorhanden waren, werden vor allem bei den Neubauten eingesetzt. Besonders fremd erscheinen in dieser Umgebung die Giebelhäuser, hinter deren Fassaden sich prinzipiell die gleichen „tunnelgeschalten" Betonbauten verbergen, wie z.B. an der Rathausstraße. Giebelhäuser waren weder für Berlin oder das ehemalige Nikolaiviertel typisch, noch werden jene Giebelhäuser von Rostocker Baufirmen gebaut. Die Realisierung der Konzeption hat die freie Verfügbarkeit an Grund und Boden unter Vernachlässigung der Eigentumsverhältnisse zur Voraussetzung.

Fußgängerzone
Am Nußbaum

# Nikolaiviertel

Während im Rahmen der IBA in West-Berlin zu jener Zeit weitgehend neue bauliche Strukturen in den erhaltenen Bestand eingegliedert werden, versucht man im Nikolaiviertel, historisch wichtige Gebäude, die sich hier nie befanden (z.B. Gaststätte „Zum Nußbaum" von der Fischerinsel) wieder aufzubauen. Insofern wird eine fragmentarische illusionäre Scheinwelt erstellt, die die Geschichte nie so gesehen hat und die auch aus denkmalpflegerischer Sicht sehr fragwürdig erscheint. Die Realisierung jenes Vorhabens von 1980-87 geschieht unter Schirmherrschaft von SED, Regierung und Magistrat.

## Die Wohnungen

Die Querwände der Wohngebäude entstehen im wesentlichen in monolithischer Konstruktion mit einem tunnelartigen Schalungssystem (Berliner Wandbauweise), an die die vorgefertigten schweren Außenwandplatten angehängt werden. Die Bauweise ist hinreichend flexibel bei Richtungsänderungen der Baublöcke, bei Anschlüssen an vorhandene Bausubstanz sowie bei Einordnung von Gewerbeeinrichtungen im Erd- und Kellergeschoß. Ein kleiner Anteil von Wohnungen wird mit traditionellem Mauerwerk hergestellt. Mehr als die Hälfte der Wohnungen sind Einraumwohnungen, nur 11 % haben 4 und 5 Wohnräume. Im Zuschnitt und Ausstattungsstandard entsprechen die Wohnungen prinzipiell dem Standard des komplexen Wohnungsbaus der DDR. Die Wohnungsfläche variiert jedoch an Bereichen der Innen- und Außenecken, bei Anschlüssen zur erhalten gebliebenen Substanz sowie bei den wiederaufgebauten Bürgerhäusern am Nikolai-Kirchplatz und in der Probststraße. Hervorzuheben ist die für DDR-Verhältnisse ungewöhnlich gute Bauqualität bei relativ komplizierten Bauformen.

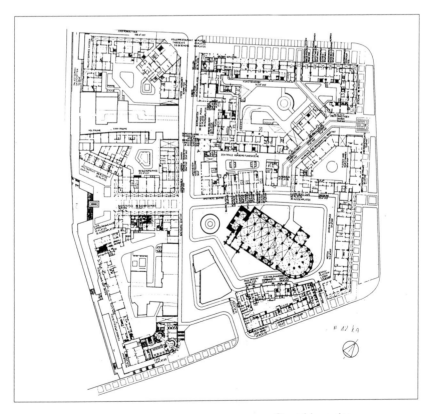

Grundrisse des Erdgeschosses

## Das Wohnquartier - heute

Der Bau des Nikolaiviertels fällt in jenen Zeitraum der DDR-Architekturentwicklung, in dem verstärkt versucht wird, den großflächigen Wohnungsbau am Rande der Stadt zugunsten der Bebauung kleiner Flächen im Innern der Städte zu vermindern. Abgesehen von den historischen Belangen sollte mit dem Bau des Nikolaiviertels mit staatlicher Förderung ein Beispiel dafür gegeben werden, inwiefern man vorgefertigte Fassadenelemente in die historische Bausubstanz integrieren kann. Es entsteht eine - für DDR-Verhältnisse - sehr enge Bebauungsform im bewußten Gegensatz zur Weitläufigkeit der Neubauwohngebiete am Stadtrand. Da in jenem Viertel in Citylage mit einem starken Besucher- und Touristenstrom gerechnet wird, ist die Ausstattung mit 22 Gaststätten, mit Läden und Geschäften und zusätzlichen Museums- und Ausstellungsflächen sowie mit gut gestalteten Freiflächen im Vergleich zum gewohnten Standard der DDR vorbildlich. Auf Grund seiner Maßstäblichkeit, Proportionalität und Geschlossenheit stellt das historisierende Nikolaiviertel etwas Besonderes in der City von Ost-Berlin dar, und es wird sehr schnell von Besuchern und Touristen rezipiert. Die künftig tiefgreifenden städtebaulichen Veränderungen in seiner Umgebung werden dem Nikolaiviertel neue Entwicklungsimpulse verleihen.

Ansicht von der Fischerinsel

## 9.5 PADERBORNER STRASSE

**Ausgewählte städtebauliche Daten**

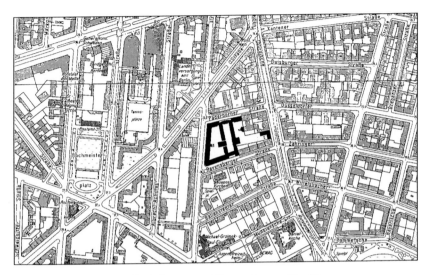

Wohnquartier zwischen Paderborner und Ravensberger Straße
M 1 : 10.000

| | |
|---|---|
| Lage: | Berlin-Wilmersdorf |
| Bauherr: | Dr. Rüger Gruppe - Intergrund |
| Architekt: | städtebauliches Konzept: Ganz und Rolfes[1] |
| | Außenanlagen: Müller, Knippschild, Wehberg |
| Bauzeit: | 1982 - 1985 |
| Grundflächenzahl: | 0,3 |
| Geschoßflächenzahl: | 1,8 |
| Geschosse: | 3 bis 6 Geschosse |
| Wohneinheiten: | 271 WE |
| Wohnungsausstattung: | Standard des sozialen Wohnungsbaus |
| Einwohner 1987: | 720 |
| Einwohnerdichte 1987: | ca. 400 Ew/ha |
| ÖPNV-Anbindung: | U-Bahnhof Adenauerplatz und Konstanzer Straße (Linie 7), Buslinien 119 und 129 auf dem Kurfürstendamm sowie Buslinie 104 auf der Westfälischen Straße |

# Paderborner Straße

**Zur Planungsgeschichte**

Der Block nur wenige Straßen südlich des Kurfürstendamms wurde ehemals zum überwiegenden Teil gewerblich genutzt. Mit der Aufgabe der FIAT-Werkstatt Ende der 70er Jahre fiel das Gelände brach.

Es ist im Bebauungsplan als Allgemeines Wohngebiet für eine viergeschossige Bebauung mit einer Geschoßflächenzahl von 1,2 und einer Grundflächenzahl von 0,3 vorgesehen. Aus einem von dem ersten Bauträger ausgeschriebenen beschränkten Gutachterverfahren gehen die Architekten Ganz und Rolfes, Berlin, als Preisträger hervor. Die vorgeschlagene Geschoßflächenzahl von 1,8 übersteigt die im Baunutzungsplan vorgesehene Zahl von 1,2 deutlich. Diese Überschreitung läßt sich jedoch durch zahlreiche qualitative Verbesserungen rechtfertigen. So wird aufgrund der defizitären Situation im Bereich der Grün- und Freiflächen und der Infrastruktur u.a. neben einer Kindertagesstätte mit mindestens 50 Plätzen und dazugehörigen Freiflächen auch ein zusätzlicher Spielplatz mit 450 qm gefordert, der auch den Nutzern der anderen Häuser des Blockes dienen soll.

Das Stadtplanungsamt erarbeitet als inhaltliche Verfahrensvorgabe weitere städtebauliche, wohnungs- und wohnumfeldbezogene Rahmenrichtlinien, die Grundvoraussetzungen für Befreiungen nach Bundesbaugesetz darstellen.[2] Auf der Grundlage des städtebaulichen Entwurfes (Ganz/Rolfes) sind zunächst die im Gutachterverfahren beteiligten Architekten für den Bau einzelner Hochbaumaßnahmen vorgesehen.

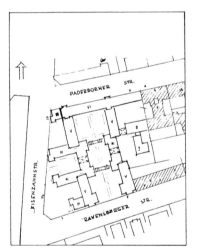 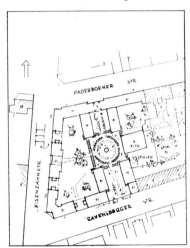

Vorskizzen des Stadtplanungsamtes Wilmersdorf, R. Röhrbein, 1980

Der 1980 von Ganz und Rolfes prämierte Wettbewerbsbeitrag zeichnet sich durch folgende Merkmale aus: „Klar ablesbar ist der historische Modul von ca. 25 m, wie ihn die Einzelgebäude der Blockränder aufwiesen, ebenso wird durch Terrassen zur Straße und eine Vorgartenzone an den Bestand dieser Gegend angeknüpft. Längs- und Querspange als Fußgängerwege durchqueren mittels Toren in der Randbebauung den Block. Dabei ist besonders die Nord-Süd-Achse von der Ravensburger zur Paderborner Straße als Fußgängerstraße mit begleitendem, dreigeschossigem, reihenhausartig ausgebildetem Geschoßwohnungsbau (die ehemaligen Eigentumsreihenhäuser) besonders gestaltet und durch viergeschossige Torhäuser markiert. Die Straße dient auch als Erschließung der Häuser und der als Einzelgebäude in die Straßenreihe einbezogenen Kindertagesstätte. Hinter den Hausreihen liegen nach Osten und Westen die Gärten und Balkone. Die Ost-West-Spange von der Brandenburgischen zur Eisenzahnstraße bildet den sekundären Fußweg durch den Block. Unter dem Wegbereich liegt eine Tiefgarage mit Zu- und Ausfahrten von den beiden Verkehrsstraßen."[3]

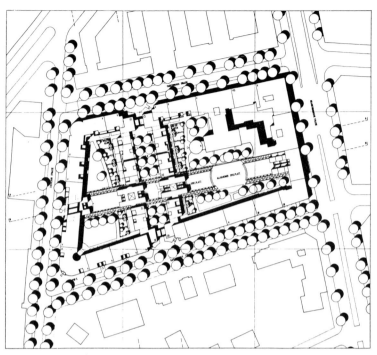
Ausgewähltes städtebauliches Konzept: Ganz + Rolfes 1980

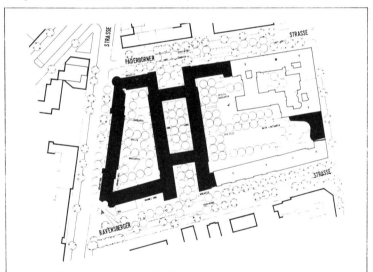
Städtebaulicher Entwurf von Grundei/Pysall, Berlin

# Paderborner Straße

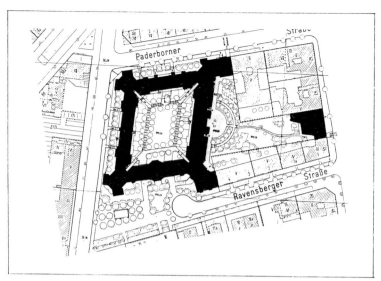

Städtebaulicher Entwurf Kammann, Berlin

Infolge eines Grundstückseigentümer- und Bauträgerwechsels werden sowohl die Architekten wie auch die Gartenarchitekten nicht im weiteren Verfahren beteiligt. Auf der gestalterischen Ebene werden beispielsweise die ursprünglich vorgesehenen Klinkerbauten sowie die starke Differenzierung hinsichtlich Material- und Farbkonzept nicht weiterverfolgt. Hierdurch bleibt lediglich die anspruchsvolle städtebauliche Figur, wobei die Gestaltqualität der Gebäude weit hinter der im Entwurf der Architekten intendentierten zurückbleibt.

## Die Wohnungen

Die in dem urspünglichen Entwurf vorgesehenen Wohnungen zeichnen sich durch folgende Eigenschaften aus

- Austauschbarkeit der Raumnutzung,

- Schaltbarkeit von bestimmten Wohnungsteilen,

- Durchwohnprinzip (kombinierter Wohnraum/Eßplatz bzw. Wohnraum/ Schlafraum),

- Veränderbarkeit durch die Trennung der tragenden Teile von nicht konstruktiven Teilen,

- sehr breites Wohnungsangebot, insbesondere im Nachfragebereich familiengerechter Wohnungen (z.B. Reihenhäuser im Blockinnenbereich).

- Sondertypen in Form von Maisonette-Wohungen und behindertengerechten Wohnungen als Abweichung von dem durch die Wohnungsbaukreditanstalt (WBK) vorgegebenen Wohnungsschlüssel.

Paderborner Straße

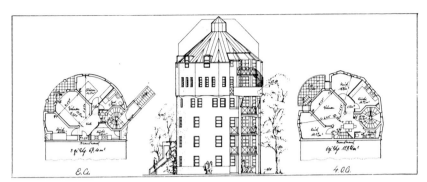

Kriers ursprüngliche Zeichnung für den Wohnturm

Bedingt durch den Eigentümer- und Bauträgerwechsels werden anstelle der Wohnungen im sozialen Wohnungsbau mit einem gemischten Wohnungsschlüssel und Einfamilienreihenhäusern im Innenbereich ausschließlich 2- und 3-Zimmerwohnungen im steuerbegünstigten Wohnungsbau errichtet. Daraus resultieren höhere Mieten als im sozialen Wohnungsbau gefordert werden.

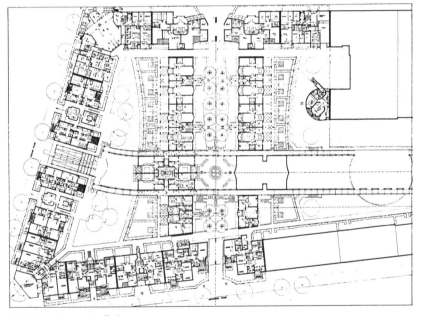

EG Grundrisse der Bebauung

## Das Wohnquartier - heute

Es ist bedauerlich, daß ein mit hohem inhaltlichen Aufwand betriebenes Verfahren - sowohl von Seiten des Stadtplanungsamtes wie auch von Seiten der Gutachter - durch die willkürliche Entscheidung von Bauträgern im Ergebnis zu großen Teilen ad absurdum geführt wird. Es ist insbesondere deshalb schade, weil dieses Projekt ein Beispiel außerhalb der stark publikumsorientierten und mit Sicherheit nicht durchgängig qualitätvollen Internationalen Bauausstellung 1984/87 repräsentiert, dessen beispielgebender Charakter so lediglich in der Entwicklung rahmensetzender Vorgaben, in der inhaltlichen Betreuung des Verfahrens und in der Qualität der städtebaulichen Figur zu sehen ist.

„Was bleibt ist die Form - immerhin - und eine große Zahl sicher gut vermietbarer Wohnungen im Rahmen einer - laut Prospekt - 450 %igen Abschreibungsgarantie, eine Kindertagesstätte und die stadträumliche Qualität".[4]

Der Wohnturm von R. Krier

Der Eckturm an der Paderborner Straße

## 9.6 RAUCHSTRASSE

**Ausgewählte städtebauliche Daten**

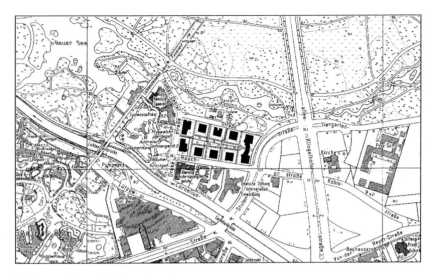

Wohnquartier an der Rauchstraße
M 1 : 10.000

| | |
|---|---|
| Lage: | Berlin-Tiergarten |
| Bauherr: | Groth + Graalfs Wohnbau |
| Architekten: | städtebauliches Konzept: R. Krier; Einzelobjekte: Brenner/Tonon, Grassi, Hollein, Krier, Nielebock, Rossi, Hermann & Valentiny; Freiraumkonzept: Müller; Knippschild; Wehberg |
| Bauzeit: | 1983 - 1985 |
| Grundflächenzahl: | 0,2 |
| Geschoßflächenzahl: | 1,0 |
| Geschosse: | 5 |
| Wohneinheiten: | 239 |
| Wohnungsschlüssel: | 26 % 1 1/2-Zi; 10 % 2-Zi; 38 % 3-Zi; 17 % 4-Zi; 9 % 5- oder mehr Zimmer-Wohnungen |
| Wohnungsausstattung: | Standard des sozialen Wohnungsbaus |
| Einwohner 1987: | ca. 600 |
| Einwohnerdichte 1987 | ca. 200 Ew/ha |
| ÖPNV-Anbindung: | Buslinie 109 auf dem Lützowufer und Buslinien 100, 187 sowie 341 auf der Klingelhöferstraße |

## Zur Planungsgeschichte

Der Bankdirektor Hansemann und der Baurat Hitzig erwerben das Gelände der Villenkolonie Albrechtshof, noch bevor der Bebauungsplan 1862 in Kraft tritt. Die Baugrundstücke und die angrenzenden Straßen werden erst gegen Ende des 19. Jahrhunderts festgelegt. Grundlage hierfür ist der Hobrechtplan, wobei die letztendliche Realisierung durch mehrere Modifikationen des ursprünglichen Plans bestimmt ist. Zur optimalen Bebauung des Geländes werden zum einen 1863 die öffentlichen Wegeflächen im Vergleich zum Hobrechtplan verringert, zum anderen werden etwa 1873 zur besseren Anbindung an den „Neuen Westen" die heutige Stülerstraße und Budapester Straße als Verbindung zum Kurfürstendamm vorgesehen.

Bebauungsplan nach Friedrich Hitzig, 1865

Zur Jahrhundertwende ist das Gebiet im wesentlichen bebaut. Neben den freistehenden, in der Regel zweigeschossigen Villen charakterisiert die zwei- bis viergeschossige „städtische Mietvilla" den Bereich. Die Bebauungsstruktur zwischen Drakestraße, Thomas-Dehler-Straße, Stülerstraße und Rauchstraße bleibt bis 1945 weitgehend unverändert, obgleich im Laufe der Jahre die Bebauung verdichtet wird und die Nutzungsstruktur sich verändert. Die vergleichsweise geringen Abstände zwischen den Villen vermitteln den Eindruck einer aus städtebaulichen Solitären zusammengesetzten Blockrandbebauung, wobei die visuelle Durchlässigkeit zum Tiergarten vorhanden ist.

Im Juni 1937 entscheidet der Generalbauinspektor Albert Speer in Absprache mit Hitler, daß der westliche Teil des Tiergartenviertels zum Diplomatenviertel entwickelt werden soll. In der Folge dieser Entscheidung werden Grundstücke in dem Gebiet aufgekauft, Gebäude umgebaut bzw. abgerissen und durch Gesandtschaften ersetzt. „Der bauliche wie soziostrukturelle Charakter der Rauchstraßenumgebung war damit grundlegend verändert worden. Obwohl der alte Glanz und die Vornehmheit der Adresse noch nachvollziehbar waren, bestimmten die harten, monumentalen Fassaden der faschistischen Neubauten, die städtebauliche Situation und die Aktivitäten ihrer Benutzer das Leben des Viertels."[1]

Im Zweiten Weltkrieg wird das Gebiet weitestgehend zerstört. Im Gegensatz zum Bereich des Kulturforums verändert sich das Diplomatenviertel - trotz unterschiedlichster Planungskonzeptionen[2] - bis Ende der 70 Jahre kaum. Einziges noch bestehendes Beispiel für die historische Bebauung stellt die um die Jahrhundertwende errichtete sogenannte Villa Franke (Arch.: Rathenau/Hartmann) in der Rauchstraße 25 dar, die heute von der „Stiftung für Internationale Entwicklung" genutzt wird. Ein Relikt aus der Zeit zwischen 1939 und 1945 ist die von W. March errichtete Norwegische Gesandtschaft in der Rauchstraße Nr. 11.

# Rauchstraße

Villa Franke

Norwegische Gesandtschaft

In dem 1980 von der Internationalen Bauausstellung GmbH ausgelobten Wettbewerb werden in der Ausschreibung Lösungen gefordert, die die Qualitäten des historisch vorgegebenen Villentypus für die Wohnungen im Mehrfamilienhaus und ihren städtebaulichen wie architektonischen Ausdruck neu interpretieren sollten. Die spätere Entscheidung, das Konzept R. Kriers für eine Weiterbearbeitung vorzuschlagen, entspricht der Vorstellung, den historisch vorgegebenen Gebäudetyp - neu interpretiert - zur Grundlage der Planung zu machen.

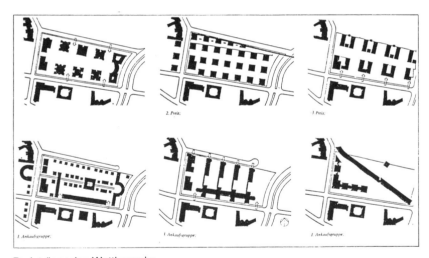

Preisträger des Wettbewerbs
(1. Preis: R. Krier;  2. Preis: Hermann/Valentiny;  3. Preis: Klein/Sänger/Scheer;
1. Ankaufgruppe: Becken/Süselbeck, Brenner, „Werkfabrik")

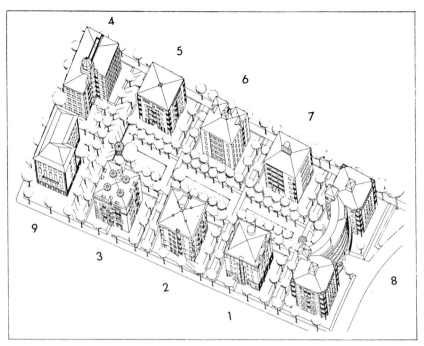

Isometrie des realisierten Projekts

Auf der Grundlage des städtebaulichen Konzeptes werden folgende Architekten mit der Planung der Einzelobjekte beauftragt:
2. Hollein[3]  5. Nielebock und Partner  8. Krier
3. Krier  6. Grassi  9. FPB GmbH[4]

**Die Wohnungen**

Der überwiegende Teil der Wohnungen wird im steuerbegünstigten Wohnungsbau errichtet; dies entspricht einer Kaltmiete von ca. 11 DM (Haus 4, Haus 5, Haus 6, Haus 2 und Haus 3). Der kleinere Teil der Wohnungen wird im sozialen Wohnungsbau realisiert (ca. 6 DM/kalt). 1980/81 senkt die Wohnungsbaukreditanstalt die Flächenrichtwerte für die Wohnungsbauförderung. Es werden nun anstelle von vier Wohnungen pro Geschoß fünf mit entsprechend geringeren Flächenansätzen vorgesehen[5]; anstelle von vier Vollgeschossen werden fünf gefordert.

Der als Erschließungstyp vorgesehene Vier-, später Fünf-Spänner in offener Bauweise hat bezüglich der Wohnungen Vor- und Nachteile. Ein Nachteil ist z.B. die durch die Baukörper bedingte vierseitige Orientierung, wodurch ein Viertel der Räume Nordlage haben und etwa drei Fünftel der Räume nicht optimal besonnt sind. Vorteile sind demgegenüber z.B. der hohe Grad der Luftzirkulation durch die offene Bauweise und die überschaubare Größenordnung von ca. 50 Personen pro Gebäude.

Rauchstraße

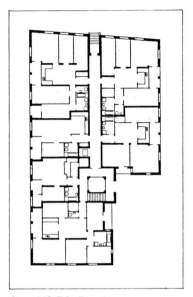

Grundriß EG, Rossi

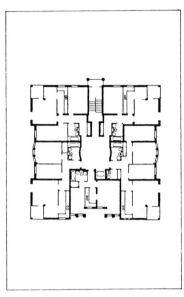

Grundriß EG, Nielebock + Partner

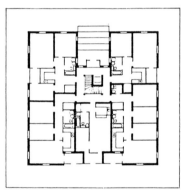

Grundriß EG, Grassi

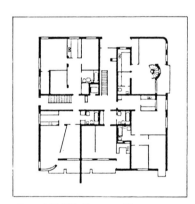

Grundriß EG, Brenner/Tonon

## Das Wohnquartier - heute

Der Standort - Tiergartenrandlage - bedeutet mit Sicherheit eine einmalige Lagegunst. Die Gesamtanlage besitzt demgegenüber keine Versorgungs- oder Dienstleistungseinrichtungen im Gebiet oder in der näheren Umgebung. Ein Grund für die fehlenden Wohnfolgeeinrichtungen stellt die vergleichsweise kleine Siedlungseinheit mit etwa 240 Wohnungen dar, die z.B. eine Kindertagesstätte langfristig nicht auszulasten vermag. Dies allein kann nicht ein gültiger Erklärungsgrund sein, da zumindest für den Nachfragebereich des täglichen Bedarfs (Laden o.ä.) eine aus dem Gebiet resultierende Tragfähigkeit bestehen würde. Es ist somit bedauerlich, daß entsprechende Einrichtungen im Konzept keine Berücksichtigung fanden.

Blick auf die Gemeinschaftsfläche zwischen den Grundgebäuden. Im Hintergrund der „Kopfbau" Kriers.

Der Entwurf versucht, wesentliche städtebauliche Strukturelemente spätklassizistischer Villenviertel unter Berücksichtigung gegenwärtiger Anforderungen einzusetzen. Ein historisches Villenviertel wird nicht rekonstruiert, denn hinter den an Villen erinnernden Gebäuden verbergen sich Mietwohnungen des sozialen Wohnungsbaus. Ein offensichtlicher Widerspruch zwischen Form und Funktion, der, berücksichtigt man die Qualitäten der städtebaulichen Figur, gerechtfertigt ist.

Die städtebauliche Gesamtfigur steht für die Geschlossenheit des Wohnquartiers bei gleichzeitiger Durchlässigkeit zur Landschaft. Eine geschickte Abstufung zwischen Öffentlichkeit und Privatheit unter Berücksichtigung der Gemeinschaftsnutzung von Freiflächen wird erreicht. Aufdringliche postmoderne Fassaden der Gebäude entlang der Rauchstraße heben sich deutlich von den karg rationalistischen Fassaden Rossis, Grassis und Brenner/Tonons ab.

Das Gebäude von Brenner/Thonon

## 9.7 GRÜNE HÄUSER

**Ausgewählte städtebauliche Daten**

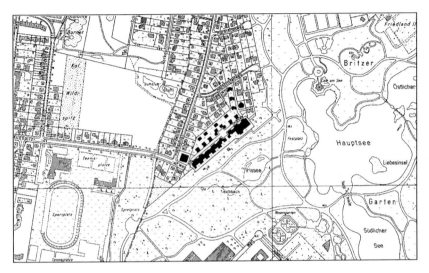

„Grüne Häuser" an der Bundesgartenschau
M 1 : 10.000

| | |
|---|---|
| Lage: | Berlin-Neukölln, nordwestlich des Geländes der Bundesgartenschau |
| Bauherr: | DEGEWO (Deutsche Gesellschaft zur Förderung des Wohnungsbaus) und Bauträgergesellschaften |
| Städtebau: | Gemeinsame Erarbeitung durch die späteren Architekten und J. Weber, Gruppe IBUS und P. Latz |
| Architekten: | B. Faskel, P. Stürzebecher mit K. Nylund, O. Steidle mit H. Kohl und A. Lux, T. Herzog, E. Schneider-Wessling mit J. Engel |
| Bauzeit: | 1983 - 1985 |
| Grundflächenzahl: | 0,4 |
| Geschoßflächenzahl: | 0,6 |
| Geschosse: | 1 bis 2 |
| Wohneinheiten: | 49 Wohnungen in den „Grünen Häusern" |
| Wohnungsschlüssel: | 5 x 2-Zi, 4 x 3-Zi, 9 x 4-Zi, 31 x 5-Zimmer-Wohnungen |
| Wohnungsausstattung: | Neubaustandard |
| Einwohner 1987: | 174 |
| Einwohnerdichte 1987: | ca. 55 Ew/ha |
| ÖPNV-Anbindung: | Buslinie 181 auf der Mohringer Allee ( 10 Minuten Fußweg) |

# Grüne Häuser

**Zur Planungsgeschichte**

Im Rahmen der Bundesgartenschau Berlin 1985 sollen nicht nur Mustergärten mit einigen Musterhäusern entstehen, sondern Ziel ist es, die „Häuser selbst zum Teil des Gartens und die Gärten zu einem Bestandteil vom Haus"[1] zu machen. Aus Mustergärten mit Häusern sollen „Grüne Häuser" werden. Die Pläne für die Grünen Häuser werden in einem Gutachterverfahren entwickelt. Acht Architekturbüros erarbeiten 1981/82 städtebauliche Lösungen.

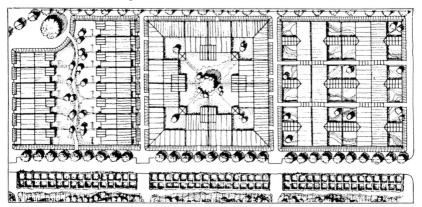

Lageplan des Vorschlages von Erich Schneider-Wessling 1982 (Ausschnitt 1 : 1.500)

Neben den späteren Hausarchitekten sind noch Jos Weber (mit einem auf einheitlichen Grundtypen basierenden Entwurf, der nach holländischem Vorbild vor allem an niedrigen Kosten bzw. Mieten orientiert war), die Gruppe IBUS und Peter Latz beteiligt. Die Architekten schlagen sehr unterschiedliche Bebauungsformen vor: clusterartige Anordnungen, Reihenhausgruppen nach holländischem Vorbild, Zeilenlösungen, Doppelhaustypen mit eindeutiger Südorientierung, Hausgruppenkonzepte.

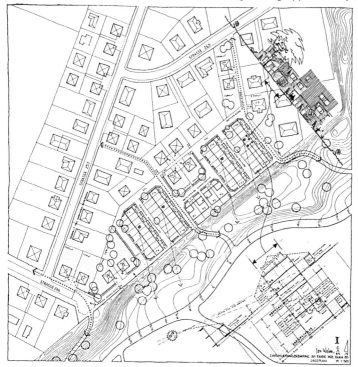

Lageplan des Vorschlages von Jos Weber 1982 (Maßstab ca. 1 : 3.000)

Grüne Häuser

Bei den meisten Arbeiten steht der Aspekt Besonnung (Südorientierung) im Vordergrund. Weitere wichtige Aspekte der städtebaulichen Aufgabenstellung sind: passives Energiesparen, Selbstversorgung und Einfachbauweisen.

Fünf Architekten werden an der endültigen Planung beteiligt, die Zusammenfassung der einzelnen Haustypen zu einem städtebaulichen Konzept erfolgt unter der Leitung von Otto Steidle Ende 1982.

Die „Grünen Häuser" zeigen als städtebauliche Lösung eine dichte Bebauung auf kleinen und kleinsten Grundstücken („flächensparendes Bauen"). Dem Garten bleibt nicht genug Platz neben dem Haus, er muß mit ins Haus einbezogen werden. Es sollte im Rahmen der Bundesgartenschau aufgezeigt werden, wie viele verschiedene Schmuck- und Nutzgärten auf kleinsten Grundstücken möglich sind.

Allen Elementen der Häuser soll eine ökologische Bedeutung zukommen, so etwa den Wintergärten, die innen als Klimazonen dienen und in der Fassade als gläserne Wand mit grünen Elementen erscheinen, so auch bei den bepflanzten Dächern, die einerseits wärmedämmend wirken, andererseits die Häuser mit einem Mantel aus Grün umhüllen.

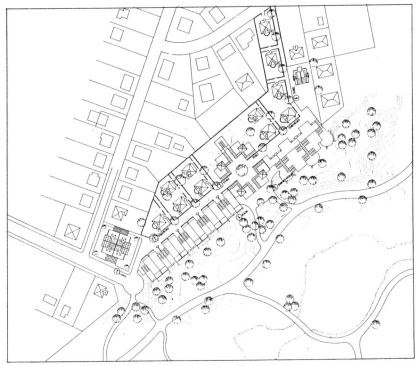

Lageplan der realisierten Siedlung (am Irisseer Weg, Wildspitzweg und Hochkönigweg) im Maßstab 1 : 2.000

## Die Wohnungen

Das Raumprogramm der „Grünen Häuser" ist eher bescheiden, bei einigen mildern offene Grundrisse die Beengtheit. Durch die Einbeziehung der Grünflächen in den Wohnbereich mittels großer Glastüren, eingebauten Gewächshäusern und Winter- und Dachgärten werden fließende Übergänge zu den kleinen Gärten geschaffen. Trotzdem kann von großzügigem Wohnen schon wegen der kleinen Grundstücke nicht die Rede sein.

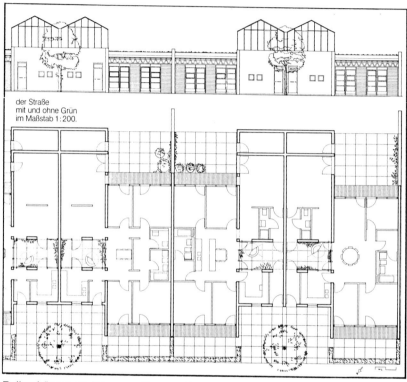

der Straße
mit und ohne Grün
im Maßstab 1:200.

Reihenhäuser am Hang von Thomas Herzog

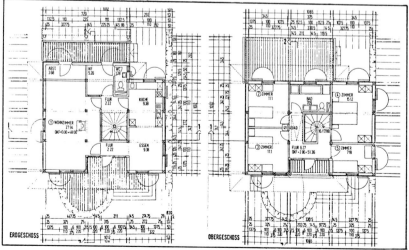

„Stadtvilla" von Peter Sturzebecher

Grüne Häuser

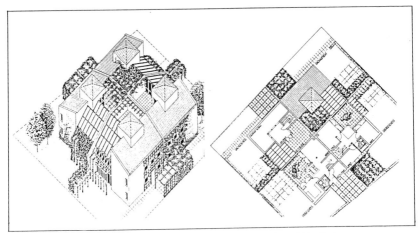

Alleinstehendes Vierfamilienhaus „Back-to-Back" von Bernd Faskel

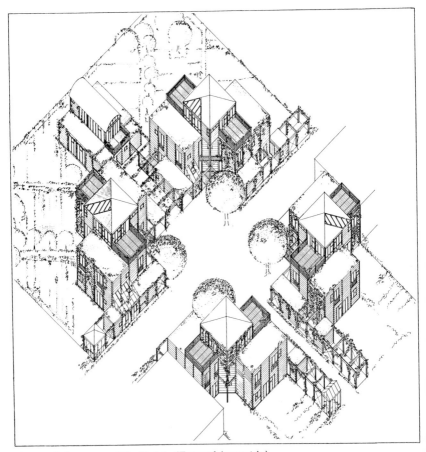

Diagonalhäuser von Otto Steidle (Entwurfsisometrie)

Die umliegenden Einfamilienhäuser sind in der Nachkriegszeit entstanden und kontrastieren das ambitionierte städtebauliche Experiment der „Grünen Häuser" mit der (grauen) Alltäglichkeit deutschen Einfamilienhausbaus.

Diagonalhäuser von Otto Steidle (Zustand 1987)

**Die Siedlung - heute**

Aufgrund sehr hoher Kaufpreise - 500.000 DM und mehr - waren Ende 1985 erst ein Drittel der Häuser verkauft. Anfang 1987 war von den 44 „Grünen Häusern" immer noch die Hälfte nicht verkauft. Aber nicht nur der Preis spielt dabei eine Rolle, sondern natürlich auch das, was man dafür bekommen kann, und da scheinen bescheidene, wenn auch „besondere" Einfamilienhäuser auf kleinem Grundstück selbst in Berlin für diesen Preis schwer verkäuflich. Die DEGEWO betrachtet mittlerweile die „grünen" Eigenheime als einmaliges Pilotprojekt und wird eine ähnliche Wohnanlage nicht noch einmal errichten, zumal für die bisher nicht verkauften unbewohnten Eigenheime jährliche Vorhaltekosten zwischen 10.000 bis 20.000 DM anfallen.[2]

Wohnstraße mit Reihenhäusern von Schneider-Wessling (rechts)

Hinzu kommt, daß „die Mischung aus Gartenstadt und Laubenkolonie, aus amerikanischer Filmkulisse und alternativer Bastelei (...) neben dem exklusiven Geschmack auch eine gehörige Portion praktischen Sachverstand verlangt: Die Bereitschaft zum Selbstausbau gehört ebenso dazu wie die Akzeptanz der lieben Nachbarn".[3]

Das Gebiet ist ausgesprochen ruhig, es wirkte in den ersten Jahren wegen des großen Leerstandes nahezu ausgestorben. Auch wenn alle Häuser verkauft und bewohnt sein werden, wird es hier am Stadtrand wenig Leben geben, denn außer Wohnen und Spazierengehen gibt es nichts zu tun. Selbst die nächste Bushaltestelle ist 10 Gehminuten entfernt. Von Läden etc. ganz zu schweigen. Suburbia!

## 9.8 GARTENSTADT DÜPPEL

**Ausgewählte städtebauliche Daten**

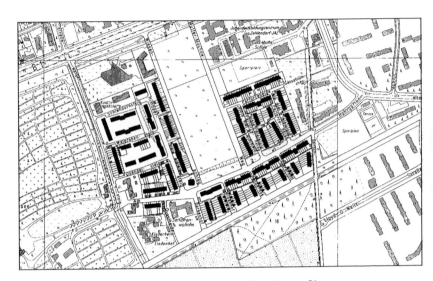

Gartenstadt Düppel, Vorortsiedlung südlich der Potsdamer Chaussee
M 1 : 10.000

| | |
|---|---|
| Lage: | Berlin-Zehlendorf, Düppel |
| Bauherren: | Deutsche Gesellschaft zur Förderung des Wohnungswesens (DEGEWO), Dt. Immobilien Investment AG, Klingbeil Wohnbauten GmbH und andere. |
| Städtebau: | U. Müller/G. Rhode |
| Landschaftsplanung: | G. Nagel |
| Architekten: | Müller/Rhode, Bassenge/Puhan-Schulz & Partner, u.a. für die restlichen 40 % der Fläche |
| Bauzeit: | 1983 - 1986 |
| Grundflächenzahl: | 0,3 |
| Geschoßflächenzahl: | je nach Bauteil zwischen 0,4 und 0,8, im Durchschnitt 0,6 |
| Geschosse: | 2, z.T. auch 3 (mit ausgebautem bzw. ausbaubarem Dach) |
| Wohneinheiten: | 470 |
| Wohnungsschlüssel: | 184 Mietwohnungen, 218 Eigentums- und Mietwohnungen im Reihenhaus, 32 Einfamilienhäuser, 36 Einfamilienhäuser mit Einliegerwohnung |
| Wohnungsausstattung: | dem Standard des sozialen Wohnungsbaus entsprechend |
| Einwohner 1989: | ca. 2000 (in der gesamten Siedlung) |
| Einwohnerdichte 1987: | ca. 100 EW/ha |
| ÖPNV-Anbindung: | Buslinie 211 auf der Potsdamer Chaussee |

# Gartenstadt Düppel

**Zur Planungsgeschichte**

Wie so viele Projekte in Berlin hat die Siedlung „Düppel" eine lange und „vielschichtige" Entwicklungsgeschichte hinter sich. Schon 1973 findet ein erster städtebaulicher Wettbewerb für ein über die heutige Siedlung hinausgehendes Gebiet statt, aus dem das Architektenteam Bassenge/Puhan-Schulz und Schreck als Preisträger hervorgeht. Damals sind mehr als doppelt soviele Wohnungen bei höherer baulicher Dichte im Geschoßwohnungsbau geplant. Im Laufe der Überarbeitung und Weiterentwicklung des Wettbewerbsergebnisses werden bauliche Dichte und Geschoßwohnungsbauanteil verringert; 1977 liegt ein überarbeiteter Entwurf der Preisträger des Wettbewerbs von 1973 vor. Damit aber nicht genug: schon ein Jahr später wird zu einem neuen Gutachterverfahren mit den alten Preisträgern und der Architektengruppe Müller/Rhode eingeladen. Letztere geht aus diesem Verfahrensschritt als erste Preisträgerin hervor.

Müller/Rhode greifen 1980 in der Begründung ihres Entwurfs auf die Gartenstadtidee Ebenezer Howards zurück. „Die zeitgerechte Form der Gartenstadt erscheint dem Verfasser die ideale Antwort zur`Zehlendorfer Landhausbebauung` an diesem Standort. Die Wohnhäuser werden in leicht identifizierbare Quartiere gegliedert und durch reine Wohnstraßen erschlossen. (...) Die tiefgelegene parkartige Zone mit einmaligen landschaftlichen Qualitäten wird zum zentralen Sport- und Freizeitpark".[1]

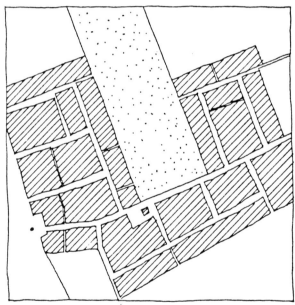

Bau- und Freiflächenstruktur des Konzeptes von Müller/Rhode 1980

Die Gutachter wollen durch die konsequente Anwendung des Quartiertypus und durch „undogmatischen" Aufbau der Siedlung eine städtebauliche Differenziertheit erreichen, die ohne („barocke") Achsen und Hierarchien gleichwertige Teile schafft. Städtebauliches Grundelement ist die Kombination der Hauszeilen zu einer blockartigen Struktur, die die Gartenzonen nach außen abschirmt. Diese deutliche Trennung von „Vorne" und „Hinten" ergibt klar definierte Straßenräume, die durch geringfügiges Verschwenken der Zeilen, durch einen „verkehrsberuhigten" Straßentypus und durch die Integration der vorhandenen alten Räume trotzdem unterschiedliche Charaktere aufweisen.

Typische Wohnstraße - Entwurf Müller/Rhode

Realisierte Wohnstraße (Bauteil Müller/Rhode)

Durch drei Instrumente wird versucht, auch für die Hälfte der Siedlung, die nicht von Müller/Rhode als Hochbau-Architekten betreut wird, die Gutachterideen festzuschreiben: Der Bebauungsplan, wiewohl erst nach Baubeginn rechtsverbindlich, legt u.a. durch strikte Baukörperausweisungen weitgehend die Bauvolumina, die Straßen- und Wegeflächen und die öffentlichen und privaten Grünflächen fest. Durch die Gestaltungssatzung, als „Mittel einer Verhinderungsstrategie"[2], soll das Aufweichen des Konzeptes durch Homogenisierung der Baukörper, durch Festschreibung des Straßenraum- und Außenraumcharakters u.v.m. verhindert werden. Zusätzlich wird ein Katalog baulicher Prototypen erarbeitet, um das angestrebte differenzierte Wohnungsangebot sicherzustellen.

Gartenstadt Düppel

Gesamtplan „Gartenstadt Düppel" Maßstab etwa 1 : 4.000

**Die Wohnungen**

Die Haustypen von der Mietwohnung über das Reihenhaus bis zum Einfamilienhaus sind in einem Gebäude, von Müller/Rhode als „Langhaus" bezeichnet, untergebracht. Das traufständige Gebäude mit Quergiebel im Mittelteil stellt das wenig variierte Grundelement der Wohnquartiere dar.

Langhaus mit Reihenhäusern

Die aus Kostengründen vorgenommene Betonfertigteilbauweise (mit 14 cm Stahlbetontragschale, 6 cm Wärmedämmung und 6 cm Vorsatzschale) trägt darüberhinaus noch zur weiteren Systematisierung und Vereinheitlichung des Gebäudetypus bei.

Das Grundrißangebot gliedert sich in drei Typen: ein Reihenhausgrundriß (mit Küche und Eßplatz im vorderen Bereich) im Normalhaus, ein einfamilienhausähnlicher Grundriß im Endhaus und Geschoßwohnungsgrundrisse (im 2. OG als Maisonettetyp) im giebelständigen Gebäudemittelteil. Bemerkenswert ist die Ausbaumöglichkeit im direkt belichteten Keller- und Dachbereich sowie die Variationsmöglichkeit durch Verschieben bzw. Verzicht auf einzelne Zwischenwände.³

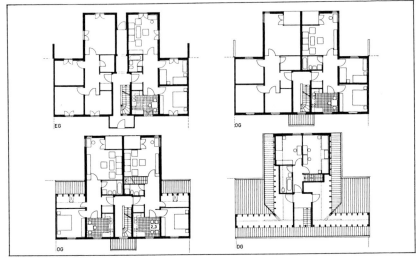

Grundrisse der Geschoßbauten von Müller/Rhode

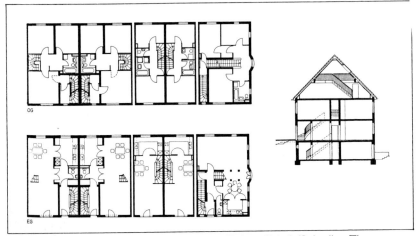

Reihenhausgrundriß von Bassenge/Heinricht/Puhan-Schulz/Schreiber/Thoma

**Die Siedlung - heute**

Vergleicht man die Versprechungen des Entwurfs und die tatsächlich entstandene bauliche Realität, so stellt man - wie so oft - fest, daß die „Lücke" nicht unerheblich ist. Schmerzt schon der Übergang von konventioneller zur Betonfertigteilbauweise, insbesondere wenn letztere noch eine Holzverschalung suggeriert, so stellt die radikale Reduzierung der „Zwischenzonen mit Wegeausweitungen, Spielnischen, Heckenabpflanzungen und Buddelkästen gegenüber dem ursprünglichen Konzept"⁴ einen erheblichen Verlust an Freiraumqualität dar. Aufgesetzt erscheint die gestalterische Bezugnahme auf die handwerkliche Bautradition Tessenows bei gleichzeitiger Anwendung der industriellen Betonbauweise.[5]

Isometrie-Ausschnitt der Reihenhäuser von Bassenge/Heinrich/Puhan-Schulz/Schreiber/Thoma

Auch findet sich vom Ökologie- und Energiekonzept, welches im Gutachterentwurf von Müller/Rhode einen breiten Raum einnimmt, nicht sehr viel wieder: Zwar wird der etwas tiefere innere Grünbereich auch wegen der Gefahr des Kaltluftstaus nicht bebaut, Wärmeverluste sollen durch Gebäudestellung und Ausbildung windgeschützter „Höfe" verringert werden - um eine „ökologische Siedlung" handelt es sich aber in Düppel mit Sicherheit nicht. Darüber kann auch die gekonnteste Darstellung in den Verkaufsprospekten nicht hinwegtäuschen.

Viele Betrachter der Siedlung können sich nur schwer mit den durch Satteldächer „verzierten" Garagenhäuschen, die Straßenraum prägen, anfreunden. „Dabei sind die Garagenhäuser von den Architekten auch als Sichtschutz gedacht. Diese Funktion übernehmen die Häuser eher im negativen Sinn, nämlich als Sichtbehinderung. (...) Für den Fußgänger ergibt sich aus der Anordnung (...) ein Gefühl der Enge, das den Wettbewerbs- und Verkaufsprospektzeichnungen widerspricht."[6] Andererseits ermöglichen die vorgelagerten Garagengebäude eine gute Nutzbarkeit der abgeschirmten, straßenseitigen Freiflächen.

Da Förderprogramme weit über ihre eigentliche Aufgabe der Finanzierungshilfe hinausgehende Auswirkungen entfalten, verwundert es nicht, daß die Bewohnerstruktur der Siedlung relativ einheitlich ist: Zumindest ein mittleres Einkommen und möglichst mehrere Kinder erleichterten den Schritt in die „Gartenstadt" erheblich. Die Siedlung und ihre Bewohner werden altern, und in zwanzig Jahren wird man in Düppel die gleichen Probleme vorfinden, wie heute in den Eigenheimsiedlungen der sechziger Jahre, wenngleich sich die Siedlung in ihrer städtebaulichen Figur wohltuend von der durchschnittlichen Reihenhaussiedlung abhebt.

Aufsehen erregt die Gartenstadt Düppel in der Fachwelt aber nicht nur durch ihre städtebauliche Qualität, sondern auch durch Baumängeln u.a.. Bereits im Herbst 1985 bildet sich ein Selbsthilfeverein, um die Interessen der Bewohner und Eigentümer gegenüber Bauträgern und Öffentlichkeit besser durchzusetzen. Zumindest die Infrastrukturprobleme konnten so befriedigend gelöst werden.[7]

## 9.9 WOHNGEBIET ERNST-THÄLMANN-PARK

**Ausgewählte städtebauliche Daten**

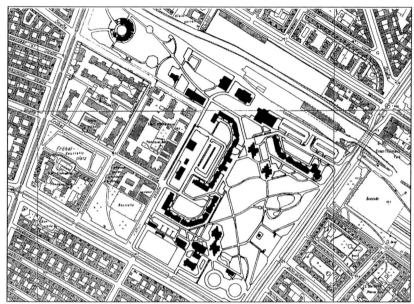

Wohngebiet Ernst-Thälmann-Park
M. 1: 10.000

| | |
|---|---|
| Lage: | Berlin-Prenzlauer Berg |
| Bauherr: | Staatlicher Wohnungsbau der ehemaligen DDR |
| Architekten: | Generalprojektant: Helmut Stingl |
| | Städtebau: Dietrich Kabisch, Marianne Battke, Dorothea Krause und Mitarbeiter |
| | Wohnungsbau: Manfred Zumpe, Udo Pommeranz, Dietrich Kabisch, Gerfried Mantey, U. Weigert |
| | Gemeinschaftseinrichtungen: Karl-Ernst Swora, Gunter Derdau, Gerfried Mantey, Hartmut Pautsch |
| | Rekonstruktion der Altbauten: G. Hein, B. Kabitzke |
| | Landschaftsplanung und Kunst: Erhard Steffke, H.-Eberhard Horn, Lew Kerbel |
| Bauzeit: | 1983-1986 |
| Grundflächenzahl: | 0,2 |
| Geschoßflächenzahl: | 1,6 |
| Geschosse: | i.d.R. 8 Geschosse, Wohnhochhäuser 12, 15 und 18 Geschosse |
| Wohneinheiten: | 1.336 |
| Wohnungsschlüssel: | 26 % 1-Zi.; 27 % 2-Zi.; 28 % 3-Zi.; 13 % 4-Zi.; 6 % 5-Zimmerwohnungen |
| Wohnungsausstattung: | Standard des komplexen Wohnungsbaus der DDR |
| Einwohner 1992: | ca. 3.290 |
| Einwohnerdichte 1992: | ca. 290 Ew/ha |
| ÖPNV-Anbindung: | S-Bahnhöfe Greifswalder Straße und Prenzlauer Allee (Linien S8, S10, S85, S86); Straßenbahnlinien 2, 3, 4 (Greifswalder Straße), 20, 21 (Danziger Straße), 1 (Prenzlauer Allee); Buslinie 156 (Grellstraße), 257 (Kurische Straße) |

## Wohngebiet Ernst-Thälmann-Park

**Zur Planungsgeschichte**

Weit nach 1870 bleibt der Nordosten des Alt-Berliner Umlandes[1] am Prenzlauer Berg im wesentlichen unbesiedelt. Das städtebauliche Gerüst für jenes Gebiet ist in vier alten Heer- und Handelsstraßen gegeben, der heutigen Schönhauser Allee, der Prenzlauer Allee, der Greifswalder Straße sowie der Landsberger Allee. Erst 1882 werden jene Straßen durch einen sogenannten „Communicationsweg"[2] verbunden, der späteren Danziger Straße bzw. Dimitroffstraße.

Ein Bebauungsplan für Berlin und Umgebung, der die seit 1853 gültige Baupolizeiordnung zur Grundlage hatte, war bereits 1862 vom König bestätigt worden[3]. Jener Plan wird durch den Bau und die Inbetriebnahme der Berliner Ringbahn im Jahre 1871 wesentlich verändert. Anstelle von Wohnungsbau erfolgt jetzt in unmittelbarer Nähe der Bahnanlagen die Ansiedlung von Industrie. In diesem Zusammenhang entsteht 1872-73 in der Begrenzung zwischen Ringbahn, Greifswalder Straße, Dimitroffstraße (früher Communicationsweg) und Prenzlauer Allee das vierte Berliner Gaswerk[4]. Jene Anlage gehört fortan zu den größten städtischen Gasbereitungsanlagen Berlins und erzeugt Stadtgas für Beleuchtungs- und Brennzwecke, zugleich Koks sowie weitere Nebenprodukte wie Teer, Schwefel, Ammoniak und ein Benzolvorprodukt.

Gaswerk vor dem Abriß

Wettbewerbsentwurf Kollektiv H. Stingl (2. Preis)

# Wohngebiet Ernst-Thälmann-Park

Um die Jahrhundertwende reicht die Wohnbebauung etwa bis zur Ringbahn und begrenzt das Gaswerk. Nördlich und nordöstlich des Gaswerks - außerhalb der Ringbahn - werden die Grundstücke von 1900 bis 1983 schrittweise mit Wohnungen bebaut.

Obwohl das Gaswerk im Verlaufe seines fast 100jährigen Bestehens mehrmals erweitert, modernisiert und dreimal entsprechend dem jeweiligen technischen Stand von Grund auf umgerüstet wurde, ist es bis zu seiner Stillegung am 5. Mai 1981 für die umliegenden Gebiete der stärkste Umweltverschmutzer. Nicht nur die Luft wird stark belastet, sondern auch der Boden ist metertief mit Phenolen verseucht. Die Werkanlagen sind veraltet und weitgehend verschlissen.

Die umweltbelastende Rolle des Gaswerkes Greifswalder Straße beschäftigt die betroffenen Bewohner und Behörden mit steigendem Nachdruck zur Zeit der Stillegung bereits seit mehr als 30 Jahren, zumal die Energieversorgung zunehmend auf Erd- und Ferngasversorgung umgestellt wird. In einer städtebaulichen Leitplanung zum Bezirk Prenzlauer Berg[5] werden bereits 1977 vom Institut für Städtebau und Architektur der Bauakademie in Zusammenarbeit mit dem Büro für Städtebau beim Magistrat von Berlin erste Vorstellungen für die weitere städtebauliche Entwicklung des Bezirkes ausgearbeitet. Für das Areal des Gaswerkes werden in der Perspektive Handels- und Gewerbeflächen sowie Kultur- und Sportflächen vorgesehen. Jene Planung hat aber zunächst nur Studiencharakter.

Da das Gaswerk Staatseigentum ist und trotz des Alters einen relativ hohen Anlagewert hat sowie eine wichtige Versorgungsfunktion ausfüllt, müssen höchste Gremien der Partei- und Staatsführung der DDR bemüht werden, um die Verantwortung für einen Abriß zu übernehmen. In der Folge wird es zentralistisch erklärtes Ziel der SED, mit dem Abriß des umweltbelastenden Gaswerkes eine Würdigung des kommunistischen deutschen Politikers Ernst Thälmann zu verbinden, der in der DDR zum Idol erhoben war[6]. Als Ausdrucksmittel werden Wohngebäude und ein Landschaftspark in hoher gestalterischer Qualität sowie ein personifiziertes Monumentaldenkmal Thälmanns vorgesehen.

Für die weitere Ideenfindung zur Gestaltung des Wohngebietes und des Parks wird auf der Grundlage von Studien und Entwürfen im 1. Halbjahr 1982 ein städtebaulich-architektonischer Ideenwettbewerb[7] ausgeschrieben, zu dem alle Wohnungsbaukombinate der ehemaligen DDR, das Bau- und Montagekombinat Ingenieurhochbau Berlin, die Bauakademie sowie die TU Dresden, die Hochschule für Architektur und Bauwesen Weimar und die Kunsthochschule Berlin eingeladen werden. Das Preisgericht vergibt zwei dritte Preise an ein Team vom Ingenieurhochbau unter Leitung von Günter Stahn und an ein zweites Team von der Bauakademie unter Leitung von Wilfried Stallknecht, zwei Anerkennungen sowie einen zweiten Preis an das Architektenteam vom Wohnungsbaukombinat Berlin unter Leitung von Helmut Stingl.

Jener zweite Preis kommt der im Vorfeld zum Wettbewerb erarbeiteten Bebauungsstudie am nächsten, läßt aber gewisse Assoziationen zur gestalterischen Konzeption und Bebauung des ehemaligen Ost-Berliner Leninplatzes (heute Platz der Vereinten Nationen) aufkommen, bei der ebenfalls das Monumentaldenkmal „Lenin" durch eine höhen- und raumorientierte Gebäudestaffelung städtebaulich/räumlich gesteigert werden sollte. Die vom Preisgericht erarbeiteten Grundsätze

- eine städtebaulich-künstlerische Einheit zwischen Denkmal, Park und Wohnungsbau zu erzielen
- die Wirkung des Denkmals durch Höhenstaffelung und eine interessante Fassadengliederung zu steigern und durch einen lockeren Aufbau von Wohngruppen in Verbindung mit den Wegebeziehungen des Parks zu unterstützen

werden vom zweiten Preisträger am besten erfüllt. Dieses Architektenteam bekommt den Auftrag, die weiteren Bebauungsunterlagen auszuarbeiten, in denen zahlreiche Ideen der übrigen Wettbewerbsentwürfe sowie Hinweise und Anregungen von Kommunalvertretern, bildenden Künstlern und Architekten eingearbeitet werden. Als Ergebnis liegt eine Lösung vor, die eine wesentlich verbesserte stadträumliche Situation mit annähernd U-förmiger baulicher Einfassung des Denkmals und integrierten

# Wohngebiet Ernst-Thälmann-Park

Perspektive eines 18-geschossigen Punkthochhauses (Zeichnung Zumpe)

Freiflächenanlagen aufweist, als das bei den Vorgängerentwürfen erreicht wurde. In dieser Konzeption ist anstelle des heutigen Planetariums ursprünglich noch der Erhalt von drei gewaltigen zylinderförmigen Gasbehälter-Gebäuden (Durchmesser mehr als 50 m) aus Klinker-Mauerwerk zur Umnutzung vorgesehen, die aus der Zeit um 1872-73 stammten und unter Denkmalschutz stehen. Unter dem Vorwand der Verseuchung werden die Gebäude, trotz starker Proteste aus der Bevölkerung, noch während der Bauzeit des Wohngebietes gesprengt.

Die Realisierung der Projekte muß sehr schnell gehen, da das Bauvorhaben am 16.4.1986, zur 100. Wiederkehr des Geburtstags von Thälmann, übergeben werden soll. Vom Abriß und der Tiefenenttrümmerung des Gaswerkes über den Neubau und die Rekonstruktion von Wohnungen und öffentlichen Einrichtungen bis hin zur Herstellung der Verkehrs- und Parkanlagen sowie des Denkmals wird das Vorhaben innerhalb von drei Jahren fertiggestellt. Beteiligt sind etwa 85 Arbeitsgruppen, 124 Firmen und 22 staatliche Institutionen und Einrichtungen, deren Leitung bei der Baudirektion Hauptstadt Berlin des Ministeriums für Bauwesen, bei Generaldirektor Ehrhardt Gißke und Eugen Schröter, zusammenläuft.

Monumentalplastik „Ernst Thälmann" mit H-förmigen Punkthochhäusern

# Wohngebiet Ernst-Thälmann-Park

**Die Wohnungen**

Grundsätzlich wird das Bauvorhaben in Plattenbauweise realisisert, die jedoch gegenüber den üblichen Ergebnissen modifiziert wird. Die raumbildende Bebauung mit Blöcken der in der DDR seinerzeit üblichen Wohnungsbauserie (WBS) 70 wird generell auf acht Geschosse begrenzt. Damit wird auf die Gebäudehöhe der vorhandenen umliegenden Randbebauung in der Greifswalder Straße und in der Dimitroffstraße Bezug genommen[8].

Prinzipiell sind in den Blöcken der WBS 70 Ein- bis Fünfraumwohnungen vorgesehen, die in den sonst üblichen elfgeschossigen Gebäudetypen enthalten sind. Ausnahme sind vier Maisonette-Wohnungen mit je einem Atelier-Raum im neunten Geschoß, in dem auch die Loggien verändert werden. Die Gebäudetiefe beträgt bei der WBS 70 zwölf Meter.

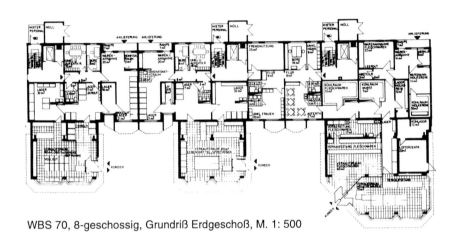

WBS 70, 8-geschossig, Grundriß Erdgeschoß, M. 1: 500

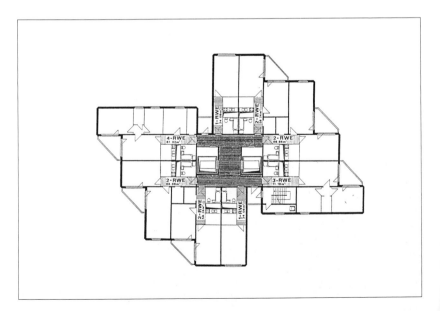

Grundrisse im H-förmigen Punkthaus, M. 1: 500

Die Wohnhochhäuser[9], die den Parkraum akzentuieren, werden auf Grund der einmaligen Situation des Standortes als Typ neu entwickelt und in Plattenbauweise mit 12, 15 und 18 Wohngeschossen und mit monolithischem Untergeschoß gebaut. Die Ausdehnung der Gebäude mit H-förmigem Grundriß von 38,4 bzw. 28,8 Metern ermöglicht die Einordnung von zwei 1-Raum-, vier 2-Raum- und je einer 3- und 4-Raumwohnung pro Geschoß mit Innenbädern und -küchen. Die Mehrraumwohnungen haben Abstellräume und Loggien. Die beabsichtigte gestalterische Sonderleistung des neuen H-förmigen Gebäudetyps für das Gebiet Ernst-Thälmann-Park wird jedoch dadurch entwertet, daß dieser Typ später auch in Marzahn, Hohenschönhausen und an anderen Standorten gebaut wird.

Die durchschnittliche Wohnungsgröße liegt mit knapp 60 m² leicht über dem DDR-Standard, wobei der Anteil Drei- und Mehrraumwohnungen mit 47% relativ hoch ist. Die Wohnungsausstattung liegt über dem DDR-Durchschnitt. Von großer Bedeutung im Vergleich zu anderen Plattenbau-Wohngebieten im östlichen Teil von Berlin ist die gute Bauqualität im allgemeinen und die exakte Ausführung der industriell gefertigten Elemente im besonderen hervorzuheben.

Abgesehen davon, daß die Typen-Diktion der Plattenbauweise nicht durchbrochen werden durfte, wäre es bei der gegebenen besonderen Gelegenheit wünschenswert gewesen, sämtliche Küchen und insbesondere auch die Bäder natürlich zu belichten. Aber selbst bei der Neuentwicklung des Punkthaustyps müssen diesbezüglich erhebliche Nutzungseinschränkungen in Kauf genommen werden.

### Das Wohngebiet - heute

Das fertiggestellte Projekt ist gegenüber den anderen in Plattenbauweise hergestellten Wohngebieten eine der bemerkenswertesten Realisierungen im Ostteil Berlins. Die einmalige Lagegunst und gute verkehrliche Erschließung, die ungewöhnlich reiche Ausstattung mit Gewerbeflächen, Kinderkrippe, Kindergarten, Schule, Schwimmhalle, Kulturhaus, Großplanetarium und vielen anderen Einrichtungen, die gute Bauqualität sowie die hervorragende Herstellung der Außenanlagen und Spielplätze tragen schnell zu einer hohen Akzeptanz bei, obwohl eine dichtere Bebauung mit Gewerbestätten denkbar gewesen wäre. Sowohl von der Nutzungsmöglichkeit der Einrichtungen als auch von der Beseitigung des Schadstoffausstoßes profitieren insbesondere die umliegenden Wohngebiete. Trotz durchgeführter Entseuchungsmaßnahmen ist die Nutzung der kontaminierten Böden auch heute noch problematisch.

Nördliche Gebäudefront (Ella-Kay-Straße)

# Wohngebiet Ernst-Thälmann-Park 324

Alt- und Neubauten an der Danziger Straße

Bemerkenswert ist, daß solche großflächigen monumentalen Denkmalanlagen mit „angelagerten" Wohnfunktionen nur in einer Gesellschaft entstehen konnten, in der innerstädtische Grundstücksflächen faktisch ohne Wert waren. Das Monumentaldenkmal Thälmanns steht an der sogenannten Protokollstrecke, auf der die Repräsentanten der DDR zwischen Wohnort Wandlitz und Arbeitsort Berliner Zentrum hin- und herpendelten. Nach der deutschen Wiedervereinigung hat die Denkmalkommission des Senats das Denkmal in Frage gestellt. Das Monument ist in seiner Art zwar überspitzt, stellt aber ein Stück Identität der ehemaligen DDR und eine Besonderheit Ost-Berlins dar. Entscheidungen für die weitere Entwicklung des gesamten Wohngebietes sollten deshalb mit Sensibilität getroffen werden.

## 9.10 WOHNPARK AM BERLIN MUSEUM

**Ausgewählte städtebauliche Daten**

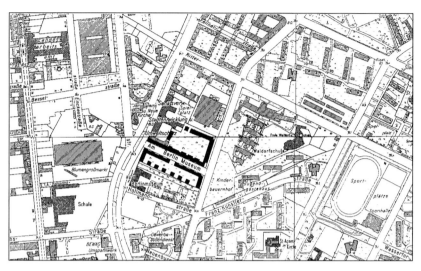

Wohnpark am Berlin Museum, Lindenstraße
M 1 : 10.000

| | |
|---|---|
| Lage: | Berlin-Kreuzberg, Südliche Friedrichstadt |
| Bauherr: | Unternehmensgruppe Hauert & Noack |
| Architekten: | städtebauliches Konzept: Kollhoff/Ovaska |
| | Garten- u. Landschaftsplanung: Frowein, Spangenberg und Becker |
| | Landschaftsplanerische Beratung: Trillitzsch |
| | Hochbau: Verschiedene (siehe Text) |
| Bauzeit: | 1984 - 1986 |
| Grundflächenzahl: | 0.4 |
| Geschoßflächenzahl: | 1.5 |
| Geschosse: | 5 bis 6 |
| Wohneinheiten: | 274 WE im sozialen Wohnungsbau (1. Förderungsweg); 37 WE im steuerbegünstigtem Mietwohnungsbau (2. Förderungsweg) |
| Wohnungsausstattung: | Standard des sozialen Wohnungsbaus |
| Einwohner 1987: | 1.165 |
| Einwohnerdichte 1987: | ca. 185 Ew/ha |
| ÖPNV-Anbindung: | U-Bahnhof Hallesches Tor (Linie 1 und 6) sowie Buslinien 141 und 240 auf der Lindenstraße |

# Wohnpark am Berlin Museum

**Zur Planungsgeschichte**

Der „Wohnpark am Berlin Museum" ist der erste große Wettbewerb der Internationalen Bauausstellung Berlin, der 1980 ausgelobt wird. Der prämiierte Beitrag von Kollhoff/Ovaska sieht in der ursprünglichen Fassung nördlich und südlich des Berlin Museums eine nahezu symmetrisch angeordnete Bebauung vor. Östlich des „Victoria-Gebäudes" wird eine quadratische Hofanlage geplant.

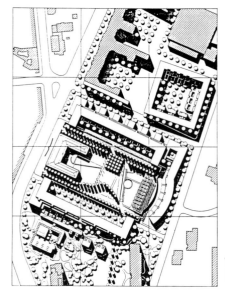

Wettbewerbsentwurf Kollhoff/Ovaska (1. Preis)

Auf der Grundlage des Wettbewerbsergebnisses folgt ein konfliktreicher Abstimmungsprozeß, in den weitere sieben Architekten eingebunden werden (Kreis/Schaad/Schaad, Zürich; Hielscher/Mügge, Berlin; Demblin, Wien; Jourdan/Müller/Albrecht, Frankfurt; Stavoproject Libevec, CSSR; Frowein/Spangenberg, Berlin; Isozaki, Tokio).

Die Auseinandersetzung zwischen der Internationalen Bauausstellung (IBA), der Stadtteilkommission - einer Gruppe engagierter Bürger -, dem Planungsausschuß des Bezirksamtes, der Bezirksverordnetenversammlung, der unteren und der oberen Naturschutzbehörde, der Wohnungsbaukreditanstalt (WBK), dem Bauherrn und dem Senator für Bau- und Wohnungswesen konzentrierte sich im wesentlichen um folgende Streitpunkte:

- Der im ersten Entwurf avisierten Nutzungsdichte von 2,0 (GFZ) und der damit verbundenen Einwohnerzahl steht die „eher vorstädtische Haltung mit Nutzungsdichten von max. 1,5 und hundertprozentiger Richtwerterfüllung für Grün- und Freiflächen"[1] entgegen.

- Die im Wettbewerbsentwurf dokumentierte städtebauliche Haltung baulicher Großformen und einer einfachen, rationalistischen Architektursprache entspricht nicht dem populistischen Wunsch nach kleinteiligen, traditionalistischen Bauformen, die eher „anheimelnd" und identifikationsträchtig wirken.

- Die Auseinandersetzung um den Umgang mit vorhandenen Grünflächen in Gestalt eines „Robinienwäldchens" führt zu einer erheblichen Reduzierung des zunächst beabsichtigten Konzeptes. Diese Auseinandersetzung endet in dem Versuch einiger Bürger, den Baubeginn durch eine einstweilige Verfügung zu verhindern. Durch eine Intervention der obersten Naturschutzbehörde mit dem Ziel, ein Mehrfaches an wertvollen Ersatzpflanzungen vorzusehen, kann dieser Konflikt entschärft werden.

- Ein weiterer wesentlicher und gegenwärtig nicht bereinigter Konfliktpunkt spiegelt sich in der nicht zeitgleich zum Wohnungsbau realisierten Infrastruktur wider.

# Wohnpark am Berlin Museum

- Die Auseinandersetzung um die Handhabung des Planungsrechtes stellt einen weiteren Streitpunkt dar. Der Bezirk vertritt die Auffassung, daß für dieses wie auch andere IBA-Projekte Bebauungspläne aufzustellen sind. Der Senat hingegen strebt die Projektgenehmigung mit Ausnahmen und Befreiungen im Rahmen des gültigen Planungsrechts an. Der Baunutzungsplan von 1961 mit der rechtlichen Qualität eines Bebauungsplans sieht für dieses Areal ein Kerngebiet mit fünfgeschossiger Bebauung und einer Geschoßflächenzahl (GFZ) von 1,5 vor. Der Bezirk verweigert die Baugenehmigung; daraufhin zieht der Senat das Verfahren an sich und erteilt im Januar 1984 die erste Teilbaugenehmigung. Dies belastet die Einstellung des Bezirks zu diesem Projekt bis heute.

- Der letzte Streitpunkt entwickelt sich an der Frage der Bauherrenschaft für den Sozialen Wohnungsbau. Das Gelände befindet sich in privatem Besitz. Nach Erwerb durch die Berliner Unternehmensgruppe Hauert und Noack wird die Baumaßnahme mit westdeutschen Kapitalanlegern durchgeführt (Abschreibungsgesellschaften). Die gemeinnützigen Gesellschaften sind aufgrund fehlenden Eigenkapitals nicht in der Lage, eine Trägerschaft einzugehen. Als Folge dieser Auseinandersetzung entwickeln sich die von der IBA vorbereiteten Bauherrenwettbewerbe, die bei zukünftigen Vorhaben über eine Reduzierung der Kosten hinaus auch den Fördermittelaufwand zu reduzieren versuchen.

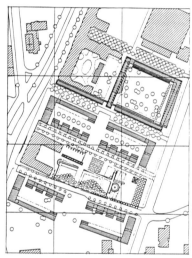

Überarbeitung 1981, Kollhoff/Ovaska

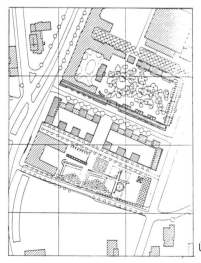

Überarbeitung 1982, Kollhoff/Ovaska

# Wohnpark am Berlin Museum

Die Überarbeitungen führen zu wesentlichen Änderungen des Konzepts. So wird beispielsweise die für Berlin traditionelle geschlossene Bebauung in Teilabschnitten aufgelöst. Der Bauherr favorisiert die „Stadtvillen"-Zeilen, da er in diesem Konzept eine verbesserte Vermietbarkeit vermutet. Schon allein wegen der „schmalbrüstigen" Dimensionierung können diese Gebäude nicht mit den Häusern in der Rauchstraße konkurrieren. Das vom Bauträger geforderte Wohnbaukonzept konterkariert die von den Architekten (Kollhoff/Ovaska) intendierte Vorstellung eines großzügigen innerstädtischen Wohnens in Anlehnung an den von Mendelsohn konzipierten WOGA-Bau in der Cicerostraße.

Rumpf kritisiert in der „Bauwelt" die Rolle der IBA als Koordinator eines solchen Verfahrens, indem er schreibt, daß „sie noch viel zu viel Schaum schlagen läßt, während sie auf der anderen Seite versäumt, den innovativen Architekten gegen eine übermächtige Behörde, gegen Bauherren und WBK den schwachen Rücken zu stärken".[2]

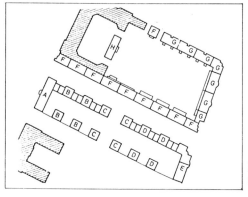

Die Aufteilung der Bebauung unter acht Architekten

A: Kreis / Schaad / Schaad, London Zürich  
B: Hielscher / Mügge, Berlin  
C: Demblin, Wien  
D: Jourdan / Müller / Albrecht, Frankfurt  
E: Stavoprojekt Liberec, CSSR  
F: Kollhoff / Ovaska, Berlin  
G: Frowein / Spangenberg, Berlin  
H: Isozaki, Tokio

## Die Wohnungen

Wohnhaus an der Lindenstraße (Arch.: Kreis / Schaad / Schaad)

Hinter der Fassade befinden sich Einfamilienhäuser. Im 4. und 5. Obergeschoß liegen die Wohnungen an einem Laubengang, darunter befinden sich in vier Geschossen Maisonette-Wohnungen.

# Wohnpark am Berlin Museum

Blick in die Privatstraße mit den „Stadtvillen"

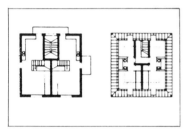

Wohnhäuser von Hielscher / Mügge
Grundrisse der zwei oberen Ebenen

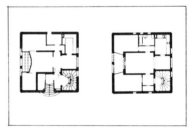

Wohnhäuser von Demblin
Erdgeschoß, 1. OG

Die Häuser von Hielscher und Mügge enthalten im Erdgeschoß (EG) und im 1. Obergeschoß (OG) pro Hälfte eine Maisonette-Wohnung. Die anderen zwei Wohnungen dehnen sich über die oberen drei Geschosse aus, wobei die Wohnfläche unter dem Dach auch als Einliegerwohnung abgetrennt werden kann.

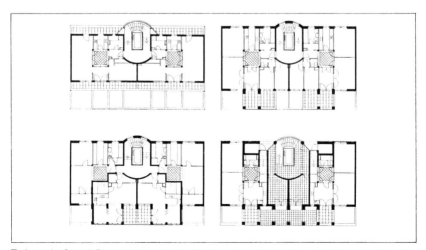

Erdgeschoß und Obergeschosse des Osthaustyps (Arch: Frowein / Spangenberg)

Wohnhauszeile von Kollhoff / Ovaska

In der Wohnhauszeile befinden sich 1 1/2- bis 5 1/2- Zimmer-Wohnungen mit einer Größe von 48 bis 149 qm. Die Haupttypen sind Ein- und Zweispänner sowie Laubengangtypen. Die Zeile baut sich aus zwei Schichten auf: ein zurückliegender weiß verputzter 7,5 m tiefer Baukörper und ein davorliegender rot verklinkerter Baukörper mit Balkonen und Wintergärten.

Eine Sonderstellung nimmt das postmoderne Gebäude von Isozaki ein. Eingerahmt von der Neo-Renaissance-Fassade des Victoriagebäudes und den in ihrer schlichten Form überzeugenden Gebäuden von Kollhoff / Ovaska wie auch Frowein / Spangenberg ist es ein durchaus verzichtbarer Bestandteil der Gesamtanlage.

**Das Wohngebiet - heute**

Das Projekt stellt trotz kritischer Anmerkungen eine der bemerkenswertesten Realisierungen im Rahmen der Neubauten der Internationalen Bauausstellung dar. Die Architektur der Gebäude überzeugt bei den von Kollhoff / Ovaska bzw. Frowein / Spangenberg realisierten Abschnitten durch deren schlichte Form und den Versuch eines Anknüpfens an Bautraditionen der Neuen Sachlichkeit aus den 20er Jahren.

Auch sind die Außenanlagen nicht nur gestalterisch überzeugend, sondern sie erfüllen darüber hinaus die funktionalen Anforderungen einer innerstädtischen halböffentlichen Grünfläche, wobei wesentliche Teile der vorhandenen Vegetationsstruktur (Robinienwäldchen) integriert werden können.

Der Bereich der sozialen Infrastruktur ist ähnlich kritisch zu bewerten wie im Fall Ritterstraße. Auch hier fehlen bisher wesentliche Einrichtungen für die Nahversorgung der Bevölkerung. So fragt man sich bei diesem Projekt, ob der Auftrag, gestalterisch ansprechende Architektur zu produzieren, die Notwendigkeit der Bereitstellung sozialer Infrastruktur vergessen ließ.

## 9.11 BERSARINPLATZ (ehemaliger BALTENPLATZ)

**Ausgewählte städtebauliche Daten**

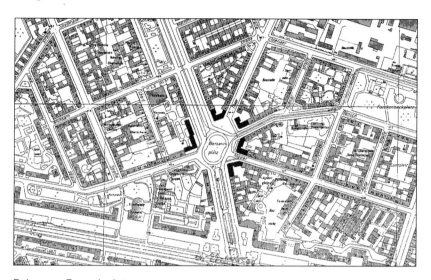

Bebauung Bersarinplatz
M. 1: 10.000

| | |
|---|---|
| Lage: | Berlin-Friedrichshain |
| Bauherr: | Staatlicher Wohnungsbau der DDR |
| Architekten: | Städtebau: Arbeitsgruppe Feldmann, Müller, Timme, Ungewitter |
| | Hochbau: Georg Timme und Kollektiv |
| Bauzeit: | 1985-1987 |
| Grundflächenzahl: | 0,3 |
| Geschoßflächenzahl: | 2,4 |
| Geschosse: | 6 und 8, 5 bei Altbauten |
| Wohneinheiten: | vorgesehen 815, fertiggestellt 417 |
| Wohnungsschlüssel: | 14 % 1-Zi.; 9 % 2-Zi.; 46 % 3-Zi., 31 % 4-Zimmer-Wohnungen und größer |
| Wohnungsausstattung: | alle Wohnungen mit Küche, Bad und WC sowie Loggia (am Bersarinplatz verglast) und Fernheizung |
| Einwohner 1992: | ca. 1.220 |
| Einwohnerdichte 1992: | ca. 435 Ew/ha |
| ÖPNV-Anbindung: | U-Bahnhof Rathaus Friedrichshain (Linie 5), Straßenbahnlinien 20,21,22 (auf dem Bersarinplatz), Buslinie 147 (auf der Kadiner Straße) |

# Bersarinplatz

**Zur Planungsgeschichte**

Der Baltenplatz (heute Bersarinplatz) wird zwischen 1882 und 1895[1] neben einer Gießerei- und Maschinenfabrik an der Kreuzung Weidenweg (Straße nach Lichtenberg) und dem alten Communikationsweg (Petersburger Straße) als siebenstrahliger Verkehrsplatz mit drei sich kreuzenden Straßenbahnlinien in der typischen, teils repräsentativen Form der Gründerzeit-Architektur bebaut[2]. Am Platz konzentrieren sich im Erdgeschoß Handelseinrichtungen, in den Gebäuden der abzweigenden Straßen befinden sich hauptsächlich kleine Wohnungen von schlechter Qualität, die Toiletten sind meist in den engen Höfen untergebracht. Die Platzbebauung wird 1945 weitgehend zerstört und der Platz selbst bereits 1946 nach dem ersten sowjetischen Stadtkommandanten, Bersarin, umbenannt, der 1945 bei einem Verkehrsunfall ums Leben kam.

Wiederaufbaumaßnahmen sind zunächst nicht vorgesehen, obwohl ganz in der Nähe des Platzes 1949 bis 1958 mit entsprechendem Propagandaaufwand der Aufbau der Stalinallee (heute Karl-Marx-Allee) erfolgt. Erst im Vorfeld zur 750-Jahrfeier Berlins und mit dem verstärkten Übergang zum innerstädtischen Bauen in der DDR seit Anfang der 80er Jahre werden Aktivitäten zur Bebauung des Platzes eingeleitet. An einem internationalen Entwurfsseminar des BdA/DDR, das dem Aufbau des Bersarinplatzes gewidmet ist, nehmen insgesamt neun Arbeitsgruppen aus der DDR und den anderen sozialistischen Ländern teil. Da zu jener Zeit die Architekturdiskussion in den sozialistischen Ländern über die Erhaltung bzw. Wiederherstellung von Blockstrukturen, Gebäuden und Fassaden der Gründerzeit erst am Anfang steht, gehen die Auffassungen zur Neugestaltung des Platzes weit auseinander. Einige Entwurfsgruppen bieten Verkehrslösungen in mehreren Ebenen mit völlig neuen städtebaulichen Strukturen an, die die noch vorhandene Gründerzeitbebauung unberücksichtigt lassen. Das polnische Architektenteam Hryniak/Kazimierski/Rozimierska stellt in seinem Entwurf die ursprüngliche städtebauliche Struktur wieder her, während das sowjetische Team Port/Luts/Voolaid eine geschlossene halbkreisförmige Platzanlage mit einer Plastik im fiktiven Mittelpunkt anbietet, deren Symmetrieachse quer zur Petersburger Straße liegt. Die meisten Architektenteams versuchen, dem Platz unter Einbeziehung der vorhandenen Bebauung und interessanten strukturadäquaten Neubauten ein unverwechselbares Gepräge zu geben.

Entwurf des Kollektivs Port/Luts/Voolaid beim internationalen Entwurfsseminar

Die Erkenntnisse aus jenem Entwurfsseminar fließen in die Unterlagen für die Auslobung eines Ideenwettbewerbs zur städtebaulich-architektonischen Gestaltung des Bersarinplatzes ein. In den Auslobungsvorgaben wird die Beibehaltung der städtebaulichen Grundstruktur einschließlich Straßenführung und Blockbebauung sowie die Erhaltung vorhandener Wohngebäude gefordert. Vorgegeben ist auch der einzusetzende Wohngebäudetyp der modifizierten Wohnungsbauserie 70 (WBS 70) des Wohnungsbaukombinats (WBK) Berlin mit Handels- , Dienstleistungs- und anderen Einrichtungen im Erdgeschoß. Da auch ein vierarmiger Verkehrsknoten und ein östlich an die Petersburger Straße angelagerter Platz vorgegeben werden, ist der Gestaltungsspielraum für die Wettbewerbsteilnehmer relativ eng gestellt. Von den 15 teilnehmenden Architektengruppen erhält das Team Kunc/Möller den ersten und das Team Piesel/Oschatz/Räder den zweiten Preis. Obwohl die beiden Preisträger sehr moderate Lösungen bieten, die Neubauten mit den vorhandenen Altbauten harmonisch verbinden, mit gleichartigen wiederholbaren Kopfbauten (Typenbauten) arbeiten und auch sonst im wesentlichen die Auslobungsvorgaben einhalten, werden sie nur mittelbar Grundlage für die Bebauungskonzeption.

Zeitgleich zum Wettbewerb wird von Architektengruppen des Bezirks Magdeburg ebenfalls eine städtebauliche Konzeption ausgearbeitet, die weitgehend zur Grundlage der Bebauung genommen wird. Ebenso wie alle übrigen Bezirke der DDR ist der Bezirk Magdeburg seinerzeit verpflichtet gewesen, einen bestimmten Anteil von Bauleistungen, Neubau und Rekonstruktion von Altbauten, für den Aufbau der Hauptstadt der DDR, Ost-Berlin, zu erbringen. Wirkungsstätten des Bezirks Magdeburg sind die Berliner Bezirke Hellersdorf und Friedrichshain. In enger Zusammenarbeit zwischen dem Büro für Städtebau und Architektur Magdeburg, dem Wohnungsbaukombinat (WBK) Magdeburg und dem Büro für Städtebau Berlin wird in sehr kurzer Zeit eine städtebauliche Grundkonzeption erarbeitet, die bereits am 27. März 1984 durch den Ost-Berliner Chefarchitekten Roland Korn bestätigt wird. Die Bebauungskonzeption, die die Arbeitsgruppe Feldmann/Müller (Büro für Städtebau und Architektur Magdeburg), Ungewitter (Bezirksarchitekt Magdeburg) und Georg Timme (WBK Magdeburg) ausarbeitet, wird am 01. August 1984 im Magistrat von Ost-Berlin beschlossen[3]. Bereits im Frühjahr 1985 können die ersten Mieter in die Wohnungen einziehen.

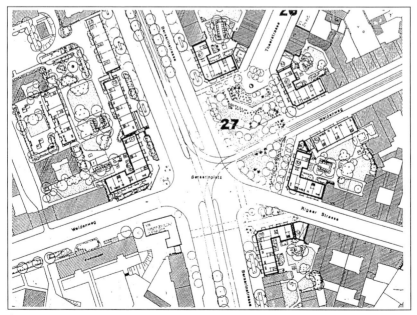

Gestaltung des Bersarinplatzes mit Verkehrsführung, Bebauungskonzeption

# Bersarinplatz

Ansicht des verwendeten Gebäudetyps

Aus der WBS 70-Ratio wird ein eckförmiger Typenbau entwickelt, der an dem Platz fünffach in Plattenbauweise errichtet wird. Die Anschlußgebäude zu den Altbauten sind variabel gehalten und werden in „Mischbauweise" hergestellt. In der Erdgeschoßzone sind Läden, Dienstleistungs- und andere Einrichtungen enthalten.

Der Platz wird gestalterisch durch die zweigeschossige Überhöhung der Platzgebäude, durch die Erkervertikalen sowie durch die kontrastierende Farbgebung der dunkelbraunen Platzbauten zu weiß/cremfarbenen Umgebungsbauten hervorgehoben.

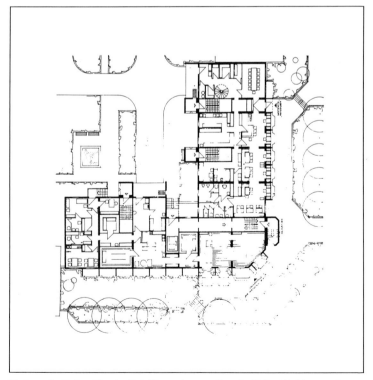

Erdgeschoß des Blocks 7.1 (Petersburger Straße/Ecke Weidenweg)

### Die Wohnungen

Das Wohngebiet enthält etwa 77 % Drei- und Vierzimmer-Wohnungen und 23 % Ein- und Zweizimmerwohnungen. Die durchschnittliche Wohnungsgröße beträgt rund 62 m². Die Wohnungsgrößen und Wohnungsausstattungen entsprechen prinzipiell denen in normalen WBS 70-Typengebäuden, die Wohnungen haben innenliegende Küchen oder Küchen mit Fenstern.

Eine Besonderheit sind die als Erker ausgebildeten verglasten Loggien. Wegen der starken Verkehrsbelastung werden zusätzliche Schallschutzmaßnahmen insbesondere an den Fenstern vorgesehen. Nur die drei oberen Geschosse in den achtgeschossigen Gebäuden sind durch je einen Aufzug pro Ecke und einen Verteilergang im siebenten Geschoß, alle übrigen sind über Treppenhäuser erschlossen.

### Das Wohngebiet - heute

Obwohl die Wohngebäude bereits 1987 zur 750-Jahrfeier Berlins fertiggestellt sind, ziehen sich die Tiefbauarbeiten an den Straßen bis ins Jahr 1993 hinein, wodurch das Gebiet immer noch nicht voll funktionstüchtig ist. Trotz origineller Lösung des fünffach verwendeten Eckbaukörpers für den Einsatz der Plattenbauweise zeigen sich Mängel in der Flexibilität der Erdgeschoßzonen. Sowohl die festgefügten Betonplatten als auch die unglückliche Einordnung des Aufzugs am Gebäudeknick verhindern die Durchgängigkeit und bauliche Veränderungen im Erdgeschoß, die dringend notwendig werden, wenn ein Funktionswechsel bei den Einrichtungen vorgesehen ist[4].

Extreme Sparsamkeit zeigt sich bei der Vertikalerschließung der Gebäude. Die sechsgeschossigen Bauten sind ohne Aufzug, die achtgeschossigen nur jeweils mit einem Aufzug für die Wohnungen im sechsten, siebenten und achten Geschoß mit einem Erschließungsgang im siebenten Geschoß ausgestattet.

Probleme gibt es darüber hinaus bei den Schutzmaßnahmen gegen Straßenlärm, bei der Gewährleistung aller Zugänge für Behinderte, bei der straßenseitigen Anlieferung der Geschäfte und Einrichtungen, bei der „Bewältigung der Lärmbelastung durch Lüftungsanlagen", bei „Leitungsführungen, Anordnung von Schaltzentralen, Einordnung von Lüftungszentralen, Kühl- und entsprechenden Maschinenräumen" u.v.a.m. Obwohl die meisten Mängel von den Projektanten bereits im Entwurfsstadium erkannt werden[5], besteht auf Grund fehlender Investitionsmittel, mangelhafter Baumaterialien und Haustechnik, wegen des unflexiblen Plattenbausystems und der Engstirnigkeit mancher Auftraggeber keine Möglichkeit, besser zu bauen. Wenige Jahre nach Fertigstellung der Gebäude besteht deshalb bereits die Notwendigkeit, Bauteile zu sanieren.

Bersarinplatz, Platzfronten

## 9.12 WILHELMSTRASSE
(ehemalige OTTO-GROTEWOHL-STRASSE)

### Ausgewählte städtebauliche Daten

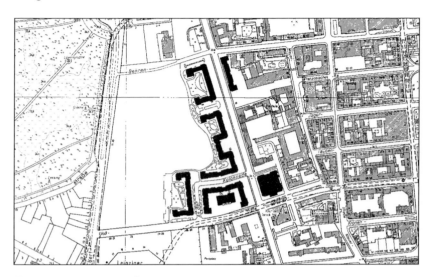

Wohngebiet Wilhelmstraße
M. 1: 10.000

| | |
|---|---|
| Lage: | Berlin-Mitte |
| Bauherr: | Staatlicher Wohnungsbau der DDR, Baudirektion Hauptstadt Berlin des Ministeriums für Bauwesen (Generalauftragnehmer und Investitionsauftraggeber); später: Bezirksamt Mitte von Berlin |
| Architekten | Städtebau und Hochbau: Helmut Stingl, Dietrich Kabisch und Mitarbeiter |
| | Hochbau: Wolfgang Ortmann, Arno Weber, Otto Altmann und Mitarbeiter |
| Bauzeit: | 1987-1992 |
| Grundflächenzahl: | 0,35 |
| Geschoßflächenzahl: | 2,1 |
| Geschosse: | 7 und 8 |
| Wohneinheiten: | 1072 |
| Wohnungsschlüssel: | 9 % 1-Zi; 6 % 2-Zi; 62 % 3-Zi; 23 % 4-Zimmer-Wohnungen |
| Wohnungsausstattung: | alle Wohnungen mit Küche, Bad, WC sowie Fernheizung |
| Einwohner 1992: | ca. 3.210 |
| Einwohnerdichte 1992: | ca. 440 Ew/ha |
| ÖPNV-Anbindung: | S-Bahnhöfe Unter den Linden und Potsdamer Platz (Linien S1 und S2); U-Bahnhof Mohrenstraße (Linie U2), U-Bahnhöfe Stadtmitte und Französische Straße (Linie U6); Buslinien 100 und 257 (Pariser Platz), 142 (auf der Leipziger Straße), 147 (auf der Französischen Straße), 157 (auf der Friedrichstraße), 348 (auf der Wilhelmstraße) |

## Zur Planungsgeschichte

Nach der Krönung Kurfürst Friedrichs III. von Brandenburg 1701 in Königsberg zum König Friedrich I. in Preußen und der Erklärung Berlins zur Hauptstadt des Königreichs wird die nach dem König benannte dreieckförmige Friedrichstadt die bedeutendste barocke Berliner Stadterweiterung. Die Wilhelmstraße (nach Friedrich Wilhelm I., dem Soldatenkönig) als westliche Gebietsbegrenzung sowie die Achse des Gebietes, die Friedrichstraße (nach Friedrich I.), münden im Süden in einen Rundplatz[1]. Dieses Rondell (Belle-Alliance-/Mehringplatz), das Carrée (Pariser Platz) und das Octogon (Leipziger Platz) gehören zu den markanten Platzschöpfungen des Soldatenkönigs, die dieser innerhalb der Stadt hinter den Toren als Exerzierplätze anlegen läßt. Auf den Leipziger Platz mündet die wichtigste Querverbindung des Gebietes, die Leipziger Straße, als alter Handelsweg zwischen Berlin/Cölln und Leipzig.

Mit zum Teil erheblichen Subventionen fördert Friedrich Wilhelm I. etwa seit 1732 eine repräsentative Bebauung des nördlichen Abschnitts der Wilhelmstraße, zwischen Leipziger Straße und Unter den Linden, mit Adelspalästen, deren großzügige Gartenanlagen (die späteren „Ministergärten") u.a. bis zur Akzisemauer reichen[2]. Ausgesprochene Bürogebäude für die Verwaltungsaufgabe der Ministerien sind in jener Zeit noch unbekannt. Durch die regelmäßigen Sitzungen jedoch, die von den adligen Ministern in ihren Palästen abgehalten werden, bekommen die Gebäude quasi z.T. bereits im 18. Jh. Behördencharakter, bis sie schrittweise im folgenden Jahrhundert vom preußischen Staat übernommen werden. Als sich im 19. Jh. hier wesentliche Regierungsfunktionen ansiedeln, wird die nördliche Wilhelmstraße vergleichbar mit der „Downing Street" in London oder dem „Quai d´Orsay" in Paris[3]. Mit der preußischen und später deutschen Politik, auch eines Otto von Bismarck, mit Abhaltung internationaler Konferenzen u.ä., wird die europäische Politik von hier aus mitbestimmt.

Gleich nach ihrer Machtübernahme brechen die Nationalsozialisten die historische Grundstücks- und Gebäudestruktur auf[4]. Durch Gebäudezusammenlegungen, Anbauten und monumentale Neubaukomplexe werden sämtliche vorhandenen Maßstäbe gesprengt. So entstehen u.a. 1935-1936 das Reichsluftfahrtministerium an der Leipziger Ecke Wilhelmstraße (in der DDR Haus der Ministerien, heute Detlev-Rohwedder-Haus der Treuhand) und anstelle der Reichskanzlei und des Reichspräsidentenpalais 1937-1939 die Neue Reichskanzlei von Albert Speer in der Voß-, Ecke Wilhelmstraße mit dem Arbeitszimmer Adolf Hitlers und ausgedehnten unterirdischen Bunkersystemen sowie dem Führerbunker (gesprengt und heute durch die Wohnanlage Wilhelmstraße überbaut). In der Prinz-Albrecht-Straße (heute Niederkirchnerstraße), Ecke Wilhelmstraße siedelt sich das Reichssicherheitshauptamt u.a. mit der Gestapo-Zentrale an.

Im Zweiten Weltkrieg wird das über mehr als zwei Jahrhunderte gewachsene Regierungsviertel der Wilhelmstraße stark zerstört. Bei den ersten Nachkriegsplanungen setzen sich die Planer besonders auch in der zerstörten Friedrichstadt über noch vorhandene Strukturreste weitgehend hinweg, obwohl die stadttechnischen Installationen unter der Erde größtenteils erhalten sind[5].

Nach den Vorgaben des West-Berliner Hauptstadtwettbewerbs von 1957 sollen historische Strukturen in der Friedrichstadt nur am Lindenforum um die Staatsoper und am Gendarmenmarkt erhalten werden, dazu kommt die Erhaltung der Gebäudekomplexe des ehemaligen Reichsluftfahrtministeriums und des ehemaligen Preußenhauses sowie des Hauses der Flieger (Komplex Preußischer Landtag). Die übrige Friedrichstadt soll mit einem völlig neuen Schnellstraßenverkehrsraster überplant werden, in dem der Belle-Alliance-Platz als Fragment und Kreisverkehrsplatz erscheint[6]. Entsprechend strukturnegierend sehen die eingereichten Wettbewerbsarbeiten aus.

Der anschließende Ost-Berliner Hauptstadtwettbewerb von 1958 begrenzt das Wettbewerbsgebiet in der Dorotheenstadt/Friedrichstadt auf den Bereich zwischen Spree, Französischer Straße und Brandenburger Tor mit der Straße Unter den Linden in der Mitte. Für die Wilhelmstraße werden nur im Bereich des Brandenburger Tores meist städtebaulich-räumlich geschlossene Lösungen angeboten[7]. Der übrige Teil der Wilhelmstraße mit dem ehemaligen Regierungsviertel steht zu diesem Zeitpunkt nicht zur Disposition.

Wilhelmstraße

Mit dem Bau der Mauer ab 1961 wird die Wilhelmstraße in Höhe Zimmerstraße durch die Grenze getrennt, der südliche Straßenabschnitt gehört fortan zu West-Berlin. Der nördliche Abschnitt in Ost-Berlin wird 1964 in Otto-Grotewohl-Straße umbenannt. Auf Ost-Berliner Seite wird eine Neubebauung der westlichen Straßenseite einschließlich der ehemaligen Ministergärten ausgesetzt, da in der Nähe der „Staatsgrenze" von Seiten der DDR ein bebauungsfreier Bereich (Sperrgebiet, Todesstreifen) festgelegt ist, der zur „Sicherung der Grenze" dienen soll. Bauliche Retuschen werden lediglich auf der östlichen Straßenseite ausgeführt. Obwohl die Regierungsfunktionen der DDR auf eine Reihe von Einzelstandorten, insbesondere im Bereich um den Marx-Engels-Platz, verteilt werden, siedeln sich schrittweise besonders östlich der Otto-Grotewohl-Straße sowie südlich der Voßstraße auch auf der westlichen Seite zahlreiche Ministerien, diplomatische Vertretungen und andere wichtige Staatsfunktionen an[8].

1985 steht man in Ost-Berlin unter Zeitdruck. Bis 1990 soll die Wohnungsfrage mit Hilfe des Wohnungsbauprogramms gelöst werden. Im Rahmen dieses Programms werden „Vorzeigeergebnisse" zur 750-Jahrfeier der Stadt (1987) und zum 40. Jahrestag der DDR (1989) von der SED-Führung erwartet, da unklar ist, ob und wie der Massenwohnungsbau nach 1990 weiterbetrieben werden kann. Besonders noch brachliegende, unansehnliche innerstädtische Flächen sollen baulich abgerundet werden. Zur Einleitung der Vorbereitungsarbeiten für die Wohnanlage „Otto-Grotewohl-Straße" (heute wieder Wilhelmstraße) werden bereits Anfang 1985 vom Politbüro des ZK der SED unter Leitung des Generalsekretärs, E. Honecker, und vom Ministerrat der DDR, also von höchsten Partei- und Staatsgremien, entsprechende Beschlüsse gefaßt[9]. In der „gesellschaftspolitischen Zielstellung" des erklärten Jugendobjektes im Rahmen der „FDJ-Initiative Berlin" heißt es dazu: „Die konsequente Weiterführung des Wohnungsbauprogramms bildet die Grundlage für die Festlegung zur Errichtung eines innerstädtischen Wohngebietes im Bereich der Otto-Grotewohl-Straße. Neben den Einrichtungen für die Versorgung und Betreuung der Bewohner sind vorwiegend in den Erdgeschossen repräsentative Einrichtungen der Gastronomie und des Handels von örtlicher und überörtlicher Bedeutung vorzusehen. Die Freifläche westlich der Otto-Grotewohl-Straße (bis zur „Mauer", d. Verf.) ist als großzügig angelegte Parklandschaft den differenzierten Anforderungen entsprechend zu gestalten. Unter Anwendung neuester wissenschaftlich-technischer Erkenntnisse im industriellen Wohnungsbau und mit Einsatz der Großtafelbauweise auf der Grundlage der WBS 70 (Wohnungsbauserie 70, d.Verf.) ist die Realisierung des Bauvorhabens bis zum Jahre 1990 im wesentlichen abzuschließen. Dabei sind ... mit einer anspruchsvollen städtebaulich-architektonischen Gestaltung der baulich-räumlichen Umwelt höchste soziale Effekte und dementsprechende baukünstlerische Lösungen zu erreichen".[10]

Straßenraum An der Kolonnade

Voßstraße

Auf der Grundlage eines Bebauungsvorschlags des Büros für Städtebau beim Magistrat vom Januar 1986 werden unter der Leitung des Investitionsauftraggebers „Baudirektion Hauptstadt Berlin des Ministeriums für Bauwesen" vom Betrieb Projektierung im Wohnungsbaukombinat Berlin die Bebauungsunterlagen für dieses Gebiet ausgearbeitet. Auf der Berliner „Bauausstellung der DDR 1987" wird die geplante Bebauung mit großmaßstäblichen Modellen zusammen mit den wichtigsten Bauprojekten der DDR und insbesondere Ost-Berlins bis 1990 mit noch nie dagewesenem Propagandaaufwand vorgestellt. Unter Einsatz qualitativ hochwertigen Baumaterials wird die Wohnanlage innerhalb von fünf Jahren verwirklicht. „Mit den Mitteln der städtebaulich-architektonischen Gestaltung - des Massenaufbaus, der Straßen- und Platzraumbebauung, der bewußten Aufnahme von Blickbeziehungen - wurde angestrebt, die geplante funktionell-räumliche Struktur ablesbar und erlebbar zu machen. Typische Elemente der Friedrichstadt, wie z.B. die Quartierstruktur mit Platz- und Straßenräumen, die Beschränkung der Gebäudehöhe auf ca. 24,0 Meter, die Ausbildung von Dachzonen, die plastische Gestaltung der Fassaden usw."[11] sind Richtschnur der Architekten. Die mäanderförmige Bebauungsform ist eine Reminiszenz an die ehemaligen Palaishöfe. Etwa zwei Jahre nach Baubeginn erfolgt 1989 die Öffnung der Berliner Mauer. Sämtliche Prämissen ändern sich damit, ein Grund dafür, weshalb jenes Wohngebiet heute umstritten ist.

### Die Wohnungen

Für die „angestrebte Einheit der architektonischen Gestaltung"[12] werden drei Grundsegmente, zwei Normalsegmente mit Längen von 18,00 sowie 28,80 Metern und ein Ecksegment mit einer Länge von 19,20 Meter, entwickelt, die standortbedingt variiert werden. Die im Vergleich zu anderen Plattenbaugebieten der DDR relativ starke Differenzierung in der Gestaltung wird durch zusätzliche Elemente und durch Ausbildung bestimmter Details erreicht.

Die Wohnungsgrößen schwanken zwischen 43 und 127 $m^2$ Wohnfläche, mit durchschnittlich 87 $m^2$ Wohnfläche bei Einbeziehung sämtlicher Wohnungsvarianten liegen die Wohnungsgrößen deutlich über der DDR-Norm. Mit diesen Parametern und einem Anteil von 85 % Drei- und Vierzimmerwohnungen weist sich die Wohnanlage als „DDR-Nobelviertel" aus. Dieser Sachverhalt wird darüber hinaus durch den Wohnungszuschnitt, durch die gute Ausstattung, den Einbau von Erkern, kleinen Wintergärten u.ä. unterstrichen.

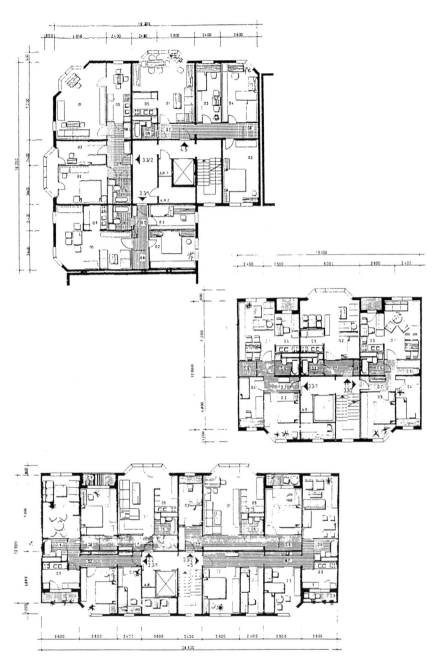

Grundrisse: Ecksegment (oben links), Normalsegment 18m (oben rechts) und Normalsegment 28m (unten)

## Die Wohnanlage - heute

Im Vergleich zu anderen Siedlungen zählt die Wohnanlage in der Wilhelmstraße hinsichtlich ihres Wohnwertes sowie aus gestalterischer und funktioneller Sicht zu den letzten und besten Leistungen, die das DDR-Bauwesen in Plattenbauweise hervorgebracht hat.

Durch die zentrale Lage, die gute Ausstattung mit Läden, Gaststätten, Dienstleistungs-, Kinder- und anderen Einrichtungen, durch die noble Freiflächengestaltung, relativ gute Gestaltung der Plattenbauten sowie durch die attraktiven Wohnungen und vergleichbar geringen Mieten wird die Wohnanlage noch zu DDR-Zeiten ein beliebter Wohnstandort, sodaß die Nachfrage nicht befriedigt werden kann. In der Anfangsphase der Bauzeit steht als Bauland nur etwa die Hälfte der einstigen Grundstückstiefe zur Verfügung. Der andere Teil ist für den sogenannten „Todesstreifen" an der Mauer reserviert, der von vielen Bewohnern einsehbar ist. Um nicht erwünschte politische Diskussionen von vornherein auszuschließen, wird die Wohnungsvergabe nach Kriterien des „Staatsverdienstes" und der „Linientreue" gesteuert. Nach Abriß der Mauer hat das Gebiet seine Wohnattraktivität nicht verloren. Die Ironie des Schicksals wollte es, daß an jenem Ort nicht Geschichte des Regierungsstandorts fortgeschrieben wird, sondern die Geschichte des Wohnstandorts für „Günstlinge des Hofes der Arbeiterklasse" neu begonnen wird.

Wohnungsbau ist prinzipiell kein guter Ersatz für einen über Jahrhunderte gewachsenen, ehemaligen Regierungsstandort, auch wenn das Wohngebiet eine noch so hohe Qualität in der Angleichung an die historische Bebauungsstruktur aufweist. Im Grunde ist die Standortfestlegung für den Wohnungsbau der Otto-Grotewohl-Straße (heute Wilhelmstraße) aber Ergebnis einer jahrzehntelangen Folge von Fehlentscheidungen der zuständigen Behörden in West- und Ost-Berlin, welche Orientierungslosigkeit und Mängel in der Vergangenheitsbewältigung zur Ursache hat. In etwa drei Jahrzehnten werden die sich noch abzeichnenden historischen Strukturen der Friedrichstadt/Dorotheenstadt in den Bereichen Mehringplatz/südliche Friedrichstadt, Friedrichstraße und Bahnhof Friedrichstraße, Leipziger Straße, Wilhelmplatz systematisch zerstört und meist in unvorteilhaft veränderter Form neu aufgebaut. Bei diesen Entscheidungen denken Politiker, Stadtplaner oder Architekten weder an eine Vereinigung beider deutscher Staaten oder Berlins noch an den Umzug einer gesamtdeutschen Regierung nach Berlin. Bei Einleitung der Planungsphase zur Grotewohlstraße, Mitte der 80er Jahre, sind die Hauptstadtfunktionen für die DDR in Ost-Berlin seit Jahrzehnten fixiert und die Trennung der Stadt auf Jahrhunderte ausgerichtet, sodaß ein anderes Ergebnis kaum erwartet werden konnte.

Neue Konzeptionen gehen heute davon aus, den Wohnungsbau nach Westen hin zu arrondieren. Laut Senatsbeschluß sollen im südlichen Teil der ehemaligen Ministergärten etwa zehn Landesvertretungen der Bundesländer angesiedelt werden. Finanziert durch die Bundesrepublik Deutschland, durch das Land Berlin und private Spender soll im nördlichen Bereich der Ministergärten, in der Nähe des Brandenburger Tores, ein Denkmal für die ermordeten Juden Europas (Holocaust-Gedenkstätte) entstehen, wofür ein künstlerischer Wettbewerb ausgeschrieben ist.

Gebäudestaffelung und Freiflächen anstelle der ehemaligen Ministergärten

# ANMERKUNGEN UND LITERATURVERZEICHNIS

## Zur Geschichte der Berliner Siedlungen - ein Überblick

### Anmerkungen

1 Vgl. Posener 1982, S. 51
2 Auch innerhalb des S-Bahnringes gab es natürlich „bessere Viertel", insbesondere im Südwesten (z.B. Bayerisches Viertel).
3 Bauwelt 1989. Heft 11, S. 385. Vgl. Heinisch/Schumacher 1989
4 Posener 1982, S. 48
5 Die erste Berliner Kolonie Alsen ist in ihrer Anlage als Garten konzipiert. Vgl. Heinisch/Schumacher 1989
6 Die differenzierten Parzellen- und Lagestrukturen der kaiserzeitlichen Villenkolonien unterscheiden sich deutlich von den egalitären Strukturen der Siedlungen nach dem ersten Weltkrieg.
7 Zitiert nach Posener 1982
8 Posener 1982, S. 55
9 Vgl. Bollerey/Hartmann 1979, S. 286
10 Bodenschatz 1987, S. 53
11 Lennés Plan basiert auf Planungen Schmidts, die von ihm weiterbearbeitet werden.
12 Da ein Hof mit 5,30 m eher einem Lichtschacht gleicht, war es zur intensiven Ausnutzung mit Seitenflügeln günstiger, etwas größere Höfe anzulegen.
13 Vgl. Posener 1982, S. 51
14 Werner 1978, S. 41
15 Vgl. Hegemann 1930, S. 284 ff.
16 Novy 1984, S. 176
17 Vgl. Novy 1984, 176 ff.
18 Wedepohl 1970, S. 115
19 Vgl. Hartmann 1976, S. 38 und Sarfert 1992, S. 11 ff.
20 Vgl. Posener et al. 1987, S. 140
21 Vgl. hierzu die reaktionären und nationalistischen Ausführungen in: Schmitthenner 1915.
22 Vgl. Busche 1987, S. 158
23 Vgl. Bodenschatz 1987, S. 94 f.
24 Die Hauszinssteuer schöpft den Vermögensgewinn des durch die Inflation entschuldeten Grundbesitzes ab.
25 Vgl. Bodenschatz 1987, S. 96 f. Busche (1987, S.158) nennt für die Zeit bis 1924 weit höhere Zahlen.
26 In Britz kann man allerdings auch von der Simulation der Rationalisierung sprechen, da im wesentlichen konventionell gebaut wurde.
27 Busche 1987, S. 160
28 Vgl. Uhlig 1977
29 Vgl. Langen 1933, S. 325 ff.
30 Vgl. Machule 1970, S. 140
31 Vgl. Huse 1988, S. 138
32 Vgl. Bodenschatz 1987, S. 117
33 Vgl. Frank 1990, S. 255
34 Die Berliner Mietshausbebauung weist zwar insgesamt eine hohe Dichte auf, wiewohl zwischen den dichtesten Arbeitervierteln in Wedding und Kreuzberg und den „lockerer" und später bebauten bürgerlichen Gebieten in Wilmersdorf erhebliche Unterschiede bestehen.
35 Vgl. Bodenschatz 1992, S. 66
36 Vgl. Hain 1992, S. 32 ff.
37 Vgl. Schulz, J. 1987, S. 105
38 Vgl. Hain 1992, S. 45
39 Vgl. Topfstedt 1988, S. 10 ff. und Topfstedt 1989, S. 11 ff.
40 Vgl. Hain, S. 45

41 Städtebaulich markiert das Hansaviertel eher den Abschluß einer Ära, da wenig später schon mit den Planungen für die Großsiedlungen der 60er Jahre begonnen wird. Die ernsthaften Planungen für die Gropiusstadt beginnen z.b. 1958.
42 Vgl. Geisert 1990, S. 54 ff.
43 Vgl. Ideenwettbewerb 1958
44 Vgl. Geisert 1990, S. 54 ff.
45 So gefordert auf dem Städtebaukongreß in Augsburg 1960.
46 Rave 1970, S. 233
47 Schnedler/Schneider 1976, S. 93
48 Dies ist für das Märkische Viertel und die Siedlung Falkenhagener Feld belegt.
49 Vgl. Kürger, K.: Menschen im Experiment. In: Der Spiegel 45/1970
50 Bodenschatz/Claussen 1984, S. 64
51 Vgl. Autzen u.a. 1984
52 Vgl. Der sozialistische Wohnkomplex
53 Vgl. Schulz, J. 1987
54 ebenda
55 In den 70er Jahren wird in der gesamten DDR mehr als eine Million Wohnungen neu gebaut, im gleichen Zeitraum wird etwa eine halbe Million Wohnungen abgerissen oder aus dem Wohnungsfonds gestrichen. Vgl. auch: Schulz, K.-D. 1989, S. 24 ff.
56 Bodenschatz 1987, S. 257
57 Weitere wichtige Veröffentlichungen von A. Mitscherlich zur Unwirtlichkeit unserer Städte von 1965 und K. Lynchs Buch „The Image of the City". (Siedler und Mitscherlich setzen sich allerdings mit dem Städtebau der 50er und frühen 60er Jahre auseinander.)
58 Arbeitsgruppe Stadterneuerung 1989, S. 2
59 Vgl. Habermas 1985, S. 11 ff. und S. 141 ff.
60 Bodenschatz 1987, S. 257
61 Sieverts 1986, S. 16
62 Vgl. Lütke Daldrup 1989, S. 30 ff.
63 Vgl. Koalitionsvereinbarung zwischen SPD und AL vom März 1989
64 Vgl. Schulz, K.-D. 1989
65 Vgl. Stimman, H., Keller, K. (Hrsg.), Wohnungsbau für Berlin, S. 13, Berlin 1993

**Literatur**

Akademie der Künste (Hg.): Bruno Taut 1880 - 1938. Ausstellungskatalog. Berlin 1980
Akademie der Künste (Hg.): Martin Wagner 1885 - 1957. Ausstellungskatalog. Berlin 1986
Albers, G.: Vom Fluchtlinienplan zum Stadtentwicklungsplan. In: Archiv für Kommunalwissenschaften. 6/1967, S. 192ff
Arbeitsgruppe Stadterneuerung (Hg.): Zur Bestandsentwicklungspolitik. Berlin 1989
Architekten und Ingenieurverein zu Berlin (AIV): Berlin und seine Bauten. Buchreihe
Autzen, R. u.a.(Hg.): Stadterneuerung Berlin. Sanierung und Zerstörung vor und neben der IBA. Berlin 1984
Bahrdt, H.P.: Humaner Wohnungsbau. Überlegungen zur Wohnungspolitik und Stadtplanung für die nahe Zukunft. Hamburg 1968
Berlin, Berlin. Die Ausstellung zur Geschichte der Stadt. Ausstellungskatalog. Hg.: Korff, G., Rürup, R. Berlin 1987
Bodenschatz, H., Clausen, H.: Zum Teufel mit der Mietskaserne?. In: Idee, Prozeß, Ergebnis. Die Reparatur und Rekonstruktion der Stadt. Internationale Bauausstellung Berlin 1987. Hg.: Senator für Bau- und Wohnungswesen. Berlin 1984
Bodenschatz, H.: Berlin West: Abschied von der 'steinernen Stadt'. In: Neue Städte aus Ruinen. Deutscher Städtebau der Nachkriegszeit. München 1987
Bodenschatz, H.: Platz frei für das neue Berlin! Geschichte der Stadterneuerung seit 1871. Studien zur neueren Planungsgeschichte. Band 1. Berlin 1987
Bolleroy, F., Hartmann, K.: Die Mietskaserne. In: Lernbereich Wohnen. Band 2. Hamburg 1979
Busche, E.A.: Laboratorium: Wohnen und Weltstadt. In: 750 Jahre Architektur und Städtebau in Berlin. Ausstellungskatalog. Hg. Kleihues, J.P.. Berlin 1987

# Literaturverzeichnis

Damaschke, A.: Die Bodenreform. Grundsätze und Geschichtliches zur Erkenntnis und Überwindung der sozialen Not. 20. Auflage. Jena 1923
Der sozialistische Wohnkomplex. Berlin 1959
Durth, W., Gutschow, N.: Architektur und Städtebau der 50er Jahre. Schriftenreihe des deutschen Nationalkomitees für Denkmalschutz. Band 33. Bonn 1987
Durth, W.: Deutsche Architekten. Bibliographische Verflechtungen 1900 - 1970. Braunschweig 1986
Eberstadt, R.: Handbuch des Wohnungswesens und der Wohnungsfrage. Jena 1910
Feder, G.: Die neue Stadt. Berlin 1939
Flächennutzungsplan von Berlin. FNP 84. Hg.: Senator für Stadtentwicklung und Umweltschutz. Berlin 1988
Frank, H.: Landschaft in Trümmern. In: Hauptstadt Berlin, Internationaler Städtebaulicher Ideenwettbewerb 1957/58, Ausstellungskatalog. Berlin 1990
Geisert, H., Haneberg, D., Hein, C.: Hauptstadt Berlin, Internationaler städtebaulicher Ideenwettbewerb 1957/58. Berlin 1990
Geist, J.F., Kürvers, K.: Das Berliner Mietshaus. Band 1: 1740-1862. München 1980. Band 2: 1862-1945. München 1984
Göderitz, J., Rainer, R., Hoffmann, H.: Die gegliederte und aufgelockerte Stadt. Tübingen 1957
Habermas, J.: Die neue Unübersichtlichkeit. Frankfurt 1985
Hain, S.: Berlin Ost:"Im Westen wird man sich wundern". In: Neue Städte aus Ruinen. Deutscher Städtebau der Nachkriegszeit. München 1992
Hartmann, K.: Deutsche Gartenstadtbewegung. München 1976
Hegemann, W.: Das steinerne Berlin. Geschichte der größten Mietskasernenstadt der Welt. Berlin 1930
Heinisch, T.J., Schumacher, H.: Colonie Alsen. Ein Platz zwischen Berlin und Potsdam. Berlin 1989
Hilberseimer, L. Berliner Architektur der zwanziger Jahre. Mainz, Berlin 1967
Hobrecht, J.: Die Canalisation von Berlin. Im Auftrag der königl. Haupt- und Residenzstadt Berlin entworfen und ausgeführt von James Hobrecht. Berlin 1884
Howard, E.: Gartenstädte in Sicht. Jena 1907
Howard, E.: To-Morrow. A peaceful path to real reform. London 1898 (in späteren Ausgaben: „Garden Cities of To-Morrow")
Huse, N. (Hrsg.): Siedlungen der Zwanziger Jahre - heute. Vier Berliner Großsiedlungen 1924 - 1984. Ausstellungskatalog des Bauhaus Archiv. Berlin 1984
Huse, N. (Hrsg.): verloren gefährdet geschützt, Baudenkmale in Berlin. Ausstellungskatalog. Berlin 1988
Huse, N.: „Neues Bauen" 1918 bis 1933. Moderne Architektur in der Weimarer Republik. München 1975
Idee, Prozeß, Ergebnis. Die Reparatur und Rekonstruktion der Stadt. Katalog zur Ausstellung der IBA. Hg.: Senator für Bau- und Wohnungswesen. Berlin 1984
Ideenwettbewerb zur sozialistischen Umgestaltung der Hauptstadt der Deutschen Demokratischen Republik, Berlin. In: Deutsche Architektur, Heft 7/1958, Sonderbeilage
Jacobs, J.: Vom Tod und Leben amerikanischer Städte. Vancouver 1961
Jansen, H.: Vorschlag zu einem Grundplan für Groß-Berlin 1909. München 1910
Joedicke, J.: Geschichte der modernen Architektur des 19. und 20. Jahrhunderts. München 1964
Johannes, H.: Neues Bauen in Berlin. Ein Führer mit 168 Bildern. Berlin 1931
Kleihues, J.P. (Hg.): 750 Jahre Architektur und Städtebau in Berlin. Internationale Bauausstellung Berlin 1987 im Kontext der Baugeschichte. Stuttgart 1987
Kloß, K.-P.: Siedlungen der 20er Jahre. In: Berliner Sehenswürdigkeiten 4. Hg.: Spiess, V. Berlin
Langen, G.: Untersuchungen über Nutzgartensiedlungen in der Umgebung großer Städte nach Erfahrungen aus der Umgebung Berlins. In: Zentralblatt der Bauverwaltung 1933. Heft 27/28. S. 325ff
Lütke Daldrup, E.: Platz für 120.000 Wohnungen - Wunschdenken der Flächennutzungsplanung. In: WohnRaumNot. Dokumentation einer Expertenanhörung. Hg.: Berliner Mieterverein. Berlin 1989, S. 30 - 40
Lynch, K.: The Image of the City. Deutscher Titel: „Das Bild der Stadt". Berlin 1965

Machule, D., Seiberlich, L.: Die Berliner Vororte. In: Berlin und seine Bauten. Teil IV A. Hg.: AIV. Berlin 1970

Machule, D.: Die Wohngebiete 1919-1945. In: Berlin und seine Bauten. Teil IV A. Hg.: AIV. Berlin 1970

Mietermagazin: Mit zwölf Personen in einem Raum. Heft 5/1987, S. 24 f.

Mitscherlich, A.: Die Unwirtlichkeit unserer Städte. Anstiftung zum Unfrieden. Frankfurt 1965

Muthesius, H.: Landhaus und Garten. München 1907

Neue Gesellschaft für Bildende Kunst (Hg.): Wem gehört die Welt. Kunst und Gesellschaft in der Weimarer Republik. Berlin 1977

Novy, K.: Die veralltäglichte Utopie. Richtungen genossenschaftlicher Wohnreformen in Berlin vor 1914. In: Fester et al.: Berlin. Von der Mietskaserne zum Ökohaus. Materialien. Karlsruhe 1984, S. 173 ff.

Pfannkuch, P., Schneider, M.: Von der juristischen zur funktionellen Stadt. Planen und Bauen in Europa 1913 - 1933. In: Tendenzen der zwanziger Jahre. 15. Europäische Kunstausstellung. Berlin 1977

Posener, J. et al.: 1888 - 1918. Die Zeit Wilhelms des Zweiten. In: 750 Jahre Architektur und Städtebau in Berlin. Internationale Bauausstellung Berlin 1987 im Kontext der Baugeschichte. Hrsg.: J.P. Kleihues. Stuttgart 1987

Posener, J.: Berlin auf dem Weg zu einer neuen Architektur. Das Zeitalter Wilhelm II.. München 1979

Posener, J.: Vorlesungen zur Geschichte der neuen Architektur IV. Soziale und bautechnische Entwicklungen im 19. Jahrhundert. In: Arch+ Heft 63/64. 1982

Rave, J., Knöfel, H.-J.: Bauen seit 1900 in Berlin. Berlin 1968

Rave, J., Rave, R., Knöfel, H.-J.: Bauen der siebziger Jahre in Berlin. Berlin 1981

Rave, J.: Die Berliner Wohngebiete 1945 - 1967. In: Berlin und seine Bauten. Teil IV A. Hg.: AIV. Berlin 1970

Reichow, H.B.: Die autogerechte Stadt. Ein Weg aus dem Verkehrschaos. Ravensburg 1959

Reichow, H.B.: Organische Stadtbaukunst. Von der Großstadt zur Stadtlandschaft. Braunschweig 1948

Reinhardt, H., Schäche, W.: Von Berlin nach Germania - Die Zerstörung der Reichshauptstadt durch Albert Speers Neugestaltungspläne. Berlin 1984

Reuther, H.: Die große Zerstörung Berlins. Zweihundert Jahre Stadtgeschichte Frankfurt, Berlin 1985

Ribbe, W. (Hrsg.): Geschichte Berlins. Band 1: Von der Frühgeschichte bis zur Industrialisierung. Band 2: Von der Märzrevolution bis zur Gegenwart. München 1987

Ribbe, W. et al. (Hrsg.): Baumeister, Architekten, Stadtplaner. Bibliographien zur baulichen Entwicklung Berlins. Berlin 1987

Rossi, A.: L'architettura della Città. Padua 1966

Rowe, C.: Collage City. Boston 1978

Sarfert, H.-J.: Hellerau. Die Gartenstadt und Künstlerkolonie. Dresden 1992

Schäche, W.: Streich, W. (Hg.): Stadtentwicklung Berlin nach 1945. Hg.: Institut für Stadt- und Regionalplanung der TU Berlin. Berlin 1985

Schneider, H., Schneider, R.L.: Typische Stadträume und Bauformen in Berlin: Sammlung und Vergleich. In: Werkstatt 1. Stadtidee und Stadtgestalt: Beispiel Berlin. Hg.: Senator für Bau- und Wohnungswesen. Berlin 1976

Schulz, J.; Gräbner, W.: Berlin, Architektur von Pankow bis Köpenick. Berlin 1987

Schulz, K.-D.: Der Städtebau von 1960 bis 1971; Der Städtebau nach dem VIII. Parteitag der SED. In: Städtebau und Architektur in der DDR, eine historische Übersicht. Berlin 1989

Schwarz, K. (Hg.): Die Zukunft der Metropolen: Paris, London, Berlin. 3 Bände. Berlin 1984

Schwarz, K. (Hg.): Von der Residenzstadt zur Industriemetropole. Ein Beitrag der TU Berlin zum Preußenjahr 1981. Band 1 - 3. Ausstellungskatalog. Berlin 1981

Schwenke, R.: Grundzüge der Stadtentwicklung und des Städtebaus in Deutschland. Band II. Bensheim 1981

Senator für Stadtentwicklung und Umweltschutz (Hg.): Die städtebauliche Entwicklung Berlins seit 1650 in Karten.

Literaturverzeichnis 346

Senator für Stadtentwicklung und Umweltschutz: Flächennutzungsplan von Berlin 1984/1988
Siedler, W.J., Niggemeyer, E.: Die gemordete Stadt. Berlin 1964
Sieverts, T.: Raumbildung im modernen Städtebau. SRL-Information 21. Bochum 1986
Sitte, C.: Der Städtebau nach künstlerischen Gesichtspunkten. Wien 1889
Teut, A.: Architektur im Dritten Reich. Frankfurt 1967
Topfstedt, T.: Städtebau in der DDR, 1955-1971. Leipzig 1988
Topfstedt, T.: Der Städtebau von 1945 bis 1959. In: Städtebau und Architektur in der DDR, eine historische Übersicht. Berlin 1989
Topographischer Atlas Berlin. Hg.: Senator für Bau- und Wohnungswesen Abteilung Vermessung. Berlin 1987
Uhlig, G.: Stadtplanung in der Weimarer Republik. In: Wem gehört die Welt. Kunst und Gesellschaft in der Weimarer Republik. Hg.: NGBK. Berlin 1977
Wedepohl, E.: Die Wohngebiete 1896 - 1918. In: Berlin und seine Bauten. Teil IV A. Hg.: AIV. Berlin 1970
Werkbund-Arbeitsgruppe in Berlin: Stadtquartiere - vier Beispiele in Berlin. In: Stadtbauwelt 51/1976, S. 1133 ff.
Werner, A.: Unsere Städte. Entwicklungen, gegenwärtige Situation, Entwicklungstendenzen. Hg.: Hess. Landeszentrale für politische Bildung. Wiesbaden 1978
Wolters, R.: Stadtmitte Berlin. Tübingen 1978


## Groß-Lichterfelde

### Anmerkungen

1 Zudem inspirierten Carstenn englische Vorbilder, die er auf Reisen kennengelernt hatte.
2 Castenn 1892, zitiert nach Schinz 1966, S. 770
3 Lüders 1901, S. 21
4 Vgl. Schinz, 1966, S. 772
5 Machule/Seiberlich 1970, S. 93
6 Posener 1982, S.55 f.
7 Lüders 1901, S.96
8 Deutscher Werkbund Berlin 1977, S.11
9 Posener, S. 55

### Literatur

Baedeker: Die Berliner Vororte: ein Handbuch für Haus- und Grundstückskäufer, Baulustige, Wohnungssuchende, Grundstücksbesitzer, Vorortbewohner, Terraingesellschaften, Hypothekenverleiher, Architekten u.a.m. . Berlin 1908
Carstenn-Lichterfelde, Johann A.W.v.: Offener Brief an die Mitglieder des Reichstages über meine Schenkung an den Staat, sowie die zukünftige Entwicklung Berlins. Berlin 1892
Gantzer, K.: Der Spiegel der Heimat. Selbstverlag. Berlin-Lichterfelde 1928
Hegemann, W.: Der Städtebau. Berlin 1911
Hegemann, W.: Das steinerne Berlin (1930). Bauwelt Fundamente 3. Braunschweig 1979
Lüders, P.: Groß-Lichterfelde in den ersten 25 Jahren seines Bestehens. Lichterfelder Verein (Hg.). Berlin 1893
Lüders, P. und H.: Chronik von Groß-Lichterfelde. Groß-Lichterfelde 1901
Machule, D. und Seiberlich, L.: Die Berliner Villenvororte. In: Berlin und seine Bauten. Teil IV A. Berlin 1970, S. 93 f.
Pappenberg, K.: Die Lichterfelder Dorfaue. Sonderdruck aus dem Lichterfelder Lokalanzeiger vom 4. Januar 1935

Posener, J.: Vorlesungen zur Geschichte der Neuen Architektur (IV) - Die soziale und bautechnische Entwicklung im 19. Jahrhundert. In: Arch+ 1982 Heft 63/64, S. 44 ff.
Posener J.: 1888-1918. Die Zeit Wilhelms des Zweiten. In: 750 Jahre Architektur und Städtebau in Berlin. Ausstellungskatalog der Internationalen Bauausstellung Berlin. Berlin 1987
Röhl, D.: Lichterfelde. In: Topographischer Atlas Berlin. Berlin 1987, S. 82 f.
Schinz, A.: 1866: ein Stadtkonzept. In: Stadtbauwelt 1966, Heft 10
Werkbund-Arbeitsgruppe Berlin: Stadtquartiere - vier Beispiele in Berlin. In: Stadtbauwelt 51. Berlin 1976, S. 1133 ff.

## Westend

**Anmerkungen**

1 Vgl. Hegemann 1930, S. 253
2 Vgl. Berlin und seine Bauten 1970, S. 105
3 Wiß, zitiert nach Hegemann 1930, S. 253
4 Baedecker 1980, S.69
5 Wille 1976, S. 54
6 Reindke 1985, S. 36

**Literatur**

Architekten- und Ingenieurverein Berlin (AIV): Berlin und seine Bauten. Teil IV A. Berlin 1970
Baedeckers Berlin-Charlottenburg. Berlin 1980
Berlin und seine Bauten. Teil IV A. Berlin 1970, S. 105 f.
Engel, H.: Die Berliner Vororte. In: Bauwelt 5/1974
Hegemann, W.: Das steinerne Berlin (1939), Bauwelt Fundamente 3, Braunschweig 1976
Kuhr, J.: Das Westend bei Charlottenburg, seine Lage und Umgebung. Berlin 1968
Posener, J.: Vorlesungen zur Geschichte der Architektur. Soziale und bautechnische Entwicklungen im 19. Jahrhundert. In: Arch+ 63/64. 1982, S. 49 ff.
Rave, R., Knöfel, H.J.: Bauen seit 1900 in Berlin. Berlin 1968
Reidke, G.: Vom Brandenburger Tor bis zum westlichen Stadtrand. In: Exkursionsführer zum 45. Deutschen Geographentag. Hg: Hofmeister, B., Voss, F.. Berlin 1985
Wille, K.-D.: 42 Spaziergänge in Charlottenburg und Spandau, Berlin 1976

## Villenkolonie Grunewald

**Anmerkungen**

1 Die Villenkolonie Grunewald ist nicht zu verwechseln mit der Villen-Kolonie Zehlendorf-West am Volkspark Grunewald, deren ursprünglicher Name Zehlendorf-Grunewald heute nicht mehr gebräuchlich ist.
2 Vgl. Hegemann 1930, S. 247 f.
3 Vgl. Machule/Seiberlich 1970, S. 93
4 Vgl. Berlin und seine Bauten, 1970, S. 109
5 zitiert nach Wille 1977, S. 37 f.
6 Vgl. Müller 1978, S. 59 ff.
7 Voigt 1901, S. 245

8   Auch für große Grundstücke werden Ende der 80er Jahre über 1.500 DM/qm erzielt.
9   Grunewaldecho 1929, S. 5
10  Vgl. Vetter 1985, S. 189
11  Pape 1987, S. 86

**Literatur**

Architekten- und Ingenieurverein Berlin (AIV): Berlin und seine Bauten. Teil IV A. Berlin 1970
Engel, H.: Die Berliner Villenviertel. In: Bauwelt Heft 5. Berlin 1974
Grunewald-Echo - 30 Jahre, Jubiläumsausgabe. Berlin-Grunewald 1929
Hallmann, H., Müller, J (Hg.): Freiraumarchitektur. Vom Hinterhof zum Park. Band 2. Berlin 1986
Hegemann, W.: Das steinerne Berlin (1930). Bauwelt Fundamente 3. Braunschweig/Wiesbaden 1979
Machule, D., Seiberlich, L.: Die Berliner Villenvororte. In: Berlin und seine Bauten. a.a.O., S. 93 ff.
Müller, D.: Verkehrs- und Wohnstrukturen in Groß-Berlin 1880 - 1980. Berliner Geographische Schriften Band 4. Berlin 1978
Pape, C.: Villenkolonie Grunewald. In: Topographischer Atlas Berlin. Berlin 1987, S. 86f
Posener, J.: Vorlesungen zur Geschichte der Neuen Architektur III. Das Zeitalter Wilhelms II. . In: Arch+ 59, 1981
Rave, R., Knöfel, H.-J.: Bauen seit 1900 in Berlin West. Berlin 1968
Schnedler, H., Schneider, R.L.: Typische Stadträume und Bauformen in Berlin: Sammlung und Vergleich. In: Stadtidee und Stadtgestalt: Beispiel Berlin. Werkstadt 1 (Hg.: Senator für Bau- und Wohnungswesen). Berlin 1976
Senator für Stadtentwicklung und Umweltschutz: Flächennutzungsplan von Berlin 1984/88. Berlin 1988
Siebert, H.: Berlin-Grunewald. Ein Heimatbuch. Berlin 1930
Vetter, F.: Stadtteilexkursion Berlin-Wilmersdorf. In: Exkursionsführer zum 45. Deutschen Geographentag Berlin 1985. Hg.: Hofmeister, B. und Voss, F.. Berlin 1985
Voigt, P.: Grundrente und Wohnungsfrage in Berlin und seinen Vororten. Eine Untersuchung ihrer Geschichte und ihres gegenwärtigen Standes. Teil 1. Jena 1901
Wille, K.-D.: 43 Spaziergänge in Zehlendorf und Wilmersdorf. Berlin 1977
Kunstamt Wilmersdorf (Hg.): Wilmersdorf - dargestellt im Kartenbild der Jahre von 1588 bis 1938. Berlin 1983

**Sophienstraße/Hackesche Höfe**

**Anmerkungen**

1   Vgl. Scheunenviertel 1993, S. 7
2   ebenda S. 8
3   Vgl. Gohlke 1988, S. 11
4   ebenda S. 13
5   Vgl. Adami 1987, S. 19
6   Vgl. Schulz 1987, S. 72
7   Vgl. Paul 1993, S. 3

## Literatur

Adami, H.; Pallaske, I.: Wohnungsbau in Berlin 1984-1986. Berlin 1987
Gohlke, P.: Zur Rekonstruktion der Sophienstraße Berlin. In: Architektur der DDR. Heft 6/1988, S. 9-15
Paul, U.: Den Hackeschen Höfen soll der „Staub" erhalten bleiben. In: Berliner Zeitung, 26./27. Juni 1993, S. 3
Scheunenviertel Berlin, Stadtteilführer. Berlin 1993
Schulz, J.; Gräbner, W.: Berlin, Architektur von Pankow bis Köpenick. Berlin 1987
Trost, H. u.a.: Die Bau- und Kunstdenkmale in der DDR, Hauptstadt Berlin I. Berlin 1983

## Klausener Platz

### Anmerkungen

1 Zöbl 1985, S. 172
2 Bodenschatz/Heise/Korfmacher 1983, S. 64

### Literatur

Architektur der DDR. Heft 2. Berlin 1980, S. 67
Bauwelt Berlin 5/1981, S. 155
Bauwelt Berlin 37/1982, S. 1569
Bodenschatz, H., Heise, V., Korfmacher, J.: Schluß mit der Zerstörung? Gießen 1983
Brumund, W., Pesch, F.: Wohnen im Altbaugebiet. Ideen Skizzen und Projekte für ein gebrauchsfähiges Wohnumfeld. Dortmund 1984, S. 30 f.
Geist, J.F., Kürvers, K.: Das Berliner Mietshaus 1862-1945. München 1984
Hämer, H.W., Rosemann, J.: Stadterneuerung ohne Verdrängung - ein Versuch. In: Arch+ 29/1976, S. 2
Hämer, H.W. u.a.: Stadterneuerung in Sanierungsgebieten. Untersuchung von Modellvorhaben in West-Berlin. Berlin 1975
Hämer H.W. u.a.: Kostenanalyse der Modellmodernisierung von Altbauten. Schriftenreihe des Bundesministers für Raumordnung, Bauwesen und Städtebau. Bd. 03.041. Bonn 1976
Hegemann, W.: Das steinerne Berlin (1939), Bauwelt Fundamente 3, Braunschweig 1976
Kühne, G.: Berlin-Atlas zu Stadtbild und Straßenraum. In: Bauwelt 19/1974, S. 728 f.
Rave, R.u.J., Knöfel, H.J.: Bauen der 70er Jahre in Berlin. Berlin 1981
Sanierungswettbewerb Klausener Platz Berlin. In: Bauwelt 19/1974, S. 722 ff. und 21/1974, S. 771
Schindele, E.: Mieter stören. Berlin 1981
Senator für Bau- und Wohnungswesen: Stadterneuerung. Sanierungsgebiet Charlottenburg - Klausener Platz. Planung der Neugestaltung. Berlin 1967
Senator für Bau- und Wohnungswesen: 10. Bericht über Stadterneuerung 1.1. - 31.12.1972. Berlin 1973
Senator für Bau- und Wohnunswesen: 12. Bericht über Stadterneuerung 1.1. - 31.12.1974. Berlin 1975
Senator für Bau- und Wohnungswesen: Wohnungsmodernisierung in der Stadterneuerung. Ausgeführte Beispiele verschiedener Förderprogramme. Berlin 1981
Zöbl, D.: Charlottenburg: Barockstadt - Bürgerstadt - Stadtteil. In: Hofmeister, B., Voss, F.: Exkursionsführer zum 45. Deutschen Geographentag. Berlin 1985, S. 165 ff.

## Chamissoplatz

### Anmerkungen

1  Bodenschatz/Schwarzmann/Stockum 1988, S. 19
2  Vgl. Bodenschatz/Schwarzmann/Stockum 1988, S. 20 f.
3  In einem anderen Beispielhaus - Kopischstraße 3 - steigt der Mietzins bei öffentlicher Förderung im Vorderhaus von 3,00 DM/qm auf 4,50 DM/qm und im Quergebäude bei Privatmodernisierung und lediglich Instandsetzungsförderung der öffentlichen Hand von 2,80 DM/qm auf 8,00 DM/qm. Dieser Mietpreissprung führte zum Auszug fast aller Mieter. Vgl. Bodenschatz/Schwarzmann/Stockum 1988, S. 25 f.
4  Bodenschatz/Schwarzmann/Stockum 1988, S. 21

### Literatur

Bodenschatz, H., Schwarzmann, J., Stockum, S.: Stadterneuerung im Jubeljahr 1987. Kleiner Führer durch die Sanierungskulisse der West-Berliner-"Mietskasernen"-Quartiere. ISR-Studienprojekte Band 11. Hg.: Institut für Stadt- und Regionalplanung der TU Berlin. Berlin 1988
Geist, J., Kürvers, K., Das Berliner Mietshaus 1862 - 1945. München 1984
Senator für Bau- und Wohnungswesen: Kreuzberg-Chamissoplatz, Bericht über das Ergebnis der Vorbereitenden Untersuchungen gemäß 4 und 5 StBauFG. Berlin 1977


## Riehmers Hofgarten

### Anmerkungen

1  Vgl. Konwiarz 1985, S. 72
2  Vgl. Konwiarz 1985, S. 20
3  Insbesondere baupolizeiliche Probleme beim Entstehen der privaten Erschließungsstraße im Blockinnenbereich.
4  Riehmers Hofgarten 1985, S. 72

### Literatur

Berlin und seine Bauten. Teil IV A. Hg. AIV. Berlin 1970
Konwiarz, W.: Riehmers Hofgarten in Berlin-Kreuzberg. Werkstatt 11. Hg. K. Klam. Berlin 1985, S. 18 ff.
Riehmers Hofgarten Berlin-Kreuzberg. Hg. K. Klam. Werkstatt 11. Berlin 1985
Siedler, W.J., Niggemeyer, E.: Die gemordete Stadt. Berlin 1964
Stadt und Wohnung 4/1965, S. 13 ff.

## Herrfurthplatz

### Literatur

Berlin und seine Bauten. Teil IV A und IV B. Berlin 1970
Jakoby/Martin/Pächter und Ganz/Rolfes: Städtebauliche Blockkonzepte Berlin-Neukölln.
Schillerpromenade. Berlin 1981
Senator für Bau- und Wohnungswesen (Hg.): Bereichsentwicklungsplanung Neukölln, Arbeitspapier zur Abstimmung. Berlin o.J.

## Arnimplatz

### Anmerkungen

1 Vgl. Geist 1984, S. 172 ff.
2 Vgl. Berlin-Handbuch 1992, S. 64
3 Vgl. Geist 1984, S. 364 ff., Gohlke 1988, S. 11
4 Vgl. Grundriß 1979, S. 778 ff.
5 Vgl. Pöschk, S. 603-604
6 Vgl. Zache 1973, S. 354-55
7 ebenda S. 356-57
8 Vgl. Spohr 1979, S. 543
9 Vgl. Krause 1976, S.397
10 Vgl. Zache 1973, S. 355
11 ebenda S. 355-56

### Literatur

Berlin-Handbuch; Das Lexikon der Bundeshauptstadt. Berlin 1992
Geist, J. F.; Kürvers, K.: Das Berliner Miethaus, 1862-1945. München 1984
Grundriß der deutschen Geschichte. Berlin 1979
Hübler, M.; Korzynietz, C.; Gaubitz, M.: Zusammenarbeit der Baubetriebe und der Bauakademie der DDR bei der Instandsetzung, Modernisierung und Rekonstruktion von Wohngebäuden in Altbaugebieten Berlins. In: Architektur der DDR. Heft 9/1984, S.521-23
Krause, D.; Zache, M.: Modernisierungsgebiet Arnimplatz im Stadtbezirk Berlin-Prenzlauer Berg. In: Architektur der DDR. Heft 7/1976, S.395-400
Pöschk, K.: Städtebauliche Umgestaltung und Rekonstruktion des Wohngebietes „Arkonaplatz" in Berlin-Mitte. In: Deutsche Architektur. Heft 10/1971, S. 602-609
Schulz, J.; Gräbner, W.: Berlin, Architektur von Pankow bis Köpenick. Berlin 1987
Spohr, R.; Esch, H.: Modernisierung mit höherem Effekt. In: Architektur der DDR. Heft 9/1979, S.538-543
Trost, H. u.a.: Die Bau- und Kunstdenkmale in der DDR, Hauptstadt Berlin I. Berlin 1983
Zache, M.: Modernisierungsgebiet Arnimplatz im Stadtbezirk Prenzlauer Berg. In: Deutsche Architektur. Heft 6/1973, S. 354-57

## Landhausgruppe Amalienpark

### Anmerkungen

1 Vgl. Rach 1988, S. 381: Mit Kossäten wird bereits 1375 im Landbuch Kaiser Karls IV. eine Gruppe von Dorfbewohnern bezeichnet, die nur ein Haus und etwas Gartenland besitzen und insofern auch zu Handdiensten verpflichtet sind. Obwohl die Kossäten seit dem 18. Jh. auch über etwas Ackerland verfügen, sind sie in der Regel neben ihrer Agrarproduktion auf zusätzliche Einkünfte aus landwirtschaftlicher, handwerklicher oder gewerblicher Betätigung angewiesen.
2 Ab 1846 verkehren auf der Berlin-Stettiner Eisenbahn zwischen Berlin und Bernau bereits 21 Züge pro Tag, die auch in Pankow halten.
3 Vgl. Berlin Handbuch 1992, S. 918 ff.
4 Die Begriffe 'Landhaus' und 'landhausmäßige Bebauung' entsprechen hier nicht den Zielen, die später von H. Muthesius vertreten werden.
5 Vgl. Architekten- und Ingenieur-Verein 1964, S. 13
6 ebenda
7 Vgl. Muthesius 1901, 1904/05, 1905
8 Vgl. Kadatz 1980, S.180 ff.: Der Materialstil ist „eine gegen den Eklektizismus und Historismus gerichtete Tendenz der Zeit zwischen 1895 und 1914, speziell in Österreich und Deutschland, die den natürlichen Charakter der Werkstoffe ... und die funktionsentsprechende Verarbeitung und Anwendung ... als neues Mittel künstlerisch-ästhetischer Gestaltung propagierte".
9 Vgl. Kieling 1987, S. 240
10 Vgl. Architekten- und Ingenieur-Verein 1974, S. 365
11 Vgl. Kadatz 1980, S. 13: Der Altan ist „eine aus oberen Stockwerken ins Freie führende, stets bis zum Erdboden unterbaute Plattform, auch Söller genannt".
12 Vgl. Architekten- und Ingenieur-Verein 1974, S. 365

### Literatur

Architekten- und Ingenieur-Verein zu Berlin (Hrsg.): Berlin und seine Bauten, Teil II, Rechtsgrundlagen und Stadtentwicklung. Berlin, München 1964
Architekten- und Ingenieur-Verein zu Berlin (Hrsg.): Berlin und seine Bauten, Teil IV B, Die Wohngebäude - Mehrfamilienhäuser. Berlin, München, Düsseldorf 1974
Berlin Handbuch. Berlin 1992
Hüter, K.-H.: Architektur in Berlin 1900-1933. Berlin 1987
Kadatz, H.-J.: Wörterbuch der Architektur. Leipzig 1980
Kieling, U.: Berlin, Baumeister und Bauten. Berlin, Leipzig 1987
Muthesius, H.: Stilarchitektur und Baukunst. Mühlheim a.d. Ruhr 1901
Muthesius, H.: Das englische Haus, Band 1-3. Berlin 1904/05
Muthesius, H.: Das moderne Landhaus und seine Ausstattung. München 1905
Rach, H.-J.: Die Dörfer in Berlin. Berlin, 1988
Rollka, B.; Spiess, V.; Thieme, B. (Hrsg.): Berliner Biographisches Lexikon. Berlin 1993
Schulz, J.; Gräbner, W.: Berlin, Architektur von Pankow bis Köpenick. Berlin 1987
Trost, H. u.a.: Die Bau- und Kunstdenkmale in der DDR, Hauptstadt Berlin II. Berlin 1987

## Wohnanlage Weisbachgruppe

### Anmerkungen

1 Vgl. Architekten- und Ingenieur-Verein 1974, S. 145 ff.
2 ebenda
3 Vgl. Albrecht 1892, S. 214
4 ebenda S. 212
5 ebenda
6 ebenda
7 Vgl. Albrecht 1893, S. 446
8 ebenda S. 447
9 Vgl. Architekten- und Ingenieur-Verein 1974, S. 147, und Trost 1983, S. 454 ff.

### Literatur

Albrecht, H.: Die Arbeiterwohnungsfrage. In: Centralblatt der Bauverwaltung. 14. Mai 1892, S.211 - 215
Albrecht, H.: Neues zur Arbeiterwohnungsfrage. In: Centralblatt der Bauverwaltung. 28. October 1893, S. 445 - 448
Architekten- und Ingenieur-Verein zu Berlin (Hrsg.): Berlin und seine Bauten, Teil IV B, Die Wohngebäude - Mehrfamilienhäuser. Berlin, München, Düsseldorf 1974
Rollka, B.; Spiess, V.; Thieme, B. (Hrsg.): Berliner Biographisches Lexikon. Berlin 1993
Schulz, J.; Gräbner, W.: Berlin, Architektur von Pankow bis Köpenick. Berlin 1987
Trost, H. u.a.: Die Bau- und Kunstdenkmale in der DDR, Hauptstadt Berlin I. Berlin 1983


## Charlottenburg II

### Anmerkungen

1 Vgl. Geist/Kürvers 1984, S. 234 f.
2 Meyer 1972, S. 15
3 Meyer 1972, S. 18
4 Das sog. „Berliner Zimmer" ist ein großer unzureichend belichteter Durchgangsraum im Übergangsbereich von Vorderhaus und Seitenflügel.
5 Meyer 1972, S. 33
6 Vgl. Brom/Stein/Wul/Werner 1986

### Literatur

Berlin und seine Bauten. Teil IV B. Berlin 1970, S.211f; Teil IV, S. 249f
Brom/Stein/Wul/Werner: Erläuterungen zur Bestandsaufnahme. Studienarbeit am Institut für Stadt- und Regionalplanung der TU Berlin. Berlin 1986
Geist, F./Kürvers,K.: Das Berliner Mietshaus 1862-1945. München 1984. Beamten-Wohnungs-Verein: Festschrift zum 50-jährigen Bestehen des BWV. 18.09.1950 (Hrg. K. Schmidt). Berlin 1950
Gessner, A.: Das deutsche Miethaus. München 1909
Haenel/Tscharmann: Das Mietwohnhaus der Neuzeit. Leipzig 1913
Kühne, G.: Zwei Berliner Wohnanlagen von Paul Mebes. In: Bauwelt 43/1972, S. 1632 ff.
Meyer, E.: Paul Mebes - Miethausbau in Berlin 1906-38. Berlin 1972
Ribbe, W. (Hg.): Von der Residenz zur City: 275 Jahre Charlottenburg. Berlin 1980

## Haeselerstraße

### Anmerkungen

1  Berliner Bau- und Wohnungsgenossenschaft 1967, o.S.
2  Berlin und seine Bauten 1970. Teil IV B, S. 216
3  Auskunft der Baugenossenschaft,1987

### Literatur

Auskünfte und Material der Baugenossenschaft 1987
Bauwelt Heft 11. Berlin 1913, S. 29 f.
Berlin und seine Bauten. Teil IV B, S. 215ff und Teil A, S. 250
60 Jahre Berliner Bau- und Wohnungsgenossenschaft von 1892. Berlin 1952
75 Jahre Berliner Bau- und Wohnungsgenossenschaft von 1892. Berlin 1967

## Mietwohnanlage Grabbeallee

### Anmerkungen

1  Vgl. Architekten- und Ingenieur-Verein 1964, S. 41
2  Vgl. Hüter 1987, S.186 - 188
3  Vgl. Architekten- und Ingenieur-Verein 1974, S. 364
4  Vgl. Meyer 1972, S. 22 sowie Mebes 1908, Bd. 1, S. 11 - 12: „Doch wie uns eine schlicht gekleidete Frau ohne jeden Schmuck, allein durch die edle Gestalt und die Anmut der Haltung schön erscheint, so wird uns auch ein Bauwerk ohne Ornament vollauf ästhetisch genügen, wenn die Hauptbedingungen, nämlich Grundriß, Aufbau und Durchführung glücklich gelöst sind. Gerade weil das Ornament dazu berufen ist, einen Gegenstand aus dem Alltäglichen herauszuheben, soll man auch dafür Sorge tragen, daß es nicht durch unverstandene Anwendung von Form und Farbe oder durch unbescheidene Häufung zum Flitter und zur Schminke herabgewürdigt wird."
5  Vgl. Architekten- und Ingenieur-Verein 1974, S. 364

### Literatur

Architekten- und Ingenieur-Verein zu Berlin (Hrsg.): Berlin und seine Bauten, Teil II, Rechtsgrundlagen und Stadtentwicklung. Berlin, München 1964
Architekten- und Ingenieur-Verein zu Berlin (Hrsg.): Berlin und seine Bauten, Teil IV B, Die Wohngebäude - Mehrfamilienhäuser. Berlin, München, Düsseldorf 1974
Dehio, G.: Handbuch der deutschen Kunstdenkmäler. Bezirke Berlin/DDR und Potsdam. Berlin 1983.
Güttler, P.; Schulz, J.; Bartmann-Kompa, I.; Schulz, K.-D.; Kohlschütter, K.; Jacoby, A.: Berlin-Brandenburg. Ein Architekturführer. Berlin 1993
Hüter, K.-H.: Architektur in Berlin, 1900-1933. Dresden 1987
Mebes, P.: Um 1800. Architektur und Handwerk im letzten Jahrhundert ihrer traditionellen Entwicklung, Bd. 1 u. 2. München 1908
Meyer, E.: Paul Mebes, Miethausbau in Berlin 1906 - 1938. Berlin 1972
Schulz, J.; Gräbner, W.: Berlin, Architektur von Pankow bis Köpenick. Berlin 1987
Trost, H. u.a.: Die Bau- und Kunstdenkmale in der DDR, Hauptstadt Berlin II. Berlin 1987

## Munizipalviertel

### Anmerkungen

1 Vgl. Berlin Handbuch 1992, S. 1361
2 Vgl. Bennewitz 1993, S. 14
3 ebenda S. 14 u.15
4 ebenda S. 22
5 ebenda S. 28
6 Vgl. Architekten- und Ingenieur-Verein 1974, S. 360 ff.
7 Vgl. Bennewitz 1993, S. 36

### Literatur

Architekten- und Ingenieur-Verein zu Berlin (Hrsg.): Berlin und seine Bauten, Teil IV B, Die Wohngebäude - Mehrfamilienhäuser. Berlin, München, Düsseldorf 1974
Bennewitz, J. : Die Stadt als Wohnung, Carl James Bühring. Berlin 1993
Berlin Handbuch. Berlin 1992
Geist, J. F.; Kürvers, K.: Das Berliner Miethaus, 1862-1945. München 1984
Hüter, K.-H.: Architektur in Berlin 1900-1933. Berlin 1987
Schulz, J.; Gräbner, W.: Berlin, Architektur von Pankow bis Köpenick. Berlin 1987
Trost, H. u.a.: Die Bau- und Kunstdenkmale in der DDR, Hauptstadt Berlin II. Berlin 1987


## Rüdesheimer Platz

### Anmerkungen

1 Berlinische Bodengesellschaft 1930
2 Die Bauordnung der Berliner Vororte forderte mindestens einen 10 m breiten Bauwich.
3 Z.B. einheitliche Geschoßhöhen; festgesetzte Dachlinie u. -neigung; Flächenputz: braungelb, Holzteile: braun; Fensterrahmen: weiß, rote Biberschwänze für die Dächer; Umzäunungsverbot. Vgl. Berlin und seine Bauten. Teil IV B. Berlin 1970, Objekt 694
4 Verordnung über den geschützten Baubereich Rüdesheimer Platz (Gartenterrassenstadt) vom 18.3.1983

### Literatur

Bauwelt 1911, H. 74, Beilage, S. 27 ff. (Bebauungsschema für das Rheinische Viertel)
Berlin und seine Bauten. Teil IV A und B. Berlin 1970
Berlinische Bodengesellschaft: 40 Jahre Berlinische Bodengesellschaft, Wohnungsversorgung und Tätigkeit der Gesellschaft vor dem Kriege. Berlin 1930
Die Geschichte der Berlinischen Bodengesellschaft. Berlin 1911, S. 44
Die Gartenkunst XIV (1912), S. 68 ff.
Schmidt, F., Ebel, M.: Wohnungsbau der Nachkriegszeit in Deutschland. S. 163 f. (Wohnhaus Deidesheimer Straße)
Zentralblatt der deutschen Bauverwaltung 1910, S. 591, 612
Zentralblatt der deutschen Bauverwaltung 1911, S. 74
Zentralblatt der deutschen Bauverwaltung 1921, S. 314 f.

Literaturverzeichnis 356

## Preußensiedlung

### Anmerkungen

1  Vgl. Abschnitt 4.2 im vorliegenden Buch und Rach 1988, S.20 ff.
2  Vgl. Heimatmuseum 1977
3  ebenda und Trost 1987, S. 421 ff.
4  Vgl. Muthesius 1920, S. 182 ff.
5  Vgl. Muthesius 1920, S. 49: „Viel vorteilhaftere Zimmergrundformen ergeben sich, wenn der Grundriß nicht schmal und tief gestaltet wird, sondern sich mehr der Geviertform nähert. Hierzu kann geschritten werden, wenn die Straßenkosten so gering sind, daß sie keine große Belastung für das Haus ausmachen..."

### Literatur

Berlin-Handbuch; Das Lexikon der Bundeshauptstadt. Berlin 1992
Heimatmuseum Bezirk Treptow, Karteikarten Denkmale in Treptow, Preußenstraße/ Germanenstraße. Berlin 1977
Muthesius, H.: Kleinhaus und Kleinsiedlung. München 1920
Rach, H.-J.: Die Dörfer in Berlin. Berlin 1988
Schulz, J.; Gräbner, W.: Berlin, Architektur von Pankow bis Köpenick. Berlin 1987
Trost, H. u.a.: Die Bau- und Kunstdenkmale in der DDR, Hauptstadt Berlin II. Berlin 1987

## Gartenstadt am Falkenberg

### Anmerkungen

1  Vgl. Bollerey 1980, S. 50 ff.
2  Vgl. Die Gartenvorstadt ...1913, S. 80 ff.
3  Vgl. Junghanns 1983, S. 23 ff.
4  Vgl. Architekten- und Ingenieur-Verein 1974, S. 356
5  Vgl. Die Gartenvorstadt ...1913, S. 80 ff.
6  Vgl. Bauwelt 1913, S.23 ff.
7  Vgl. Junghanns 1983, S. 24 ff.: „Seit der Jahrhundertwende galt unter Einfluß des Materialstils uneingeschränkt der Grundsatz John Ruskins, daß die Materialfarben die ´rechtmäßigen Farben´der Architektur seien. Damit aber blieb jede lebhaftere Farbigkeit an einen entsprechenden Materialaufwand gebunden. Sie wurde dadurch kostspielig und ganz unerreichbar für proletarische Siedler. Jetzt durchbrach Taut als erster die ´Zwangsjacke des Materials´. Er verselbständigte die Farbe gegenüber dem Baustoff und schuf damit ein äußerst wirksames und gleichzeitig billiges Mittel für eine neuartige Gestaltung im Kleinwohnungsbau".
8  Vgl. Taut 1923, S. 21 f.
9  Vgl. Junghanns 1983, S. 23 ff.
10 Vgl. Architekten- und Ingenieur-Verein 1974, S. 356
11 Vgl. Schulz 1991, S. 24
12 Vgl. Trost 1987, S. 418-419
13 Vgl. Gartenstadt 1993, S. 1 u. 2

## Literatur

Architekten- und Ingenieur-Verein zu Berlin (Hrsg.): Berlin und seine Bauten, Teil IV B. Die Wohngebäude - Mehrfamilienhäuser. Berlin, München, Düsseldorf 1974 Bauwelt. Heft 21/1913. S. 23 ff.
Bollerey, F.; Hartmann, K.: Bruno Taut. Vom phantastischen Ästheten zum ästhetischen Sozial(ideal)isten. In: Bruno Taut 1880-1938 (Akademie-Katalog 128, Ausstellung der Akademie der Künste vom 29. Juni bis 3. August 1980). Berlin 1980
Die Gartenvorstadt Falkenberg bei Berlin. In: Die Gartenstadt. Heft 5/1913, S. 80 ff.
Gartenstadt am Falkenberg Berlin-Treptow. Städtebaulicher Realisierungswettbewerb, Pressemappe. Berlin 1993
Hüter, K.-H.: Architektur in Berlin 1900-1933. Berlin 1987
Junghanns, K.: Bruno Taut 1880 - 1938. Berlin 1983
Rollka, B.; Spiess, V.; Thieme, B. (Hrsg.): Berliner Biographisches Lexikon. Berlin 1993
Schulz, J.; Gräbner, W.: Berlin, Architektur von Pankow bis Köpenick. Berlin 1987
Schulz, K.-D., Halbach, I.: Berlin - Südostraum. Die städtebaulich-architektonische Entwicklung einer Berliner Region und die bau- und kulturhistorische Bewertung ihrer Bausubstanz. Berlin 1991
Taut, B.: Die Gartenstadtkrone. In: Falkenberg 1913-1923. Denkschrift zum zehnjährigen Bestehen der Gartenstadtsiedlung Falkenberg-Grünau. Berlin 1923
Trost, H. u.a.: Die Bau- und Kunstdenkmale in der DDR, Hauptstadt Berlin II. Berlin 1987

## Gartenstadt Staaken

### Anmerkungen

1  Vgl. Stahl 1918/19, S. 137ff.
2  Vgl. Stahl 1918/19, S. 142
3  Vgl. Bauwelt 23/1989, S. 1032

### Literatur

Bauwelt 1916. Heft 34, S. 9 und Heft 46, S. 3
Berlin und seine Bauten. Teil II. Berlin 1964, S. 42
Berlin und seine Bauten. Teil IV A. Berlin 1970, S. 252 und Teil IV B, S. 234 ff.
Ehmig, P.: Das deutsche Haus Band 3. S. 46ff, S. 60f
Hartmann, K.: Deutsche Gartenstadtbewegung. München 1976
Howard, E.: Gartenstädte von morgen. Berlin 1968 (reprint)
Kampffmeyer, H.: Die Gartenstadtbewegung. Leipzig 1909
Schmitthenner, P.: Die Gartenstadt Staaken. Berlin 1917
Schumacher, F.: Die Gartenstadt Staaken. In: Wasmuths Monatshefte für Baukunst und Städtebau 1918/19, S. 137
Stahl, F.: Die Gartenstadt Staaken. In: Wasmuths Monatshefte für Baukunst und Städtebau 1918/19, S. 137 ff.
Zentralblatt der Bauverwaltung. 1915, S. 570
15 Jahre Gartenstadt Staaken. Düsseldorf 1929
30 Jahre Gartenstadt Staaken. o.O. 1954
40 Jahre Gartenstadt Staaken. Berlin 1964
75 Jahre Gartenstadt Staaken. o.O. 1989

Literaturverzeichnis                                                                 358

## Lindenhof

### Literatur

Berliner Geschichtswerkstatt: Eine Genossenschaftssiedlung in der Großstadt: Der
    Lindenhof. Berlin 1985
Machule, D.: Die Wohngebiete 1919-1945. In: Berlin und seine Bauten. Teil IV A. Berlin
    1970, S. 139 ff.
Siedlungen der zwanziger Jahre - heute, Ausstellungskatalog. Hg. N. Huse. Berlin 1984
Wasmuths Monatshefte der Baukunst 1931. 10 Jahre Berlinische Bodengesellschaft. S.
    23

## Tempelhofer Feld

### Anmerkungen

1  Machule 1970, S. 159
2  Hegemann 1924, S. 344
3  Machule 1970, S. 162

### Literatur

AG des Deutschen Werkbunds in Berlin: Stadtquartiere - vier Beispiele in Berlin. Berlin
    1977
Bauwelt Heft 6 und Heft 27. 1911
Berlin und seine Bauten Teil IV. Band A. Berlin 1970
Berlin und seine Bauten Teil IV. Band B. Berlin 1974
Deutsche Bauzeitung Heft 35. 1924
Hegemann, W.: Die Rettung des Tempelhofer Feldes. In: Wasmuths Monatshefte für
    Baukunst 1924. Heft 11/12, S. 344 ff.
Machule, D.: Wohngebiete 1919-1945. In: Berlin und seine Bauten Teil IV. Band A.
    Berlin 1970, S. 159 ff.
Scheidewind, G.: Städtebauliches Gutachten Tempelhofer Damm / Paradestraße. Hg.:
    Senatsverwaltung für Bau- und Wohnungswesen. Berlin 1989

## Hufeisensiedlung

### Anmerkungen

1  Akademie der Künste 1986, S. 72

### Literatur

Akademie der Künste (Hg.): Ausstellungskatalog Bruno Taut 1880-1938. Berlin 1980
Archithese Heft 31-32. 1979, S. 23
Archithese Heft 1. 1982, S. 61-62
Bauwelt Heft 15. 1974, S. 544
Jaeggi, A.: Die Planungs- und Baugeschichte der vier Siedlungen. In: Siedlungen der
    zwanziger Jahre - heute. Ausstellungskatalog. Hg. N. Huse. Berlin 1984
Kloß, K.-P.: Siedlungen der 20er Jahre. In: Berliner Sehenswürdigkeiten 4. Hg. V.
    Spiess. Berlin 1982

Machule, D.: Die Wohngebiete 1919-1945. In: Berlin und seine Bauten. Teil IV A. Berlin 1970, S. 139 ff.
Rave, R., Knöfel, H.-J.: Bauen seit 1900 in Berlin. Berlin 1968, Objekt Nr. 79.3
Stadtbauwelt Heft 7. 1965, S. 555
Siedlungen der Zwanziger Jahre - heute. Vier Berliner Großsiedlungen 1924-1984. Ausstellungskatalog. Hg. N. Huse. Berlin 1984
Werk Heft 3. 1966, S. 91-97;
Werk Heft 10. 1971, S. 706-707

## Splanemann-Siedlung

### Anmerkungen

1 Vgl. Sorgato 1992, S. 30
2 Vgl. Rollka 1993, S. 410 ff.
3 Vgl. Hüter 1987, S. 161
4 Vgl. Sorgato 1992, S. 35
5 Vgl. V. 1926

### Literatur

Hüter, K.-H.: Architektur in Berlin 1900-1933. Berlin 1987
Lange, A.: Berlin in der Weimarer Republik, Berlin 1987
Rollka, B.; Spiess, V.; Thieme, B. (Hrsg.): Berliner Biographisches Lexikon. Berlin 1993
Schulz, J.; Gräbner, W.: Berlin, Architektur von Pankow bis Köpenick. Berlin 1987
Sorgato, B.: Splanemannsiedlung in Berlin-Lichtenberg (Materialien zur Architektur- und Planungssoziologie der TU Berlin, Heft 6/1992). Berlin 1992
Trost, H. u.a.: Die Bau- und Kunstdenkmale in der DDR, Hauptstadt Berlin II. Berlin 1987
V.: Industrieller Häuserbau. In: Die Bauwelt. Heft 12/1926, S. 273 - 276

## Onkel Tom Siedlung

### Anmerkungen

1 Vgl. Jaeggi 1984, S. 143
2 Kloß 1984, S. 91
3 Ebenda, S. 93. Seit Ende der 80er Jahre liegen abschließende Erkenntnisse zu den authentischen Farben der Siedlung vor, sodaß die Eigentümer nunmehr auf dieser Basis korrekte Renovierungen vornehmen können. Vgl. Bauwelt 1988, S. 1377
4 Ebenda, S. 101

### Literatur

Bauwelt Heft 34. 1988, S. 1377
Jaeggi, A.: Die Planungs- und Baugeschichte der vier Siedlungen. In: Siedlungen der zwanziger Jahre - heute. Ausstellungskatalog. Hg. N. Huse. Berlin 1984
Johannes, H.: Neues Bauen in Berlin. Berlin 1931
Kloß, K.-P.: Siedlungen der 20er Jahre. In: Berliner Sehenswürdigkeiten 4. Hg. V. Spiess. Berlin 1982

Machule, D.: Die Wohngebiete 1919-1945. In: Berlin und seine Bauten. Teil IV A. Berlin 1970
Rave, R., Knöfel, H.-J.: Bauen seit 1900 in Berlin. Berlin 1968
Siedlungen der zwanziger Jahre - heute. Ausstellungskatalog. Hg. N. Huse. Berlin 1984

## Wohnstadt Carl Legien

### Anmerkungen

1  Vgl. Geist 1984, S. 172
2  Vgl. Geist 1984, S. 319 ff.
3  Vgl. Junghanns 1983, S. 76
4  ebenda S. 77

### Literatur

Architekten- und Ingenieur-Verein zu Berlin (Hrsg.): Berlin und seine Bauten, Teil II, Rechtsgrundlagen und Stadtentwicklung. Berlin, München 1964
Geist, J.F.; Kürvers, K.: Das Berliner Miethaus, 1862-1945. München 1984
Hain, S.: Vision und Reform; Bruno Taut und die Wohnstadt Carl Legien im Prenzlauer Berg (Ausstellungsfaltblatt). Berlin 1992
Hüter, K.-H.: Architektur in Berlin 1900-1933. Berlin 1987
Junghanns, K.: Bruno Taut 1880-1938. Berlin 1983
Lange, A.: Berlin in der Weimarer Republik. Berlin 1987
Schulz, J.; Gräbner, W.: Berlin, Architektur von Pankow bis Köpenick. Berlin 1987
Rüter, J.: Von Rattenlöchern, Siedlungen und Wohnpalästen. In: Der Tagesspiegel. 14.10.1992
Trost, H. u.a.: Die Bau- und Kunstdenkmale in der DDR, Hauptstadt Berlin I. Berlin 1983

## Weiße Stadt

### Anmerkungen

1  Vgl. Jaeggi 1984, S. 185
2  Vgl. ebenda, S. 189
3  22 Läden und ein Cafe werden geplant und realisiert. Vgl. Kloß 1982, S. 68
4  Vgl. Kloß 1982, S. 68
5  Vgl. Kloß 1982, S. 60
6  Vgl. Kloß 1982, S. 91
7  Vgl. Duvigneau 1984, S. 19
8  Ebenda

### Literatur

Berlin und seine Bauten. Teil IV A. Berlin 1970
Duvigneau, H.-J.: Die Bedeutung der Berliner Großsiedlungen für die Wohnungsversorgung - damals und heute. In: Siedlungen der Zwanziger Jahre - heute. Ausstellungskatalog. Hg. N. Huse. Berlin 1984, S. 19
Kloß, K.-P.: Siedlungen der 20er Jahre. In: Berliner Sehenswürdigkeiten 4. Hg. V. Spiess. Berlin 1982

Jaeggi, A.: Die Planungs- und Baugeschichte der vier Siedlungen. In: Siedlungen der Zwanziger Jahre - heute. Ausstellungskatalog. Hg. N. Huse. Berlin 1984, S. 185
Rave, R.-, Knöfel, H.-J.: Bauen seit 1900 in Berlin. Berlin 1968
Salvisberg, O.R.: Die andere Moderne. In: gta. Zürich 1985
Tendenzen der Zwanziger Jahre. Ausstellungskatalog. 15. Europäische Kunstausstellung. Berlin 1977

## Friedrich-Ebert-Siedlung

### Anmerkungen

1 Johannes 1931, S. 85
2 Vgl. Machule 1970, S. 169

### Literatur

Bezirksamt Wedding von Berlin, Abt. Bauwesen (Hg.): Der Wedding im Wandel. Berlin 1985
Johannes, H.: Neues Bauen in Berlin. Berlin 1931
Machule, D.: Die Wohngebiete 1919-1945. In: Berlin und seine Bauten. IV A. Berlin 1970
Monatshefte für Baukunst und Städtebau Heft 16. 1931, S. 429 ff.
Zentralblatt für das deutsche Baugewerbe Heft 28. 1931, S. 174
Zwirn, S.: Berliner Siedlungen von Mebes und Emmerich. In: Moderne Bauformen Heft 30. 1931

## Siemensstadt

### Anmerkungen

1 Vgl. Kloß 1982, S. 43 ff.
2 Vgl. Bauwelt 1930, S. 44

### Literatur

Bauwelt 1930. Heft 46, Beilage
Bauwelt 1962. Heft 15/16
Berlin und seine Bauten. Teil IV Band A. Hg. AIV. Berlin 1970
DBZ 1931. Heft 1, Beilage
Jaeggi, A.: Die Planungs- und Baugeschichte der vier Siedlungen. In: Siedlungen der 20er Jahre - heute. Ausstellungskatalog. Hg. N. Huse. Berlin 1984, S. 159
Kloß, K.-P.: Siedlungen der 20er Jahre. In: Berliner Sehenswürdigkeiten. Hg. V. Spiess. Berlin 1982, S. 43 ff.
Neue Heimat 2/1962
Rave, R., Knöfel, H.J.: Bauen seit 1900 in Berlin. Berlin 1968

## Große Leegestraße

### Anmerkungen

1 Vgl. Rach 1988, S. 141
2 Vgl. Rach 1988, S. 141-142
3 Vgl. Hoffmann 1936, S. 257 ff.
4 Vgl. Meyer 1972, S. 131 ff. und S. 221 ff.
5 Vgl. Machule 1970, S. 155 ff. Bekanntlich gehen Ende der 20er Jahre Bestrebungen von Vertretern der Neuen Sachlichkeit dahin, die Grundforderungen nach Licht, Luft und Sonne bei allen Wohnungen zu erfüllen. In dieser Konsequenz setzt sich der Zeilenbau in der idealen Nord-Süd-Richtung durch. Der Abstand der Häuserzeilen untereinander wird hauptsächlich durch den Lichteinfallswinkel und von der wirtschaftlichen Ausnutzung des Baulandes bestimmt. Die auf die einzelne Wohnung bezogene schematische Anwendung dieser Bebauungsform führte jedoch in vielen Fällen zur monotonen städtebaulichen Raumbildung.
6 Vgl. Wasmuths Monatshefte 1935, S. 72-74

### Literatur

Berlin-Handbuch; Das Lexikon der Bundeshauptstadt. Berlin 1992
Bezirke Berlin/DDR und Potsdam (G.Dehio, Handbuch der deutschen Kunstdenkmäler). Berlin 1983
Engel, H.: Die Architektur der dreißiger und vierziger Jahre in Berlin. In: Berlin-Forschungen II. Berlin 1987
Hoffmann, H.: Die Wohnsiedlung an der Großen Leegestraße in Berlin-Weißensee. In: Moderne Bauformen. Jg. 1936, S. 257-264
Ll.: Dreißig Jahre neuer Wohnbau, dargelegt an Bauten von Mebes und Emmerich. In: Wasmuths Monatshefte für Baukunst und Städtebau. Jg. 1938, 233-240
Machule, D.: Die Wohngebiete 1919-1945. In: Berlin und seine Bauten, Teil IV Wohnungsbau, Band A: Die Voraussetzungen. Die Entwicklung der Wohngebiete. Berlin, München, Düsseldorf 1970, S. 139-180
Meyer, E.: Paul Mebes, Miethausbau in Berlin 1906-1938. Berlin 1972
Rach, H.-J.: Die Dörfer in Berlin. Berlin 1988
Schulz, J.; Gräbner, W.: Berlin, Architektur von Pankow bis Köpenick. Berlin 1987
Trost, H. u.a.: Die Bau- und Kunstdenkmale in der DDR, Hauptstadt Berlin II. Berlin 1987
Wasmuths Monatshefte für Baukunst und Städtebau. Jg. 1935, S. 72-74


## Berliner Straße

### Anmerkungen

1 Vgl. Machule 1970, S. 140
2 Machule 1970, S. 150
3 Langen 1938, S. 325

### Literatur

Bezirksamt Zehlendorf von Berlin: Kleine Baugeschichte Zehlendorfs. Architektur und Gartenkunst im grünen Bezirk. Berlin 1970
Berlin und seine Bauten. Teil IV A. Wohnungsbau. Berlin 1970, S. 314 f.
Frank, H. (Hg.): Faschistische Architekturen - Planen und Bauen in Europa 1930-1945.

Stadtplanung - Geschichte 3. Hamburg 1985
Langen, G.: Untersuchung über Nutzgartensiedlungen in der Umgebung großer Städte nach Erfahrungen aus der Umgebung Berlins. ZdB Heft 27/28. Berlin 1938, S. 325 ff.
Machule, D.: Die Wohngebiete 1919-1945. In: Berlin und seine Bauten Teil IV A. Berlin 1970, S. 139 ff.
Schäche, W.: 1933-1945 Bauen im Nationalsozialismus. In: 750 Jahre Architektur und Städtebau in Berlin. Ausstellungskatalog IBA 1987. Berlin 1987
Trumpa, K.: Zehlendorf gestern und heute. Berlin 1983
Weber, K.: Form und Gestalt. Die Jahre 1933-1945. In: Berlin und seine Bauten. Teil IV. Wohnungsbau. Berlin 1970, S. 91 f.
Wille, K.-D.: 43 Spaziergänge in Zehlendorf und Wilmersdorf. Berlin 1977

## Grazer Damm

### Anmerkungen

1 Vgl. Reichardt, Schäche 1985, S. 9 ff.
2 Vgl. Homann 1985, S. 168
3 Vgl. Wolter-Schäfers 1989, S. 302
4 Vgl. Wolter-Schäfers 1989, S. 303

### Literatur

Berlin und seine Bauten. Teil IV A und B. Berlin 1970
Homann, K.: Biographie. In: Martin Wagner. Wohnungsbau und Weltstadtplanung. Die Rationalisierung des Glücks. Ausstellungskatalog der Akademie der Künste. Berlin 1985, S. 157 ff.
Machule, D.: Die Wohngebiete 1919-1945. In: Berlin und seine Bauten. Teil IV A. Berlin 1970
Martin Wagner 1885 - 1957. Wohnungsbau und Weltstadtplanung. Die Rationalisierung des Glücks. Ausstellungskatalog der Akademie der Künste. Berlin 1985
Reichardt, H.J., Schäche, W.: Von Berlin nach Germania. Ausstellungskatalog des Landesarchivs. Berlin. 1985
Schallenberger, G.: Geschichte des gemeinnützigen Wohnungsbaus in Berlin, o.O. o.J., S. 80
Wolter-Schäfers, B.: Wohnungsbau der 30er Jahre in Berlin. Substandard mit ideologischem Vorzeichen. In: Berliner Bauwirtschaft. Heft 15. 1989, S. 301 ff.

## Ehemalige „SS-Kameradschaftssiedlung"

### Anmerkungen

1 Machule 1986, S. 1030
2 Machule 1985, S. 259
3 Machule 1986, S. 1035
4 Vgl. Machule 1986, S. 1033

## Literatur

Berlin und seine Bauten. Teil IV A. Wohnungsbau. Berlin 1970
Heise, N.: Bauten des „Dritten Reiches". In: verloren gefährdet geschützt. Baudenkmale in Berlin. Berlin 1988
Machule, D.: Waldsiedlung Krumme Lanke. In: Bauwelt 1986. Heft 27, S. 1030 ff.
Machule, D.: Die Kameradschaftssiedlung der SS in Berlin Zehlendorf - eine idyllische Waldsiedlung? In: Frank, H. (Hg.): Faschistische Architekturen. Hamburg 1985


# Karl-Marx-Allee I

## Anmerkungen

1   Vgl. Geist 1984, S. 116 ff., Liebenowscher Plan
2   Vgl. Geist 1984, Schadenkarte, Umschlagklappe und Berlin Handbuch 1992, S. 220 ff.
3   Vgl. Hain 1992, S. 32 ff.
4   ebenda
5   Vgl. Schulz, J. 1987, S. 105
6   Vgl. Hain 1992, S. 45
7   ebenda
8   Vgl. Kötteritzsch 1955, S. 174 - 175
9   Vgl. Durth, Martin, Pächter 1991, S. 619
10  ebenda
11  ebenda S. 618
12  Vgl. auch: Durth, Martin, Pächter 1991, S. 617 - 619


## Literatur

Berlin Handbuch. Das Lexikon der Bundeshauptstadt. Berlin 1992
Collein, E.: Das Nationale Aufbauprogramm - Sache aller Deutschen. In: Deutsche Architektur. Heft 1/1952, S. 13 - 19
Durth, W.; Martin, V.; Pächter, K.: Einzig: Die Stalinallee. Was bleibt von der Architektur der DDR ? In: Stadtbauwelt 109/1991, S. 617 - 619
Geist, J. F.; Kürvers, K.: Das Berliner Miethaus, 1862-1945. München 1984
Hain, S.: Berlin Ost: "Im Westen wird man sich wundern". In: Neue Städte aus Ruinen. Deutscher Städtebau der Nachkriegszeit. München 1992
Henselmann, H.: Das Haus des Kindes am Strausberger Platz in Berlin. In: Deutsche Architektur. Heft 6/1954, S. 228 - 235
Hopp, H.: Werkstattbericht zum Projekt Stalinallee. In: Deutsche Architektur. Heft 2/1952, S. 66 - 72
Kadatz, H.-J.: Der 1. Bauabschnitt der Karl-Marx-Allee in Berlin - ein Rückblick. In: Architektur der DDR, Heft 3/1989, S. 30 - 33
Kötteritzsch, W.: Berlin: Abschnitt G-Süd in der Stalinallee. In: Deutsche Architektur. Heft 5/1955, S.172 - 177
Riedel/Lippmann/Zill: Berlin: Wohnblock F-Nord in der Stalinallee. In: Deutsche Architektur. Heft 4/1954, S. 172 - 175
Schulz, J.; Gräbner, W.: Berlin, Architektur von Pankow bis Köpenick. Berlin 1987
Souradny, K.: Die künstlerische Gestaltung des Bauabschnittes F an der Stalinallee. In: Deutsche Architektur. Heft 1/1953, S. 6 - 12

## Hansaviertel

### Anmerkungen

1  Vgl. Bodenschatz 1985, S. 70 ff.
2  Mahler 1953, S. 681
3  Katalog zur Interbau 1957, S. 69
4  Katalog zur Interbau 1957, S. 99 f.
5  Vgl. Bodenschatz 1987, S. 169

### Literatur

Autzen, R. u.a.: Stadterneuerung in Berlin. Sanierung und Zerstörung vor und neben der IBA. Berlin 1984
Bauwelt 1954. Heft 3, S. 45 ff. und Heft 4, S. 235
Bauwelt 1957. Heft 24, S. 591 und Heft 37
Bauwelt 1962. Heft 1, S. 14
Benevolo, L.: Geschichte der Architektur des 19. und 20. Jahrhunderts. München 1964
Bodenschatz, H.: Das neue Hansaviertel: Die Antwort der Interbau 1957 auf die Mietskasernenstadt. In: Arch+ 82. 1985, S. 70 ff.
Bodenschatz, H.: Platz für das neue Berlin. Berlin 1987, S. 165-170
Cramer, J., Gutschow, N.: Bauausstellungen. Eine Architekturgeschichte des 20. Jahrhunderts. Stuttgart 1984
Enderlein, K.: Geschoßzahl und Wirtschaftlichkeit im Wohnungsbau. Berlin 1957/58
Göderitz, J., Rainer, R., Hoffmann, H.: Die gegliederte und aufgelockerte Stadt. Tübingen 1957
Mahler, K.: Internationale Bauausstellung 1956. In: Bauwelt 1953. Heft 35, S. 681 ff.

## Otto-Suhr-Siedlung

### Anmerkungen

1  Bascón-Borgelt et al. S.83
2  In der Vorkriegszeit betrug die Einwohnerdichte etwa 1.200 Ew/ha. Beim Neubau wurde eine Dichte von 600 Ew/ha angestrebt. (Vgl. dazu: Bezirksamt Kreuzberg 1956, S. 15) Heute ist die Einwohnerdichte aufgrund der immer geringer werdenden Belegungsdichte auf unter 250 Einwohner je Hektar gefallen.
3  Welters, 1985, S. 978 f.
4  Vgl. Mutschler 1987, kritisch dazu: Hoffmann-Axthelm 1987, 912 f. Zur Innenentwicklung allgemein vgl. Lütke-Daldrup 1989

### Literatur

Berlin und seine Bauten. Teil IV A. Wohnungsbau. Berlin 1970, S. 398
Berlin und seine Bauten. Teil IV B. Berlin 1970. S. 598 ff.
Bezirksamt Kreuzberg von Berlin: Wir bauen die neue Stadt. Berlin 1956
Boscón-Borgelt, C., Ganssauge, K., Hartmann, K.: Die Geschichte der Luisenstadt. In: Idee Prozess Ergebnis. Die Reparatur und Rekonstruktion der Stadt. Internationale Bauausstellung Berlin 1987. Senator für Bau und Wohnungswesen (Hrsg.). Berlin 1984
Geist, J.F., Kürvers, K.: Das Berliner Mietshaus 1862-1945. München 1984
Göderitz/Rainer/Hoffmann: Die gegliederte und aufgelockerte Stadt. Tübingen 1957
Hoffmann-Axthelm, D.: Städtebau für die produzierende Arbeit. In: Stadtbauwelt 94. Berlin 1987, S. 910 ff.

Literaturverzeichnis 366

Jannicke/Sulzer/Worbs: Stadtrand in der Stadt - Stadtplanung der 50er Jahre: Theorie und Praxis am Beispiel Berlin-Kreuzberg. In: archithese. Heft 5/1982, S. 42 ff.
Lütke-Daldrup, E.: Bestandsorientierter Städtebau. Möglichkeiten, Auswirkungen und Grenzen der Innenentwicklung. Dortmund 1989
Mutschler, M.: Nachbesserung von Zeilengeschoßwohnungen der fünfziger Jahre. Arbeitshefte des Instituts für Stadt- und Regionalplanung. Berlin 1987
Rave, J.: Die Wohngebiete 1945-67. In: Berlin und seine Bauten. Teil IV A. a.a.O., 200 ff.
Reichow, H.B.: Organische Stadtbaukunst. Von der Großstadt zur Stadtlandschaft. Braunschweig 1948
Welters, H.: Perspektiven zum Sozial-Wohnen. In: Bauwelt Heft 24/1985, S. 978 f.
Zweimal 9 x 9 m - Pfarrhäuser St. Jacobi, Berlin-Kreuzberg, Jacobikirchstraße 5/6. In: Bauwelt Heft 6/1983, S. 190 ff.


## Charlottenburg Nord

### Anmerkungen

1 Vgl. Machule 1970, S. 175
2 Scharoun 1962, S. 21
3 Rave 1970, S. 213
4 Bauwelt 1962, S. 414
5 Vgl. AG Stadterneuerung 1989a, S. 196 ff.

### Literatur

AG Stadterneuerung (Hg.): Stadterneuerung in Berlin-West. Perspektiven der Bestandsentwicklung. Berlin 1989
Bauwelt 1962, Heft 15/16, S. 399
Machule, D., Die Wohngebiete 1919-1945, in: Berlin und seine Bauten, IV A, Berlin 1970, S. 175 f.
Neue Heimat 2, 1962, S. 18
Rave, J., Die Wohngebiete 1945-1967, in: Berlin und seine Bauten, IV A, Berlin 1970, S. 212 f.
Rave, R., Knöfel, H.-J., Bauen in Berlin seit 1900, Berlin 1968
Schmitt, K. W., Mehrgeschossiger Wohnbau, Stuttgart 1966


## Karl-Marx-Allee II

### Anmerkungen

1 Vgl. Geist 1984, Schadenkarte, Umschlagklappe und Berlin-Handbuch 1992, S. 220
2 Vgl. Henselmann 1958, 419 ff.
3 Vgl. Hain 1992, S. 51 ff.
4 Vgl. Vom Strausberger Platz ... 1959, S. 16 ff.
5 ebenda S. 16
6 Vgl. Dutschke 1959, S. 536
7 Vgl. Vom Strausberger Platz ... 1959, S. 16 ff.
8 Vgl. Gißke 1960, S. 130 - 131
9 Vgl. Bärhold 1960, S. 297 ff.
10 Vgl. Gißke 1960, S. 130 - 131
11 Vgl. Kapitel 7.1 Karl-Marx-Allee I

## Literatur

Bärhold, H.: Gedanken zur Großplattenbauweise an der Stalinallee. In: Deutsche Architektur. Heft 6/1960, S. 297 - 300
Berlin Handbuch. Das Lexikon der Bundeshauptstadt. Berlin 1992
Dutschke, W.: Zwischen Strausberger Platz und Alexanderplatz. In: Deutsche Architektur. Heft 10/1959, S. 535 - 543
Geist, J. F.; Kürvers, K.: Das Berliner Miethaus, 1862-1945. München 1984
Gißke, E.: Der Aufbau des Berliner Stadtzentrums beginnt. In: Deutsche Architektur. Heft 3/1960, S. 128 - 131
Hain, S.: Berlin Ost: „Im Westen wird man sich wundern". In: Neue Städte aus Ruinen. Deutscher Städtebau der Nachkriegszeit. München 1992
Henselmann, H.: Vom Strausberger Platz zum Alexanderplatz. In: Deutsche Architektur. Heft 8/1958, S. 419 - 424
Schulz, J.; Gräbner, W.: Berlin, Architektur von Pankow bis Köpenick. Berlin 1987
Vom Strausberger Platz zum Alexanderplatz. In: Deutsche Architektur. Heft 1/1959, S. 16 - 24

## Fischerinsel

### Anmerkungen

1 siehe Kapitel „Nikolaiviertel", Mühlendamm
2 Vgl. Schulz, J. 1987, S. 90
3 Auf die Ansiedlung von Holländern weist heute noch der Straßenname „Friedrichsgracht" hin.
4 Die Fischerstraße und die Fischerbrücke befanden sich ursprünglich an der südöstlichen Spitze der Spreeinsel.
5 Vgl. Näther 1967, S. 54
6 Vgl. Geist 1984, Umschlagklappkarte
7 Vgl. Entwürfe von A.u.P. Smithson (3. Preis ) und D.Chenut/J. Oliver/H.Quillé (engste Wahl, jeweils Wettbewerb 1957), siehe Hauptstadt Berlin 1990, S.92 ff.
8 Vgl. Hauptstadt Berlin 1990, S.234
9 ebenda S. 237 ff.
10 Vgl. Näther 1968, S. 344 ff.
11 Vgl. Näther 1967, S. 54 ff.
12 ebenda
13 Vgl. u.a. Macetti 1968, Gradow 1971
14 Vgl. Macetti 1968, S. 94 ff. - Mit Marina City wird der Versuch unternommen, durch Kombination von Wohnungen, Erholungs- und Arbeitsstätten in Hochhäusern eine möglichst wirtschaftliche Lösung für die Umgestaltung alter Stadtteile (sprich Abriß/ Neubau) in zentraler Lage zu erreichen.
15 Vgl. Näther 1967, S. 56 ff., zu beachten ist bei der Kostenrechnung, daß solche Positionen, wie z.B. die laufenden Kosten, nicht einbezogen und daß Entschädigungen nach DDR-Recht relativ niedrig angesetzt wurden.
16 Vgl. Schmiedel/Zumpe 1968, S. 134 ff.
17 Vgl. Zumpe 1970, S. 602
18 Mit dem gleichen Plattenbausystem werden auch die Wohnhochhäuser in der Rochstraße („Windmühle"), am Platz der Vereinten Nationen (eh. Leninplatz) und in der Holzmarktstraße gebaut.
19 Vgl. Zumpe 1970, S. 604 ff.
20 ebenda
21 Vgl. Jahn, E. u.a. 1992, S. 96 ff.
22 ebenda

## Literatur

Geist, J. F.; Kürvers, K.: Das Berliner Miethaus, 1862-1945. München 1984
Gradow, G.A.: Stadt und Lebensweise. Berlin 1971
Hauptstadt Berlin, Internationaler Ideenwettbewerb 1957-58. Berlin 1990
Jahn, E.; Kny, M.; Machleidt, H.; Müller, C.; Schäche, W.: Städtebauliches Leitbild für den Bereich „Spreeinsel" Berlin-Mitte, Werkstattbericht. Berlin 1992
Macetti, S.: Großwohneinheiten. Berlin 1968
Näther, J.: Planung und Gestaltung des Wohngebietes „Fischerkietz". In: Deutsche Architektur. Heft 1/1967, S. 54-57
Näther, J.: Der Generalbebauungsplan und das Stadtzentrum. In: Deutsche Architektur. Heft 6/1968, S. 338-47
Schulz, J.; Gräbner, W.: Berlin, Architektur von Pankow bis Köpenick. Berlin 1987
Schmiedel, H.-P.; Zumpe, M.: Wohnhochhäuser in Großplattenbauweise, Studie 1967. In: Deutsche Architektur. Heft 3/1968, S. 134-143
Zumpe, M.: Wohnhochhäuser Fischerkietz Berlin. In: Deutsche Architektur. Heft 10/1970, S.602-607

## Mehringplatz

### Anmerkungen

1  Heise, 1984, S. 220
2  Bauwelt 1953, S. 46
3  Bauwelt 1966, S. 1135
4  Neue Heimat 1971, S. 12
5  Enge u.a. 1985, S. 39

### Literatur

Bauwelt Heft 3. Berlin 1953, S. 45 f.
Bauwelt Heft 41. Berlin 1966, S. 1135
Bonatz, K. u.a.: Plan Berlin 1948. Berlin 1948
Enge/Reichel/Reis/Uhlig/Werner: Städtebauliche Bestandsanalyse Mehringplatz. Studienarbeit am Institut für Stadt- und Regionalplanung. Berlin 1986
Feireiss, K. (Hg.): 14 x Amerika-Gedenkbibliothek. Architekten aus den Vereinigten Staaten planen für Berlin. Berlin 1989
Heise, V.: Zur Geschichte von Architektur und Stadtgrundriß der Südlichen Friedrichstraße. In: Idee Prozess Ergebnis. Die Reparatur und Rekonstruktion der Stadt. Internationale Bauausstellung Berlin 1987. Senator für Bau- und Wohnungswesen (Hg.). Berlin 1984
Hoffmann-Axthelm, D.: das abreißbare klassenbewußtsein. Gießen 1975 (historisch-soziologische Interpretation von Architektur am Beispiel des Mehringplatzes Berlin)
Moest, W. u.a.: „Zehlendorfer Plan". Berlin 1947
Neue Heimat Heft 4. Berlin 1971 (Am Mehringplatz geht es rund). S. 1 ff.
Rave, J., Rave, R., Knöfel,H.-J.: Berliner Bauten der 70er Jahre, Berlin 1980, Nr. 288
Reuther, H:: Die große Zerstörung Berlins. Zweihundert Jahre Stadtgeschichte. Frankfurt/Berlin 1985

## Leipziger Straße

**Anmerkungen**

1 Vgl. Berlin-Handbuch 1992, S. 755 ff.
2 Vgl. Trost 1983, S. 225 ff.
3 Vgl. Bodenschatz 1992, S. 63
4 Vgl. Frank 1990, S. 263 ff.
5 Vgl. Hauptstadt Berlin, 1990, S. 54 ff.
6 ebenda, S. 63 ff.
7 Vgl. Ideenwettbewerb 1960, S. 11-12
8 Vgl. Tscheschner 1990, S. 234
9 Vgl. Näther 1968, S. 344 ff.
10 Das Bezirksbauamt war für die Bauaufgaben, insbesondere auch für städtebauliche Planungen, von Ost-Berlin zuständig.
  Autoren, vgl. auch Anfang des Kapitels:
  Städtebau: Joachim Näther, Peter Schweizer, Dorothea Tscheschner, Dieter Schulze, Werner Strassenmeier und Kollektiv
  Wohnungsbau: Johannes Gitschel, Wolfgang Ortmann und Kollektiv; Günther Wernitz, Arno Weber und Kollektiv
  Freiflächen: Eberhard Horn
11 Vgl. Schweizer 1969, S. 526 ff.
12 Vgl. Schmidt 1989, S. 12 ff.
13 Vgl. Berger 1979, S. 21 ff. und Ortmann 1979, S. 29 ff.

**Literatur**

Berger, K.; Weber, A.: 14geschossige Wohnhäuser mit Funktionsüberlagerung - Berlin, Leipziger Straße. In: Architektur der DDR. Heft 1/1979, S. 21-23
Berlin-Handbuch; Das Lexikon der Bundeshauptstadt. Berlin 1992
Bodenschatz, H.: Berlin West: Abschied von der 'steinernen Stadt'. In: Neue Städte aus Ruinen, Deutscher Städtebau der Nachkriegszeit. München 1992.
Frank, H.: Landschaft mit Trümmern. In: Hauptstadt Berlin, Internationaler Ideenwettbewerb 1957-58. Berlin 1990
Hauptstadt Berlin, Internationaler Ideenwettbewerb 1957-58. Berlin 1990
Ideenwettbewerb zur sozialistischen Umgestaltung des Zentrums der Hauptstadt der Deutschen Demokratischen Republik, Berlin. In: Deutsche Architektur. Heft 1/1960, S. 3-36
Näther, J.: Der Generalbebauungsplan und das Stadtzentrum. In: Deutsche Architektur. Heft 6/1968, S. 338-47
Ortmann, W.: Wohnhochhäuser mit gesellschaftlichen Funktionsbereichen - Berlin, Leipziger Straße. In: Architektur der DDR. Heft 1/1979, S. 29-33
Ortmann, W.: Zweigeschossige Kaufhallen - Berlin, Leipziger Straße. In: Architektur der DDR. Heft 1/1979, S. 24-28
Schmidt, E.: Neubauten an der Leipziger Straße/Krausenstaße in Berlin. In: Architektur der DDR. Heft 9/1989, S. 12-15
Schulz, J.; Gräbner, W.: Berlin, Architektur von Pankow bis Köpenick. Berlin 1987
Schweizer, P.: Der Aufbau der Leipziger Straße in Berlin. In: Deutsche Architektur. Heft 9/1969, S. 526-29
Strassenmeier, W.: Wohnkomplex Leipziger Straße in Berlin. In: Architektur der DDR.. Heft 1/1979, S. 17-20
Trost, H. u.a.: Die Bau- und Kunstdenkmale in der DDR, Hauptstadt Berlin I. Berlin 1983
Tscheschner, D.: Der Wiederaufbau des historischen Zentrums in Ost-Berlin. In: Hauptstadt Berlin, Internationaler Ideenwettbewerb 1957-58. Berlin 1990

## Böcklerpark

**Anmerkungen**

1 Bauwelt 1970, S. 1058
2 Vgl. Ernst 1974, S. 633 f., Bauwelt 1970, S. 1056 ff.
3 Bodenschatz u.a. 1983, S. 88
4 Vgl. Wohngebiet an der Admiralstraße
5 Hoffmann-Axthelm 1984, S. 104
6 Ehmer u.a. 1986, S. 55
7 Balg 1974, S. 638

**Literatur**

Alternativen einer Sanierung in Berlin-Kreuzberg. In: Bauwelt Heft 28/1970, S. 1056 ff.
Balg, Ilse: Sanieren heißt heilen - Die Kritiker. In: Deutsche Bauzeitung. Heft 7/1974, S. 637 f.
Bodenschatz, H., Heise, V., Korfmacher, J: Schluß mit der Zerstörung. Gießen 1983
Ehmer, K. u.a.: Böcklerpark. In: Städtebauliche Bestandsaufnahme ausgewählter Berliner Stadtgebiete. Studienarbeit am Institut für Stadt und Regionalplanung WS 85/86, Berlin 1986
Ernst, K.-H., Wolff, W.: Stadtsanierung - Hauserneuerung. Stuttgart 1973
Ernst, K.-H.: Sanieren heißt heilen - Die Architekten. In: Deutsche Bauzeitung Heft 7/1974, S. 633 f.
Heise, V.: Bedingungen und Formen der Stadterneuerung in Berlin-West. Dargestellt an zwei innerstädtischen Wohngebieten in Berlin-Kreuzberg. In: Heise, V./Rosemann, J.: Bedingungen und Formen der Stadterneuerung. Versuch einer Bestandsaufnahme, Kassel 1982
Heise, V.: Der Weg bis zur „behutsamen Stadterneuerung" im Osten Kreuzbergs: das Sanierungsgebiet Kottbusser Tor und das „Strategiengebiet SO 36". In: Autzen u.a.: Stadterneuerung in Berlin. Sanierung und Zerstörung vor und neben der IBA. Berlin 1984
Hoffmann-Axthelm, D.: Vom Anhalter Bahnhof zum Schlesischen Tor - Für Stadtwanderer. In: Internationale Bauausstellung: Leitfaden - Projekte, Daten, Geschichten. Berlin 1984
Senator für Bau- und Wohnungswesen (Hg.): Stadterneuerung im Sanierungsgebiet Kreuzberg - Kottbusser Tor. Faltblatt. Berlin 1988


## Vinetaplatz

**Anmerkungen**

1 Vgl. Autzen u.a. 1984, S. 18
2 Vgl. Bezirksamt Wedding von Berlin (1985), S. 40
3 Autzen u.a. (1984), S. 21
4 Vgl. Senator für Bau- und Wohnungswesen (1984), S. 148
5 Vgl. ebenda, S. 154
6 Vgl. Bezirksamt Wedding 1988, S. 54
7 Vgl. Senator für Bau- und Wohnungswesen (1984), S. 156
8 Vgl. Autzen u.a. (1984), S. 22
9 Autzen u.a. (1984), S. 24

## Literatur

Autzen, R. u.a.: Stadterneuerung in Berlin. Sanierung und Zerstörung vor und neben der IBA. In: Berliner Topographien Nr. 2. Berlin 1984
Becker, H., Schulz zur Wiesch, J. (Hg.): Sanierungsfolgen, Berlin 1982
Bezirksamt Wedding von Berlin, Abt. Bauwesen: Der Wedding im Wandel. Berlin 1985
Bezirksamt Wedding von Berlin (Hg.): 25 Jahre Stadterneuerung für Menschen im Wedding. Berlin 1988
Bodenschatz, H.: Platz frei für das neue Berlin. Berlin 1987
Ratei, O.: Stadtsanierung. In: Berlin und seine Bauten. Band IV A. Hg. AIV. Berlin 1970
Rave R., Knöfel, H.-J.: Bauen der 70er Jahre in Berlin. Berlin 1981
Senator für Bau- und Wohnungswesen: 9. Bericht über die Stadterneuerung. 1.1.-31.12.1971. Berlin 1972
Senator für Bau- und Wohnungswesen (Hg.): Bauen und Wohnen in alter Umgebung. Berlin 1984
Suhr, H.: Zwei Projekte der Gruppe Eggeling: In: Stadtbauwelt Heft 76. 1982, S. 410 ff.

## Rollbergviertel

### Anmerkungen

1 Vgl. Senator für Bau- und Wohnungswesen (SenBauWohn) 1988
2 Vgl. SenBauWohn 1974, S. 2
3 SenBauWohn 1972, Anlage 2, S. 15
4 SenBauWohn 1972, Anlage 2, S. 15
5 SenBauWohn 1972, Anlage 2, S. 16
6 Rave 1980, Nr. 302
7 Rogler 1987, S. 70

### Literatur

Geist, J.E., Kürvers, K.: Das Berliner Mietshaus 1862-1945. Berlin 1984
Rave, J., Rave, R., Knöfel, H.-J.: Bauen der 70er Jahre in Berlin, Berlin 1981
Rogler, R.: Auf der Suche nach Rixdorf. Neukölln. In: Hallen, A., Müller, B. (Hg.): Berlin zu Fuß. Hamburg 1987
Schroeder, K.: Rollbergviertel in Neukölln. In: Topographischer Atlas Berlin. Berlin 1987, S. 116f
Senator für Bau- und Wohnungswesen: Stadterneuerung im Sanierungsgebiet Neukölln-Rollberge. Berlin 1974
Senator für Bau- und Wohnungswesen: 9. Bericht über die Stadterneuerung 1.1.-31.12.1971. Berlin 1972
Senator für Bau- und Wohnungswesen: 10. Bericht über die Stadterneuerung 1.1.-31.12.1972. Berlin 1973
Senator für Bau- und Wohnungswesen: 14. Bericht über die Stadterneuerung 1.1.1978-31.12.1979. Berlin 1980
Senator für Bau- und Wohnungswesen: 15. Bericht über die Stadterneuerung 1.1.1980-31.12.1981. Berlin 1982
Senator für Bau- und Wohnungswesen: 16. Bericht über die Stadterneuerung 1.1.1982-31.12.1983. Berlin 1984
Senator für Bau- und Wohnungswesen (Hrsg.): Stadterneuerung im Sanierungsgebiet Neukölln-Rollbergstraße. Faltblatt. Berlin 1988

## Gropiusstadt

### Anmerkungen

1 für einen Teilbereich
2 Arendt 1987 S. 16
3 Gropius 1987 S. 20
4 Martin u.a. 1985, S. 159

### Literatur

Arendt, H.: Städtebauliche Planung der Gropiusstadt. In: 25 Jahre Gropiusstadt. Hg. Martin, V., Pächter, K.. Berlin 1987, S. 14-17
Bandel, M., Machule, D.: Die Gropiusstadt - Der städtebauliche Planungs- und Entscheidungsvorgang. Berlin 1974
Bauwelt Heft 1. 1962, S. 7-9
Bauwelt Heft 16/17. 1968, S. 451-481
Becker, H., Keim, K. D.: Gropiusstadt: soziale Verhältnisse am Stadtrand. Berlin 1977
Gropius, W.: Ein Pakt mit dem Leben. In: 25 Jahre Gropiusstadt. Hg. Martin, V., Pächter, K.. Berlin 1987, S. 20-21
ISR Projektbericht 5. Nachbesserungen von Großsiedlungen in Berlin-West. Gropiusstadt. Hg. Institut für Stadt- und Regionalplanung der TU Berlin. Berlin 1986
ISR (Hg.): Städtebauliche Bestandsanalyse ausgewählter Stadtquartiere. Berlin 1986
Martin, V., Pächter, K., Wurtinger, H.: Mehr Stadt, mehr Landschaft. In: Stadtbauwelt Heft 86. 1985, S. 156-159
Rave, J.: Die Wohngebiete 1945-1967. In: Berlin und seine Bauten. Teil IV A. Berlin 1970
Rave, J., Knöfel, H.-J.: Bauen seit 1900 in Berlin, Berlin 1968, Objekt 82


## Märkisches Viertel

### Anmerkungen

1 Zur Einteilung der Bauabschnitte siehe Übersichtsplan.
2 Düttmann, Heinrichs, Müller 1963, S. 390
3 Architektur und Wohnform 1967, S. 134
4 Bodenschatz 1987, S. 244
5 Vgl. Autzen u.a. 1984, S. 62. Für die nächsten 8 Jahre werden Reparaturkosten von 75 Mio DM anfallen, hinzu kommen 60 Mio DM für die Erneuerung der Haustechnik.

### Literatur

Architektur und Wohnform, 2/1967, S. 134
Autzen u.a.: Stadterneuerung in Berlin. In: Berliner Topographien Nr. 2. Berlin 1984
Bauwelt 1963, Heft 14/15, S. 390 ff.
Bauwelt 1967, Heft 46/47, S. 1189 ff.
Becker, H. u.a.: Versuch der Sanierung des Märkischen Viertels als Beispiel einer Strategie zur Demokratisierung des Planungsprozesses in der Stadt- und Regionalplanung. Berlin 1969
Bodenschatz, H.: Platz frei für das Neue Berlin! Studien zur Neueren Planungsgeschichte. Band 1. Berlin 1987, S. 228 ff.
Düttmann, Heinrichs, Müller: Märkisches Viertel. In: Bauwelt 1963, Heft 14/15, S. 390 ff.
FPB: Nutzungsstudie Märkisches Viertel. Berlin 1984
Märkisches Viertel Plandokumentation. Berlin 1972
Plenum Märkisches Viertel (Hg.): Material zum Märkischen Viertel. Berlin 1969

Rave, J.: Die Wohngebiete 1945-1967. In: Rave, R., Knöfel, H.-J.: Bauen seit 1900 in Berlin. Berlin 1968
Voll, D.: Von der Wohnlaube zum Hochaus. Eine geographische Untersuchung über die Entstehung und Struktur des Märkischen Viertels in Berlin (West) bis 1976. Berlin 1983
Wohnste sozial, haste die Qual. „jetzt reden wir" - Betroffene des Märkischen Viertels. Reinbeck 1975


## Thermometersiedlung

### Anmerkungen

1   Müller 1986, S. 16
2   Müller 1986, S. 18
3   Mitte der 70er Jahre waren viele der Wohnungen mit 6 bis 8 Personen überbelegt.
4   Institut für Stadt- und Regionalplanung 1978, S. 90 f
5   Müller 1986, S. 37
6   Müller/Liese 1986, S. 42 f.

### Literatur

Bauwelt Heft 41. Berlin 1973, S. 1787 ff.
Berlin und seine Bauten. Teil IV A. Berlin 1970, S. 734 f.
Duvigneau, Hans Jörg: Seminarpapier zum Umgang mit Großsiedlungen (DIFU-Seminar am 3.-6. Februar 1986 in Berlin). Unveröffentlichtes Manuskript.
Institut für Stadt- und Regionalplanung (TU Berlin): Vergleich der Reproduktionsbedingungen in innerstädtischen Altbauwohngebieten und randstädtischen Neubauwohngebieten. Arbeitsbericht des Lehr- und Forschungsprojektes Thermometersiedlung. Berlin 1978.
Müller, P.: Wohnumfeldverbesserung in einer Hochhaussiedlung der 60er Jahre. Das Beispiel „Thermometersiedlung" in Berlin-Lichterfelde. Diplomarbeit am Institut für Stadt- und Regionalplanung der TU Berlin. Berlin 1986.
Müller, P., Liese, U.: Berlin-"Thermometersiedlung". In: Mitteilungen der Heimstätten und Landesentwicklungsgesellschaften 1986. (Heft: Reparatur von Großsiedlungen)
Seggern, H.v.: Alltägliche Benutzung wohnungsbezogener Freiräume in Wohnsiedlungen am Stadtrand, Darmstadt 1982


## Wohnkomplex Fennpfuhl

### Anmerkungen

1   Vgl. Gut 1984, S. 239
2   Vgl. Spitzer 1987, Tafel 10 ff.
3   Vgl. Hennig 1957, S. 49 und Städtebaulicher Ideenwettbewerb 1957
4   Vgl. Städtebaulicher Ideenwettbewerb 1957, S. 5
5   ebenda
6   ebenda S. 6
7   ebenda S. 1
8   Vgl. Geisert 1990, S. 54 ff.
9   Vgl. Ideenwettbewerb 1958
10  Vgl. Geisert 1990, S. 54 ff.

Literaturverzeichnis 374

11 Anmerkung: Bekanntlich sollten zur Lösung der Wohnungsfrage in der DDR laut Beschluß des VIII. SED-Parteitags (1971) und der 10. SED-ZK-Tagung (1973) zum Wohnungsbauprogramm 1971-75 1/2 Mill. und 1976-90 2,8 bis 3,0 Mill. Wohnungen neu gebaut und modernisiert werden.
12 Industriegebiet Lichtenberg Nord-Ost: heutiges Gebiet entlang der Rhinstraße und S-Bahnlinie in Marzahn und Hohenschönhausen
13 Vgl. Graffunder 1973, S. 333 ff.
14 Vgl. Schulz 1987, S. 148 ff. u. Berlin, Hauptstadt DDR, 1986, S. 18 ff.: Wohngebiet 1: östlich Weißenseer Weg; Wohngebiet 2: nördlich Landsberger Allee; Wohngebiet 3: zwischen Landsberger Allee, Weißenseer Weg und Storkower Straße
15 Vgl. Korn 1974, S. 584 ff.
16 Vgl. Graffunder 1973, S. 333 ff.
17 Vgl. Schulz 1978, S. 7-9 und 19-21

**Literatur**

Berlin, Hauptstadt DDR. Dokumentation Komplexer Wohnungsbau 1971-1985. Berlin 1986
Geisert, H., Haneberg, D., Hein C.: Hauptstadt Berlin, Internationaler städtebaulicher Ideenwettbewerb 1957/58. Berlin 1990
Graffunder, H.: Der Wohnkomplex Landsberger Chaussee/Weißenseer Weg in Berlin-Lichtenberg.- Zur Aufgabenstellung und Entwicklung des städtebaulichen Projektes. In: Architektur der DDR. Heft 6/1973, S. 333 - 334
Gut, A.: Das Berliner Wohnhaus des 17. und 18. Jahrhunderts. Berlin 1984
Hennig, H.: Wettbewerb „Fennpfuhl" Lichtenberg. In: Deutsche Architektur, Heft 1/1957, S. 49
Ideenwettbewerb zur sozialistischen Umgestaltung der Hauptstadt der Deutschen Demokratischen Republik, Berlin. In: Deutsche Architektur. Heft 7/1958, Sonderbeilage
Köhler, L., Rühle, D.: Neubauwohnkomplex Leninallee/Ho-Chi-Minh-Straße in Berlin. In: Architektur der DDR. Heft 11/1977, S. 649 - 655
Korn, R.: Wettbewerb gesellschaftliches Zentrum für das Wohngebiet Leninallee/ Weißenseer Weg in Berlin. In: Architektur der DDR. Heft 10/1974, S. 584 - 589
Schulz, J., Gräbner, W.: Berlin, Architektur von Pankow bis Köpenick. Berlin 1987
Schulz, K.-D.: Farbe als Gestaltungselement im Städtebau. In: Farbe und Raum, Heft 4/ 1978, S. 7-9
Schulz, K.-D.: Farbe als Gestaltungsmittel im Neubau. In: Farbe und Raum, Heft11/ 1978, S. 19-21
Spitzer, H.; Zimm, A.: Berlin von 1650 bis 1900. Berlin 1987
Städtebaulicher Ideenwettbewerb „Wohn- und Erholungsgebiet für die Umgebung Fennpfuhl". In: Deutsche Architektur, Heft 5/1957, Sonderbeilage 5/57

**Wohngebiet Marzahn**

**Anmerkungen**

1 Die städtebaulichen Daten beziehen sich auf den mittleren Teil des Neubaugebietes Marzahn, das Wohngebiet 3, das durch die Landsberger Allee (früher Leninallee), Märkische Allee (früher Heinrich-Rau-Straße), Wuhletalstraße (früher Hennecke-straße) und den Blumberger Damm (früher Otto-Buchwitz-Straße) begrenzt wird. Dabei ist der „gesellschaftliche Hauptbereich" mit den Teilen Marzahner Tor, Promenade, Freizeitforum, Wohngebietspark und Ringkolonnaden mit einbezogen.
2 Vgl. Berlin-Handbuch 1992, S. 804 ff.
3 Vgl. Hauptstadt der DDR 1968, S. 5
4 Vgl. Keiderling 1987, S. 688

5  Im Jahre 1970 gibt es nicht genügend Wohnungen und beim Bestand sind 41 % der Wohnungen noch ohne Bad oder Dusche, 20 % haben keine Innentoilette.
6  Vgl. Schulz, J. 1987, S. 164-165 und Keiderling 1987, S. 720 ff.
7  Vgl. Korn 1976, S. 552 ff.
8  Seit 1979 steht an dieser Stelle eine Stele mit einer stilisierten Richtkrone aus Beton.
9  Vgl. Wettbewerb 1979, S. 334 ff.
10 Vgl. Stimmann 1993, S. 8-9
11 ebenda S. 10

## Literatur

Berlin-Handbuch; Das Lexikon der Bundeshauptstadt. Berlin 1992
Graffunder, H.: Berlin-Marzahn. Gebaute Wirklichkeit unseres sozialpolitischen Programms. In: Architektur der DDR, Heft 10/1984, S. 596-603
Hauptstadt der DDR, Berlin. Generalbebauungsplan. Berlin 1968
Keiderling, G.: Berlin 1945-1986. Geschichte der Hauptstadt der DDR. Berlin 1987
Korn, R.; Schweizer, P.; Walter, R.: 9. Stadtbezirk in Berlin. In: Architektur der DDR, Heft 9/1976, S. 548-555
Rach, H.-J.: Die Dörfer in Berlin. Berlin 1988
Schulz, J.; Gräbner, W.: Berlin, Architektur von Pankow bis Köpenick. Berlin 1987
Stimmann, H.: Projekt: Großsiedlung. In: Foyer, Heft IV, Dezember 1993, S. 6-10
Tscheschner, D. u.a.: Berlin - Hauptstadt der DDR, Dokumentation komplexer Wohnungsbau 1971-1985. Berlin 1986
Wettbewerb Berlin-Marzahn. In: Architektur der DDR, Heft 6/1979, S. 334-345
Zimm, A. (Hrsg.): Berlin (Ost) und sein Umland. Darmstadt, Gotha, 1990


## Heinrich-Zille-Siedlung

### Literatur

Hammer, J.: Krieg und Frieden. In: Initiative Lützowplan. Berlin 1983
Jacob, B., u.a.: Die deutsche Mitte. Berlin 1986
Rave, J., Rave, R., Knöfel, H.-J.: Bauen der siebziger Jahre in Berlin. Berlin 1981
Reichhardt, H.J., u.a.: Von Berlin nach Germania. Berlin 1985
Senator für Bau- und Wohnungswesen (Hg.): Gutachten Seydlitzstraße - Auslobung. Berlin 1976
Senator für Stadtentwicklung und Umweltschutz (Hg.): Die räumliche Ordnung des zentralen Bereiches. Berlin 1985


## Admiralstraße

### Literatur

Bauwelt Heft 28. 1970
Bauwelt Heft 32/33. 1984, S. 1321
Bezirk Kreuzberg (Hg.): Kunst im Stadtraum. Wettbewerb Admiralstraße. Berlin 1983
Deutsches Architekturmuseum - DAM - (Hg.): Internationale Bauausstellung 1987. Frankfurt 1986
Hämer, H.W.: Stadterneuerung Luisenstadt, Erneuerungskonzept P III/IX/X. Berlin 1982
Hoffmann-Axthelm, D.: Straßenschlachtung. Berlin 1984

Literaturverzeichnis 376

IBA (Hg.): Projektübersicht. Berlin 1987
IBA (Hg.): Erste Projekte zur behutsamen Stadterneuerung. Berlin 1984
IBA (Hg.): Kreuzberger Mischung. Die innenstädtische Verflechtung von Architekturkultur und Gewerbe. Berlin 1984
IBA (Hg.): Selbsthilfe im Altbau. Erfahrungen, Versuche, Vorschläge. Berlin 1984
Nylund, Stürzebecher u.a.: Neubau auf der Etage. Das Haus im Wohnregal. IBA Pilotprojekt. Berlin 1983.

## Ritterstraße

### Anmerkungen

1  1. Bauabschnitt 1982 - 1983; 2. Bauabschnitt 1986 - 1989
2  1. Bauabschnitt
3  Einwohnermeldeamt, Arbeitsamt, Postamt 11, das Deutschland- und Europahaus, die IG-Metall-Zentrale und die Firmensitze der Viktoria-Versicherungen und der Siemens AG.
4  Weitere Beispiele für den stadtstrukturellen Wandel sind u.a. die Lindenstraße, die zu einer heute überflüssigen Hochleistungsstraße ausgebaut wird, die bis zu 18 geschossige Bebauung am Mehringplatz und die unnötigen Abrisse infolge der geplanten, aber nie realisierten Südtangente.
5  Diese und die folgenden Ausführungen beschränken sich auf den Bauteil Ritterstraße-Nord.

### Literatur

Baumeister Heft 7. 1983 (3 Wohnquartiere), S. 653 ff.
Experiment Wohnen - Konzepta Ritterstraße. Archibook. Berlin 1981
Freie Planungsgruppe Berlin GmbH: Rahmenplanung Südliche Friedrichstadt. Berlin 1977
Freie Planungsgruppe Berlin GmbH: Räumliche Bereichsentwicklungsplanung
    Kreuzberg 1 + 2. Senator für Bau- und Wohnungswesen (Hg.).Berlin 1980. IBA (Hg.): Die Neubaugebiete. Dokumente Projekte 2. Berlin 1981
IBA (Hg.): Leitfaden zum Ausstellungsjahr 1984, Berlin 1984
IBA: Städtebaulicher Rahmenplan - Südliche Friedrichstadt, Berlin 1984
IBA (Hg.): Projektübersicht 1987. Berlin 1987
IBA (Hg.): Ein Rundgang, Berlin 1987
Kleihues, J.P.: Hat Berlin seine schöne Vergangenheit vergessen? In: Stadt Heft 3. 1984, S. 18 ff.
Reuther, H.: Die große Zerstörung Berlins. Berlin 1985
Rumpf, P.: Die gute alte Zeit des sozialen Wohnungsbaus. In: Bauwelt 42/1983, S. 1678 ff.
Senator für Bau- und Wohnungswesen (Hg.): Bauen und Wohnen in alter Umgebung. Berlin 1984

## Nikolaiviertel

### Anmerkungen

1. Vgl. Kaeber 1926, S. 48
2. Barnim und Teltow; Höhenzüge nördlich und südlich des Warschau-Berliner Urstromtales, das sich an der Stelle der Stadtgründung von 15 auf 5 km verengt.
3. Vgl. Spitzer 1987, Karte 1
4. Vgl. Geschichte 1983, S. 11 ff.
5. Vgl. Stahn, Berlin 1985, S. 37
6. Vgl. Lampugnani 1991, S. 21
7. Vgl. Geisert 1990, S. 41 ff.
8. ebenda S. 49
9. ebenda S. 46
10. ebenda S. 57 ff.
11. Vgl. Liebknecht 1960, S. 1 ff.
12. Vgl. Ideenwettbewerb 1958
13. Vgl. Verner 1960, S. 119 ff.
14. Vgl. Liebknecht 1960, S. 3 ff.
15. Vgl. Stahn 1982, S. 218 ff. und 5/1985, S. 10 ff.

### Literatur

Behr, A.: Bauen in Berlin, 1973 bis 1987. Leipzig 1987
Geisert, H., Haneberg, D., Hein, C.: Hauptstadt Berlin, Internationaler städtebaulicher Ideenwettbewerb 1957/58. Berlin 1990
Geschichte und Wiederaufbau des Nikolaikirchviertels in Berlin (Miniaturen zur Geschichte, Kultur und Denkmalpflege Berlins; 10). Berlin 1983
Ideenwettbewerb zur sozialistischen Umgestaltung der Hauptstadt der Deutschen Demokratischen Republik, Berlin. In: Deutsche Architektur. Heft 7/1958, Sonderbeilage
Kaeber, E.: Die Gründung Berlins und Kölns. In: Forschungen zur Brandenburgischen und Preußischen Geschichte. Heft 38/1926
Kosel, G.: Aufbau des Zentrums der Hauptstadt des demokratischen Deutschlands Berlin. In: Deutsche Architektur. Heft 4/1958, S. 177-183
Lampugnani, V. M., Mönninger, M.: Berlin morgen. Stuttgart 1991
Liebknecht, K.: Der Aufbau des Zentrums von Berlin ist Sache der gesamten Bevölkerung. In: Deutsche Architektur. Heft 1/1960, S. 1-18
Schulz, J., Gräbner, W.: Berlin, Architektur von Pankow bis Köpenick. Berlin 1987
Spitzer, H., Zimm, A.: Berlin von 1650 bis 1900. Berlin 1987
Stahn, G.: Rund um die Nikolaikirche. In: Architektur der DDR. Heft 4/1982, S. 218 - 225
Stahn, G.: Das Nikolaiviertel am Marx-Engels-Forum. Berlin 1985
Stahn, G.: Das Nikolaiviertel. In: Architektur der DDR. Heft 5/1985, S. 10 - 33
Stahn, G.: Bauen am Marx-Engels-Forum. In: Architektur der DDR. Heft 4/1986, S. 212 - 218
Verner, P.: Großbaustelle Zentrum Berlin. In: Deutsche Architektur. Heft 3/1960, S. 119 - 124

Literaturverzeichnis

## Paderborner Straße

### Anmerkungen

1 Aufgrund des Auftragentzuges durch den Bauherrn wurde die Detailierung der Hochbaumaßnahme nicht durch die eigentlich vorgesehenen Architekten durchgeführt.
2 Vgl. Bezirksamt Wilmerdorf o.J.
3 Buttlar 1986, S. 12
4 Röhrbein 1986, S. 39

### Literatur

Bezirksamt Wilmersdorf - Stadtplanungsamt (Hg.): Stadtgestalterische Hinweise zum Neubauprojekt „Paderborner Straße, Brandenburgische Straße, Ravensberger Straße, Eisenzahnstraße". Berlin o.J.
Buttlar, F. v.: Vom Rande zum Innenleben. In: Baumeister Heft 10. 1986, S. 11 ff.
Peters, P.: Der Fall Block 69 in Berlin-Wilmersdorf. In: Baumeister Heft 10. 1986, S. 26 ff.
Röhrbein, R.: Stadtreparatur mit Mut zur Lücke. In: Stadt Heft 3. 1984, S. 30 ff.
Röhrbein, R.: Wohnanlage Ravensberger-, Eisenzahn-, und Paderborner Straße. In: Bauen in Wilmersdorf, Wohn- und Gewerbebauten. Berlin 1986, S. 35 ff.


## Rauchstraße

### Anmerkungen

1 Schäche 1985
2 Im 1957/58 veranstalteten „Hauptstadt-Wettbewerb " wurde das Gebiet erneut als Diplomatenviertel ausgewiesen.
3 Nachdem M. Botta aus dem zunächst mit ihm abgeschlossenen Vertrag ausschied.
4 FPB: Modernisierung der ehemaligen Norwegischen Gesandtschaft
5 Mit Ausnahme der Häuser von Krier, Hollein und Hermann/Valentiny.

### Literatur

Bauwelt 1985. Heft 31/32 „Zwischen Mies und Memphis"
Buttlar, F. v. : Vom Rande zum Innenleben. In: Baumeister 10/86, S. 11-39
Buttlar, F. v. : Würfel und Palazzo. In: Baumeister 1/86, S. 12-19
DAM (Hg.): Internationale Bauausstellung 1987. Frankfurt 1986, S. 116-126
Groth + Graalfs Wohnbau GmbH (Hg.): Wohnen am Tiergarten. Die Bauten an der Rauchstraße. Berlin 1985
IBA (Hg.): Leitfaden. Berlin 1984, S. 59-61
IBA (Hg.): Die Neubaugebiete. Berlin 1981, S. 202-209
IBA (Hg.): Projektübersicht. Berlin 1984, S. 26/27
Jaeger, F.: Die Stadtvilla im Sozialen Wohnungsbau. In: Tagesspiegel vom 9.3.1986
Kleihues, J.P.: Hat Berlin seine schöne Vergangenheit vergessen? In: Stadt. 3/1984, S. 14-22
Röhrbein, R.: Wohnungsqualität - Ein konstruktiv-kritisches Resümee. In: Groth + Graalfs 1985, S. 102 ff.
Schäche, W.: Eine Zukunft für die Vergangenheit oder ...? In: Groth + Graalfs 1985

## Grüne Häuser

### Anmerkungen

1 Müller 1984, S. 6
2 Vgl. Tagesspiegel vom 9.3.1987
3 Beer 1985, S. 19 ff.

### Literatur

Beer, I.: Die „grünen Häuser". Eine Traumsiedlung am Rande der BUGA?. In: Baumeister 9/1985, S. 19 ff.
Deutsches Architekturmuseum Frankfurt (Hrsg.): Bauen heute. Architektur der Gegenwart in der Bundesrepublik. Frankfurt 1985, S. 401 ff.
Berliner Mischung: Natur und Architektur. In: Schöner Wohnen. Heft 9/1985, S. 173 ff.
Müller, H.-C.: Grüne Häuser. Berlin 1984
Bauwelt. Heft 18. Berlin 1985


## Gartenstadt Düppel

### Anmerkungen

1 Müller/Rhode: Erläuterungen zum Gutachterentwurf. Berlin 1980
2 Buttlar 1986, S. 1022
3 Vgl. z.B. Ausbaukatalog der DEGEWO-Häuser. DEGEWO 1985, S. 21 f.
4 Buttlar 1986, S. 1027
5 Tessenows Reihenhausentwürfe weisen eine verblüffende Ähnlichkeit mit den Reihenhäusern der Gartenstadt Düppel auf.
6 Herold u.a. 1986, o. S.
7 Vouillème 1988, S. 2024 ff.

### Literatur

Bauwelt 1973. Heft 33, S. 1452 ff.
Baumeister. Heft 4, 1986, S. 48 ff.
Bauen und Wohnen 1981, S. 1 f.
Bezirksamt Zehlendorf von Berlin: Bebauungsplan X-145 und X-146
Buttlar, F.v.: Berlin: Die Gartenstadt Düppel-Nord. In: Bauwelt 1986. Heft 27, S. 1020 ff.
DEGEWO: Gartenstadt Düppel. Berlin 1985, S. 21 f.
Herold/Kauf/Schröder/Stoye/Treichelt: Städtebauliche Bestandsaufnahme Gartenstadt Düppel. Studienarbeit am Institut für Stadt- und Regionalplanung der TU Berlin. Berlin 1986
Müller, U., Rhode, T.: Gutachten zur Bebauung von Düppel-Nord. Berlin 1980
Posener, J.: Vorlesungen zur Geschichte der Neuen Architektur. Die Architektur der Reform (1900-1924). In: Arch+ 1980. Heft 53, S. 2 ff.
Proplan (Dehmel, W., Schein, S.): Vorprüfungsbericht zum Gutachterverfahren Düppel-Nord. Unveröffentl. Manuskript. Berlin 1980
Vouillème, E.: Ein Alptraum nicht nur für Bewohner. Berlin: Gartenstadt Düppel. In: Bauwelt 1988. Heft 47

## Wohngebiet Ernst-Thälmann-Park

### Anmerkungen

1 Vgl. Zimm 1989, S. 78
2 Vgl. Baudirektion 1986, S. 89 ff.
3 Hobrechtplan
4 Vgl. Architekten-Verein 1877, S. 203 ff.
5 Vgl. Beutel 1977
6 So hieß z.B. in der DDR die Pionierorganisation der Kinder „Ernst Thälmann" und nahezu jede Stadt oder Gemeinde hatte eine „Ernst-Thälmann-Straße". Ost-Berlin hat Mitte der 80er Jahre dagegen nur einen „Thälmannplatz" (auch eine gleichnamige U-Bahnstation) anstelle des ehemaligen Wilhelmplatzes in Berlin-Mitte, der 1975-1978 zur Hälfte durch die CSSR-Botschaft bebaut worden war. Im Zusammenhang mit dem neuen Wohngebiet „Ernst-Thälmann-Park" an der Greifswalder Straße wird die U-Bahnstation Thälmannplatz in Otto-Grotewohl-Straße umbenannt, die Restfläche des Thälmannplatzes wird bebaut und die S-Bahnstation Greifswalder Straße erhält den Namen „Ernst-Thälmann-Park". Nach dem Fall der Mauer bekommt die S-Bahnstation ihren einstigen Namen zurück, die Otto-Grotewohl-Straße wird wieder in Wilhelmstraße zurückgenannt und die gleichnamige U-Bahnstation erhält den Namen Mohrenstraße.
7 Vgl. Gißke 1983, S. 594
8 Vgl. Stingl 1985, S. 215 ff.
9 ebenda S. 216 ff.

### Literatur

Architekten- und Ingenieur-Verein zu Berlin (Hrsg.): Berlin und seine Bauten, Teil II, Rechtsgrundlagen und Stadtentwicklung. Berlin, München 1964
Architekten-Verein zu Berlin (Hrsg.): Berlin und seine Bauten. Berlin 1877
Baudirektion der Hauptstadt Berlin des Ministeriums für Bauwesen (Hrsg.): Ernst-Thälmann-Park in der Hauptstadt der Deutschen Demokratischen Republik, Berlin. Berlin 1986
Baudirektion der Hauptstadt Berlin des Ministeriums für Bauwesen in Zusammenarbeit mit Archenhold-Sternwarte Berlin (Hrsg.): Zeiß-Großplanetarium Berlin Ernst-Thälmann-Park 1985-1987. Berlin 1987
Berlin, Hauptstadt DDR. Dokumentation Komplexer Wohnungsbau 1971-1985. Berlin 1986
Behr, A.: Bauen in Berlin, 1973 bis 1987. Leipzig 1987
Beutel, M.; Hillebrecht, G.; Schulz, K.-D. u.a.: Städtebauliche Leitplanung für die Umgestaltung des Stadtbezirkes Prenzlauer Berg in Berlin - Hauptstadt der DDR. Berlin 1977
Geist, J. F.; Kürvers, K.: Das Berliner Miethaus, 1862-1945. München 1984
Gißke, E.; Krause, D.; Battke, M.: Städtebauliche, architektonische und künstlerische Konzeption zur Gestaltung des Ernst-Thälmann-Parkes in Berlin, Hauptstadt der DDR. In: Architektur der DDR. Heft 10/1983, S. 594-599
Schulz, J.; Gräbner, W.: Berlin, Architektur von Pankow bis Köpenick. Berlin 1987
Spitzer, H.; Zimm, A.: Berlin von 1650 bis 1900. Berlin 1987
Stingl, H.: Innerstädtischer Wohnungsbau „Ernst-Thälmann-Park" in Berlin. In: Architektur der DDR. Heft 4/1985, S. 214-223
Zimm, A. (Hrsg.): Berlin und sein Umland. Gotha 1989

## Wohnpark am Berlin Museum

### Anmerkungen

1   Machleidt 1987, S. 274
2   Rumpf 1986, S. 1794

### Literatur

Buttlar, F. v.: Vom Rand zum Innenleben. In: Baumeister Heft 10. 1986, S. 16 ff.
DAM: Internationale Bauausstellung Berlin 1987. Frankfurt 1986, S. 201 ff.
Internationale Bauausstellung: Projektübersicht. Berlin 1987
Kleihues, J.P.(Hg.): Die Neubaugebiete. Band 3. Berlin 1987
Kollhoff, H.F.: Südliche Friedrichstadt. Beispiel Wohnen in der Friedrichstadt. In: Die Neubaugebiete Dokumente. Projekte 2 (IBA 1984). Berlin 1981, S. 260
Machleidt, H.: Zwischen Ritterstraße, Alter Jakobstraße, Hollmannstraße und Lindenstraße. In: Die Neubaugebiete Dokumente. Projekte 3 (IBA 1984/87), Berlin 1987, S. 274 ff.
Rumpf, P.: Wohnen am Berlin Museum. In: Bauwelt Heft 47. 1986, S. 1794 ff.


## Bersarinplatz

### Anmerkungen

1   Vgl. Geist 1984, S. 341 ff.
2   Vgl. Kristen 1986, S. 244
3   ebenda
4   Vgl. Timme 1988, S. 21 ff.
5   ebenda

### Literatur

Adami, H.; Pallaske, I.: Mit der Kraft der ganzen Republik... Wohnungsbau in Berlin 1984-1986. Berlin 1987
Felz, A.; Brunner, K.-H., Adermann, B.: Bezirke bauen in Berlin. Berlin 1987
Geist, J.F.; Kürvers, K.: Das Berliner Miethaus, 1862-1945. München 1984
Kristen, E.; Timme, G.: Die städtebaulich-architektonische Gestaltung des Bersarinplatzes in Berlin. In: Architektur der DDR. Heft 4/1986, S. 244 - 249
Schulz, J.; Gräbner, W.: Berlin, Architektur von Pankow bis Köpenick. Berlin 1987
Timme, G.: Bersarinplatz in Berlin. In: Architektur der DDR. Heft 10/1988, S. 18-23


## Wilhelmstraße

### Anmerkungen

1   Vgl. Berlin-Handbuch 1992, S. 1370 ff.
2   Vgl. Fischer 1992, S. 18 und Berlin-Handbuch 1992, S. 1371
3   Vgl. Berlin-Handbuch 1992, S. 1371
4   Vgl. Fischer 1992, S. 68 ff.
5   Vgl. Kollektivplan, Zehlendorfer Plan u.ä., vgl. Bodenschatz 1992, S. 63 ff.

Literaturverzeichnis 382

6   Vgl. Hauptstadt Berlin 1992, S. 46
7   Vgl. Liebknecht 1960, S. 3 ff.
8   Vgl. Hauptstadt Berlin 1992, S. 58-59
9   Vgl. Investitionskomplex 1986, S. 1 ff. - In diesem Zusammenhang gilt besonderer Dank Herrn Fohgrup sowie Herrn und Frau Schmidt von der hopro Bauplanung GmbH für die freundliche Unterstützung und Bereitstellung von Unterlagen.
10  ebenda S. 2
11  Vgl. Investitionskomplex 1986, S. 3-4
12  ebenda S. 6

**Literatur**

Bauausstellung der DDR 1987, Report. Berlin 1987
Berlin-Handbuch; Das Lexikon der Bundeshauptstadt. Berlin 1992
Bodenschatz, H.: Berlin West: Abschied von der 'steinernen Stadt'. In: Neue Städte aus Ruinen. München 1992
Fischer, F.; Bodenschatz, H.: Hauptstadt Berlin.- Zur Geschichte der Regierungsstandorte. Berlin 1992
Hauptstadt Berlin. Internationaler städtebaulicher Ideenwettbewerb 1957/58. Berlin 1990
Investitionskomplex Otto-Grotewohl-Straße, Dokumentation zur Aufgabenstellung. Berlin 1986
Liebknecht, K.: Der Aufbau des Zentrums von Berlin ist Sache der gesamten Bevölkerung. In: Deutsche Architektur Heft 1/1960, S. 1-36
Schäche, W.: Geschichte und stadträumliche Bedeutung der „Ministergärten". In: Architektur in Berlin, Jahrbuch 1992. Hamburg 1992, S. 58-67
Schulz, J.; Gräbner, W.: Berlin, Architektur von Pankow bis Köpenick. Berlin 1987

# ABBILDUNGSNACHWEIS

**Zur Geschichte der Berliner Siedlungen**

Posener 1982, S. 44
Hain 1992, S. 46
Hartmann 1976

**Admiralstraße**

Hoffmann-Axthelm 1984, S. 16
Hoffmann-Axthelm 1984, S. 38
Bauwelt 1970, Heft 28, S. 57
Hoffmann-Axthelm 1984, S. 78
Bauwelt 1970, Heft 28, S. 57
Hoffmannn-Axthelm 1984, S. 102
IBA 1987, S. 262 und 264
Eigene Aufnahme 1987
DAM 1986, S. 261
DAM 1986, S. 266

**Arnimplatz**

Schulz, K.-D., eigene Aufnahme 1993
Deutsche Architektur 67/1973, S. 356
Architektur der DDR 9/1984, S. 523

**Berliner Straße**

Karte von Berlin 1:4.000, Vermessungsamt Bezirksamt Zehlendorf von Berlin (verkleinert)
Eigene Aufnahme 1987
Berlin und seine Bauten IV A, S. 314
Eigene Aufnahme 1987

**Bersarinplatz**

Architektur der DDR, 4/1986, S. 246
Architektur der DDR, 4/1986, S. 247
Schulz, K.-D., eigene Aufnahme 1993
Architektur der DDR, 4/1986, S. 248
Schulz, K.-D., eigene Aufnahme 1993

**Böcklerpark**

Bodenschatz u.a. 1983, S. 88
Bodenschatz u.a. 1983, S. 89
10. Stadterneuerungsbericht 1973, Anlage 5.3
Eigene Aufnahme 1987

Bauakten der GSW (GSW-Plansammlung)
Bauakten der GSW (GSW-Plansammlung)
Eigene Aufnahme 1987

**Chamissoplatz**

Geist/Kürvers 1984, S. 275
Eigene Aufnahme 1987
Senator für Bau- und Wohnungswesen 1977
Eigene Aufnahme 1987

**Charlottenburg Nord (Heilmannring)**

Berlin und seine Bauten Teil IV A. 1970, S. 176
Eigene Aufnahme 1987
Schmitt 1966, S. 205, Abb. 3
Eigene Aufnahme 1987
Schmitt 1966, S. 207, Abb. 7
Rave/Knöfel 1968, o.S., Nr. 193.12

**Charlottenburg II**

Karte von Berlin, Bezirksamt Charlottenburg, Vermessungsamt
Berlin und seine Bauten IV B 1970, S.212
Eigene Aufnahme 1987
Eigene Aufnahme 1987
Berlin und seine Bauten 1970, S. 212

**Ehemalige SS-Kameradschaftssiedlung**

Machule 1986, S. 1031
Machule 1986, S. 1031
Machule 1986, S. 1032
Eigene Aufnahme 1987
Machule 1985, S. 255 ff. (4 Abb.)
Eigene Aufnahme 1987
Eigene Aufnahme 1987

**Fischerinsel**

Deutsche Architektur 1/1967, S. 54
Deutsche Architektur 1/1967, S. 57
Schulz, K.-D., eigene Aufnahme 1993
Deutsche Architektur 1/1967, S. 57
Schulz, K.-D., eigene Aufnahme 1993

Abbildungsnachweis

### Friedrich-Ebert-Siedlung

Berlin und seine Bauten Teil IV A, 1970,
S. 170, Abb. 156
Eigene Aufnahme 1987
Eigene Aufnahme 1987
Rave/Knövel 1968, o. S. Projekt Nr. 217

### Gartenstadt am Falkenberg

Junghanns 1983, Bild 39
Schulz, K.-D., eigene Aufnahme 1993
Berlin und seine Bauten Teil IV/B 1974,
S. 356
Schulz, K.-D., eigene Aufnahme 1993
Senator für Bau- und Wohnungswesen:
Städtebau und Architektur, Bericht 20/
1993, S. 88

### Gartenstadt Düppel

Müller/Rhode 1980, S. 8
Müller/Rhode 1980, S. 11
Eigene Aufnahme 1987
Baumeister 4/1986, S. 48
Eigene Aufnahme 1987
Buttlar 1986, S. 1024 f.
Buttlar 1986, S. 1029
Buttlar 1986, S. 1027

### Gartenstadt Staaken

Zentralblatt der Bauverwaltung 1915,
S. 570
Stahl 1918, S. 137
Berlin und seine Bauten 1970, S. 235
Berlin und seine Bauten 1970, S. 236
Berlin und seine Bauten 1970, S. 237
Berlin und seine Bauten 1970, S. 238
Bauwelt 1916
Bauwelt 1916
Eigene Aufnahme 1987
Eigene Aufnahme 1987

### Grazer Damm

Berlin und seine Bauten. Teil IV A. 1970,
S. 178
Eigene Aufnahme 1987
Berlin und seine Bauten 1970 B, S. 466
Eigene Aufnahme 1987

### Gropiusstadt

Stadtbauwelt 86/1985, S. 157
Berlin und seine Bauten 1970, S. 438
Eigene Aufnahme 1987
Rave/Knöfel 1968, o.S., Nr. 82.19
Rave/Knöfel 1968, o.S., Nr. 82.17

### Große Leegestraße

Schulz, K.-D., eigene Aufnahme 1993
Moderne Bauformen Jg. 1936, S. 261
Moderne Bauformen Jg. 1936, S. 260
Schulz, K.-D., eigene Aufnahme 1993
Schulz, K.-D., eigene Aufnahme 1993

### Grüne Häuser (BUGA)

Müller 1984, S. 31
Müller 1984, S. 42
Müller 1984, S. 7
Müller 1984, S. 64
Müller 1984, S. 82 f.
Müller 1984, 100 f.
Müller 1984, S. 88 f.
Müller 1984, S. 70
Eigene Aufnahme 1987
Eigene Aufnahme 1987

### Grunewald

Eigene Aufnahme 1987
Berlin und seine Bauten Teil IV A. 1970,
S. 109
Kunstamt Wilmersdorf 1983
Bauwelt 1974, Heft 5, S. 208
Hallmann/Müller 1986, S. 33 ff.
Eigene Aufnahme 1987
Posener 1982, S. 41
Eigene Aufnahme 1987

### Haeselerstraße

Eigene Aufnahme 1987
Aktenmaterial der Berliner Bau- und
Wohnungsgenossenschaft von 1892
Aktenmaterial der Berliner Bau- und
Wohnungsgenossenschaft von 1892
Aktenmaterial der Berliner Bau- und
Wohnungsgenossenschaft von 1892
Aktenmaterial der Berliner Bau- und
Wohnungsgenossenschaft von 1892
Eigene Aufnahme 1987
Eigene Aufnahme 1987

## Hansaviertel

Autzen u.a. 1984, S. 14
Cramer/Gutschow 1984, S. 227
Cramer/Gutschow 1984, S. 227
Bodenschatz 1985
Eigene Aufnahme 1987
Cramer/Gutschow 1984, S. 225
Katalog zur Interbau 1957, S. 71
Katalog zur Interbau 1957, S. 71

## Heinrich-Zille-Siedlung

Jakob 1986
Senator für Stadtentwicklung und Umweltschutz 1985, S. 32
Reichhardt 1985
Theissen-Plansammlung
Eigene Aufnahme 1987
Theissen-Plansammlung
Theissen-Plansammlung
Eigene Aufnahme 1987

## Herrfurthplatz

Eigene Aufnahme 1987
Eigene Aufnahme 1987
Berlin und seine Bauten. Teil IV B. 1970, S. 344

## Hufeisensiedlung

Eigene Aufnahme 1987
Jaeggi 1984, S. 116, Abb. XI-11
Jaeggi 1984, S. 116, Abb. XI-9
Jaeggi 1984, S. 117, Abb. XI-14
Eigene Aufnahme 1987

## Karl-Marx-Allee I

Deutsche Architektur 5/1955, S. 174
Deutsche Architektur 5/1955, S. 174
Schulz, K.-D., eigene Aufnahme 1993
Schulz, K.-D., eigene Aufnahme 1993
Deutsche Architektur 2/1952, S. 67
Deutsche Architektur 2/1952, S. 68
Deutsche Architektur 1/1953, S. 7
Schulz, K.-D., eigene Aufnahme 1993

## Karl-Marx-Allee II

Schulz/Gräbner 1987, S. 19
Deutsche Architektur 10/1959, S. 536
Schulz, K.-D., eigene Aufnahme 1993
Deutsche Architektur 6/1960, S. 298
Schulz, K.-D., eigene Aufnahme 1993

## Klausenerplatz

Eigene Aufnahme 1987
Senator für Bau- und Wohnungswesen 1976
Senator für Bau- und Wohnungswesen 1975, Anlage 9.2
Rave u.a. 1981, Nr. 369
Senator für Bau- und Wohnungswesen 1975, Anlage 10.2 und 10.3
Senator für Bau- und Wohnungswesen 1981, S.4 f.
Senator für Bau- und Wohnungswesen 1981, S. 20 f.
Rave u.a. 1981, Nr. 369.4
Eigene Aufnahme 1987

## Landhausgruppe Amalienpark

Deutsche Bauzeitung 11/1897
Schulz, K.-D., eigene Aufnahme 1993
Schulz, K.-D., eigene Aufnahme 1993
Berlin und seine Bauten Teil IV B 1974, S. 365

## Leipziger Straße

Deutsche Architektur 9/1969, S. 528
Architektur der DDR 1/1979, S. 22
Architektur der DDR 1/1979, S. 31
Schulz, K.-D., eigene Aufnahme 1993
Schulz, K.-D., eigene Aufnahme 1993

## Lichterfelde

Posener 1987, S. 128
Eigene Aufnahme 1987
Berlin und seine Bauten 1970, S. 103
Werkbund-Arbeitsgruppe Berlin 1976, S. 1136
Posener 1982, S. 57
Schinz 1966, S. 771
Eigene Aufnahme 1987

## Lindenhof-Siedlung

Siedlungen der zwanziger Jahre - heute 1984, S. 28, Abb. 1
Eigene Aufnahme 1987
Berlin und seine Bauten. Teil IV B. 1970, S. 469
Eigene Aufnahme 1987
Berliner Geschichtswerkstatt 1985, o. S.

## Märkisches Viertel

Berlin und seine Bauten 1970, S. 448
Bodenschatz 1987, S. 239
Eigene Aufnahme 1989
Eigene Aufnahme 1989
Rave/Knöfel 1968, o.S., Nr. 228.2
Rave/Knöfel 1968, o.S., Nr. 228.4
Bodenschatz 1987, S. 252

## Mehringplatz

Reuther 1985, Umschlagbild
Feireiss 1989, S. 10
Eigene Aufnahme 1987
Bauwelt 1967, S. 1135
Feireiss 1989, S. 12
Berlin und seine Bauten. Teil IV B. 1970, S. 595
Berlin und seine Bauten. Teil IV B. 1970, S. 597
Neue Heimat 1971, S. 4
Eigene Aufnahme 1987

## Mietwohnanlage Grabbeallee

Schulz, K.-D., eigene Aufnahme 1993
Schulz, K.-D., eigene Aufnahme 1993
Schulz, K.-D., eigene Aufnahme 1993
Schulz/Gräber 1987, S. 131

## Munizipalviertel

Schulz, K.-D., eigene Aufnahme 1993
Bennewitz 1993, S. 10
Schulz, K.-D., eigene Aufnahme 1993
Berlin und seine Bauten Teil IV B 1974, S. 360
Berlin und seine Bauten Teil IV B 1974, S. 361

## Nikolaiviertel

Miniaturen zur Geschichte, Kultur und Denkmalpflege Berlins 10, 1983, S. 32
Deutsche Architektur 4/1958, S. 179-180
Architektur der DDR 5/1987, S. 16
Miniaturen zur Geschichte, Kultur und Denkmalpflege Berlins 10, 1983, S. 33
Stahn 1985, S. 72
Schulz, K.-D., eigene Aufnahme 1993
Schulz, K.-D., eigene Aufnahme 1993
Schulz, K.-D., eigene Aufnahme 1993
Architektur der DDR 4/1982, S. 222
Schulz, K.-D., eigene Aufnahme 1993

## Onkel Tom Siedlung (Waldsiedlung Zehlendorf)

Jaeggi 1984, S. 139, Abb. XII-5
ebenda, S. 140, Abb. XII-6
ebenda, S. 137, Abb. XII-1
Eigene Aufnahme 1987
Eigene Aufnahme 1987
Jaeggi 1984, S. 142, Abb. XII-13
ebenda, S. 148, Abb. XII-32
ebenda, S. 153, Abb. XII-41
Kloß 1984, S. 92
Eigene Aufnahme 1987

## Otto-Suhr-Siedlung

IBA-Projektübersicht, Berlin 1987, S. 200
Bascón-Borgelt u.a. 1984, S. 84
Geist, Kürvers 1984, S. 280
Berlin und seine Bauten. Teil IV A, S. 398
Eigene Aufnahme 1987
Bauwelt 6/1983, S. 191
Berlin und seine Bauten. Teil IV B, S. 592
Berlin und seine Bauten. Teil IV B, S. 589 und 590
Eigene Aufnahme 1987

## Paderborner Straße

Stadt 3/1984, S. 34
Stadt 3/1984, S. 34
Stadt 3/1984, S. 35
Baumeister 10/1986, S. 28
Baumeister 10/1986, S. 28
Stadt 3/1984, S. 36
Stadt 3/1984, S. 37
Eigene Aufnahme 1987
Eigene Aufnahme 1987

## Preußensiedlung

Muthesius 1920, S. 330
Muthesius 1920, S. 54
Schulz, K.-D., eigene Aufnahme 1993

## Rauchstraße

Groth + Graalfs 1985, S. 9
Baumeister 1986, S. 21
Kleihues 1984, S. 20
Bauwelt 1985, S. 1248 ff. (4 Abb.)
Stadt 3/1984, S. 34
Eigene Aufnahme 1987
Eigene Aufnahme 1987

## Riehmers Hofgarten

Konwiarz 1985, S. 22
Eigene Aufnahme 1987
Konwiarz 1985, S. 40
Eigene Aufnahme 1987
Konwiarz 1985, S. 86, 87
Konwiarz 1985, S. 100/101

## Ritterstraße

Reuther 1985, S. 8
IBA: Städtebaulicher Rahmenplan Südliche Friedrichstadt, 1984, S. 16
IBA: Städtebaulicher Rahmenplan Südliche Friedrichstadt, 1984, S. 17 (3 Abb.)
Eigene Aufnahme 1987
Senator für Bau- und Wohnungswesen 1984, S. 92/93 (3 Abb.)
Eigene Aufnahme 1987
Senator für Bau- und Wohnungswesen 1984, S. 110
Baumeister 1983, S. 664
Bauwelt 1983, S. 1688-1695 (5 Abb.)
Eigene Aufnahme 1987
Eigene Aufnahme 1987

## Rollbergviertel

Senator für Bau- und Wohnungswesen 1973, S.10
Senator für Bau- und Wohnungswesen 1972, Anlage 2 c
Senator für Bau- und Wohnungswesen 1972, Anlage 2 g
Senator für Bau- und Wohnungswesen 1988
Senator für Bau- und Wohnungswesen 1988
Senator für Bau- und Wohnungswesen 1988
Eigene Aufnahme 1987

## Rüdesheimer Platz

Eigene Aufnahme 1987
Eigene Aufnahme 1987
Berlin und seine Bauten. Teil IV A. 1970, S. 135, Abb. 124
Berlin und seine Bauten. Teil IV B. 1970, S. 248, Pj. 694
ebenda S. 250, Pj. 695

## Siemensstadt

Rave/Knöfel 1968, o.S., Pj. Nr. 193
Eigene Aufnahme 1987
Eigene Aufnahme 1987
Jaeggi 1984, S. 163, Abb. XIII-10
Jaeggi 1984, S. 168, Abb. XIII-21

## Sophienstraße/Hackesche Höfe

Architektur der DDR 6/1988, S. 11
Schulz, K.-D., eigene Aufnahme 1993
Schulz, K.-D., eigene Aufnahme 1993
Schulz, K.-D., eigene Aufnahme 1993

## Splanemann-Siedlung

Schulz, K.-D., eigene Aufnahme 1993
Schulz, K.-D., eigene Aufnahme 1993
Sorgato 1992, S. 25
Schulz, K.-D., eigene Aufnahme 1993

## Tempelhofer Feld

Bauwelt 1911
Berlin und sein Bauten 1970, S. 160
Bauwelt 1911 (4 Abb.)
Berlin und seine Bauten 1970, S. 160
Deutsche Bauzeitung 1924
Eigene Aufnahme 1987

## Thermometersiedlung

Bezirksamt Steglitz von Berlin, Vermessungsamt
Eigene Aufnahme 1989
Eigene Aufnahme 1989
Bauwelt 1973, S. 1791
Berlin und seine Bauten 1970, S. 735
Müller/Liese 1986, S. 42 f

## Vinetaplatz

Bezirksamt Wedding von Berlin, 1985, S. 43
Bodenschatz 1987, S. 174
Stadtbauwelt 76/1982, S. 412
Stadtbauwelt 76/1982, S. 412
Senator für Bau- und Wohnungswesen 1984, S. 162
Rave/Knöfel 1981, S. 156
Senator für Bau- und Wohnungswesen 1984, S. 166

Rave/Knöfel 1981, o.S. Pj.Nr. 408.2
Eigene Aufnahme 1987
Eigene Aufnahme 1987

**Weiße Stadt**

Eigene Aufnahme 1987
Eigene Aufnahme 1987
Rave/Knöfel (1986), o.S., Pj. Nr. 219
Jaeggi 1984, S. 192, Abb. XIV-28

**Westend**

Berlin und seine Bauten. Teil IV A. 1970, S. 105
Rave/Knöfel 1981. Nr. 173
Eigene Aufnahme 1987
Eigene Aufnahme 1987

**Wilhelmstraße**

Schulz, K.-D., eigene Aufnahme 1993
Schulz, K.-D., eigene Aufnahme 1993
Investitionskomplex 1986, S. 56
Investitionskomplex 1986, S. 54
Schulz, K.-D., eigene Aufnahme 1993

**Wohnanlage Weisbachgruppe**

Centralblatt der Bauverwaltung 1892, S. 212 und 1893, S. 446
Berlin und seine Bauten Teil II 1964, S. 42
Schulz, K.-D., eigene Aufnahme 1993
Centralblatt der Bauverwaltung 1893, S. 447

**Wohngebiet Ernst-Thälmann-Park**

Baudirektion, Ernst-Thälmann-Park 1986, S. 70
Architektur der DDR 10/ 1983, S. 596
Architektur der DDR 4/1985, S. 218
Schulz, K.-D., eigene Aufnahme 1993
Architektur der DDR 4/1985, S. 220
Baudirektion, Ernst-Thälmann-Park 1986, S. 45
Schulz, K.-D., eigene Aufnahme 1993
Schulz, K.-D., eigene Aufnahme 1993

**Wohngebiet Marzahn**

Architektur der DDR 9/1976, S. 550
Architektur der DDR 9/1976, S. 550
Schulz, K.-D., eigene Aufnahme 1993
Bundesministerium für Raumordnung, Bauwesen und Städtebau: WBS 70 (Wohnungsbauserie 70), Bonn 1993, S. 10-13
Schulz, K.-D., eigene Aufnahme 1993

**Wohnkomplex Fennpfuhl**

Ideenwettbewerb, Deutsche Architektur 7/1958, Sonderbeilage
Deutsche Architektur 6/1973, S. 335
Schulz, K.-D., eigene Aufnahme 1993
Schulz, K.-D., eigene Aufnahme 1993
Bundesministerium für Raumordnung, Bauwesen und Städtebau: Typenserie P 2, Bonn 1992, S. 5

**Wohnpark am Berlin Museum**

IBA 1987 (3 Abb.)
Bauwelt 47/1986
Eigene Aufnahme 1987
Eigene Aufnahme 1987
Bauwelt 47/1986 (3 Abb.)
Eigene Aufnahme 1987

**Wohnstadt Carl Legien**

Junghanns 1983, Bild 175
Junghanns 1983, Bild 171
Schulz, K.-D., eigene Aufnahme 1993
Schulz, K.-D., eigene Aufnahme 1993

Zusätzlich bei jeder Siedlung ein Lageplan: Ausschnitte aus der Karte K 5 (1: 5.000), teilweise aus der Karte K 4 (1: 4.000), von Berlin, Ausgabe 1993. Verkleinerung der Kartenausschnitte auf 1: 10.000, 1: 15.000, 1: 20.000 oder 1: 25.000. Verarbeitet und vervielfältigt mit Erlaubnis der Senatsverwaltung für Bau- und Wohnungswesen V.

# ÜBERSICHTSPLÄNE

Übersichtsplan

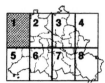

KARTE 1 (M. 1:100.000)

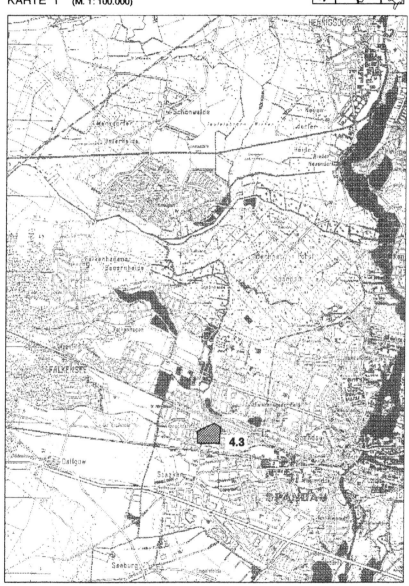

4.3 Gartenstadt Staaken (1913-1917)

Übersichtsplan

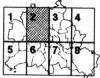

(M. 1: 100.000)   KARTE 2

1.2  Westend (1868-1905)
2.2  Klausener Platz (1860-1906)
3.3  Charlottenburg II (1907-1909)
3.4  Haeseler Straße (1907-1913)
5.7  Weiße Stadt (1929-1931)
5.8  Friedrich-Ebert-Siedlung
      (1929-1931)
5.9  Siemensstadt (1929-1931)
7.2  Hansaviertel (1956-1958)
7.4  Charlottenburg Nord
      (1958-1960)
8.9  Märkisches Viertel (1963-1974)
9.1  Heinrich-Zille-Siedlung
      (1976-1981)
9.6  Rauchstraße (1983-1985)
9.12 Wilhelmstraße (1987-1992)

Übersichtsplan

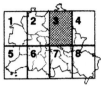

KARTE 3 (M. 1:100.000)

2.1 Sophienstraße (18. bis 20. Jh.)
2.6 Arnimplatz (1905-1925)
3.1 Landhgr. Amalienpark (1896-1897)
3.2 Weisbachgruppe (1899-1905)
3.5 W.-anlage Grabbeallee (1908-1909)
3.6 Munizipalviertel (1908-1928)
5.6 Wohnstadt Carl Legien (1929-1930)
6.1 Große Leegestraße (1935-1936)
7.1 Karl-Marx-Allee I (1949-1958)

8.1 Karl-Marx-Allee II (1959-1965)
8.2 Fischerinsel (1967-1973)
8.4 Leipziger Straße (1972-1981)
8.6 Vinetaplatz (1975-1982)
8.11 W.-komplex Fennpfuhl (1972-1986)
8.12 Marzahn, W.-gebiet III (1977-1985)
9.4 Nikolaiviertel (1980-1987)
9.9 W.-gb. Thälmann-Park (1983-1986)
9.11 Bersarinplatz (1985-1987)

Übersichtsplan

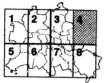

(M. 1: 100.000)   KARTE 4

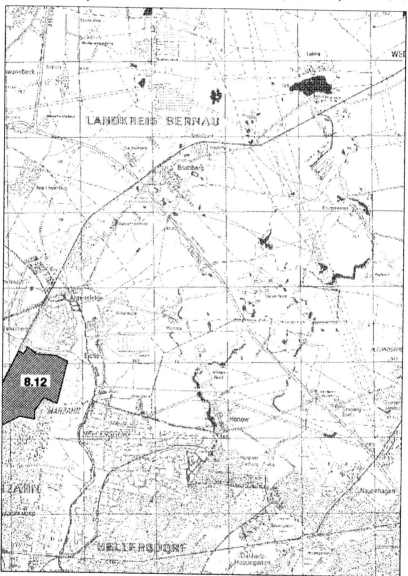

8.12  Marzahn, Wohngebiet III
      (1977-1985)

Übersichtsplan 394

KARTE 5 (M. 1: 100.000)

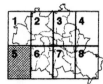

9.8 Gartenstadt Düppel (1983-1986)

Übersichtsplan

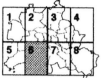

(M. 1 : 100.000)  KARTE 6

1.1 Groß-Lichterfelde (1866-1900)
1.3 Grunewald (1891-1914)
2.4 Riehmers Hofgarten (1891-1899)
3.7 Rüdesheimer Platz (1910-1914)
5.1 Lindenhof (1918-1921)
5.2 Siedlung Tempelhofer Feld (1920-1934)
5.5 Onkel Tom Siedlung (1926-1932)
6.2 Berliner Straße (1937-1938)

6.3 Grazer Damm (1938-1940)
6.4 Ehemalige "SS-Kameradschaftssied lung" (1938-1940)
8.10 Thermometersiedlung (1968-1974)
9.5 Paderborner Straße (1982-1985)

Übersichtsplan

KARTE 7 (M. 1:100.000)

2.3 Chamissoplatz (1880-1895)
2.5 Herfurthplatz
 (Schillerpromenade, 1900-1913)
5.3 Hufeisensiedlung (1925-1927)
5.4 Splanemann-Siedlung
 (1926-1930)
7.3 Otto-Suhr-Siedlung (1956-1961)
8.3 Mehringplatz (1967-1975)
8.5 Böcklerpark (1974-1978)

8.7 Rollberg-Viertel (1976-1982)
8.8 Gropiusstadt (1962-1975)
9.2 Admiralstraße (1976-1985)
9.3 Ritterstraße (1978-1989)
9.7 Grüne Häuser (1983-1985)
9.10 Wohnpark am Berlin-Museum
 (1984-1986)

Übersichtsplan

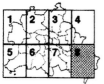

(M. 1: 100.000)  KARTE 8

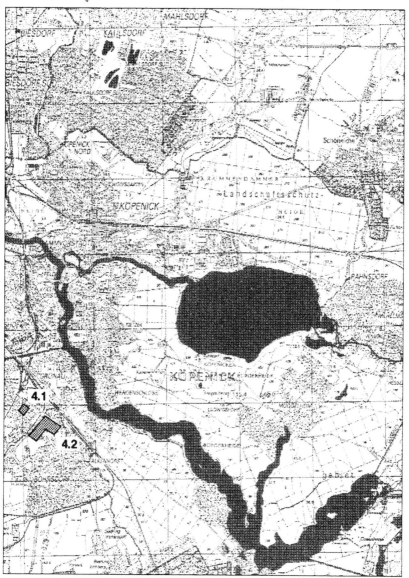

4.1 Preußensiedlung (1911-1914)
4.2 Gartenstadt am Falkenberg
    (1913-1914)

**Sanierungsgebiet Schöneberg, Kulmer Straße 31**
Instandsetzung und Modernisierung eines Altbaues mit 10 Wohnungen und 2 Läden aus dem Jahre 1884

WIR haben einen eigenen Bestand von 21.034 Wohnungen. 1988 haben WIR 195 Einheiten fertiggestellt. Unser Schwerpunkt auf dem Gebiet der Bautätigkeit liegt in den Sanierungsgebieten Schöneberg und Charlottenburg.
WIR sprechen nicht nur von der Mietermitbestimmung, sondern WIR praktizieren sie bereits in einigen Wohnanlagen.

Postfach 30 39 08
10725 Berlin
Schillstr. 9-10
10785 Berlin

Teletex 30 81 27
Telefax 25 40 74 38
Telefon 030/2 54 07-0

## Der bewährte Berlinführer nun in der 4. Auflage
## – und als Ergänzung das *English Supplement*

Vierte, überarbeitete und erweiterte Auflage
516 Seiten mit 710 Objekten. 1420 Fotos, Grundrisse,
Isometrien, Lagepläne und Aufrisse, 20 Karten. Architekten-, Baugattungs-, Straßen- und historisches Register.
Bezirkskarten, Übersichtskarte und Schnellbahnnetz
Format 13,5 x 24,5 cm
Broschiert DM 48,— / öS 375,— / sFr 49,—
ISBN 3-496-01110-0

**English Supplement**
150 Seiten. Format 13,5 x 24,5 cm
Broschiert DM 20,— / öS 156,— / sFr 21,—
ISBN 3-496-01111-4

Dietrich Reimer Verlag · Berlin

## Architekturführer München
Architectural Guide
Herausgegeben von Winfried Nerdinger
246 Seiten mit 350 Objekten. 385 Abb., 350 Grundrisse,
6 Lagepläne. Architekten-, Straßen-, Baugattungs- und
historisches Register
**Zweisprachig: Deutsch/Englisch.**
Format 13,5 x 24,5 cm
Broschiert ca. DM 44,— / öS 343,— / sFr 45,—
ISBN 3-496-01120-3

## Architekturführer Frankfurt/Main
Architectural Guide to Frankfurt/Main
Von Bernd Kalusche
und Wolf-Christian Setzepfandt
**Zweisprachig: Deutsch/Englisch.** 10 und 241 Seiten mit
351 Objekten; 614 Fotos, Grund- und Aufrisse, 5 Karten,
Schnellbahnnetz. Format 13,5 x 24,5 cm.
Broschiert DM 39,80 / öS 311,— / sFr 40,80
ISBN 3-496-01100-9

## Stuttgart
Ein Architekturführer
Von Martin Wörner und Gilbert Lupfer
Mit einer Einleitung von Frank Werner
XVI und 223 Seiten mit 302 Objekten, 640 Abb.,
Isometrien, Grund- und Aufrissen, 10 Bezirkskarten,
Übersichtskarte und U-/S-Bahnnetz; Register der
Architekten, Baugattungen, Straßen und ein Anhang
zum Stuttgarter Umland. Format 13,5 x 24,5 cm
Broschiert DM 38,— / öS 297,— /sFr 39,—
ISBN 3-496-01077-0

Anna Maria Eifert-Körnig
## Die kompromittierte Moderne
Staatliche Bauproduktion und oppositionelle
Tendenzen in der Nachkriegsarchitektur Ungarns
ca. 350 Seiten mit ca. 20 farb. und ca. 120 s/w-Abb.
Broschiert ca. DM 98,— / öS 765,— / sFr 99,—
ISBN 3-496-01127-0

Kerstin Dörhöfer (Hg.)
## Wohnkultur und Plattenbau
Beispiele aus Berlin und Budapest
248 Seiten mit 12 vierfarb. 59 s/w-Fotos und 27 Plänen
und Zeichnungen. Format 17 x 24 cm
Broschiert ca. DM 44,— / öS 343,— /sFr 45,—
ISBN 3-496-01126-2

**DIETRICH REIMER VERLAG BERLIN**